孟子研究文库　第八辑

孟子新编新注

（上）

刘培桂　／著

齐鲁书社
·济南·

图书在版编目（CIP）数据

孟子新编新注 / 刘培桂著 . -- 济南 : 齐鲁书社，
2023.11
ISBN 978-7-5333-4801-4

Ⅰ . ①孟… Ⅱ . ①刘… Ⅲ . ①《孟子》– 注释 Ⅳ .
① B222.52

中国国家版本馆 CIP 数据核字 (2023) 第 212284 号

责任编辑：李军宏　周　磊
封面设计：刘羽珂
版式设计：赵萌萌

孟子新编新注
MENGZI XINBIAN XINZHU

刘培桂　著

主管单位	山东出版传媒股份有限公司
出版发行	齊魯書社
社　　址	济南市市中区舜耕路517号
邮　　编	250003
网　　址	www.qlss.com.cn
电子邮箱	qilupress@126.com
营销中心	（0531）82098521　82098519　82098517
印　　刷	山东临沂新华印刷物流集团有限责任公司
开　　本	720mm×1020mm　1/16
印　　张	47.75
插　　页	6
字　　数	650千
版　　次	2023年11月第1版
印　　次	2023年11月第1次印刷
印　　数	1—2000
标准书号	ISBN 978-7-5333-4801-4
定　　价	208.00元（上、下册）

前 言

《孟子》，是一部教你如何做人的书。

它记载了战国中期孟子的言论。其中有与弟子们的答问，有与王公卿相大夫的对话，有与不同观点学者的辩论等。尽管多涉及圣君贤相、王朝更迭、仁政王道等政治议题，但始终都没有离开对人的剖析。孟子言必称尧舜，说尧舜是圣君，同时说尧舜与人同。尧是仁慈的人，舜是孝悌的人，都是只为天下谋福祉而不据天下为己有的人。商汤放逐夏桀，周武王讨伐商纣，是仁人诛伐不仁的人。周文王是善养鳏寡孤独与老人的人。圣人，是做人的楷模。君子，是品德高尚的人。而桀、纣之类暴君，则是败坏仁义的人。凡是做了好事的，首先因为他做好了人，他有仁心；凡是做了坏事的，首先因为他没有做好人，他丧失了仁心。做学问的准则没有别的，就是要把丧失的仁心找回来，做个好人罢了。（《告子上》）

孟子讲做人，首先讲什么是人，人的本性是什么，人与禽兽有什么区别。他说："人之所以异于禽兽者几希，庶民去之，君子存之。"（《离娄下》）意思是，人用来区别禽兽的地方只有一点点，一般人丢掉了它，品德高尚的人保存了它。这一点点是什么？是爱心。"君子以仁存心，以礼存心。仁者爱人，有礼者敬人。"（《离娄下》）从人性上来讲，就是性善。孟子说："乃若其情，则可以为善矣，乃所谓善也。若夫为不善，非才之罪也。"（《告子上》）

意思是，如果从人所流露出来的情感来看，人的本性是可以为善，这就是我说的性善。至于有的人为不善，那不是他自身材质的过错。这就是孟子著名的性善论，即人性可以为善论。可以为，不是已然的，而是一种潜能、萌芽。善，是爱人，敬人，利他，让别人愉悦。

孟子认为，人可以为善，源于人皆有不忍人之心。他举例说，如果有一个幼童将要爬到井里去，不论谁看到了，都会有惊恐哀怜的心情。这种不忍看到别人受苦落难的心情，不是有意做作的，而是自然而然地产生的。"由是观之，无恻隐之心，非人也；无羞恶之心，非人也；无辞让之心，非人也；无是非之心，非人也。"（《公孙丑上》）恻隐、羞恶、辞让、是非之心，人人皆有；没有，就不是人。

孟子进一步说，恻隐、羞恶、辞让、是非之心，分别是仁、义、礼、智的发端，扩而充之，即为仁、义、礼、智之德。这些潜能，就像人有手足四肢一样，不是由外部强加于人的，而是人本来就有的，只不过没有去思索它罢了。所以说，寻求，就会得到它；放弃，就会丧失它；扩充，就会像火开始点燃，泉水开始喷流。人与人之间有相差一倍、五倍甚至无数倍的，就是不能竭尽扩充自身材质的缘故。（见《公孙丑上》《告子上》）

由共有的人性，孟子指出，人人具有平等的人格。他说："人人有贵于己者。"（《告子上》）人人有不学而能的"良能"，不虑而知的"良知"（《尽心上》）。圣人，是做人的典范；同时，"圣人，与我同类者"（《告子上》）。尧舜，是君王的楷模；同时，"人皆可以为尧舜"（《告子下》）。他引用颜渊的话说："舜何？人也；予何？人也。有为者亦若是。"（《滕文公上》）引用成覸对齐景公说的话："彼，丈夫也；我，丈夫也；吾何畏彼哉？"（同上）不论贫富贵贱，人人平等，只要孜孜为善，都可以成为最优秀的人。

"舜发于畎亩之中，傅说举于版筑之间，胶鬲举于鱼盐之中，管夷吾举于士，孙叔敖举于海，百里奚举于市。"（《告子下》）这是说，农夫、劳役、贩夫、囚犯、夷人、奴仆，只要敢于担当，经得起磨难，尽其人性，都可以成为明君贤相。由人格的平等，自然延伸出了意志的独立与人身的自由。孟子说："无罪而杀士，则大夫可以去；无罪而戮民，则士可以徙。"（《离娄下》）

为了形象地表述人格，孟子提出了"天爵""人爵"论。他说："仁义忠信，乐善不倦，此天爵也；公卿大夫，此人爵也。"（《告子上》）人格，是天赐的爵位；官阶，是人赐的爵位。天爵，是天生，自有；人爵，是人授，他有。人人可以积仁累义而成就天爵，而人爵的予夺则掌握在别人手中。有天爵者，理应获得人爵；而有人爵者，不见得拥有天爵。有天爵而无人爵，仍然受人尊敬；有人爵而无天爵，仍然人所不齿。天爵贵于人爵。

天爵之"仁义忠信，乐善不倦"，与人性之"仁义礼智""可以为善"，是一脉相承的。仁，是有爱心，乐奉献，求和睦，是德之根本；义，是行止取舍有度，是对仁的实施与坚守，对不仁的排斥与摈弃；礼，是知恭敬，知辞让，守礼制，讲礼仪，是仁的外在表现；智，是有智慧，明是非，是对仁、义、礼的认知、辨析与掌控。孝悌忠信，则是仁义礼智的具体化。孝，是子女对父母的亲爱、仰慕与顺从；悌，是弟对兄的恭敬与友爱；忠，是为人居心中正；信，是朋友之间真诚无欺。这些，是人最基本的道德规范。人性中有善端，即仁义礼智之端，但并不等于仁义礼智之德。还需要自身去求、去存、去养、去扩充，即乐善不倦，才能成为仁义礼智之德，才能成就天爵。

君子、大人、大丈夫、圣贤，都是孟子对天爵的称谓。君子，仁义礼智根于心，孝悌忠信笃于行。大人，不失赤子之心，以其养心、从心，而区别于只知饮食、只从耳目口腹之欲的小人。大丈夫，居天下之广居——居心于仁，立天下之正位——立足于礼，行天下之大道——由义而行；得志，与民由之；不得志，独行其道；富贵不能淫，贫贱不能移，威武不能屈。（《滕文公下》）圣贤，德智超群，出类拔萃，为人师表。孟子举例说，伯夷，是圣贤中的清纯者；柳下惠，是圣贤中的和悦者；伊尹，是圣贤中的担当者；孔子，是圣贤中的识时者。（《万章下》）孔子、伊尹，备受孟子推崇。他认为，孔子是集大成者，伊尹以拯救天下为己任。伊尹自认为是先知先觉的人，他要用仁义之道去唤醒那些后知后觉的人，只要天下有一个男子、一个妇女没有蒙受到尧舜恩泽的，就像被自己推入沟中一样。（《万章下》）

孟子认为，修养天爵，既艰难，又平易，而乐在其中。说其艰难，是要"由仁义行，非行仁义也"（《离娄下》）。要把修养身心作为自我需求、自我完善，而不得另有所图。要耐得住寂寞，熬得住贫困，经得起诱惑，抗得住压力，舍得出生命。"穷不失义，达不离道。""穷则独善其身，达则兼善天下。"（《尽心上》）不论身处何境，一如既往，持之以恒。说其平易，我心在我，求舍存放，全由己定。"无为其所不为，无欲其所不欲，如此而已矣。"（《尽心上》）即不做我本来不愿意做的事情，不追求我本来不愿意追求的东西，只要不丢失自己固有的本心就可以了。说乐在其中，是因为："爱人者，人恒爱之；敬人者，人恒敬之。"（《离娄下》）"乐民之乐者，民亦乐其乐；忧民之忧者，民亦忧其忧。"（《梁惠王下》）"万物皆备于我矣。反身而诚，乐莫大焉。"（《尽心上》）爱出者爱入，福往者福来，不以人的意志为转移。有德者，有人格，有尊严，有力量，有成就。"仰不愧于天，俯不怍于人。"（《尽心上》）

"所过者化，所存者神，上下与天地同流。"（《尽心上》）心安，理得，家和，国泰，造福天下，充分展示自己的聪明才智，完美实现自己的人生价值，岂能不乐？

其实，孟子本身就拥有崇高的天爵。他是自己学说的身体力行者。从《孟子》书中，不仅可以读到他的足迹所至，行止取舍，而且可以看到他的气度风骨，心志魂魄。

孟子有大仁。他生活在战争频仍的战国中期，不忍心看到生灵涂炭。他大声疾呼："争地以战，杀人盈野；争城以战，杀人盈城，此所谓率土地而食人肉，罪不容于死。"（《离娄上》）他面斥梁惠王："狗彘食人食而不知检，涂有饿莩而不知发。""庖有肥肉，厩有肥马，民有饥色，野有饿莩，此率兽而食人也。"（《梁惠王上》）他批评齐宣王："今也制民之产，仰不足以事父母，俯不足以畜妻子，乐岁终身苦，凶年不免于死亡。"（《梁惠王上》）他推崇周文王视民如伤，善养老者，发政施仁，必先鳏寡孤独，特别关照弱势群体。孟子之仁，无所不及。他主张"亲亲而仁民，仁民而爱物"（《尽心上》）。他力辟杨墨，但对归服者却欣然接受，不允许有所羁绊。他收徒讲学，"往者不追，来者不拒"（《尽心下》）。他反复告诫人们："仁，人之安宅也；义，人之正路也。旷安宅而弗居，舍正路而不由，哀哉！"（《离娄上》）

孟子取大义。他周游列国，不为谋一官半职，不为求荣华富贵，而是为安天下之民。他贬斥霸道——以武力称霸一方，他倡行王道——以仁德统一天下。他推崇尧舜禹汤文武周公孔子，他藐视威震诸侯的霸主齐桓公、晋文公。因为他们只图一己一国之利，只称一时一地之霸，而无统一天下之志，无拯救天下百姓之行。世人钦慕的管仲，他不屑一顾，因为管仲仅能辅佐齐桓公称霸。只有辅佐商汤统一天下的伊尹，才值得他效法。世人吹捧为大丈夫的纵横家张仪、公孙衍，他认为他们行的是妾妇之道，只会顺从时君攻城略地。他坚信，失民心者失天下，得民心者得天下。他力劝梁惠王、齐宣王从争王争霸的歧途上返回正道，先把老百姓的事情办好，在此基础上以仁德统一天下。尽管他们听不懂，也不去施行，但这仍然是历代平定天下的根本方略。孟子的理想社会是：仁者在位，尊贤使能；消除战争，天下统一；民有恒产，省刑薄税；菽粟至足，人皆为善；老者衣帛食肉，黎民不饥不寒。他一生为此理想而奔走，而游说。合此仁政、王道则留，不合此仁政、王道则去，绝不为高官厚禄而舍仁弃义。齐宣王趁燕国内乱而侵略燕国，虐害燕国人民，孟子力劝其撤军而不听，于是毅然辞去齐卿之位、十万钟之俸，离开了齐国。孟子终生由义而行，大义凛然，充满了浩然之气，是顶天立地的大丈夫。

孟子守大礼。明太祖朱元璋，认为孟子有对君上非礼的言行，命罢其配享孔子，并删去《孟子》85章，课试不以命题，科举不以取士。孟子"说大人则藐之，勿视其巍巍然"（《尽心下》），确有让专制君主不可接受的言行。比如，他说："民为贵，社稷次之，君为轻。""诸侯危社稷，则变置。"（《尽心下》）他当面批评梁惠王五十步笑百步，以政杀人。他说梁襄王"望之不似人君"（《梁惠王上》）。他告诫齐宣王："君之视臣如手足，则臣视君如腹心；君之视臣如犬马，则臣视君如国人；君之视臣如土芥，则臣视君如寇仇。"（《离娄下》）齐宣王问道："汤放桀，武王伐纣，有诸？""臣弑其君，可乎？"孟子回答："贼仁者谓之'贼'，贼义者谓之'残'。残贼之人谓之'一夫'。闻诛一夫纣矣，未闻弑君也。"（《梁惠王下》）齐宣王问贵戚之卿的职责，孟子说："君有大过则谏；反覆之而不听，则易位。"（《万章下》）孟子问齐宣王朋友失信、官吏失职该怎么办，宣王答舍弃他、罢免他。又问："四境之内不治，则如之何？"王顾左右而言他。(《梁惠王下》)孟子准备去见齐宣王，宣王却以"有寒疾"为由，推迟至次日早朝。孟子也以"有疾"为由，说不能去早朝。次日孟子去拜访朋友，景子说他对王不敬，不合礼义。他说："我非尧舜之道不敢以陈于王前，故齐人莫如我敬王也。""故将大有为之君，必有所不召之臣。欲有谋焉，则就之。"(《公孙丑下》)孟子所言，君王逆耳，但都是忠言、实话、真理。所行，都合于礼之根本。都是设身处地地为了让君王做个明君，让天下得到平治。孟子之前，没有此言；孟子之后，也没有人敢这样说。只有有大仁大义无私而守大礼者，才能有此响彻千古之壮语。孟子是君王师，而非君王奴。这正是孟子可贵、可敬、可畏而超越群圣之处。

孟子用大智。司马迁说他"迂远而阔于事情"(《史记·孟子荀卿列传》)，其实是没有看懂孟子。孟子以用仁德平定天下为己任，纵横家以用权谋攻城略地为追求，岂可相提并论？孟子有大智，故能立大志；孟子有大志，故能用大智。他高瞻远瞩，明察秋毫，是非分明。他言必称天下。他说："王如用予，则岂徒齐民安，天下之民举安。"(《公孙丑下》)"夫天未欲平治天下也；如欲平治天下，当今之世，舍我其谁也？"(《公孙丑下》)"乐以天下，忧以天下，然而不王者，未之有也。"(《梁惠王下》)他行必由根本。他认为，得民心，必始于不饥不寒；天下平，必基于亲亲长长。"君仁，莫不仁；君义，莫不义；君正，莫不正。一正君而国定矣。"(《离娄上》)故游说必先格君心之非。孟子的智慧体现在方方面面。他指出，养气，须"以直养而无害"(《公孙丑上》)；养心，须"先立乎其大者"(《告子上》)；思诚，须遵循天道之有常；谋事，应"行其所无事"（《离娄下》），即顺应自然规律，而不加主观干预。还有，秉持中道而不走极端；执中而知权变，"执中无权，犹执一也"（《尽心上》）；以及"尽信《书》，则不如无《书》"（《尽心下》）；等等。孟子不避疑难，针砭时弊，在继承中发展，在批判中创新，创立了一个个理论巅峰。他的性善之说，心思之学，义利之析，王霸之辨，民贵君轻之议，知言养气之论，都是前圣所未言，《诗》《书》《礼》《乐》《易》《春秋》六经所不载。他将仁义礼智、孝悌忠信融会贯通，使儒家学说形成了完整的理论体系。他辟杨墨、驳横议，挽救孔子学说于衰微，继承发展孔子学说而逾百家。

孟子生前没能施展抱负，但逝后却对历史产生了深远的影响。汉文帝时，置《孟子》传记博士。后成为朝廷议政引用的经典。东汉赵岐为《孟子》作注，称孟子为"命世亚圣之大才者也"（《孟子题辞》）。唐代韩愈推尊孟子为尧、舜、禹、汤、文、武、周公、孔子道统的嫡传（《原道》），"功不在禹下"（《与孟尚书书》）。北宋熙宁四年（1071），神宗采纳王安石的建议，将《孟子》列为科举考试的命题之经，金、元、明、清不改。元至顺元年（1330），文宗颁旨加封孟子为"邹国亚圣公"（《元史》卷七十六《祭祀志第二十七》），明、清因袭。近千年来，孟子被尊为仅次于孔子的"亚圣"，《孟子》一书成为学子必读成诵的经典。他的思想学说，造就了一代代仁人义士、清官廉吏、明君贤相，已根植于中华儿女的文化血脉之中，成为中华民族的精神脊梁。

遗憾的是，近百多年来，随着帝制的终结，科举的废除，西学的东渐，《孟子》受到了冷落，甚至被归入了封建文化，陪同孔子接受批判。实际上，这是误解。《孟子》不仅不是封建文化，而且是对抗、制约封建君主专制的中坚。孟子曾说天子之位天授，而同时又说天的意志来自民，实际上是民授。他引用《太誓》中的话说："天视自我民视，天听自我民听。"（《万章上》）他主张君与民同，君臣有义；国君进贤、罢官、杀人，都要征询国人的意见；君王可以批评；不仁之君可以变置、易位、罢免；暴君可以流放、诛伐。（分别见《梁惠王下》《滕文公上》《离娄下》《万章下》《尽心下》）对此，专制君主无不讳莫如深。遍读孟庙宋、金、元、明、清历代数百块碑刻，从朝廷到地方，从皇帝到知县，乃至文人墨客，无一提到"民贵君轻"，更不必说"土芥""寇仇"与"放桀""伐纣"。他们主要赞颂孟子辟杨墨，维君父，卫孔道。无怪乎孙中山先生说："我辈之三民主义，首渊源于孟子。""孟子实为我等民主主义之鼻祖。"（《孙中山全集》卷九）

近几十年来，虽有正本清源，但《孟子》仍囿于象牙塔之中，多作为批判研究的对象。一般人很少有读《孟子》、知《孟子》者。《孟子》中虽有时代的烙印，如世卿世禄、井田制等，但其核心内容还是超越时间空间的。一部催人上进、教人为善、做个好人，进而达到家庭和睦、社会安定、国家富强、天下太平、人人幸福的好书，一部不亚于世界任何古老文明遗留下来的经典之中的经典，却被束之高阁，实在太可惜了！特别是在物欲横流的今天，《孟子》更如灭火之水，根治顽疾之良药！

为了让人人读懂《孟子》，让孟子走近大众，弥补先贤编注《孟子》之缺憾，还《孟子》之本原，故不揣固陋，作《孟子新编新注》。衷心期盼，凡我中华儿女，都能读读《孟子》。它将为您构筑安宅广居，让您终生平安、快乐、幸福；它将为您铺设正路大道，让您阔步走向自尊、自信、自强，直至理想的人生彼岸。

凡　例

一、《孟子》原文，取自东汉赵岐《孟子章句》（以下简称"《孟子注》"）。个别有争议之处，依照宋代孙奭《孟子注疏》附清代阮元《校勘记》所述各《孟子》善本酌定。为方便阅读，变竖排为横排，变繁体字为简体字。个别异体字、古今字酌情规范处理。

二、赵岐《孟子注》将《孟子》原文七篇各分上下，篇下设章，共261章。为方便阅读、检索，拙著对《孟子》原文重新依内容分类，设《学问》《性善》《仁义 孝悌》等14篇，确保同一类内容的主要章节在同一篇内。每章根据其内容起一名称。261章一章不漏（仅将《尽心上》第36、37章合为一章，共分260章），34685字一字不少。为检索方便，不论原编还是新编，每章各设一个序号。原编同杨伯峻《孟子译注》所编序号。如原编《梁惠王上》第一章《孟子见梁惠王》为1.1，而在新编中，则在《正君》第四章，为11.4。"·"前为篇序号，"·"后为章序号。拙著中，在每章章首记新编序号，在章末记原编篇名及序号。附录《〈孟子〉原编与新编对照目录》，依原编排序，可见原编与新编对照序号。

三、【注释】中，对生僻字、多音字等加注汉语拼音，并附同音字。无同音字者，仅注汉语拼音。注释内容，尽量说明出处，力求言之有据。对需注而重复出现的条目，原则上在首见时作注。但有的在不同句子中含义不同，或为方便阅读，也不拘于不予重注。【译文】，以忠实原文为准则，与注释相吻合，力求通俗易懂，而又不失孟子文风。【一得】，为撰者读后愚者千虑之一心得，而非本章宗旨、大意之类。

四、为补充【注释】所不能尽言，辨析传统注释之缺憾，故设【疑难】。凡拙著认为，系赵岐《孟子注》、朱熹《孟子集注》、杨伯峻《孟子译注》共同存在，或两家存在的问题，或该注未注者，或注而不详者，或注而不妥者，凡138条，逐一辨析，说出拙著的不同见解。

五、凡【注释】【疑难】引文中原文出处有误者，误字以"（）"示之，正字以"〔〕"示之。

目　录

第一篇 ▶ 学 问

第一章　人皆可以为尧舜

1.1　曹交问曰①："人皆可以为尧舜②，有诸？"

孟子曰："然。"

"交闻文王十尺③，汤九尺④，今交九尺四寸以长，食粟而已，如何则可？"

曰："奚有于是？亦为之而已矣。有人于此，力不能胜一匹雏⑤，则为无力人矣；今曰举百钧⑥，则为有力人矣。然则举乌获之任⑦，是亦为乌获而已矣。夫人岂以不胜为患哉？弗为耳。徐行后长者谓之弟⑧，疾行先长者谓之不弟。夫徐行者，岂人所不能哉？所不为也。尧舜之道，孝弟而已矣。子服尧之服，诵尧之言，行尧之行，是尧而已矣。子服桀之服^⑨，诵桀之言，行桀之行，是桀而已矣。"

曰："交得见于邹君^⑩，可以假馆^⑪，愿留而受业于门。"

曰："夫道若大路然，岂难知哉？人病不求耳。子归而求之，有余师。"（《告子下》12.2）

【注释】

① 曹交：求学于孟子者。赵岐《孟子注》（以下简称"赵《注》"）："曹君之弟。交，名也。"曹，古国名。姬姓。周武王克商，封其弟叔振铎于曹。故地在今山东西南部定陶、曹县一带。向东偏北，距孟子故里邹国约135公里。《左传·哀公八年》："八年春，宋公伐曹。……遂灭曹，执曹伯（阳）及司城强以归，杀之。"鲁哀公八年，为公元前487年。此时在孟子出生前约115年，至孟子授徒讲学时，不可能再有曹君之弟。除非曹又复国。曹交，可能是曹国贵族之后，国灭以国为氏。又，邹国曹姓。曹交也可能是迁徙到外地的邹国贵族。　② 尧舜：传说中父系氏族社会后期部落联盟的杰出领袖。尧，陶唐氏，名放勋，史称唐尧。相传当时洪水泛滥，禽兽横行。他心忧天下，尊贤使能。命鲧（gǔn 滚）治水，九年不成。荐举舜驱逐禽兽，禽兽逃匿，人得安居。还曾设官掌管时令，制定历法。后禅位于舜。舜，姚姓，有虞氏，名重华，史称虞舜。相传他孝亲敬长，友恭兄弟，与人为善。因四岳推举，尧命其摄政。他巡行四方，除鲧、共工、驩兜（huān dōu 欢都）、三苗"四凶"。受禅继尧位。又咨询四岳，挑选贤人，治理民事。命禹治水，水患得平。后禅位于禹。　③ 文王：即周文王。姬姓，名昌。殷时诸侯，居于岐山之下。敬老慈幼，礼贤下士，受到

诸侯的拥护。曾被纣王囚于羑（yǒu 友）里（今河南汤阴北），后获释。为西方诸侯之长，称西伯。迁都于丰，今陕西西安西南沣（fēng 丰）水西岸。子武王起兵伐纣，灭商，建立周王朝。　　十尺：古时的尺不同于当今的尺。《说文》："尺，十寸也。人手卻（què 却）十分动脉为寸口。……周制，寸、尺、咫、寻、常、仞诸度量，皆以人之体为法。""咫，中妇人手长八寸谓之咫。周尺也。"《大戴礼记·王言》："布指知寸，布手知尺。"由上述可知，周代规定，各种长度都以人体的部位为准则。周尺，同咫；咫，为中等身材妇女的手长；中等妇女的手长，为某标准尺（待考）的八寸。寸，一平指，即五指平放每个手指的平均宽度。由周代至今，人的身材没有太大变化。经实测，今中等身材妇女的手长，公认 20 厘米左右；一指，2 厘米左右。十尺，应为十周尺，为今 2.00 米左右。下文汤九尺，为今 1.80 米左右；曹交九尺四寸，为今 1.88 米左右。　　④汤：即商汤，又称天乙、成汤。契的后代，子姓，名履。原为商族领袖，与有莘氏通婚，任用伊尹执政，陆续攻灭邻近的葛国以及夏的联盟韦、顾、昆吾等国，经十一次出征，成为当时的强国。后一举灭夏，建立商朝。　　⑤一匹雏：一只小鸡。匹，量词。雏，幼鸡。　　⑥百钧：相当于三千斤。钧，古代重量单位名。《书·五子之歌》："关石和钧，王府则有。"孔颖达《疏》："（《汉书》）《律历志》云：……三十斤为钧，四钧为石。"　　⑦乌获：战国时仕于秦武王的力士。　　⑧弟（tì 替）：弟弟顺从兄长。通"悌"。⑨桀：夏代最后一位君主。姒（sì 四）姓，名履癸。古代暴君的典型，与商纣并称"桀纣"。《史记·夏本纪》："帝桀之时，自孔甲以来而诸侯多畔夏，桀不务德而武伤百姓，百姓弗堪。"公元前 1600 年，被汤所败，出奔南巢（今安徽巢湖市西南）

而死。夏亡。桀，是他的谥号，贼人多杀的意思。　⑩邹君：孟子故里邹国的国君。邹，活跃于西周初期至战国末期的东夷土著方国。春秋时称"邾"（zhū 朱）、"邾娄"，战国时称"邹"，秦、汉时称"驺"（zōu 邹），后又称"邹"。开国始祖为侠（一作挟），帝颛顼（zhuān xū 专须）之后陆终第五子晏安的苗裔，曹姓。西周初年受封于邾。侠以下至仪父始见于《春秋》。《春秋》及其"三传"记载了有关邾国的史事 120 多条。古邾国北、东、西三面靠鲁，南邻滕、薛、鄫（zēng 增）、偪（fù 复）阳及宋，位于今山东南部。其疆域以今邹城全境为腹地，东至平邑南部，费县西部、南部，兰陵西北部；西至济宁市任城区东部、南部，鱼台东北部；南括滕州北部、中部、南部、东部，枣庄市山亭区、市中区全部，峄城区北部；北括曲阜南部、东南部，泗水南部，平邑西部。总面积约 8500 平方公里。在周宣王时期（前827—前782），古邾国分为邾、小邾、滥三国。小邾、滥偏居东南，邾仍占有古邾国的腹地及三分之二以上的领土。春秋时的"邾""邾娄"，战国时的"邹"，都是指邾分三国后的邾国。其都城在今邹城东南 10 公里峄山之阳。春秋时期，邾国先后与鲁、齐、晋、吴等大国结盟，积极参与朝聘、会盟、征伐等活动，屡次还击鲁国的侵略与欺凌。至春秋末期，仍有"鲁赋八百乘……邾赋六百乘"（《左传·哀公七年》）之说，其实力仅次于鲁国。战国时，力行仁政，周旋于齐、楚等大国之间。约公元前 451 年，为楚所并。迁往楚地（今湖北黄冈），仍保留"邾"的称号，并重建邾城。公元前 206 年，项羽灭秦，"故立（吴）芮（ruì 锐）为衡山王，都邾"（《史记·项羽本纪》）。邹国传 29 世，历约 800 年。　⑪假馆：借个住的地方。假，借，租赁。馆，房舍。

【译文】

曹交问道："人人都可以做尧舜，有这个说法吗？"

孟子说："有。"

又问："交听说周文王身高两米，商汤身高一米八，如今我一米八八还多，只会吃饭罢了，怎么做才可以呢？"

答道："这有什么关系？只要去做就行了。有人在此，自称力量不能抓起一只小鸡，那就是没有力气的人了；如今说举得起三千斤，那就是有力气的人了。那么，举得起乌获所能举起的重量，那就是乌获了。人怎么能以不能胜任为忧患呢？不去做罢了。慢点走，走在长者的后面，叫作悌；飞快走，抢在长者之前，叫作不悌。慢点走，难道是人做不到的吗？是不去做。尧舜的大道，不过是孝悌罢了。你穿尧穿的衣服，说尧说的话，做尧做的事情，便是尧了；你穿桀穿的衣服，说桀说的话，做桀做的事情，便是桀了。"

曹交说："我能够见到邹君，可以借个住的地方，愿意留在您的门下学习。"

孟子说："道，就像大路一样，难道难于知晓吗？人的毛病在于不去寻求。你回去自己去寻求它，老师多得用不了。"

【一得】

每个人都可以做最好的自己，每个人都可以成为出类拔萃的人。人与人之间的区别，虽有先天及所处环境的差异，但主要还是后天努力的不同。人人都有仁爱、智慧、力量的潜能，萌发了它，扩充了它，就是杰出的人；埋没了它，丢失了它，就是平庸的人。为，去做，是关键。命运掌握在自己手中。

【疑难】

◎文王十尺

赵《注》未注。

朱熹（以下简称"朱"）《注》未注。

杨伯峻（以下简称"杨"）《注》未注。《译文》："文王身高一丈。"

此句似乎不值得一注。但笔者每读至此，总难免心生疑窦。十尺，若按当今尺换算，约合今 3.33 米。文王不可能有这么高。是《孟子》所述有误吗？也不可能。不得已，略作探讨。

先看古代文献记载。《说文》："尺，十寸也。人手卻（què 却）十分动脉为寸口。……周制，寸、尺、咫、寻、常、仞诸度量，皆以人之体为法。""咫，中妇人手长八寸谓之咫。周尺也。"《大戴礼记·王言》："布指知寸，布手知尺，舒肘知寻。"《公羊传·僖公三十一年》："触石而出，肤寸而合。"何休《注》："侧手为肤，案指为寸。"由上述可知，周代的制度，各种长度都以人体的部位为准则。周尺，同咫；咫为中等身材妇女的手长；中等身材妇女的手长为某标准尺的八寸。由周代至今，人的身材没有太大变化。经专家实测，今中等身材妇女的手长，公认 20 厘米左右。如龙庆忠著《中国建筑与中华民族》（华南理工大学出版社 1990 年版），称"周布手知尺"，为今 0.612 市尺，20.4 厘米。寸，一平指，即五指平放每个手指的平均宽度，约今 2 厘米。十指并列平放的宽度与手长同。故十寸为一尺。至于《说文》所称"八寸"为什么尺之八寸，则有待考证。但周尺一定不是八指之八寸。

再看考古发现。据曾武秀《中国历代尺度概述》（见《历史研究》，1964 年第 3 期）介绍，"目前在考古发掘中还没有在先秦的墓葬或遗址中发现过尺"。他历数了罗福颐著《传世历代古尺图录》（文物出版社 1957 年版）中著录的传世古尺。其中南京博物馆藏，据说出土于殷墟的骨尺一支，长 16.93 厘米，尺刻 10 寸，每寸长短不均。被认为是晚周尺者 7 件，每件长22.7 至 23.1 厘米不等。特别值得注意的是，现藏南京大学，据说是 1931 年在河南洛阳金村东周古墓出土的铜尺，唯在侧面刻10 寸，末寸刻 11 分，当 5 寸之处刻交午线，长 23.1 厘米。他还根据出土的战国简牍、车轨推算当时的尺长，并得出结论："战国时代普遍行用的尺约长 22 ~ 23 厘米。如以辉县玉简为准，则可以 22.5 厘米为当时--尺之长。"关于汉尺，他说："汉尺出土最多，其记录确切、年代可靠者有以下十一件（略。有木、竹、铜、骨尺及新莽度等，每件长度 22.8 ~ 24.083 厘米不等）""根据现存汉尺及其他汉代遗物的测算，汉代尺度可以新莽时期 23.1 厘米之长为准。大致前汉比较稳定，固定在23 ~ 23.1 厘米左右；后汉则民间实用的尺伸长很快，至汉末已接近 24 厘米。"

由上述可知，根据考古发现，殷尺约 16.93 厘米，战国尺与西汉尺同为 23.1 厘米，东汉尺约 24.0 厘米。夏尺、西周尺没有发现，《说文》所述"周尺"没有发现，度量"中妇人手长八寸"的大尺（约 25.0 厘米）也没有发现。这些都有待新的考古发现和考证。尽管如此，已有考古发现仍然为我们提供了可与古代文献相印证的信息。战国尺 23.1 厘米的八寸为 18.48 厘米，东汉尺 24.0 厘米的八寸为 19.2 厘米，都与"中妇人手长"20.0厘米相接近。而东汉尺最接近。《说文》的作者许慎是东汉中期人，有无可能《说文》所言"八寸"是东汉尺呢？这虽有待于进一步考证，但可以备为一说。

"文王十尺"，是说周文王的身高。十尺，应为周尺。周代度量以人体为准则，参考战国至东汉出土的古尺，以及今中等身材妇女手长的实测，周尺约20.0厘米可信。故文王身高十尺，为2米左右；汤九尺，为1.80米左右；曹交九尺四寸，为1.88米左右。

第二章　西子蒙不洁

1.2　孟子曰："西子蒙不洁①，则人皆掩鼻而过之；虽有恶人②，齐戒沐浴③，则可以祀上帝④。"（《离娄下》8.25）

【注释】

① 西子：即西施。一作先施。古先、西音同。春秋末越国苎（zhù 注）萝（今浙江诸暨南）人。传说越人败于会稽，命范蠡（lǐ 里）求得美女西施，献于吴王夫差，吴王许和。后越灭吴，西施随范蠡入五湖而去，不知所终。见《吴越春秋》《越绝书》等。因西施以美著称，故后常用作绝色美女的代称。又，《庄子·齐物论》有"厉与西施"句，西晋司马彪注西施为"夏姬"。也可能夏代就有美女名西施。　蒙：覆盖，包裹。引申为沾染，沾满。　② 恶人：形貌丑陋的人。恶，貌丑。与美相对。《左传·昭公二十八年》："昔贾大夫恶，娶妻而美。"　③ 齐（zhāi 摘）戒：即斋戒。齐，通"斋"。古人在祭祀前沐浴更衣，不饮酒，不吃荤，不与妻妾同寝，整洁身心，以示虔诚。　④ 上帝：上天，天帝，天神。《书·盘庚》："上帝将复我高祖之德。"《诗·大雅·荡》："荡荡

上帝，下民之辟。"

【译文】

孟子说："西施身上沾满了污秽，人们遇见时也会捂着鼻子躲着走；即便是长得丑陋的人，只要斋戒沐浴，仍然可以祭祀上天。"

【一得】

不要沉溺于过去而不能自拔。人们对你的态度，将随着你的变化而变化。尽管你曾饮誉天下，如果倒行逆施，人们仍然会厌恶你；尽管你曾声名狼藉，只要洗心革面，仍然可以受到人们的尊敬。

第三章　行之而不著焉

1.3　孟子曰："行之而不著焉①，习矣而不察焉②，终身由之而不知其道者③，众也④。"（《尽心上》13.5）

【注释】

① 著：明白，显露。《中庸》："诚则形，形则著，著则明。"　② 习：习惯，习以为常。《书·太甲上》："兹乃不义，习与性成。"　察：省察，检查，反省。《论语·卫灵公》："众恶之，必察焉；众好之，必察焉。"　③ 由：自，从，遵循。《论语·雍也》："谁能出不由户？何莫由

斯道也？" ④众：多。《左传·桓公十一年》："师克在和不在众。"

【译文】

孟子说："施行它，却不明白它是什么；习惯于它，却不去省察它为什么；终生都遵循它，却不知道它其中的道理。这样的人太多了。"

【一得】

人们对自己的所作所为，不仅要知其然，还要知其所以然。要由依感性而为，上升为依理性而为。若能这样，就不是一般的人了。

第四章　求其放心

1.4　孟子曰："仁，人心也；义，人路也。舍其路而弗由，放其心而不知求①，哀哉！人有鸡犬放，则知求之；有放心而不知求。学问之道无他，求其放心而已矣。"（《告子上》11.11）

【注释】

①放：《说文》："放，逐也。"引申为丧失，丢弃。

【译文】

孟子说:"仁,是人固有的良心;义,是人必行的正道。舍弃了正道而不去行走,丧失了良心而不知去寻求,太可悲了!人有鸡狗跑丢了,便知道去寻找它;而良心丢失了却不知去寻找。做学问的准则没有别的,就是找回那丧失的良心罢了。"

【一得】

鸡狗易得,良心易失。良心比鸡狗值钱。寻求、存养、扩充自己善良的本心,是终生要做的学问。

第五章 无或乎王之不智也

1.5 孟子曰:"无或乎王之不智也①。虽有天下易生之物也,一日暴之②,十日寒之,未有能生者也。吾见亦罕矣,吾退而寒之者至矣,吾如有萌焉何哉?今夫弈之为数③,小数也;不专心致志,则不得也。弈秋④,通国之善弈者也。使弈秋诲二人弈,其一人专心致志,惟弈秋之为听。一人虽听之,一心以为有鸿鹄将至⑤,思援弓缴而射之⑥,虽与之俱学,弗若之矣。为是其智弗若与?曰:非然也。"(《告子上》11.9)

【注释】

①或:疑惑。通"惑"。 ②暴(pù瀑):晒。"曝"的本字。 ③弈(yì义):《说文》:"围棋也。" 数:

技艺，技术。《淮南子·诠言训》："渡水而无游数，虽强必沉；有游数，虽赢（léi 雷）必遂。"　④弈秋：古代下棋高手。名秋。　⑤鸿鹄（hú 胡）：鸟名。即天鹅。　⑥援：执，持。　缴（zhuó 灼）：射鸟时系在箭上的生丝绳，射出后可以将箭收回。此处指系着生丝绳的箭。

【译文】

孟子说："不要疑惑王的不聪明了。即使有天下最容易生长的植物，如果晒它一天，再冻它十天，也没有能够生长的。我和王相见的次数本来就不多。我一退下，那些让他寒冷的人就赶到了，我对萌发他的善心又能起到什么作用呢？比如下棋的技艺，只不过是个小技艺；如果不专心致志，也学不好。弈秋，是全国下棋的高手。如果让他教两个人下棋，其中一个人专心致志，只听弈秋的教诲；另一个呢，虽然也在听讲，却一心以为有只天鹅快要飞来，想拿起弓箭去射它。虽然和人一道学习，他的成绩一定不如人家。造成这样的结果，是因为他的智力不如人家吗？当然不是。"

【一得】

做事不能成功，不要埋怨自己的天资不如别人，而应检讨自己是否竭尽了心力。一曝十寒，无物能生；专心致志，无事不成。不论是修养身心，还是学习技艺，都是如此。

第六章　道则高矣，美矣

1.6　公孙丑曰①："道则高矣②，美矣，宜若登天然，似不可及也。何不使彼为可几及而日孳孳也③？"

孟子曰："大匠不为拙工改废绳墨④，羿不为拙射变其彀率⑤。君子引而不发⑥，跃如也⑦。中道而立⑧，能者从之。"（《尽心上》13.41）

【注释】

①公孙丑：公孙，姓；丑，名。齐国人。孟子弟子，终生追随孟子。与孟子无所不问，尤重治国理政与心、性、志、气等学说。《孟子》中记其与孟子答问15章。第二篇以其名命名，并参与了《孟子》一书的编撰。去世后，葬于孟子故里邹国，在今邹城西北10里南宫村。明成化十九年（1483），县令张泰为其立碑表墓。北宋景祐四年（1037），孔道辅新建孟子庙，即以其配享。政和五年（1115）诏定其封爵为"寿光伯"，从祀孟庙。位设东庑之首，直至明、清。　②道：思想学说，道理。此处指孟子所传授的儒家之道。　③几及：近乎达到。几，表示数量不多，几乎，接近。　孳孳（zī zī 孜孜）：勤勉，不懈怠。同"孜孜"。孳，通"孜"。《史记·夏本纪》："予思日孳孳。"《书·益稷》作"孜孜"。　④绳墨：木匠以绳濡墨打直线的工具。又比喻规矩或法度。　⑤羿（yì艺）：人名。古代传说羿有三，皆以善射名。一为夏有穷氏之国君，因夏民以代夏政。以不修民事，为家臣寒浞（zhúo浊）

所杀。见《左传·襄公四年》。一为射日之羿。唐尧时十日并出，草木枯焦，羿射落九日。见《楚辞·天问》等。一为帝喾（kù 库）的射师。见《说文》。　　彀率（gòu lǜ 够律）：弓弩张开的法度。　　⑥引：张弓。《庄子·田子方》："列御寇为伯昏无人射，引之盈贯。"　　⑦跃如：跃跃欲试的样子。　　⑧中道而立：站立在正道之中，坚持正确的准则与法度。中道，道之中。即正道，正确的准则与法度。立，站住不动。引申为坚持。

【译文】

公孙丑说："（老师您传授的）道，太崇高了，太美好了。好像登天一样，似乎不可触及。为什么不使它变得近乎可以达到，而让学生去不断努力追求呢？"

孟子说："高明的工匠不会为笨拙的徒弟改变或者废弃制作的准则；羿不会为笨拙的射手而变更张弓的法度。君子（教导学生，正如高明的射手）张满了弓，却不放箭，做出跃跃欲试的样子。坚持正确的准则与法度，能做到的就跟随上来。"

【一得】

山不会为怯懦者低矮，道不会为畏难者粗俗。站在山下观望，永远不能登顶；立在门外徘徊，永远不能入室。大仁大智在中道呼唤，无限风光在险峰招手。

第七章　羿之教人射

1.7　孟子曰："羿之教人射，必志于彀^①；学者亦必志于彀。大匠诲人，必以规矩；学者亦必以规矩。"（《告子上》11.20）

【注释】

① 彀（gòu 够）：张满弓，射中的。

【译文】

孟子说："羿教人射箭，一定追求张满弓、射中的；学习的人也一定要追求张满弓、射中的。高明的工匠教人，一定依循规矩；学习的人也一定要依循规矩。"

【一得】

没有志向不能致高远，没有规矩不能成方圆。

第八章　梓匠轮舆能与人规矩

1.8　孟子曰："梓匠轮舆能与人规矩^①，不能使人巧。"（《尽

心下》）14.5）

【注释】

① 梓匠轮舆：古代的四种木工。《周礼·考工记》："攻木之工，轮、舆、弓、庐、匠、车、梓。"梓人造器具，匠人造房屋，轮人造车轮，舆人造车箱。也泛指木工。

【译文】

孟子说："梓匠轮舆诸木工，可以把制作器物的方法、准则传授给他人，却不能使他人的技艺巧妙。"

【一得】

再高明的老师，只能传授知识与技艺。而熟练掌握并灵活运用知识与技艺，则只能靠学生去领悟与实践。正如俗语所说："师傅领进门，修行靠个人。"

第九章　君子深造之以道

1.9　孟子曰："君子深造之以道①，欲其自得之也②。自得之，则居之安③；居之安，则资之深④；资之深，则取之左右逢其原⑤，故君子欲其自得之也。"（《离娄下》8.14）

【注释】

①深造：深入修习。造，学习与修养。　道：儒家之道，

儒家的思想学说。而非"方法"。　　②自得：自己有所获得，自身得到充实。即用儒家之道——仁义礼智去充实自己。自，自己，自身。而非"自然""自觉"。　　③居之安：居心于仁而得安宁。居，居心，居心于仁。《离娄上》："仁，人之安宅也；义，人之正路也。旷安宅而弗居，舍正路而不由，哀哉！"　　④资：蓄积，积累。《国语·越语上》："旱则资舟，水则资车，以待乏也。"　　⑤逢其原：迎合他的本心。逢，遇到，迎合。原，原本，根本。此处指人的本心。《公孙丑上》："恻隐之心，仁之端也。"《告子上》："仁义礼智，非由外铄我也，我固有之也，弗思耳矣。"

【译文】

孟子说："君子深入修习大道，是追求自我充实。自我充实，就居心安宁；居心安宁，就积累深厚；积累深厚，就信手拈来而无不迎合本心。所以君子追求自我充实。"

【一得】

学习的目的，直接影响着学习的态度、方法与效果。正如学习射箭一定要志于拉满弓、射中的一样。"学者为己"，"欲其自得之"，不是为一己之私，而是为充实自己的内心。"学者为人"，是学给别人看，为特定目的而学，那才是为一己之私。

【疑难】

◎君子深造之以道，欲其自得之也

赵《注》："造，致也。言君子问学之法，欲深致极竟之以知道意，欲使己得其原本，如性自有之也。"

朱《注》："造，诣也。深造之者，进而不已之意。道，则其进为之方也。""言君子务于深造而必以其道者，欲其有所持循，以俟夫默识心通，自然而得之于己也。"

杨《译文》："君子依循正确的方法来得到高深的造诣，就是要求他自觉地有所得。"

理解本句乃至本章的关键，在"自得"二字。自得之"自"，非朱《注》"自然"、杨《译文》"自觉"之义，而是"自己""自我"之义。自得，即自我有所获得，自我充实。而非赵《注》"己得其原本"、朱《注》"自然而得之于己也"、杨《译文》"自觉地有所得"。

"君子深造之以道"之"道"，赵《注》"法"，朱《注》"方"，杨《译文》"方法"，虽然从字面上讲得通，但联系下句则不顺畅。不宜训为"方法"，而应训为"思想学说""儒家之道"。"以"不宜训为介词，而应训为代词"此""这些"。如《吕氏春秋·贵信》："以言非信则百事不满也。"《礼·射义》："凡以庶士，小大莫处。""深造"，可训为"深入修习"。据此，全句可解为："君子深入修习此道，是追求自我充实。"这与《论语·宪问》"子曰'古之学者为己，今之学者为人'"所表述的思想是一致的。学习不是为了别人，为了别的目的，而是为了自我充实完善，成为一个高尚的人、德才兼备的人。此句是说学习目的，而非学习方法。

◎居之安

赵《注》："居之安，若己所自有也。"

朱《注》："则所以处之者安固而不摇。"

杨《译文》："就能牢固地掌握它而不动摇。"

理解此句，应从孟子的一贯思想着眼。《告子上》："仁，人心也；义，人路也。"《公孙丑上》："夫仁，天之尊爵也，人之安宅也。"《尽心上》："居恶在？仁是也；路恶在？

义是也。居仁由义，大人之事备矣。"《离娄上》："仁，人之安宅也；义，人之正路也。旷安宅而弗居，舍正路而不由，哀哉！"据此，居之安，是说心，居心，是说居心于仁就得安宁。孟子之道，仁义而已。用孟子之道，用仁、用义充实了自己，心里充满了仁义，能不安宁吗？故此句应解为"居心安宁"。这是自我充实的结果。因此，赵、朱《注》与杨《译文》皆不可取。

第十章　博学而详说之

1.10　孟子曰："博学而详说之①，将以反说约也②。"（《离娄下》8.15）

【注释】

①说：阐述，解释。　②反：返回。通"返"。　约：简明，扼要。

【译文】

孟子说："广博地学习，详尽地解释，由此返回到简明扼要地说明大义。"

【一得】

无博而约无根基，无约而博无要领。做学问要由博而约，抓住要领，融会贯通。

第十一章　孔子登东山而小鲁

1.11　孟子曰："孔子登东山而小鲁[①]，登太山而小天下[②]，故观于海者难为水，游于圣人之门者难为言。观水有术，必观其澜。日月有明，容光必照焉[③]。流水之为物也，不盈科不行[④]；君子之志于道也，不成章不达[⑤]。"（《尽心上》13.24）

【注释】

①东山：即蒙山，又称"东蒙山"。在山东省中南部。西北—东南走向，绵延百余公里，主峰龟蒙顶，在平邑、蒙阴两县交界处，海拔1150米，为山东第二高峰。因位于古鲁国之东，故称"东山"。　②太山：即"泰山"，古称"东岳"，又称"岱山""岱宗"。在山东中部，绵延起伏于济南、泰安之间，长约200公里。主峰玉皇顶在泰安市北，海拔1532.7米，主峰突兀峻拔，雄伟壮丽。为五岳之首。　③容光：能照射过光线的缝隙。　④盈科：水灌满坑坑洼洼。盈，满。科，坎，坑。　⑤不成章不达：不取得阶段性成果，就不修习新的内容。章，《说文》："乐竟为一章。"此处指修习内容的一个独立部分，或修习过程中的一个独立阶段。达，幼苗冒出地面的样子。《诗·周颂·载芟（shān 山）》："驿驿其达，有厌其杰。"郑玄《笺》："达，出地也。"引申为前行。不达，即不修习新的内容，不开启新的阶段。

【译文】

孟子说:"孔子登上东山,便觉得鲁国小了;登上泰山,便觉得天下也不大了。所以,见过大海的人,其他的水就很难吸引他;在圣人门下学习过的人,其他的言论就很难打动他。观看水,有诀窍,一定要看它的波澜。日月有光,再小的缝隙都能照到。流水的物类属性,不把坑坑洼洼灌满,就不会向前。君子立志追求大道,不取得阶段性成果,就不会修习新的内容。"

【一得】

游学于圣人之门,如登泰山,如临大海,如被日月。然而,要达到圣学的最高境界,必须一步一个脚印,日积月累,循序渐进。

【疑难】

◎不成章不达

赵《注》:"以喻君子之学必至成章,乃仕进者也。"

朱《注》:"言学当以渐,乃能至也。成章,所积者厚,而文章外见也。达者,足于此而通于彼也。"

杨《注》:"成章——《说文》:'乐竟为一章。'按由此引伸,事物达到一定阶段,具一定规模,则可曰成章。"《译文》:"没有一定的成就,也就不能通达。"

此句之疑难,在于对"章"与"达"的理解。

章,赵《注》未注。朱《注》"文章",牵强。杨《注》"事物达到一定阶段,具一定规模",《译文》"一定的成就",接近本义。

《说文》:"章,乐竟为一章。"段玉裁《注》:"歌所止曰章。"这是说，章，是全篇音乐的一部分，它是一个相对完整的阶段，且有相对独立性，有起有止，可承上，可启下。引申至修习，它是修习内容的一部分，修习过程的一个阶段。成章，即完成了这一部分内容的修习，取得了阶段性成果。

达，赵《注》"仕进"，不妥。只完成了部分内容的修习不能去仕进。朱《注》"足于此而通于彼也"，接近本义。杨《译文》"通达"，不妥。有了一定的成就，也不见得能通达。

达，幼苗冒出地面的样子。《诗·周颂·载芟（shān 山）》："驿驿其达，有厌其杰。"郑玄《笺》："达，出地也。"在本句中可引申为"前行"，即修习新的内容，开启新的阶段。

根据上述，"不成章不达"，即不取得阶段性成果，就不修习新的内容。这与上句比喻"流水之为物也，不盈科不行"，是相呼应的。

第十二章　有为者辟若掘井

1.12　孟子曰："有为者辟若掘井[①]，掘井九轫而不及泉[②]，犹为弃井也。"（《尽心上》13.29）

【注释】

①辟（pì 譬）若：譬如。辟，同"譬"。　②轫（rèn 刃）：通"仞"。古时长度单位，即成人的直立高度，俗称"一人高"。《说文》："仞，伸臂一寻八尺。""咫，中妇人手长八寸谓之咫。周尺也。"周代度量以人体为准则。所谓"伸

臂一寻"，即成人两臂左右伸直的长度，俗称"一庹（tuǒ 妥）"。这与成人的身高基本相同。"八尺"，指周尺。周尺同"咫"，即中等身材妇女手的长度，俗称"一拃（zhǎ 眨）"，为张开大拇指和中指两端的距离。这与手掌根至中指尖的距离基本相同。周代人与今人身材没有太大变化。经专家实测，公认一尺约 20 厘米，据此推算，一仞八尺，约为今 1.60 米；九仞，约为今 14.4 米。

【译文】

孟子说："有作为的人，做事好比掘井，掘到九仞深还不见泉，仍然视为废井。"

【一得】

持之以恒，方能成功；半途而废，前功尽弃。

【疑难】

◎九轫

赵《注》："轫，八尺也。"

朱《注》："轫，音刃，与仞同。八尺为仞。"

杨《注》："轫——同'仞'，七尺曰仞（赵岐《注》云：'轫，八尺也。'此从程瑶田《通艺录》说）。"《译文》："六七丈深。"

此言之疑难，一是有八尺、七尺之争议；二是赵、朱、杨《注》均未言一尺为多长，故不知一仞乃至九仞为当今多少长度。

仞之尺数的争议，起于汉代，延续至今。《论语》包咸《注》、《仪礼》郑玄《注》、《吕氏春秋》高诱《注》等主"七尺"说；许慎《说文》、《孟子》赵岐《注》、《孔子家语》

王肃《注》等主"八尺"说。焦循《孟子正义》引程瑶田《通艺录·七尺曰仞说》云:"近世方密之、顾亭林皆笃信八尺之说,瑶田以为仞七尺者是也。"

至于主七尺说的理由,程接着说:"扬雄《方言》云:'度广以寻。'杜预《左传》'仞沟洫'注云:'度深曰仞。'二书皆言人伸两手以度物之名,而寻为八尺,仞必七尺,何也?同一伸手度物,而广深用之,其势自不得不异。人长八尺,伸两手亦广八尺,用以度广,其势全伸而不屈,故寻为八尺。而用之以度深,则必上下其左右手而侧其身焉,身侧则胸与所度之物不能相摩,于是两手不能全伸而成弧之形,弧而求其弦以为仞,必不能八尺,故七尺曰仞,亦其势然也。《玉篇》云:'度深曰测。'《说文》解'测'字曰:'深所至也。'测之为言侧也,余之说仞字,以为伸手度深,必侧其身焉,义与此合矣。"段玉裁《说文解字注》云:"玉裁谓,程说甚精,仞说可定矣。"焦循引程说后曰:"谨按:仞为七尺,程氏、段氏之言定矣。"上述,就是杨《注》"七尺曰仞"的依据。

《说文》:"仞,伸臂一寻八尺。从人,刃声。""尺,十寸也。人手卻(què 却)十分动脉为寸口。……周制,寸、尺、咫、寻、常、仞诸度量,皆以人之体为法。""咫,中妇人手长八寸谓之咫。周尺也。"由此可知,周代度量单位是以人体为标准。一仞,即当时一人的直立平均高度,俗称"一人高"。一寻,即一人向左右伸开双臂,从左中指尖至右中指尖的长度。俗称"一庹(tuǒ 妥)"。这两个长度基本相同。量高、深,曰仞;量长、宽,曰寻。不论是仞还是寻,都是一人的高度或长度。一尺,即中等身材妇女手的长度。具体而言,是手掌向下,拇指向后,四指向前伸开,拇指尖与中指尖之间的长度,俗称"一拃",约20厘米。这与伸开手掌,由掌根至中指尖的长度是基本相同的。

周代的度量不统一。战国尺不同于《说文》所称之"周尺"。据曾武秀《中国历代尺度概述》考证，"战国时代普遍行用的尺约长22~23厘米"。特别提出注意，现藏南京大学，据说是1931年在河南洛阳金村东周古墓出土的战国铜尺，长23.1厘米。

据上所述，若一仞八尺，依周尺20厘米，为1.60米；依战国尺23.1厘米，为1.848米。若一仞七尺，依周尺20厘米，为1.40米；依战国尺23.1厘米，为1.617米。由周代至今，人的身高没有太大变化。平均身高1.848米与1.4米，显然不符合实际。而平均身高1.617米与1.6米（中等身材妇女），则比较符合实际。这说明，一仞八尺，是依周尺20厘米而言；一仞七尺，是依战国尺23.1厘米而言。

程瑶田说产生一仞八尺与七尺的原因，是"用以度广，其势全伸而不屈，故寻为八尺。而用之以度深，则必上下其左右手而侧其身焉……必不能八尺，故七尺曰仞"，即直身量则八尺，侧身量则七尺。实际上，寻、仞的尺度不会因量的姿势而改变，它是一个固定的尺度。不论曰寻、曰仞，都是一人的高度。人伸开双臂的长度与直立的高度是基本相同的。只不过"寻"为横量，为长、宽；"仞"为竖量，为高、深。再者，程氏只言七尺、八尺之正误，而不言所用之尺为多长，岂能得出正确的结论？故程氏之说脱离实际，不妥。

段玉裁《说文解字注》"玉裁谓，程说甚精，仞说可定矣"，焦循《孟子正义》"仞为七尺，程氏、段氏之言定矣"，杨《注》"七尺曰仞""从程瑶田《通艺录》说"，皆不妥。而《说文》、赵《注》"一仞八尺"为正。

综上所述，仞为一人的平均高度，应按以人体为度量准则的周尺计算。周尺约今20厘米，一仞八尺，约今1.60米。九仞，约今 14.4 米。若言一仞七尺，必须说明为战国尺 23.1 厘米。否则为误。

第十三章　人有不为也

1.13　孟子曰："人有不为也^①，而后可以有为。"（《离娄下》8.8）

【注释】

① 为：做，做事情。下句的"为"，可理解为作为，有所作为。

【译文】

孟子说："人有不去做的事情，然后才可以有所作为。"

【一得】

什么都做，什么也做不好。没有放弃，就没有保留。只有学会放弃，才能做好应该做的事情。

第十四章　君子之所以教者五

1.14　孟子曰："君子之所以教者五：有如时雨化之者，

有成德者，有达财者^①，有答问者，有私淑艾者^②。此五者，君子之所以教也。"（《尽心上》13.40）

【注释】

[1] 财：才能，才智。通"才"。　　[2] 私淑艾（ài 爱）：私下学习修养。私，私下。淑，通"叔"。《说文》："叔，拾也。"《诗·豳风·七月》："九月叔苴（jū 居）。"由"拾"，可引申为"学习"。艾，养。《诗·小雅·南山有台》："乐只君子，保艾尔后。"可引申为"修养"。

【译文】

孟子说："君子用来教育人的方式有五种：有像及时雨那样滋养润化的，有成全品德的，有培育才能的，有解答疑难的，还有做出榜样让其私下学习修养的。这五种，便是君子用来教育人的方式。"

【一得】

君子育人，贵在因材施教，使受教育者各得其所。

【疑难】

◎私淑艾

赵《注》："私，独。淑，善。艾，治也。君子独善其身，人法其仁，此亦与教法之道无差也。"

朱《注》："艾，音义。私，窃也。淑，善也。艾，治也。人或不能及门受业，但闻君子之道于人，而窃以善治其身，是亦君子教诲之所及，若孔、孟之于陈亢、夷之是也。"

杨《注》引焦循《正义》云："《毛诗·豳风·七月》：

'九月叔苴。'《传》云:'叔,拾也。''淑'与'叔'通。《诗·周南·葛覃》:'是刈是濩。'《释文》云:'刈本又作艾。'《韩诗》云:'刈,取也。'盖'私淑诸人'(8.22)即'私拾诸人'也。'淑艾'二字义相叠,'私淑艾'者,即'私拾取'也。其实'私淑艾'犹'私淑'也。"《译文》:"还有以流风余韵为后人所私自学习的。"

本句之疑难,赵、朱《注》"淑,善""艾,治也",焦循《正义》"'私淑艾'者,即'私拾取'也",各有所据,都能自圆其说,但让读者难以适从。再者,各家虽然都能自圆其说,但读来别拗,又各有不妥之处。故有必要对"淑""艾"再作解析。

《说文》:"淑,清湛也。"段玉裁《注》:"《释诂》曰:'淑,善也。'此引伸之义。"焦循《孟子正义》:"淑与叔通,《诗·陈风》'彼美叔姬',《释文》云'本亦作淑'。"《说文》:"叔,拾也。从又,尗声。汝南名收芋为叔。"《诗·豳风·七月》:"九月叔苴。"由上述可知,"淑"的本义是"清湛"。"善",是它的引申义。"淑"与"叔"通,"叔"的本义是"拾"。私淑,若训为"私善","善"为形容词,虽可使动,但与被私善者没有关系;而训为"私拾",则与被拾者有关系,"拾"是动词,可引申为"学习",即私下学习。故训"拾",较训"善"为妥。

《说文》:"艾,冰台也。从艸,乂声。"段玉裁《注》:"古多借为乂字,治也。又训养也。"艾,即艾蒿,又名"冰台"。冰,古冰字。艾,通"乂",治理。《史记·河渠书》:"诸夏艾安,功施于三代。"《汉书·郊祀志上》:"汉兴已六十余岁矣,天下艾安。"颜师古《注》:"艾,读曰乂。乂,治也。《汉书》皆以艾为'乂',其义类此也。"艾,又通

"刈"，割，收获。《穀梁传·庄公二十八年》："一年不艾，而百姓饥。"后引申为砍、削。《汉书·项籍传》："愿为诸军快战，必三胜，斩将，艾旗。"艾，不论是假借为"乂"还是"刈"，都读 yì（义）。若依赵、朱《注》，训艾为"治"，私淑艾即为"私善治"。谈教书育人，用"治"有点生硬。若依焦循《正义》，训艾为"取"，私淑艾即为"私拾取"。拾、取重叠，二者都有勉强之嫌。之所以勉强，是没道出"艾"在本文中的本义。其实，艾还有一义，可训为"养"。《诗·小雅·南山有台》："乐只君子，保艾尔后。"此"艾"，即养、养育的意思。若依此义，由养引申为"修养"，私淑艾即为"私下学习修养"。这既顺畅又不失本义。

第十五章　滕更之在门也

1.15　公都子曰①："滕更之在门也②，若在所礼，而不答，何也？"

孟子曰："挟贵而问③，挟贤而问，挟长而问，挟有勋劳而问，挟故而问，皆所不答也。滕更有二焉。"（《尽心上》13.43）

【注释】

①公都子：公都，姓；子，古代男子的美称或尊称。名字不详。据传说为邹国人。孟子弟子，长期追随孟子。与孟子有"好辩""性善""义内、义外""大人、小人"以及"匡

章不孝"等答问。北宋政和五年（1115），诏封"平阴伯"，从祀孟庙，位设东庑。清乾隆二十一年（1756），改称"先贤"，与乐正子、公孙丑、万章并列。　②滕更：滕，姓；更，名。生卒不详。滕国人。赵岐《注》曰："滕君之弟，来学于孟子者也。"以"滕更之在门也"句中可知，应为孟子弟子。　③挟（xié 协）：持。持，与"恃"通。意为倚仗，恃以自重。

【译文】

公都子说："滕更在您门下，似乎应在以礼相待之列，可您却不理他，为什么呢？"

孟子说："倚仗着尊贵来发问，倚仗着贤能来发问，倚仗着年长来发问，倚仗着有功勋来发问，依仗着老交情来发问，都是我所不回答的。滕更占了其中的两项。"

【一得】

重道者尊师，尊师者得道。求学不可以世俗轻慢学问，为师不可以学问屈从世俗。

第十六章　教亦多术矣

1.16　孟子曰："教亦多术矣。予不屑之教诲也者[①]，是亦教诲之而已矣。"（《告子下》12.16）

【注释】

①不屑（xiè谢）：不值得，表示轻视。屑，顾惜，重视。《庄子·则阳》："心不屑与之俱。"赵、朱《注》均曰："屑，洁也。"不妥。

【译文】

孟子说："教育也有很多方法啊，我不屑于去教诲他，这也是教诲他了。"

【一得】

当你认为说教无效的时候，不妨换一种方式。冷落，未尝不能触动其心。不教，实际上是一种心教。

第十七章　贤者以其昭昭使人昭昭

1.17　孟子曰："贤者以其昭昭使人昭昭①，今以其昏昏使人昭昭②。"（《尽心下》14.20）

【注释】

①昭昭：明白。昭，光，明亮。《书·文侯之命》："昭升于上，敷闻在下。"　②昏昏：糊涂。昏，迷乱，模糊。《庄子·天地》："若愚，若昏。"

【译文】

孟子说："贤明的人，凭着自己的明白，去教别人明白；当今的人，却凭着自己的糊涂，去教别人明白。"

【一得】

要想让别人明白，首先要自己明白。自己不明白，却去教别人明白，误人又害己。

第十八章　孟子之滕

1.18　孟子之滕^①，馆于上宫^②。有业屦于牖上^③，馆人求之弗得。或问之曰："若是乎从者之廋也^④？"

曰："子以是为窃屦来与？"

曰："殆非也。夫子之设科也^⑤，往者不追，来者不拒。苟以是心至，斯受之而已矣。"（《尽心下》14.30）

【注释】

①滕（téng 疼）：周朝的一个小诸侯国。姬姓，始祖为周文王之子错叔绣。故城在今山东滕州西南，东、北与孟子故里邹国为邻，西、东南与宋、薛相近。　②上宫：馆舍名称。　③业屦（jù 巨）：尚未织完的鞋子。业，从事。此处指织而未成。屦，古时用麻、葛等制成的鞋。汉以后称履。牖（yǒu 有）：窗户。　④廋（sōu 搜）：藏匿。　⑤夫子：

赵岐《注》本作"夫予"，朱熹《注》本作"夫子"。若此句作孟子语，似与上下文意有违。故作"夫子"为是。

【译文】

孟子来到滕国，住在客馆上宫。有一双没有织好的鞋子放在窗台上，客馆的人去找却不见了。有人问孟子说："像这事呀，是跟您来的人把它藏起来了吧！"

孟子说："你以为他们是为了偷鞋子而来的吗？"

答道："恐怕不是。先生您收徒讲学，离去的不追回，来了的不拒绝。只要是抱着求学的心而来，您就接受他罢了。（那难免有的人行为不端。）"

【一得】

"往者不追，来者不拒。"多么开放、宽容、自信的办学气度！怪不得"后车数十乘，从者数百人"。

【疑难】

◎夫子之设科也

赵《注》："孟子曰：'夫我设教授之科。'"

朱《注》："但夫子设置科条以待学者。"

阮元《校勘记》："'夫子之设科也'，闽、监、毛三本同；宋本、岳本、廖本、孔本、韩本'子'作'予'"。

由上述可知，在《孟子》流传的版本中，此句中的"夫子"一词，有的作"夫子"，有的作"夫予"。而在注释中，赵岐解作"夫予"，朱熹解作"夫子"。解作"夫予"者则认定为孟子说的话。解作"夫子"者则认定为"或问"者说的话。拙著认为，从本章的文意与对话的语气来看，还是"夫子"为是。

是"或问"者阐述的"殆非也"的理由，而不是孟子的辩解。"夫子"，是"夫子"之误。

第十九章　孟子谓戴不胜曰

1.19　孟子谓戴不胜曰①："子欲子之王之善与？我明告子。有楚大夫于此②，欲其子之齐语也③，则使齐人傅诸④？使楚人傅诸？"

曰："使齐人傅之。"

曰："一齐人傅之，众楚人咻之⑤，虽日挞而求其齐也⑥，不可得矣。引而置之庄岳之间数年⑦，虽日挞而求其楚，亦不可得矣。子谓薛居州⑧，善士也，使之居于王所。在于王所者，长幼卑尊皆薛居州也，王谁与为不善？在王所者，长幼卑尊皆非薛居州也，王谁与为善？一薛居州，独如宋王何⑨？"（《滕文公下》6.6）

【注释】

①戴不胜：赵《注》："不胜，宋臣。"戴，姓。　②楚：古国名。芈（mǐ米）姓。西周时熊绎受封于成王，立国于荆山一带，都丹阳，今湖北秭（zǐ子）归西北。后疆土扩大到长江中游，建都于郢（yǐng影），今湖北荆州市荆州区西北。春秋时兼并周边小国，与晋争霸，楚庄王为"五霸"之一。疆域西北到今陕西丹凤东南，东南到今安徽含山北，北到今河南南阳，南到

洞庭湖以南。战国时为"七雄"之一。疆域又有扩大，东北到今山东南部，西南到今广西壮族自治区东北角。楚怀王攻灭越国，又扩大到今江苏、浙江。其后屡败于秦。公元前278年郢失守，迁都至陈（今河南淮阳）。公元前241年又迁寿春（今安徽寿县西南）。公元前223年为秦所灭。　　③齐：古国名。周武王封太公望（姜姓，吕氏，名尚，字子牙，号太公望）于齐，在今山东北部，建都营丘（后称临淄，今山东淄博市临淄区北）。春秋初期齐桓公任用管仲为政，国力富强，成为霸主。公元前567年齐灵公灭莱，疆土扩大到今山东东部。疆域东到海，西到黄河，南到泰山，北到今河北盐山南。春秋末年君权逐渐为大臣陈氏（即田氏）所夺。公元前386年田和代姜氏为齐侯。至齐威王称王，成为"战国七雄"之一。此后长期与秦东西对峙。公元前284年燕、赵、秦等五国联合攻齐，燕将乐毅陷临淄，从此国力衰弱。公元前221年为秦所灭。　　④傅：教。用作动词。　　⑤咻（xiū休）：喧扰。　　⑥挞（tà踏）：打，用鞭、棍等打人。　　⑦庄岳：赵《注》："庄、岳，齐街里名也。"庄是街名，岳是里名。　　⑧薛居州：薛，姓；居州，名。德才兼备的读书人。　　⑨宋王：宋，古国名。周武王灭商，封商纣王子武庚于旧都（今河南商丘南）。成王时，武庚叛乱，被杀。又以其地封与纣之庶兄微子启，号宋公，为宋国。辖地在今河南东部及山东、江苏、安徽三省之间。春秋时为十二诸侯之一，宋襄公称霸未成。战国中期君偃称王，向齐、楚、魏地扩张。公元前286年，齐湣王与魏、楚伐宋，杀王偃，遂灭宋而三分其地。此宋王，即宋王偃。据考，孟子游宋时，约在宋王偃称王七年至八年，即周赧王三年至四年，公元前312年至公元前311年。

【译文】

孟子对戴不胜说："你想让你的君王去为善吗？我明白地告诉你。如果有位楚国的大夫在此，希望他的儿子学说齐国话，那么，是找齐国人教他呢？还是找楚国人教他？"

答道："找齐国人教他。"

孟子说："一个齐国人教他，却有许多楚国人喧嚷扰乱，即使每天鞭打他，逼他说齐国话，也是学不会的。假若领着他到齐都庄街岳里的闹市住上几年，即使每天鞭打他，逼他说楚国话，也是说不出来的。你说薛居州是位德才兼备的人，让他住在君王的宫中。如果在王宫中的人，不论年龄大的小的，地位低的高的，都是薛居州那样的人，那王还能和谁干出不好的事来呢？如果在王宫中的人，不论年龄大的小的，地位低的高的，都不是薛居州那样的人，那王还能和谁干出好事来呢？一个薛居州，怎么能对宋王产生影响呢？"

【一得】

环境影响人生。不过，无论是好的因素，还是不好的因素，都必须达到一定的量，才能形成气候，造就环境，发挥作用。

第二十章　孟子自范之齐

1.20　孟子自范之齐①，望见齐王之子，喟然叹曰②："居移气③，养移体，大哉居乎！夫非尽人之子与？"

孟子曰④："王子宫室、车马、衣服多与人同，而王子若彼者，其居使之然也；况居天下之广居者乎⑤？鲁君之宋⑥，呼于垤泽之门⑦。守者曰：'此非吾君也，何其声之似我君也？'此无他，居相似也。"（《尽心上》13.36）

【注释】

① 范：地名。春秋时晋大夫士会食邑。战国时属齐。近魏，是由魏至齐的必经之处。位于河南范县境内。据考，约梁襄王元年，齐宣王二年，即公元前318年，孟子离魏去齐，曾在此停留。　② 喟（kuì 愧）然：感叹的样子。　③ 居移气：所居势位改变气宇。居，处于。此处指所居势位。　④ "孟子曰"句：本章赵《注》分为两章，即"孟子曰"之后为另一章。朱《注》为一章。因这两章内容一致，语气连贯，后人多赞同列为一章，故拙著亦列为一章。　⑤ 居天下之广居：居住在天下最宽广的住宅，即居心于仁。居，居心，处心。广居，喻仁。《离娄上》："仁，人之安宅也；义，人之正路也。旷安宅而弗居，舍正路而不由，哀哉！"　⑥ 鲁君：鲁，古国名。姬姓。西周初武王分封其弟周公旦于鲁。周公旦因辅成王未就国，其子伯禽为开国君主。位于泰山之南，汶、泗、沂水流域，今山东南部。建都曲阜（今山东曲阜）。与齐并称。春秋时国势渐衰。襄公十一年（前562），公室为桓公之后季孙氏、孟孙氏、叔孙氏三家所分。自此，鲁君失权，季氏专政。战国时沦为弱国，约公元前249年为楚所灭。因其南部与孟子故里邹国为邻，两国经常发生战争，邹国大片土地被其侵占。鲁君，即鲁国君主，具体不详。　⑦ 垤（dié 迭）泽：赵《注》："宋城门名也。"

【译文】

孟子从范邑到齐都，看见了齐王的儿子，长叹一声，说道："势位改变气宇，饮食改变身躯。太重要了啊，势位！不都是人的儿子吗？"

孟子说："王子的宫室、车马和衣着多与别人相同，而王子却是那样，是他所处的势位使他气宇轩昂；何况居住在天下最宽广的住宅——居心于仁的人呢？鲁国的国君到宋国去，在垤泽城门下呼喊，守门的说：'这不是俺的国君，为什么他的声音这么像俺的国君呢？'这没有别的原因，势位相似罢了。"

【一得】

身居高位，可以趾高气扬；德居高尚，可以藐视世俗。势位取之于人，难得易失；仁心得之于己，易得难失。

【疑难】

◎居移气，养移体

赵《注》："居尊则气高，居卑则气下。居之移人气志使之高凉，若供养之移人形身使充盛也。"

朱《注》："居，谓所处之位。养，奉养也。言人之居处，所系甚大，王子亦人子耳，特以所居不同，故所养不同而其气体有异也。"

杨《注》未注。《译文》："环境改变气度，奉养改变体质。"

此句言简意赅，不易理解。赵、朱《注》与杨《译文》各有所得，又各有所失。所得易见，不再赘述。仅将所失略述如下。赵《注》："居之移人气志使之高凉（同亮）"，应是"居之尊则移人气志，使之高凉"。仅"居之"，而无居之尊卑，怎么来的高凉？若居之卑，不会高凉。同理，"若供养之移人形身使充盛也"，应为"若供养之丰则移人形身，使充盛也"。

朱《注》"特以所居不同，故所养不同而其气体有异也"，把"气体有异"的原因说成"故所养不同"，而把"所养不同"又归因为"所居不同"，这不合孟子的本意。

杨《译文》"环境改变气度"，从字面看无误。但在此语境中，孟子所言不是广义的环境，而是具体的环境。孟子下句说："王子宫室、车马、衣服多与人同，而王子若彼者，其居使之然也。""王子宫室、车马、衣服"，应是环境之属，而孟子说"多与人同"，就否认了此类环境对王子的影响，而强调的是"其居"，将"其居"与"宫室、车马、衣服"分而言之，这就说明，孟子所言之"居"，不是"环境"，而是"势位"，即所居之势，所处之位。

简言之，此句应解为：势位改变气宇，饮食改变身躯。居，处于，位于。《书·伊训》："居上克明，为下克忠。"此处指所居势位。移，改变。气，气宇。养，供养，饮食。体，身躯。

第二十一章　中也养不中

1.21　孟子曰："中也养不中[①]，才也养不才，故人乐有贤父兄也。如中也弃不中，才也弃不才，则贤不肖之相去[②]，其间不能以寸。"（《离娄下》8.7）

【注释】

① 中：中和，中正。指品行端正的人。　　② 不肖：不才，不正派。

【译文】

孟子说："品行端正的人会培养教育那些品行未端正的人，有才能的人会培养教育那些没有才能的人，所以人人都喜欢有个好的父亲和兄长。如果品行端正的人嫌弃那些品行尚未端正的人，有才能的人嫌弃那些没有才能的人，那么，贤能与不贤能之间的差距，就不足分寸了。"

【一得】

父母、兄长，是子女、弟妹的第一任老师，家庭承担着对子女培养教育的第一责任。不论在什么情况下，都不可缺失、放弃。好的家风，让一代一代人受益；不好的家风，让一代一代人受害。重视教育，养身而不忘养德启智，是子女成才、家庭幸福的法宝。

第二十二章　君子之不教子

1.22　公孙丑曰："君子之不教子^①，何也？"

孟子曰："势不行也^②。教者必以正。以正不行，继之以怒。继之以怒，则反夷矣^③。'夫子教我以正，夫子未出于正也。'则是父子相夷也。父子相夷，则恶矣^④。古者易子而教之，父

子之间不责善⑤。责善则离，离则不祥莫大焉。”（《离娄上》7.18）

【注释】

①君子之不教子：君子不教育儿子。此句有前提，是指在特殊情况下。或儿子顽劣难化，或父亲无能为力。为既达到教育目的，又不伤害亲情，而采取的教育方式的变通。　②势：情势，亲情的影响。　③夷：伤害，创伤。通“痍”。《易·明夷》：“夷于左股。”《左传·成公十六年》：“子反命军吏察夷伤。”　④恶：坏，坏事。与“好”相对。　⑤责善：责求从善。责，要求，督促。《荀子·宥（yòu右）坐》：“不教而责成功，虐也。”

【译文】

公孙丑说：“君子不教育儿子，为什么呢？”

孟子说：“亲情的影响不允许啊！教育一定要用正确的道理和方法；用正确的道理和方法而无效，接着就会发怒。一发怒，就反而伤害感情了。儿子会说：‘父亲拿正确的道理来教育我，而自己却不按正确的道理来做。’那就是父子间互相伤害感情了。父子间互相伤害感情，就不好了。古时候互换儿子来教育，使父子间不因从善而相互责求。因从善而相互责求，就会使父子间发生隔阂，父子间有了隔阂，没有比这再不好的。”

【一得】

父母子女之间的亲情，是“仁”的初始表现，也是人与人之间所有感情的基础，故应特别珍视。父母不仅要承担教育子女的责任，还要注意教育子女的方式方法。当子女有了过错，

需要教育纠正时，父母万万不可操之过急，凭感情用事。动辄训斥，不听则怒，或恶语相加，或大打出手，认为是自己的子女，为了他好就怎么做也不过分。其结果不仅达不到目的，反而伤害了感情，甚至走向严重的对立。为了既达到教育的目的，又避免伤害感情，易子而教，不失为智者的选择。

【疑难】

◎君子之不教子

赵《注》："问父子不亲教，何也？"

朱《注》："不亲教也。"

杨《注》未注。《译文》："君子不亲自教育儿子。"

此句之疑难，在于仅从字面上不能反映孟子的本意。赵、朱《注》与杨《译文》，从字面上看也不违原文。但此句如不另加说明，不加限制，将不能成立。不论是"不教子"，还是"不亲自教子"，都有悖做父亲的天职，何况君子？

从孟子后面的论述，可以返过来理解本句的含义。"势不行也"，是说亲情会影响教育的效果。"教者必以正。以正不行，继之以怒。"只有纠偏，才需要理正。这说明儿子有"偏"，有过错。反复教育无效，才会发怒。这既说明儿子顽劣，又说明父亲已无能为力。再继续下去，会失去控制，伤害父子感情。亲情，既是一切情感的根基，又是情感的最后一道屏障。为了既达到纠正错误的目的，又不伤害亲情，在这种特殊情况下，父亲把儿子交给别人去教育是正确的选择。再者，父亲的能力是有限的，不可能满足教育儿子的要求，把儿子交给有教育能力的人去教育，也是一种必然。但这并不意味着父亲未尽教子之责，而是更好地尽到了教子之责。

简言之，此句有前提，应限制在特殊情况下。或儿子顽劣难化，或父亲无能为力，这是教育方式的变通。

第二十三章　山径之蹊间

1.23　孟子谓高子曰①：“山径之蹊间②，介然用之而成路③；为间不用④，则茅塞之矣。今茅塞子之心矣。”（《尽心下》14.21）

【注释】

①高子：孟子弟子。名字、里籍与生卒不详。曾随孟子在齐，与孟子答问见《孟子》3章。北宋政和五年（1115），诏封为“泗水伯”，从祀孟庙。位设孟庙东庑。　②山径之蹊间（xī jiàn 西见）：山路中的小道只有一点点足迹。径，小路。《说文》：“径，步道也。”即只能供人步行的小道。蹊，刚踩出的小道。《左传·宣公十一年》：“牵牛以蹊人之田，而夺之牛。”《史记·李将军传》：“（太史公曰）谚曰：‘桃李不言，下自成蹊。’”前者为踩踏，后者为踩踏而成小道。间，《说文》：“间，隙也。”即缝隙。在本句中，意为踩出脚印而形成的缝隙。可引申为足迹。　③介然：经常、坚持的样子。《汉书·陈汤传》：“使百姓介然有秦民之恨。”　④为间（jiàn 见）：隔一段时间。间，间隙。此处为时间概念，与“蹊间”之“间”不同。同《滕文公上》“夷子怃然为间曰：‘命之矣’”之“为间”，只不过隔的时间长短有差别。

【译文】

孟子对高子说："山路中的小道只有一点点足迹，经常去走它就成了路。隔些天不走，长出的茅草就堵塞了它。如今茅草堵塞了你的心。"

【一得】

人有善端，扩充为善。一旦中止，杂念泛滥。

【疑难】

◎山径之蹊间，介然用之而成路

赵《注》："山径，山之领有微蹊介然，人遂用之不止，则蹊成为路。"

朱《注》："介，音戛。径，小路也。蹊，人行处也。介然，倏（shū 叔）然之顷也。用，由也。路，大路也。"

杨《注》："①山径——径同'陉'，《广雅·释丘》：'陉，阪（山坡）也。'②蹊（xī），同'徯'，段玉裁《说文》'徯'字下注云：'《孟子》山径之蹊，《月令》塞徯径，凡始行之以待后行之径曰"蹊"。'③间介然——《荀子·修身篇》云：'善在身，介然必以自好也。'此'间介然'当与《荀子》之'介然'同义，都是意志专一而不旁骛之貌。赵岐《注》似以'介然'属上读，今不从。"《译文》："山坡的小路只一点点宽，经常去走它便变成了一条路。"

此句之疑难，首先在于断句。赵《注》为："山径之蹊间介然，用之而成路。"朱《注》为："山径之蹊间，介然用之而成路。"杨《注》为："山径之蹊，间介然用之而成路。"三家各不相同。其次在于对"径""蹊""间""介然"的理解。

断句不同，正是由对这些词的理解不同所致。

径，小路。《说文》："径，步道也。"即只能供人步行的小道。不必如赵《注》训为"领"，如杨《注》训为"陉"。蹊，刚踩出的小道。《左传·宣公十一年》："牵牛以蹊人之田，而夺之牛。"《史记·李将军传》："（太史公曰）谚曰：'桃李不言，下自成蹊。'"前者为"踩踏"，后者为由踩踏而成小道。朱《注》"人行处也"，太笼统。杨《注》"段玉裁《说文》'徯'字下注云"，应改为"许慎《说文》'徯'字下段玉裁注云"。

间，赵、朱、杨《注》均未注，不知为何。断句不同，多与此字有关。《说文》："閒（间），隙也。从门月。"在本句中意为缝隙，踩出脚印而形成的缝隙。这是个空间概念。下句"为间"之"间"，则与此不同，那是个时间概念，是"隔了一段时间"的意思。

介然，赵《注》未注。朱《注》"倏然之顷也"，即"极快地"，不妥。不论是说"山径之蹊间"，还是"用之而成路"，都不存在用"极快地"去形容的前提。杨《注》"此'间介然'当与《荀子》之'介然'同义"，"间介然"怎么能与"介然"同义呢？"间"字何义？也不作说明。此说有漏洞。介然，含坚持、经常义。《汉书·陈汤传》："使百姓介然有秦民之恨。"

据上所述，本句的句读（dòu 逗）应为："山径之蹊间，介然用之而成路。"译文应为：山路中的小道只有一点点足迹，经常去走它就成了路。

第二十四章　盆成括仕于齐

1.24　盆成括仕于齐①。孟子曰："死矣盆成括！"

盆成括见杀。门人问曰："夫子何以知其将见杀？"

曰："其为人也小有才，未闻君子之大道也，则足以杀其躯而已矣。"（《尽心下》14.29）

【注释】

① 盆成括：盆成，复姓；括，名。齐国人。生卒年月不详。从学于孟子，学未成而急于去做官，后被杀。北宋政和五年（1115），诏封为"莱阳伯"，从祀孟庙。位设东庑。

【译文】

盆成括在齐国做了官。孟子说："找死啊，盆成括！"

不久，盆成括果然被杀。弟子问道："老师您怎么知道他将会被杀？"

答道："他这个人啊只有点小聪明，不知道君子应该遵循的大道理，这就足以招来杀身之祸了。"

【一得】

一个人要有自知之明。要进自己能进的行当，要做自己能做的事情。切不可用在沟沟坎坎里扑腾的小技，去混迹于大江大河。否则，不伤即亡。不会爬，先别跑。潜心修习大道，翅膀根硬了再去蓝天搏击。

第二十五章　人之患在好为人师

1.25　孟子曰："人之患在好为人师^①。"（《离娄上》7.23）

【注释】

①患：病，毛病。《南史·江蒨（qiàn 茜）传》："蒨有眼患。"

【译文】

孟子说："人的毛病在于喜好做别人的老师。"

【一得】

骄傲自满，重己轻人，是好为人师的病根。

第二十六章　尽信《书》

1.26　孟子曰："尽信《书》^①，则不如无《书》。吾于《武成》^②，取二三策而已矣^③。仁人无敌于天下，以至仁伐至不仁，而何其血之流杵也^④？"（《尽心下》14.3）

【注释】

①《书》：即《尚书》。是现存最早的关于上古时典章文献的汇编，其中也保存了商及西周初期的一些重要史料。有今、古文之别。　②《武成》：《书·周书》中的一篇，记周武王伐商纣王事。赵岐《注》曰："《武成》，逸《书》之篇名。"可见在东汉时就已亡佚。当今看到的《武成》篇是伪古文。　③策：古时无纸，用狭长的竹片、木片书写记事。竹片曰简，木片曰牍，多片简牍用绳穿联称策。杜预《春秋左氏传·序》："诸侯亦各有国史，大事书之于策，小事简牍而已。"通"册"。　④杵（chǔ 础）：春米或捶衣的木棒。

【译文】

孟子说："完全相信《书》，还不如没有《书》。我对于《武成》篇，只不过采纳两三策罢了。仁人无敌于天下。以最有仁德的周武王，去讨伐最无仁德的商纣王，怎么会血流成河，把春米的木棒都漂起来呢？"

【一得】

《书》，也可以视为广义的书。尽信书，好比连毛吃鸡，带肠吃鱼。不仅难得美食，而且伤了胃口。书是人做的。人无完人，书岂有完书？况且有些书是胜利者的独白。用心去读，去伪存真，才能品到书中的精髓。

第二十七章　君子之泽

1.27　孟子曰："君子之泽①，五世而斩②；小人之泽，五世而斩。予未得为孔子徒也，予私淑诸人也③。"（《离娄下》8.22）

【注释】

①　泽：水滋润聚汇处。此处引申为影响，流风遗韵。②　五世：五代。从高祖到自身，从自身到玄孙，均为五代。每代相隔约二十多年，五代即一百多年。孟子"受业子思之门人"（《史记·孟子荀卿列传》），从孔子到孟子也是五代，即孔子、孔鲤、子思、子思之门人、孟子。　斩：砍，杀。引申为断，中断，断绝。　③　私淑：私下学习。以区别于面受教诲。淑，借自"叔"。《说文》："叔，拾也。"《诗·豳（bīn宾）风·七月》："九月叔苴（jū居）。" 苴，麻的子实。此处"淑"为"拾取"的意思。私淑，就是私下拾取遗留下的东西，也就是私下学习别人遗留下的知识。

【译文】

孟子说："（如果没有传人，）君子的影响，过了五代就中断了；小人的影响，过了五代也中断了。我没有机会成为孔子的门徒，我是私下向多人学习的。"

【一得】

人生在世，在校学习能有几年？名师指点能有几天？其实，好学的人一辈子都在私淑。名师遥不可及，但著作就在眼前。一本书，就是一位老师，它凝聚着作者终生的智慧与心血。只要愿意学习，古今中外的名师都在陪伴着你。

第二篇 性 善

第一章 性可以为善

2.1 公都子曰："告子曰^①：'性无善无不善也。'或曰："性可以为善，可以为不善。是故文武兴^②，则民好善；幽厉兴^③，则民好暴。'或曰：'有性善，有性不善。是故以尧为君而有象^④；以瞽瞍为父而有舜^⑤；以纣为兄之子，且以为君，而有微子启、王子比干^⑥。'今曰'性善'，然则彼皆非欤？"

孟子曰："乃若其情^⑦，则可以为善矣，乃所谓善也。若夫为不善，非才之罪也^⑧。恻隐之心，人皆有之；羞恶之心，人皆有之；恭敬之心，人皆有之；是非之心，人皆有之。恻隐之心，仁也；羞恶之心，义也；恭敬之心，礼也；是非之心，智也。仁义礼智，非由外铄我也⑨，我固有之也，弗思耳矣。故曰，'求则得之，舍则失之'。或相倍蓰而无算者⑩，不能尽其才者也。《诗》曰：'天生蒸民，有物有则。民之秉彝，好是懿德⑪。'孔子曰：'为此诗者，其知道乎⑫！'故有物必有则；民之秉彝也，故好是懿德。"（《告子上》11.6）

【注释】

①告子：告，姓；子，对男子的美称。与孟子同时代但观点不同的学者。曾与孟子辩论人性、仁义等问题。名字、里籍均不可考。赵岐《注》曰"名不害""尝学于孟子"。朱熹亦注曰"名不害"。宋代追封孟子弟子侯伯从祀孟庙，也有"告子不害东阿伯"。上述误称，都是由丁将告子与《尽心下》篇的"浩生不害"混为一人所致。从《孟子》书中也找不到告子是孟子弟子的依据。　②文武：周文王、周武王。文王，见前注（《学问》1.1③）。武王，文王子，姬姓，名发。公元前1046年，继承父志，联合庸、蜀、羌、髳（máo毛）、微、卢、彭、濮等族率军伐纣，牧野（今河南淇县西南）之战一举灭商，建立周王朝。都于镐（hào浩，今陕西长安西北），分封诸侯。公元前1043年病卒。　③幽厉：周幽王、周厉王。幽王，西周宣王之子，名宫涅（niè聂）。为政严酷，致民流离失所。后宠爱褒姒（sì寺），立褒姒之子伯服为太子，废申后和太子宜臼。申后之父申侯联合缯国、犬戎等伐周，幽王被杀于骊山之下，西周灭亡。厉王，名胡，西周夷王之子。在位实行垄断山泽物产的"专利"，命令卫巫监视国人，杀死议论他的人，引起反抗。公元前841年被国人放逐于彘（zhì至，今山西霍州），14年后死于该地。　④象：舜的同父异母弟弟。　⑤瞽

瞍（gǔ sǒu 古叟）：舜的父亲。曾与象合谋害舜，未遂。《书·尧典》："瞽子，父顽，母嚚（yín 银）。"汉孔安国《传》："无目曰瞽。舜父有目不能分别好恶，故时人谓之瞽，配字曰瞍。瞍，无目之称。"《史记·五帝本纪》作"瞽叟"。　⑥微子启：子姓，名启，亦作开。商帝乙的弟弟，纣王的叔父。受封于微。纣淫乱，屡谏不听，遂抱祭器而去。周灭商，称臣于周。周公旦灭纣子武庚后，封于商故都商丘（今河南商丘南）周边地区，国号宋，为宋国的始祖。《史记》载为纣的庶兄，与纣同为帝乙之子。焦循《孟子正义》曰："翟氏灏《考异》云：'《陆象山集·与周元忠书》曰：以纣为兄之子，此是公都子引当时人言。……按《史记》以微子为纣庶兄，溯其所原，乃属《吕氏春秋》。吕氏言宜难深信。……孟门所闻，必当实于《史记》。'"　王子比干：商王文丁的儿子，商王帝乙的弟弟，纣的叔父。名干。受封于比（今山西临汾），故称比干。纣淫乱，见微子数谏不听，箕子谏不听而佯狂为奴，乃以死相谏。纣怒，杀而剖观其心。与箕子、微子并称殷之三仁。　⑦乃若：如果，从。如果，连词，表示假设；从，介词，表示根据。　情：情感。即人由外部刺激而产生的心理反映，如喜、怒、哀、乐、惊、恐等。　⑧才：材质。通"材"。　⑨铄（shuò 朔）：《说文》："销金也。"《尔雅·释诂》："美也。"都含由外部施加影响而使其变化的意思。　⑩倍蓰（xǐ 洗）：倍，一倍；蓰，五倍。　算（suàn 算）：古代计数用的筹码。通"算"。　⑪"《诗》曰"句：见《诗·大雅·烝民》。　蒸民：众民。《诗》作"烝民"。毛《传》："烝，众。"蒸，通"烝"。　有物有则：任何事物都有自身的法则。物，事物；则，法则。　秉彝（yí 仪）：把握常规。秉，执；彝，常，常规。　懿（yì 义）德：美德。懿，美。　⑫"孔子曰"句：不见于《论语》。

【译文】

公都子说："告子说，'人性没有什么善，也没有什么不善。'也有人说：'人性可以为善，也可以为不善；所以周文王、周武王在位，百姓便喜欢善良；周幽王、周厉王当道，百姓便趋向横暴。'还有人说：'有些人性善，有些人性不善；所以以尧这样的仁人为君，却有象这样坏的百姓；以瞽瞍这样不好的人为父亲，却有舜这样忠孝的儿子；以纣这样残暴的人为侄儿，并且为君，却有微子启、王子比干这样的贤人。'如今老师您说人的性善，那么，他们都错了吗？"

孟子说："如果从人所流露出来的情感来看，人的本性是可以做善良的事情的。这就是我说的性善。至于有的人做不善良的事情，那不是他自身材质的过错。同情心，人人都有；羞恶心，人人都有；恭敬心，人人都有；是非心，人人都有。同情心，就是仁；羞恶心，就是义；恭敬心，就是礼；是非心，就是智。仁义礼智，不是由外部强加与我的，而是我本来就具有的，只不过没有去思索它罢了。所以说，寻求，就会得到；放弃，就会丢掉。人与人之间有相差一倍、五倍甚至无数倍的，就是不能竭尽扩充他们自身材质的缘故。《诗》说：'上天生育众民，有物就有法则。百姓把握常规，崇尚美好品德。'孔子说：'这篇诗的作者，真懂得道啊！'所以有物必有法则；百姓把握这些不变的法则，所以喜好这些美好的品德。"

【一得】

孔子说："性相近也，习相远也。"（《论语·阳货》）按孟子的性善论，应当是：性相同，习相异。人人心中都有相同的善的种子；只是由于后天的努力与所处的环境不同，而造成了人与人之间的差异。

一提到性善，人们往往会产生两种误解：一是人人天生都是善良的人；二是有些人做了那么多禽兽不如的恶事，哪里来的善？这两点孟子都给予了解释。前者，孟子是说人人都可以为善，都有为善的可能、为善的潜能，而不是说人人天生都是善良的人；后者，那些禽兽不如的恶人，心中也有善良的种子，他之前也曾做过善事，他今后也会再做善事；做了禽兽，是他把善良的种子舍弃了。

关爱、奉献与仇恨、争夺，并存于人性之中，但起主导、决定作用的是关爱、奉献。哪一个人不喜欢被关爱、给予呢？哪一个人喜欢被仇恨、剥夺呢？关爱、奉献，是舍己、利人；仇恨、争夺，是自私、害人。可以想象，如里没有关爱、奉献，夫妇、父母子女、兄弟姊妹不可能组成家庭；没有由亲情延伸而来的关爱，就不可能存在家族、社会、国家。如果人与人之间充满仇恨与争夺，那将是一条不归之路。关爱与奉献，可以把个人与他人紧密地联系在一起、凝聚在一起，形成强大的合力。群体因你的奉献而温馨、无敌，而你也从群体中获得安全与幸福。正因为如比，性善的种子越来越牢固地植根于人们的心中。

【疑难】

◎乃若其情，则可以为善矣，乃所谓善也。若夫为不善，非才之罪也

赵《注》：“若，顺也。性与情，相为表里，性善胜情，情则从之。《孝经》曰：‘此哀戚之情。’情从性也，能顺此情，使之善者，真所谓善也。若随人而强作善者，非善者之善也。若为不善者，非所受天才之罪，物动之故也。”

朱《注》：“乃若，发语辞。情者，性之动也。人之情，

本但可以为善而不可以为恶，则性之本善可知矣。才，犹材质，人之能也。人有是性，则有是才，性既善则才亦善。人之为不善，乃物欲陷溺而然，非其才之罪也。"

杨《注》："乃若——程瑶田《通艺录·论学小记》云：'乃若者，转语也。'按相当于'若夫''至于'诸词。""情、才——皆谓质性。戴震《孟子字义疏正》云：'情犹素也，实也。'《说文》：'才，草木之初也。'草木之初曰才，人初生之性亦可曰才。"《译文》："从天生的资质看，可以使它善良，这便是我所谓的人性善良。至于有些人不善良，不能归罪于他的资质。"

本句是孟子对性善论的高度概括，又是说看不见摸不着的人性，故既不好懂，也容易产生歧义。而争议最大的是对"情"与"才"的解释。

赵《注》没有解释"情"是什么，只说"情从性"。这虽然无误，但"若，顺也"，却把对本句的理解引上了歧路。他没有解释孟子主张的性善是什么，而是说了"能顺此情，使之善者"与"若随人而强作善者"的区别。为不善的原因，"非所受天才之罪"，近本义。但"物动之故"则有片面性。这只讲了外因，而未涉及内因。

朱《注》"情者，性之动也"，无误。而"人之情，本但可以为善而不可以为恶"，既非孟子本义，也不成立。由此也推演不出"则性之本善可知矣"。这是因为，"人之所以异于禽兽者几希"（《离娄下》）。人之情，既有善情，也有恶情。善情是人独有之情，也是确定人性之情；恶情是与禽兽共有之情，而非确定人性之情。"才，犹材质"，正确。但"人之能也"，不妥。"材质"与"能"虽有联系，但不可混为一谈。"人有是性，则有是才，性既善则才亦善"，颠倒了性与才的关系。

既然"才，犹材质"，那么是"才"决定"性"。"人之为不善，乃物欲陷溺而然"，同赵《注》"物动之故也"。人为不善，固然有物质的引诱，但主要是善性的埋没与丧失。

　　杨《注》"情、才——皆谓质性"，既混淆了情、才，又混淆了质、性。戴震"情犹素也，实也"，误。此处之"情"是指"情感"，而非什么"实""素"，也不是"人见其禽兽也，而以为未尝有才焉者，是岂人之情也哉"（《告子上》）之"情"。情，看得见，觉得着；实，看不见，觉不着，孟子没用"实"去解释"性"。《说文》"才，草木之初也"，不可引申为"人初生之性亦可曰才"。草木之初，是萌生之芽；此处之"才"是"材质"，是未动、未萌生之状态。

　　此句，是孟子讲他所主张的人性。人性不可见，而人的情感可见可知。孟子是通过"情"来解释"性"。如："今人乍见孺子将入于井，皆有怵惕恻隐之心。"（《公孙丑上》）"恻隐之心，人皆有之；羞恶之心，人皆有之；恭敬之心，人皆有之；是非之心，人皆有之。"（《告子上》）"恻隐之心，仁之端也；羞恶之心，义之端也；辞让之心，礼之端也；是非之心，智之端也。"（《公孙丑上》）上述"心"，也可以说是心情、情，是性的萌生、显露，或曰"性之动也"。正是由于人有此心、此情，故可以为善，即将其扩充、发展而成为善性。如上述"今人乍见孺子将入于井，皆有怵惕恻隐之心"，是善性的萌生、显露，是善情；而去施救，则是善情的扩充、成熟，是善性。而之所以能产生恻隐之心，是人具有特有的材质，是善才。情、才，是性在不同阶段的不同表述。合而言之为性，析而言之为情、为才。情由性生，性由才定。情是性的显露，才是性的根基。情，是情感，是精神层面的；才，是材质，是物质层面的，俗言之，是生命体的物质结构。

"乃若"，赵《注》"若，顺也"，不妥。朱《注》"发语词"。"乃"为发语词，而"乃若"就不仅仅是发语词。杨《注》从程瑶田"转语"之说，又说"按相当于'若夫''至于'诸词"，而《译文》却是"从天生的资质看"，作"从"。从，是介词，不含"若夫""至于"之转语义，《注释》《译文》脱节，必有不妥。乃若，从全句的文义来看，可以解释为"如果，从"。如果，为连词，表示假设；从，介词，表示根据。"乃若其情"，则可以理解为：如果从人所流露出的情感来看。

"则可以为善矣"，可以理解为：人的本性是可以做善良的事情。即做有利于他人的事情。可以，是未然，不是已然。是有这种可能，有这种潜能。而要成为"善"，则需要去求，去为。而"为"，是由潜能转化为善性的必要条件。正如下文所言："我固有之也"，"求则得之，舍则失之"。故孟子的性善论，是可以为善论。

综上所述，本句应当理解为：如果从人所流露出来的情感来看，人的本性是可以做善良的事情的。这就是我所说的性善。至于有的人做不善良的事情，那不是他自身材质的过错。

第二章　富岁，子弟多赖

2.2　孟子曰："富岁，子弟多赖[①]；凶岁，子弟多暴[②]。非天之降才尔殊也，其所以陷溺其心者然也[③]。今夫麰麦[④]，播种而耰之[⑤]，其地同，树之时又同，浡然而生[⑥]，至于日至之时[⑦]，皆熟矣。虽有不同，则地有肥硗[⑧]，雨露之养，人事之不齐也。故凡同类者，举相似也，何独至于人而疑之？圣人，与我同类者。故龙子曰⑨：'不知足而为屦⑩，我知其不为蒉也⑪。'屦之相似，天下之足同也。口之于味，有同耆也⑫，易牙先得我口之所耆者也⑬。如使口之于味也，其性与人殊，若犬马之与我不同类也，则天下何耆皆从易牙之于味也？至于味，天下期于易牙，是天下之口相似也。惟耳亦然⑭。至于声，天下期于师旷⑮，是天下之耳相似也。惟目亦然。至于子都⑯，天下莫不知其姣也⑰。不知子都之姣者，无目者也。故曰，口之于味也，有同耆焉；耳之于声也，有同听焉；目之于色也，有同美焉。至于心，独无所同然乎？心之所同然者何也？谓理也，义也。圣人先得我心之所同然耳。故理义之悦我心，犹刍豢之悦我口⑱。"（《告子上》11.7）

【注释】

①赖：依赖，怠惰，不求进取。　②暴：暴躁，焦虑，情绪失控。　③陷溺：沦陷，淹没。指心丢失而不能显现。　④莽（móu 谋）麦：大麦。　⑤耰（yōu 优）：本是平整土地的农具，此处用作动词，指播种后覆土保护种子。　⑥浡（bó 勃）然：兴起貌。浡，通"勃"。　⑦日至：冬至或夏至。此处指夏至。　⑧硗（qiāo 敲）：多石瘠薄的土地。　⑨龙子：赵《注》："古贤人也。"　⑩屦（jù巨）：古时用麻、葛等制成的鞋。　⑪蒉（kuì 愧）：草编的筐子。　⑫耆（shì 市）：爱好，喜好。通"嗜"。　⑬易牙：春秋时齐桓公的宠臣。名巫，亦称雍巫。官为雍人，主烹割。善调味，喜逢迎。　⑭惟：句首语气助词。无义。　⑮师

旷：春秋时晋国乐师，字子野。生而目盲，善辨声乐。　⑯子都：古时美男子名。《诗·郑风·山有扶苏》："不见子都，乃见狂且。"　⑰姣（jiāo 交）：容貌美丽。　⑱刍豢（chú huàn 除幻）：泛指家畜。食草曰"刍"，如牛、羊；食谷曰"豢"，如猪、狗。

【译文】

孟子说："丰收年成，年轻人往往怠惰，不求进取；灾荒年成，年轻人往往焦躁，情绪失控。不是天生的材质这样不同，而是因为生存环境淹没了他们的心才这样的。比如大麦，播了种，盖好土，如果土地一样，种植的时间又相同，便会蓬勃地生长，到了夏至的时候，都会成熟了。虽然收获有所不同，那是由于土地的肥脊，雨露的滋养，人工的勤惰不同。所以，凡是同类的，都很相似。为什么一讲到人便怀疑了呢？圣人，也是与我同类的人。所以龙子说：'不知道脚的模样去编鞋，我知道他不会编成筐子。'鞋的相似，是因为天下人脚的模样相同啊！口对于滋味，有相同的嗜好，易牙不过是先掌握了我口所嗜好的人。假使口对于味道，其性能人人不同，就像狗、马与我们不同类一样，那么，天下人为什么都追随易牙的口味呢？说到口味，天下人都期望品尝到易牙的烹调，这就说明天下人的口味是相似的。耳朵也是如此。说到声音，天下人都期望听到师旷的演奏，这就说明了天下人的听觉是相似的。眼睛也是如此。说到子都，天下人没有不知他的貌美的，不知子都的貌美，是没有眼睛的人。所以说，口对于味道，有相同的嗜好；耳对于声音，有相同的听觉；眼睛对于容色，有相同的美感。说到心，唯独没有相同的趋向吗？心的相同趋向是什么呢？是理，是义。圣人率先懂得了我们心的相同趋向。所以理与义能愉悦我们的心，正如牛羊与猪狗的肉能愉悦我们的口一样。"

【一得】

理、义，是人心共同的喜好。圣人先我得理义。"圣人，与我同类者"，我也可以得理义，我也可以为圣人。

【疑难】

◎富岁，子弟多赖；凶岁，子弟多暴

赵《注》："富岁，丰年也。凶岁，饥馑也。子弟，凡人之子弟也。赖，善。暴，恶也。"

朱《注》："富岁，丰年也。赖，藉也。丰年衣食饶足，故有所赖藉而为善；凶年衣食不足，故有以陷溺其心而为暴。"

杨《注》："赖——阮元云：'富岁子弟多赖'，'赖'即'嬾'（今作'懒'）。"《译文》："丰收年成，少年子弟多半懒惰；灾荒年成，少年子弟多半强暴。"

本句的疑难，在于对"赖"与"暴"的理解。赵、朱《注》将其与"善""恶"相提并说，不妥。杨《注》引阮元说"赖即懒"，虽然易于理解，但赖中有懒义，如不作为；而懒中少赖义，如依赖、凭借。《译文》译"多"为"多半"，不妥。多半是已然，而此"多"是一种趋向、可能，是"往往"的意思。译"暴"为"强暴"亦不妥。应为"暴躁""焦躁"。即由情绪失控，而铤而走险。

年成的好坏，固然会影响到人性的善恶，但孟子为什么不用善恶，而用"赖""暴"呢？为什么只举"子弟"，而不言所有人呢？显然，他不是在讲人性的全部，而是讲人性的一个侧面，是讲年成好坏对年轻人的影响，进而说明环境对人类的影响。衣食足而礼乐兴，衣食足也可生淫心；缺衣食而易争夺，缺衣食也可思奋起，为什么生活条件的好坏只能产生善、恶一种改变的可能呢？故此"赖"宜训为怠惰，不求进取；"暴"宜训为焦躁，情绪失控。一缓，一急，同样有对比性。

据上所述，本句应理解为：丰收年成，年轻人往往怠惰，不思进取；灾荒年成，年轻人往往焦躁，情绪失控。

第三章　牛山之木尝美矣

2.3　孟子曰："牛山之木尝美矣①，以其郊于大国也②，斧斤伐之③，可以为美乎？是其日夜之所息④，雨露之所润，非无萌蘖之生焉⑤，牛羊又从而牧之，是以若彼濯濯也⑥。人见其濯濯也，以为未尝有材焉⑦，此岂山之性也哉？

"虽存乎人者，岂无仁义之心哉？其所以放其良心者，亦犹斧斤之于木也，旦旦而伐之⑧，可以为美乎？其日夜之所息，平旦之气⑨，其好恶与人相近也者几希⑩，则其旦昼之所为⑪，有梏亡之矣⑫。梏之反覆，则其夜气不足以存⑬；夜气不足以存，则其违禽兽不远矣。人见其禽兽也，而以为未尝有才焉者，是岂人之情也哉⑭？

"故苟得其养，无物不长；苟失其养，无物不消。孔子曰：'操则存，舍则亡；出入无时，莫知其乡⑮。'惟心之谓与？"

（《告子上》11.8）

【注释】

①牛山：山名。位于齐国国都临淄（今山东淄博市临淄区）城南 10 里。　②大国：大国之都。国，国都，城邑。③斧斤：斧、斤都是砍木工具，此处指斧头之类砍伐工具。《墨子·备穴》："为斤、斧、锯、凿、钁（diào 吊）。"　④息：长，生长。《汉书·高惠高后文景功臣表》："流民既归，户口亦息。"　⑤萌蘖（niè 聂）：新生旁出的芽。　⑥濯（zhuó 苗）濯：光洁貌。引申为光秃秃的样子。　⑦材：材质。同前章"非才之罪也"之"才"，也同下文"未尝有才焉者"之"才"。⑧旦旦：天天，日复一日。旦，旦昼，白天。　⑨平旦之气：人黎明时萌生的清纯之气。此气，因善念的萌出、良心的显现而形成。也可称元气、正气。平旦，夜去昼来之际。　⑩几希：无几，一点点。赵《注》："几，岂也。岂希，言不远也。"不妥。　⑪旦昼：白天。　⑫有（yòu 又）：通"又"。　梏（gù 固）亡：扼杀。梏，古代木制的手铐。引申为扼制，摧残。　⑬夜气：即平旦之气。　⑭情：实情，情况。与前章"乃若其情"之"情"不同，前者为情感。　⑮"孔子曰"句：不见于《论语》。　操：执，持，拿起。《楚辞·九歌·国殇》："操吴戈兮被犀甲。"　乡（xiàng 向）：方向，趋向。通"向"。赵《注》："乡犹里，以喻居也。"虽通，但不如"向"更合本义。

【译文】

孟子说："牛山上的树木曾经非常茂美，因为它居于大国之都近郊，如果人们经常用斧子去砍伐它，还能够茂美吗？当然，它日夜在生长着，雨露在滋润着，不是没有嫩芽侧枝萌发出来，但接着又到那里去放牧牛羊，于是变得光秃秃的了。人们看见它光秃秃的样子，便以为这山不曾有生长树木的材质，这难道是山的本性吗？虽然存在于人身上也有这种情况，难道是他没有仁义之心吗？有些人之所以丧失他的良心，也像斧子对于树木一样，天天去砍伐它，还能够善美吗？日夜萌生的善端，黎明时生发的清纯之气，使他的好恶与一般人相近的也有一点点。可是白天的所作所为，又把它扼杀掉了。反复地扼杀，夜里萌生的正气就不能留存；夜里萌生的正气不能留存，便和禽兽相差不远了。别人看他简直就是禽兽，便以为他不曾具有为善的材质，这难道是人的实情吗？所以，如果得到滋养，没有东西不生长；如果失去滋养，没有东西不消亡。孔子说：'持用它，就存在；放弃它，就亡逸。出入没有一定的时间，也不知道它的去向。'只有心才是这样吧？"

【一得】

山可以生长树木，人可以萌生仁义之心，其道理是相同的。山之所以光秃秃的，是不断砍伐与放牧的结果；人之所以如同禽兽，是不断扼杀善端造成的。人人都有为善的潜能，但需要保持、使用、发挥、滋养、呵护。否则，将会遗失殆尽。

【疑难】

◎虽存乎人者

赵《注》："存，在也。言虽在人之性，亦犹山之有草木。"

朱《注》未注。

杨《译文》："在某些人身上。"

本句的疑难，在于过于简洁而又处于上下文连接之处。赵《注》"虽在人之性"，别拗而脱离了本义。本句只提到"人"，而没有提到"人之性"。杨《译文》，丢掉了转折以及与上文联系的内容。

"虽存乎人者"，虽，连词，虽然。乎，介词，相当于"于"。《楚辞》屈原《九章·涉江》"吾又何怨乎今之人"。者，代词，指山之濯濯，即光秃秃的样子，失去了山的本性。全句可今译为：虽然存在于人身上也有这种情况。

◎平旦之气

赵《注》："平旦之志气。"

朱《注》："平旦之气，谓未与物接之时，清明之气也。"

杨《注》未注。《译文》："他在天刚亮时所接触到的清明之气。"

此句之疑难，在于对"气"的理解。赵《注》"志气"，不妥。此气非志气。朱《注》"清明之气也"，合本义。但"未与物接之时"，有片面性。应当还有"与人接"，人、物合在一起才能构成对人心的影响。杨《译文》"他在天刚亮时所接触到的清明之气"，把气说成了体外之"清明之气"，脱离了本义。此气非体外之气。"平旦"，也不宜说成"天刚亮时"。

旦，天明，早晨。旦昼，又指白天。平旦，则是夜之末，昼之始，昼、夜平分之时。即黎明之际。气，是人体内影响人精神状态的能量。此处指人的元气，即没受扭曲的固有的气，也可以说是清明或清纯之气。"平旦之气"，可今译为：黎明时生发的清纯之气。

此"气"，与下文所言"夜气"同义。可简言为元气，或正气。

◎材　性　心　气　情

此为孟子心性学说中经常遇到的名词，因抽象而不易理解，又容易相互混淆，在此仅作简单的辨析。

材，同前文"非才之罪也"之"才"，指材质，是性的基础，

是决定性的物质结构。

性，本质属性，材（才）之所能。

心，性之所藏，情之所源，主性萌生，思维辨析。

气，人体内影响人精神状态的能量。

情，性的流露，心的显现。有时与"心"义近。本章"是岂人之情也哉"之"情"，与前章"乃若其情"之"情"不同。前章之"情"，为流露的情感；本章之"情"，为"实情"。

第四章　性，犹杞柳也

2.4　告子曰："性，犹杞柳也①；义，犹桮棬也②。以人性为仁义，犹以杞柳为桮棬。"

孟子曰："子能顺杞柳之性而以为桮棬乎？将戕贼杞柳而后以为桮棬也③？如将戕贼杞柳而以为桮棬，则亦将戕贼人以为仁义与？率天下之人而祸仁义者④，必子之言夫！"（《告子上》11.1）

【注释】

①杞（qǐ启）柳：邹鲁故地俗称簸箕柳。落叶灌木，生长于水边洼地。枝条柔韧，可编制各种生活器具。赵、朱、杨《注》均注为"柜（jǔ举）柳"，为乔木。若用乔木木材做器具，则需雕凿而成。此可作为一说。但邹鲁故地无"柜柳"之类乔木。　②桮棬（bēi quān杯圈）：桮，同"杯"；棬，亦作"圈"，杞柳枝条编成的盂，为杯盘类盛饮料器具的通称。这类器具，

先用枝条编成器形，再用防渗漏材料涂抹加固而成。　　③戕（qiāng枪）贼：残害，残杀。《说文》："戕，枪也。它国臣来弑君曰戕。""贼，败也。"段玉裁《注》："败者，毁也。"　　④率：带领。此处意为诱导。

【译文】

告子说："人性就像杞柳，仁义就像杯盘；以人性造就仁义，就好比将杞柳做成杯盘。"

孟子说："你能顺着杞柳的本性而做成杯盘呢？还是砍杀杞柳而后做成杯盘呢？如将砍杀杞柳而做成杯盘，那也将砍杀人身而造就仁义吗？诱导天下的人而祸害仁义的，一定是你的言论啊！"

【一得】

杯盘，条可编，木可凿，陶可塑，金可铸；而仁义，只有人可为。杞柳的生命中生长不出杯盘，它只能死后成为做杯盘的材料；人的生命中固有仁义的种子，它能依附着生命萌生出仁义。杯盘，是砍杀杞柳而后做；仁义，是扩充人性而后成，是成人之美，让其成为君子，而不是夺人之命，让其变为器物。

【疑难】

◎子能顺杞柳之性而以为桮棬乎？将戕贼杞柳而后以为桮棬也？如将戕贼杞柳而以为桮棬，则亦将戕贼人以为仁义与

赵《注》："戕，犹残也。《春秋传》曰：'戕舟发梁。'子能顺完杞柳，不伤其性，而成桮棬乎，将斧斤残贼之，乃可以为杯棬乎？言必残贼也。""孟子言以人身为仁义，岂可复残伤其形体乃成仁义邪？明不可比杯棬。"

朱《注》："言如此，则天下之人皆以仁义为害性而不肯为。"

杨《译文》："您还是顺着柜柳树的本性来制成杯盘呢，还是毁伤柜柳树的本性来制成杯盘呢？如果要毁伤柜柳树的本性然后制成杯盘，那也要毁伤人的本性然后纳之于仁义吗？"

赵《注》"戕，犹残也""不伤其性""复残伤其形体"。训戕为"残""伤""残伤"，不妥。朱《注》之"害性"，杨《译文》之"毁伤"，都是承袭赵《注》，亦不妥。此戕，应训为"杀""害"，而不仅仅是伤、残、毁伤。《说文》："戕，枪也。它国臣来弑君曰戕。""贼，败也。"段玉裁《注》："《春秋》宣十八年：'邾人戕鄫（céng 层）子于鄫。'左氏《传》曰：'凡自虐其君曰弑，自外曰戕。'""败者，毁也。毁者，缺也。《左传》：'周公作誓命曰：毁则为贼。又叔向曰：杀人不忌为贼。'"由此可知，戕、贼的本义都是"杀"，而不是"伤"。试想，用杞柳做成杯盘，首先要砍杀其身，取其枝条或木料，晒干之后才能编制或雕凿。仅仅伤残之是不可能做成杯盘的。

对于全句的理解，赵《注》近本义。朱《注》未做说明。杨《译文》将"戕贼杞柳"与"戕贼人"译为"毁伤柜柳树的本性"与"毁伤人的本性"，是画蛇添足。杞柳、人，与杞柳、人的本性不是一回事。杞柳、人可杀，本性怎么去杀？这就把本来易懂的语言变为玄虚难懂了。杀了杞柳，杞柳变为木料、枝条，杞柳的本性就没有了；伤了杞柳，杞柳的本性还在。杀了人，人变成尸体，人的本性就没有了，尸体内怎么再纳之于仁义呢？

据上所述，本句可今译为：你能顺着杞柳的本性而做成杯盘呢？还是砍杀杞柳而后做成杯盘呢？如将砍杀杞柳而做成杯盘，那也将砍杀人身而造就仁义吗？

第五章　性，犹湍水也

2.5　告子曰："性，犹湍水也^①，决诸东方则东流，决诸西方则西流。人性之无分于善不善也，犹水之无分于东西也。"

孟子曰："水信无分于东西^②，无分于上下乎？人之性善也，犹水之就下也。人无有不善，水无有不下。今夫水，搏而跃之^③，可使过颡^④；激而行之^⑤，可使在山。是岂水之性哉？其势则然也^⑥。人之可使为不善，其性亦犹是也。"（《告子上》11.2）

【注释】

①湍（tuān）水：流得很急的水。湍，急流。　②信：诚然，的确。《说文》："信，诚也。"　③搏：击，拍。　④颡（sǎng嗓）：额。　⑤激：阻拦，遏止。《水经注·沔（miǎn勉）水》："沔水北岸数里，有大石激，名曰五女激。"　⑥势：形势，情势。影响事物内部变化的外部条件和力量。

【译文】

告子说："人性好比湍急的流水，在东方决口就向东流，在西方决口就向西流。人性没有善与不善的区分，如同水没有向东、向西的区分。"

　　孟子说："水的确没有向东、向西的区分，难道也没有向上、向下的区分吗？人的本性善良，如同水向下流一样。人没有不善良的，水没有不向下流的。眼下的水，受到拍击而飞溅，可以使它过额头；受到阻遏而倒流，可以使它上高山。这难道是水的本性吗？是形势造成这样的。人可以使他做出不善的事情，其本性的改变也如同这样。"

【一得】

　　人无有不善，是"人无有不可以为善"的简略句子。这样说，是为了与"水无有不下"相对应。人无有不可以为善，与水无有不可以向下，是一个道理。没有人不可以为善，没有人不具备为善的潜能，没有人不具备为善的材质，这是人的本质属性。"人性之无分于善不善也"与"以人性为仁义，犹以杞柳为桮棬"，同样是对人性的误解与贬低，都是只看现象，而未看本质。

第六章　　生之谓性

　　2.6　告子曰："生之谓性①。"

　　孟子曰："生之谓性也，犹白之谓白与？"

　　曰："然。"

　　"白羽之白也，犹白雪之白；白雪之白犹白玉之白欤？"

　　曰："然。"

　　"然则犬之性犹牛之性，牛之性犹人之性欤？"（《告子上》11.3）

【注释】

①生之谓性：与生俱来的本能叫作性。生，古同"性"，即本性，天性，人的本质特征。《书·君陈》："惟民生厚，因物有迁。"孔安国《传》："言人自然之性敦厚，因所见所习之物有迁变之道。"《商君书·开塞》："民之生，不知则学。"《荀子·劝学》："君子生非异也，善假于物也。"因"生"古与"性"同，故孟子有"生之谓性也，犹白之谓白与"之反问。

【译文】

告子说："与生俱来的本能就叫作性。"

孟子说："与生俱来的本能叫作性，如同一切白色的东西都叫作白吗？"

答道："是这样。"

"白羽毛的白，如同白雪的白；白雪的白，如同白玉的白吗？"

答道："是这样。"

"那么，狗的本性如同牛的本性，牛的本性如同人的本性吗？"

【一得】

孟子与告子争论的焦点是对"性"的定义。告子认为，与生俱来的本能就叫作性。孟子认为，既然讲人性，就应该讲人独有的性，即人之所以为人的本质特征。只有这样，才能把人与其他动物区别开来。

第七章　食色，性也

2.7　告子曰："食色^①，性也。仁，内也，非外也；义，外也，非内也。"

孟子曰："何以谓仁内义外也？"

曰："彼长而我长之^②，非有长于我也；犹彼白而我白之，从其白于外也，故谓之外也。"

曰："异于^③！白马之白也，无以异于白人之白也；不识长马之长也，无以异于长人之长欤？且谓长者义乎？长之者义乎？"

曰："吾弟则爱之，秦人之弟则不爱也，是以我为悦者也，故谓之内。长楚人之长，亦长吾之长，是以长为悦者也，故谓之外也。"

曰："耆秦人之炙^④，无以异于耆吾炙。夫物则亦有然者也。然则耆炙亦有外欤？"（《告子上》11.4）

【注释】

①食色：食欲与性欲。或称为饮食男女。　②彼长而我长之：他年长而我恭敬他。前一个"长"，指年纪大；后一个"长"，作动词，指恭敬。下句之"长"为恭敬心。　③异于：朱《注》引张氏曰"上'异于'二字疑衍"。

杨《注》从之。如果训"异"为"不同";训"于"为语气助词，无义，相当于"乎"，如《吕氏春秋·审应》："然则先生圣于？"今译此句为"不同啊！白马的白"，应当能讲得通。 ④炙（zhì 至）：烧烤的肉。

【译文】

告子说："食欲与性欲，是人的本性。仁是内在的，不是外在的；义是外在的，不是内在的。"

孟子说："凭什么说仁是内在的，义是外在的呢？"

答道："因为他年长，我就恭敬他，不是有恭敬心在我。如同那物是白色的，我便认为它是白色的，这是依从那外在的白而确定的。所以说义是外在的。"

孟子说："不同啊！白马的白，和白人的白或许没有什么不同；但是不知道怜悯老马的怜悯，和怜悯老人的怜悯也没有什么不同吗？况且，是称老人义呢，还是称恭敬老人的人义呢？"

答道："是我的弟弟便爱他，是秦国人的弟弟便不爱他，这是因为我自己的因素而高兴这样做的，所以说仁是内在的。恭敬楚国的老者，也恭敬我自己的老者，这是因为老者的因素而高兴这样做的，所以说义是外在的。"

孟子说："喜欢吃秦国人烧烤的肉，和喜欢吃自己烧烤的肉没有什么不同。各种事物也有如此的情形。那么，喜欢吃烧烤肉的心也有外在的吗？"

【一得】

"食色，性也。"孟子没有批驳，这是因为食色确实是人的本性，但它不是人之所以为人的本质特征，而只是与其他动物共有的本性。"仁内义外"，是要否认孟子的"仁义礼智根于心""仁义礼智，非由外铄我也，我固有之也"的观点，故孟子不得不驳。

仁、义，都是发自人的内心，故不可分谁内、谁外。然而，引发仁、义显现的因素在外，但它不是仁，也不是义，只是外部事件。比如，甲落水，乙施救，乙的行动是义举。此义，出自乙的恻隐之心，由甲的落水而引发。救人之举为义，全是乙由内心到外为的人性显现，而甲落水只是一个溺水事件。故不可说仁内义外。

【疑难】

◎异于！白马之白也

赵《注》："孟子曰，长异于白，白马白人，同谓之白可也。"

朱《注》："张氏曰：'上'异于'二字疑衍。'李氏曰：'或有阙文焉。'愚按：白马白人，所谓彼白而我白之也。"

杨《注》："异于——朱熹《集注》引张氏曰：'二字疑衍。'按此说较是。焦循《正义》强加解释，无当于古代语法，故不从。"《译文》："白马的白。"

此句之疑难，在于对"异于"的句读。

赵《注》"长异于白"，将"异于"与"白"连读。虽然从文义上无误，但下句就变为"马之白也，无以异于白人之白也"，将"白"上移，"马"前就缺了"白"。况且原句中也没有"长"。故此读欠妥。朱《注》引张氏曰"上'异于'二字疑衍"，不无道理，去掉"异于"并不影响文义。但确定为"衍文"还需要寻找更充分的证据。能不能在保持原句的前提下，作出比较合理的解释呢？

异，为"不同"。没有什么争议。于，在此处能否相当于"乎"，表示疑问呢？如《吕氏春秋·审应》："昭王曰：然则先生圣于？"或者作语气助词，无义。如《诗·周南·葛覃》："黄鸟于飞，集于灌木。"不论作"乎"，还是作语助词，都可以把"异于"断为单独一句。如果把此句读为："异于！白马之白也，无以异于白人之白也。"今译为：不同啊！白马的白，和白人的白或许没有什么不同。将"异于"作为孟子对上述告子之言"彼长而我长之，非有长于我也；犹彼白而我白之，从其白于外也"的否定回应，从而开启下文的论述，应当是讲得通的。

第八章　何以谓义内也

2.8　孟季子问公都子曰^①："何以谓义内也？"

曰："行吾敬，故谓之内也。"

"乡人长于伯兄一岁^②，则谁敬？"

曰："敬兄。"

"酌则谁先^③？"

曰："先酌乡人。"

"所敬在此，所长在彼，果在外，非由内也。"

公都子不能答，以告孟子。

孟子曰："敬叔父乎？敬弟乎？彼将曰：'敬叔父。'曰：'弟为尸^④，则谁敬？'彼将曰：'敬弟。'子曰：'恶在其敬叔父也^⑤？'彼将曰：'在位故也。'子亦曰：'在位故也。庸敬在兄^⑥，斯须之敬在乡人^⑦。'"

季子闻之，曰："敬叔父则敬，敬弟则敬，果在外，非由内也。"

公都子曰："冬日则饮汤^⑧，夏日则饮水，然则饮食亦在外也？"（《告子上》11.5）

【注释】

①孟季子：孟子同时代的学者。主张"义外"，与告子观点同。其他不详。　②伯兄：长兄。　③酌：斟酒，饮酒。此处意为饮酒时斟酒。　④尸：古时替代死者接受祭祀的人。后世逐渐改为神主或画像。　⑤恶（wū屋）：疑问代词。怎么，为什么。　⑥庸敬：恒常的恭敬。庸，恒常。　⑦斯须：暂，片刻。　⑧汤：热水，开水。如，赴汤蹈火。《论语·季氏》："见不善如探汤。"

【译文】

孟季子问公都子："凭什么说义是内在的呢？"

答道："施行的是我的恭敬，所以称它是内在的。"

"有个本乡人比你长兄大一岁，那你恭敬谁？"

答道："恭敬长兄。"

"在一块儿喝酒，先给谁斟？"

答道："先给本乡长者斟。"

"你恭敬的是长兄，尊重的却是本乡长者，可见义果然在外，不是从内心发出的。"

公都子不能回答，便来告诉孟子。

孟子说："你问他：'恭敬叔父呢？还是恭敬弟弟呢？'他会说：'恭敬叔父。'你再问：'弟弟做了受祭者的替身，那恭敬谁呢？'他会说：'恭敬弟弟。'你接着问：'为什么刚才说恭敬叔父呢？'他会说：'那是弟弟处在受恭敬位置的缘故。’你也说：‘那也是本乡长者处在受恭敬位置的缘故。恒常的恭敬在长兄，暂时的恭敬在本乡长者。’”

季子听了这话，又说：“该恭敬叔父时就恭敬叔父，该恭敬弟弟时就恭敬弟弟，果然义是外在的，不是由内心发出的。”

公都子说：“冬天则喝热水，夏天则喝凉水，那么，饮食的欲望也是外在的吗？”

【一得】

孔子将仁、义分说，孟子将仁、义合言。仁者爱人，义者利人。爱人者必利人，利人者必爱人，故不可分割。仁、义都是发自人的内心，通过施爱、助人而体现。爱、利，必有被爱者、被利者。被爱者、被利者是外在的，它本身既不是仁，也不是义，只是施行仁义的受体而已。被爱、被利的对象可以变换或众多，但仁义只能出自爱人者、利人者的内心。

第九章　尽其心者

2.9　孟子曰：“尽其心者，知其性也。知其性，则知天矣。存其心，养其性，所以事天也。夭寿不贰^①，修身以俟之^②，所以立命也^③。”（《尽心上》13.1）

【注释】

①夭（yāo 妖）寿不贰：不论生命长短都没有二心。夭，少壮而死；寿，生命长久；不贰，没有二心。　②俟（sì 四）：

等待。《诗·邶（bèi 备）风·静女》："静女其姝，俟我于城隅。"　　③立命：把握命运，正立命运。立，树立，引申为把握、正立。命，命运。

【译文】

孟子说："尽力扩充自己的本心——仁义礼智之端，就知道了人的本性——可以为善；知道了人的本性，就懂得了天命——善性天赋。保存自己的本心，涵养自己的本性，以此来侍奉天命。不论生命长短都没有二心，坚持用修养身心去等待它，以此来树正自己的命运。"

【一得】

善性天赋，天命在我，养性即事天。性由心显，心出自性，存心即养性。命随心行，心正命正，尽心即立命。

【疑难】

◎ 心　性　天　命

赵、杨《注》均未单列注释。

朱《注》："心者，人之神明，所以具众理而应万事者也。性则心之所具之理，而天又理之所从以出者也。""尽心知性而知天，所以造其理也；存心养性以事天，所以履其事也。"命，未作注释。

以上诸专用术语，既相互联系，又各有所指，在不同的语言环境其含义又有不同的侧重。故要读懂本章，首先要明白这些术语的含义。

本章中本来没有讲"理"，朱《注》将"理"塞入心、性、天、命，并贯穿其中。"理"是什么？还需再作解释。用一个抽象的概念，去解释一组抽象的概念，只能越解释越不明白。况且，"理"也不可与心、性、天、命并论。这种解释，背离了孟子的本义。

心，虽有"思"的含义，但主要是指仁义礼智之心，或曰恻隐之心、羞恶之心、恭敬之心、是非之心，亦即仁义礼智之端。尽力扩充，则为仁义礼智之善性。不尽心，性不显；尽心，则性显而后知性，知性"可以为善"。

性，是人的本质属性。可与心、天、命统一起来去理解。

天，是自然。自然，即"我固有之"。不是人工打造的，不是外部强加的，是我与生俱来的，自然而有的，也可以说是天生的、天赋的。这是通过知性而认识到的。事天，即侍奉天。这个天，就是天生的善性，你要对得起它，要善待它，涵养它，扩充它。等待这善的种子生根、发芽、成长为参天大树。这就是"修身以俟之"。

命，是命运，是人生的过程与结局。它虽然受外部条件的影响，但主要还是受心的影响，是心的展现与心路的历程。善性天赋，天命在我。我有为善的潜能，我可以把握自己的命运，我可以做最好的自己。如何拥有"好命"？修其身，养其性，存其心，顺其自然，不负上天，孜孜为善，这是唯一的途径。这就是"立命"。

第十章　形色，天性也

2.10　孟子曰："形色①，天性也②。惟圣人然后可以践

形^③。"（《尽心上》13.38）

【注释】

①形色：形体与容色。即人的形态。　②天性：天生的。天，自然。性，同"生"。　③践形：践履、展现人的模样。《说文》："践，履也。"形，即形色，人的模样。

【译文】

孟子说："人的形体容色，是天生的。只有达到圣人的境界，才能践履、展现人的模样。"

【一得】

人，有人的模样。这个模样，是天生的，不同于禽兽。它不仅有人的外形，还有人的内涵，即可以为善的本性。外形易得，内涵难现。只有扩充、展现了善性，才是一个完美的人。

第十一章　口之于味也

2.11　孟子曰："口之于味也，目之于色也，耳之于声也，鼻之于臭也^①，四肢之于安佚也^②，性也；有，命焉^③，君子不谓性也。仁之于父子也，义之于君臣也，礼之于宾主也，知之于贤者也，圣人之于天道也，命也；有，性焉^④，君子不谓命也。"（《尽心下》14.24）

【注释】

①臭（xiù 秀）：气味。此处指香气。《易·系辞上》："同心之言，其臭如兰。" ②安佚：安闲逸乐。佚，通"逸"。 ③有，命焉：获得它，要靠天命的安排。命，天命。焉，代词，指代安排、赐与。 ④有，性焉：获得它，要靠本性的扩充。性，本性。焉，指代扩充。

【译文】

孟子说："口对于美味，眼对于美色，耳对于美声，鼻对于香气，四肢对于安逸，这些喜好，都是人的本性；但获得它，要靠天命的安排，所以君子不称作本性。仁对于父子，义对于君臣，礼对于宾主，智对于贤者，圣人对于天道，这些追求，都是天命；但获得它，要靠本性的扩充，所以君子不称作天命。"

【一得】

食色安逸之欲不可纵，纵则伤身害命；仁义礼智之求不可抑，抑则近于禽兽。顺天命，尽人性，合理抑制食色安逸之欲，竭力扩充仁义礼智之求，乃君子之道。

【疑难】

◎口之于味也……性也；有，命焉，君子不谓性也。

仁之于父子也……命也；有，性焉，君子不谓命也

赵《注》："口之甘美味……此皆人性之所欲也，得居此乐者，有命禄，人不能皆如其愿也。凡人则有情从欲而求可身；君子之道，则以仁义为先，礼节为制，不以性欲而苟求之也，故君子不谓之性也。""仁者得以恩爱施于父子……此皆命禄，

遭遇乃得居而行之，不遇者不得施行。然亦才性有之，故可用也。凡人则归之命禄，任天而已，不复治性；以君子之道，则修仁行义，修礼学知，庶几圣人亹（wěi 伟）亹不倦，不但坐而听命，故曰君子不谓命也。”

朱《注》：“程子曰：‘五者之欲，性也。然有分，不能皆如其愿，则是命也。不可谓我性之所有，而求必得之也。’”“程子曰：‘仁义礼智天道，在人则赋于命者，所禀有厚薄清浊，然而性善可学而尽，故不谓之命也。’”“愚闻之师曰：‘此二条者，皆性之所有而命于天者也。然世之人，以前五者为性，虽有不得，而必欲求之；以后五者为命，一有不至，则不复致力，故孟子各就其重处言之，以伸此而抑彼也。张子所谓养则付命于天，道则责成于己，其言约而尽矣。’”

杨《译文》：“口的对于美味……这些爱好，都是天性，但是得到与否，却属于命运，所以君子不把它们认为是天性的必然（，因此不去强求）。仁在父子之间……能够实现与否，属于命运，但也是天性的必然，所以君子不把它们认为是该属于命运的（，因而努力去顺从天性，求其实现）。”

此句之疑难，在于如何辨别什么是“性”，什么是“命”。它们之间有什么联系，又有什么区别？以及为什么不称“口之于味”之类为“性”，不称“仁之于父子”之类为“命”？不弄清这些问题，就不能正确理解本句。此非三言两语所能说清。

赵、朱《注》及杨《译文》，各尽所言，各有道理，不敢一一妄加评述。但读后仍觉得还有不明白之处，还有未尽之言，故再赘述愚见。

“有命焉”“有性焉”，从句读上看，有三种读法：一是连读，“焉”为代词，前者指代“命”，后者指代“性”，意为“有命在其中”“有性在其中”；二是分读，“有，命焉”“有，性焉"，意为"获得它，要靠天命的赐与""获得它，要靠本性的扩充"，"焉"指代"赐与""扩充"；三是读"有"作"又"，同《滕文公上》"圣人有忧之"、《告子上》"有梏亡之矣"之用法，意为"又是命""又是性"，"焉"为语气助词。这三种读法，今译各有不同，但含义基本相同，都不影响理解本义。拙著倾向于第二种读法，因为它突出了孟子的观点。

从内容上看，性，与前些章所言并无区别，是指人的本性，人之所以为人的本质属性。命，则含义较多，有生命、天命、命运等，在本章应指天命，即上天的安排，自然的天赋，自然的规律。性自命出，命有天定。性、命相互依存，都是天生，与生俱来，都可顺而不可逆。这是它们之间的联系。性，为己固有，可知，可控，可纵。命，受制于天，不可知，不可控，不可纵。这是它们之间的区别。

"口之于味"之类，与生俱来，可享，可顺，从这一层面说，是"性"。但是，"味"之类在外，是物质性的，其有无、多少、好坏，由上天安排，不可能满足"口"之类的需求。如强求，则逆天害人；如放纵，则伤身害己。此欲宜控不宜纵。为顺天爱身，利人利己，故君子不称其为"性"，而称其为"命"。

"仁之于父子"之类，与生俱来，可享，可顺，从这一层面说，是"命"。这也是与"性"的共同点，或可以互谓之处。但是，"仁"之类在内，是精神性的，其有无、多少、好坏，由自己作主，完全可以满足对"仁"之类的追求。如不求，则逆天违命；如不纵（扩充），则无仁无义。此求宜纵不宜抑。为顺应天命，彰显人性，故君子不称其为"命"，而称其为"性"。

据上述，作《译文》如前。

第十二章　可欲之谓善

2.12　浩生不害问曰 [①]："乐正子何人也 [②]？"

孟子曰："善人也，信人也。"

"何谓善？何谓信？"

曰："可欲之谓善，有诸己之谓信，充实之谓美，充实而有光辉之谓大，大而化之之谓圣，圣而不可知之之谓神。乐正子，二之中、四之下也。"（《尽心下》14.25）

【注释】

① 浩生不害：浩生，复姓；不害，名。传说为邹国人。孟子晚期弟子。与孟子答问仅此一章。北宋政和五年（1115），诏定"告子不害"封爵为"东阿伯"，从祀孟庙。据考，《孟子》书中有"告子"，而无"告子不害"；有"浩生不害"，而无"告子不害"。此"告子不害"，应是"浩生不害"之误。清乾隆二十一年（1756），诏去孟庙配享、从祀者旧时封爵，改"东阿伯告子不害"为"先儒浩生氏"，并正"告子不害"为"浩生不害"。位设孟庙东庑。　② 乐正子：乐正，姓；名克。传说为鲁国人。孟子早期弟子。学成，即离开孟子自谋仕途。曾跟随齐国权臣王子敖到齐国。鲁国曾打算让其治理国政。《孟子》书中记其与孟子答问共 3 章。孟子弟子与孟子答问中涉及乐正子者共 2 章，分别见于《离娄》《梁惠王》《告子》《尽心》

等篇。北宋政和五年（1115），诏定乐正子封爵为"利国侯"，配享孟庙。清乾隆二十一年（1756），诏去旧时封爵，改称"先贤乐正子"。塑像位设孟庙亚圣殿孟子像左侧，西向。

【译文】

浩生不害问道："乐正子是个怎样的人？"

孟子答道："善人，信人。"

"怎么叫善？怎么叫信？"

答道："值得喜欢，叫作善；所言真实存在于自身，叫作信；善、信充盈饱满，叫作美；充盈饱满，而且光彩照人，叫作大；大，又能融会贯通，叫作圣；圣达到妙不可知的境界，叫作神。乐正子在善、信二者之中，美、大、圣、神四者之下。"

【一得】

人性中含有善端，人的本性可以为善，然而善端只有经过不断扩充才能成为善德。由于存养扩充的程度不同，所以形成的善德也存在差异，善、信、美、大、圣、神，就是六个递进的不同层次。为善无止境，存养扩充应终生坚持不懈。

孟子主张性善，并经常提及善，但对善的解释却仅此一次。"可欲"，是利他，是让人值得喜欢，让人乐于接受，具有亲和力、凝聚力。

第十三章　莫非命也

2.13　孟子曰："莫非命也，顺受其正；是故知命者不立乎岩墙之下①。尽其道而死者，正命也②；桎梏死者③，非正命也。"（《尽心上》13.2）

【注释】

①岩墙：高而欲倒的墙壁。岩，高峻，险要。　②正命：本真的大命。正，正常，本真。命，天命。　③桎梏（zhì gù 至固）：古代束缚犯人手足的木制刑具。此处意为犯罪受刑。

【译文】

孟子说："夭寿祸福无不是天命，顺应天命才能得到它的本真；所以，懂得天命的人不站在高危的墙下。力行天道而死的，是本真的天命；犯罪受刑而死的，不是本真的天命。"

【一得】

天命让人为善，而不让人为不善。孜孜为善而死，虽死而得天命；屡屡为不善而死，死而不知天命。天命在天，顺应在我。

第十四章　天下之言性也

2.14　孟子曰："天下之言性也①，则故而已矣②。故者以利为本③。所恶于智者，为其凿也④。如智者若禹之行水也，则无恶于智矣。禹之行水也，行其所无事也⑤。如智者亦行其所无事，则智亦大矣。天之高也，星辰之远也，苟求其故，千岁之日至⑥，可坐而致也。"（《离娄下》8.26）

【注释】

①性：人或事物的本性、本质，特有的属性。　②故：本，原本。即事物发展变化的客观规律。此处用作动词，含"探求"义。　③利：顺，顺其自然。　④凿：穿凿附会，主观臆造。与"利"相对。　⑤行其所无事：按照水性让水运行，而不加违背水性的干预。其意与孟子讲养浩然之气应"以直养而无害"（《公孙丑下》）同。事，做，主观干预。犹"揠苗助长"。　⑥日至：冬至或夏至，或兼指二者。此处兼指二者。古人认为，太阳绕地而行，其轨道曰黄道。实际上是地球上看太阳于一年内在恒星之间所走的视路径。太阳到达黄道上的最北端，阳光直射北回归线时，地球北半球昼最长，夜最短，称"夏至"，又称"长至"；太阳到达黄道上的最南端，阳光直射南回归线时，地球北半球昼最短，夜最长，称"冬至"，又称"短至"。日至，春秋时代已由圭表测日影长短法确立。开始不分冬、夏，统称日至。《左传·庄公二十九年》："凡土功……日至而毕。"

此指冬至。《孟子·告子上》："今夫麰麦……浡然而生，至于日至之时，皆熟矣。"此指夏至。战国末至秦汉才逐步分别称为冬至、夏至，并由此扩展为二十四节气。

【译文】

孟子说："天下人讨论人性或物性，只要去探求它的本原就可以了。探求本原要以顺其自然为根本。人们之所以厌恶聪明人，因为他穿凿附会。如果聪明人像禹疏导洪水一样，人们就不会厌恶他的聪明了。禹疏导洪水，按照水性让其运行，而不加违背水性的干预。如果聪明人也按事物原本的发展变化规律行事，而不加主观干预，那么他的聪明也就变大了。天虽然很高，星辰虽然很远，如果探求了它们运行、变化的自然规律，相距千年的冬至、夏至日，坐在那里就可以推算出来了。"

【一得】

不论探究人性还是物性，都要有一个实事求是的科学态度。要抓住根本，追根溯源，顺着它自身发展变化的现象、规律，去寻求它的本性、本质。如果抛开本原，单凭自己的主观臆想去穿凿附会，只能陷入混乱与谬误。

第十五章　人皆有不忍人之心

2.15　孟子曰："人皆有不忍人之心^①。先王有不忍人之心^②，斯有不忍人之政矣。以不忍人之心，行不忍人之政，治天下可运之掌上。所以谓人皆有不忍人之心者，今人乍见孺子将入于井③，皆有怵惕恻隐之心④。非所以内交于孺子之父母也⑤，非所以要誉于乡党朋友也⑥，非恶其声而然也。由是观之，无恻隐之心，非人也；无羞恶之心，非人也；无辞让之心，非人也；无是非之心，非人也。恻隐之心，仁之端也⑦；羞恶之心，义之端也；辞让之心，礼之端也；是非之心，智之端也。人之有是四端也，犹其有四体也⑧。有是四端而自谓不能者，自贼者也⑨；谓其君不能者，贼其君者也。凡有四端于我者，知皆扩而充之矣，若火之始然⑩，泉之始达⑪。苟能充之，足以保四海⑫；苟不充之，不足以事父母。"（《公孙丑上》3.6）

【注释】

① 不忍人之心：同情怜悯别人的心情。也就是不忍看见别人受苦落难的同情心。　②先王：古代的圣王。指尧、舜、禹、汤等。　③乍（zhà 炸）见：突然看见。　孺（rú 如）子：幼儿的通称。　④怵（chù 触）惕恻隐：惊恐哀痛。怵惕，惊惧。恻隐，悲痛，怜悯。　⑤内（nà 纳）交：结交。内，"纳"的假借字。　⑥要（yāo 妖）誉：求取名誉。要，求，取。通"邀"。　⑦端：发端，萌芽。　⑧四体：四肢。　⑨贼：败坏，伤害。　⑩然（rán 燃）："燃"的本字。燃烧。　⑪达：本指幼苗出土。《诗·周颂·载芟（shān 山）》："驿驿其达，有厌其杰。"郑玄《笺》："达，出地也。"此处指泉水涌出地面。　⑫保：安定，保有。

【译文】

孟子说："人人都有不忍看见别人受苦落难的同情心。先王有不忍看见别人受苦落难的同情心，于是就有不忍看见别人受苦落难的政治。以不忍看见别人受苦落难的同情心，去施行不忍看见别人受苦落难的政治，治理天下就可以像运转弹丸在手掌上一样。我之所以说人人都有不忍看见别人受苦落难的同情心，是因为譬如人突然看见一个小孩要掉到井里去，都会有惊恐哀痛的心情。这种心情的产生，不是为了结交小孩的父母，不是为了在乡里朋友中求取名誉，也不是讨厌那小孩的哭声才这样的。由此看来，没有同情怜悯之心，就不是个人；没有羞耻厌恶之心，就不是个人；没有推辞谦让之心，就不是个人；没有是非曲直之心，就不是个人。同情怜悯之心，是仁的发端；羞耻厌恶之心，是义的发端；推辞谦让之心，是礼的发端；是非曲直之心，是智的发端。人有这四种发端，就像有手足四肢一样。有这四种发端，而自称不能做到的，是自己残害自己的人；称他的君主不能做到的，是残害他的君主的人。凡是认识到四种发端就在自身的人，知道将其扩大充实，就像火焰开始点燃，泉水开始喷涌。如果能扩充它，足以安定天下；如果不去扩充它，连父母也不能侍奉。"

【一得】

只要是人，都会有恻隐、羞恶、辞让、是非四心，就如同有手足四肢一样。这四心，又分别是仁、义、礼、智四德的发端，或者称萌芽。然而，四端并不等于四德，四端需要自我扩充，才能成为四德。如果扩充，将如燎原之火、喷涌之泉，势不可遏；如不扩充，四端将会泯灭，更不会光大为四德，那就与禽兽相差无几。

第十六章　言人之不善

2.16　孟子曰："言人之不善^①，当如后患何^②？"（《离娄下》8.9）

【注释】

① 言人之不善：宣扬人的本性不可以为善。言，宣扬。人之不善，人的本性不可以为善。简言之，即宣扬人性不善。　② 当如后患何：遇到后患该怎么办呢？当，值，遇到。《易·系辞下》："《易》之兴也，其当殷之末世，周之盛德邪？当文王与纣之事邪？"如后患何，即如何对待后患。

【译文】

孟子说："宣扬人的本性不可以为善，遇到后患该怎么办呢？"

【一得】

宣扬人的本性不可以为善，即性恶，不仅违背人性与现实，而且确有后患。善有善报，恶有恶报。恶恶相报，人与人之间将充满仇恨、敌对与怀疑，争斗、暴力、杀戮与刑罚将泛滥。人们将失去一切亲情、关爱、友谊与信任，社会精神文明将不复存在。这样，人类将混同于禽兽，并逐步走向衰落与灭亡。

【疑难】

◎言人之不善，当如后患何

赵《注》："人之有恶，恶人言之。言之，当如后有患难及己乎。"

朱《注》："此亦有为而言。"

杨《注》未注。《译文》："宣扬别人的不好，后患来了，该怎么办呢？"

此句之疑难，在于怎样理解"人之不善"。对此，朱《注》绕了过去。赵《注》"人之有恶，恶人言之"，不合本义。杨《译文》"别人的不好"，虽然能讲得通，但与孟子的一贯为人处事风格与学术思想似不相符。孟子以"好辩"著称，不论是对学术对手，还是公卿王侯士大夫的"不善"，都是直言不讳，一针见血，很少顾及后患，唯道义是从。

关于人性的辩论，孟子主张性善，即人的本性可以为善。实际上，他的最大论敌是主张"性恶"者，即主张人的本性不可以为善者。他说："人无有不善，水无有不下。"（《告子上》）"人无有不善"，是说人没有不可以为善的。据此，"言人之不善"，可以理解为"宣扬人的本性不可以为善"。简言之，即宣扬人性不善。

"当如后患何"，不难理解。可今译为：遇到后患该怎么办呢？宣扬人性不善，即性恶，确有后患，那将使人与人之间充满仇恨、敌对与猜忌，争斗、暴力、杀戮与刑罚将泛滥。亡秦就是例证。此解，与孟子的整体思想主张与一贯为人处事风格更相契合。

第三篇

仁义　孝悌

第一章　人皆有所不忍

3.1　孟子曰："人皆有所不忍[①]，达之于其所忍，仁也；人皆有所不为，达之于其所为，义也。人能充无欲害人之心，而仁不可胜用也；人能充无穿逾之心[②]，而义不可胜用也；人能充无受尔汝之实[③]，无所往而不为义也。士未可以言而言，是以言餂之也[④]；可以言而不言，是以不言餂之也，是皆穿逾之类也。"（《尽心下》14.31）

【注释】

① 不忍：不忍心。即不忍人之心，恻隐之心。下文"忍"，

即忍心。或者说顺心，乐意。　②穿逾：钻洞跳墙。"钻穴隙相窥，逾墙相随"的缩语，指不合礼义的男女传情与私奔。《滕文公下》："不待父母之命，媒妁之言，钻穴隙相窥，逾墙相从，则父母国人皆贱之。"　③无受尔汝之实：不遭致轻贱的实际言行。尔、汝，本是古代尊长对卑幼的称谓，此处引申为轻贱之称。实，实际言语行为。　④餂（tiǎn 忝）：探取，诱取。通"舔"。以舌接触或取物。比喻受轻贱的行为。

【译文】

孟子说："人人都有不忍看到别人受苦落难的心情，把这种心情扩充到乐于爱人助人的行为上，就是仁；人人都有不愿做受人轻贱的事情的心情，把这种心情扩充到进退取舍有度的行为上，就是义。人能扩充不想害人的心，而仁就用不尽了；人能扩充不钻洞跳墙的心，而义就用不尽了；人能扩充不遭致轻贱的实际言行，无论走到哪里都不会做不义的事情了。士人不该说话的时候说话，是用言语来探取所求；该说话的时候却又不说，是用沉默来探取所求。这都是钻洞跳墙之类的行为。"

【一得】

仁、义的种子就在我心中。把同情心、羞恶心化为行动，就是仁、义。不生害人心，不做亏心事，处处爱人利人而自尊，就是仁人义士。

【疑难】

◎人皆有所不忍，达之于其所忍，仁也；人皆有所不为，达之于其所为，义也

赵《注》："人皆有所爱，不忍加恶，推之以通于所不爱，

皆令被德，此仁人也。"　"人皆有不喜为，谓贫贱也。通之于其所喜为，谓富贵也。抑情止欲，使若所不喜为，此者义人也。"

朱《注》："恻隐羞恶之心，人皆有之，故莫不有所不忍不为，此仁义之端也。然以气质之偏、物欲之蔽，则于他事或有不能者。但推所能达之于所不能，则无非仁义矣。"

杨《译文》："每个人都有不忍心干的事，把它扩充到所忍心干的事上，便是仁；每个人都有不肯干的事，把它扩充到所肯干的事上，便是义。"

本句之疑难，在于对"所不忍，达之于其所忍""所不为，达之于其所为"的理解。

赵《注》"此仁人也""此者义人也"，在结论上偏离了本义。仁、义和仁人、义人不是一个概念。所述前提条件，"有所爱""通于所不爱""人皆有不喜为，谓贫贱也。通之于其所喜为，谓富贵也"，同样偏离了本义。

朱《注》近本义。但"推所能达之于所不能"，与"所不忍，达之于其所忍""所不为，达之于其所为"，似不契合。

杨《译文》"不忍心干的事，把它扩充到所忍心干的事上""不肯干的事，把它扩充到所肯干的事上"，把"事"扩充到"事上"，不好理解，也讲不通。

"所不忍"，就是不忍人之心，或者说是恻隐之心，即不忍看到别人受害遇难的同情心。它虽然说的像做事，但实际上说的是心。"所忍"，是忍心，不违心，或者说是乐于。"达之于"，是扩充到，是由恻隐之心扩而充之，达到去做爱人利人的事情。这样，就是"仁"了。比如，看到老人突然摔倒，心生哀痛，这是不忍；前去施救，则是达之于其所忍。前者是心，后者是由心驱使的行动。只有心，不能称为仁；只有将心达之于行动，才能称为仁。

同理，"所不为"，就是羞恶之心，即不愿做受人轻贱事情的心情。"达之于其所为"，就是将此心扩充到进退取舍有度的行为上。

据此，作《译文》如前。

第二章　仁之实

3.2　孟子曰："仁之实①，事亲是也；义之实，从兄是也；智之实，知斯二者弗去是也；礼之实，节文斯二者是也②；乐之实③，乐斯二者，乐则生矣。生则恶可已也④，恶可已，则不知足之蹈之，手之舞之。"（《离娄上》7.27）

【注释】

① 实：真实，本原。仁义智礼乐的最初根源以及最根本的表现。　② 节文（wèn 问）：节制与修饰。文，文饰，修饰。《论语·子张》："小人之过也必文。"　③ 乐（yuè 月）：音乐。《易·豫》："先王以作乐崇德。"以下"乐（yào 药）斯二者"的"乐"，指喜爱。《论语·雍也》："知者乐水，仁者乐山。""乐（lè 勒）则生矣"的"乐"，指喜悦，快乐。《诗·小雅·常棣（dì 帝）》："宜尔室家，乐尔妻帑（nú 奴）。"　④ 恶（wū 屋）可已：怎么可以停止。恶，疑问代词，怎么，如何。已，停止。

【译文】

孟子说："仁的本原，是侍奉父母；义的本原，是敬从兄长；智的本原，是认知这二者并坚守不舍；礼的本原，是节制、修饰这二者；乐的本原，是喜爱这二者，于是快乐就产生了。产生了怎么可能停止呢？不可停止，就会情不自禁地手舞足蹈起来。"

【一得】

仁义礼智乐，仁义是根本。而仁义的本原是孝悌。智是对仁义的认知与坚守，礼是对仁义的节制与修饰；乐是对仁义的喜爱与享受。仁义是人的最美，仁义是人的最爱。居仁由义，乐在其中。仁义者是天下最快乐的人。

第三章　良能　良知

3.3　孟子曰："人之所不学而能者，其良能也①；所不虑而知者，其良知也②。孩提之童③，无不知爱其亲者；及其长也，无不知敬其兄也。亲亲④，仁也；敬长，义也。无他，达之天下也。"（《尽心上》13.15）

【注释】

①良能：天赋的能力。此能力是先天的，与生俱来的，而不是由外部强加的。　②良知：天赋的智慧。　③孩提之童：指初知嬉笑而可手牵怀抱的幼童。孩，小儿笑，"咳"的古字。提，手牵怀抱。　④亲亲：亲爱父母。前一个亲，作动词，指亲爱；后一个亲，作名词，指父母。

【译文】

孟子说:"人不用学习就会去做的,是天赋的能力;人不用思虑就能知晓的,是天赋的智慧。初知嬉笑而可手牵怀抱的幼童,没有不知道亲爱他的父母的;等到长大了,没有不知道恭敬他的兄长的。亲爱父母,就是仁;恭敬兄长,就是义。没有例外,天下人都这样。"

【一得】

良知、良能,也可以称作善端。与初心、本心相近,只不过已由心显现为初始的知、能罢了。仁义之心天赋于我,仁义之事妇孺可为。孝敬父母,是仁的初始;恭从兄长,是义的初始。

【疑难】

◎良能 良知

赵《注》:"良,甚也。是人之所能甚也。知亦犹是能也。"

朱《注》:"良者,本然之善也。程子曰:'良知良能,皆无所由;乃出于天,不系于人。'"

杨《注》:"良能、良知——赵《注》云:'良,甚也。'则'良能''良知'当译为'所最能的、所最知的'。朱熹《集注》云:'良者,本然之善也。'则'良能'可译为'本能'。此孟子哲学术语,不译为妥。"《译文》:"良能""良知"。

良能、良知,此孟子哲学术语,可以不译,但不可以不解释清楚它的含义。不解释清楚它的含义,怎么可能有正确的译文呢?赵《注》"良,甚也","良"虽含此义,但非此处之本义。朱《注》"良者,本然之善也",近本义。引程子之言,中肯。

良能、良知之"良"，有多种含义，如善、好、甚、确实、本然、先天、天赋等，但纵观全文，其最根本的含义是天赋，即天生的，与生俱来的，而不是外加的。它是善性的萌芽，仁义之端。本章是以人成长过程中的初始表现为例，去进一步证明人有善端，即为善的潜能。故良能，应解释为天赋的能力；良知，应解释为天赋的智慧。今译也可以如此。

第四章　仁也者，人也

3.4　孟子曰："仁也者，人也①。合而言之，道也。"（《尽心下》14.16）

【注释】

①仁也者，人也：具备仁德的，才是人。仁，名词用如动词，具备仁德。

【译文】

孟子说："具备仁德的，才是人。仁德与人结合在一起去说，就是做人的道理。"

【一得】

人之所以为人，是因为有爱心，有仁德。丧失了爱心、仁德，就不能成其为人。人一刻也不可与仁分离。

【疑难】

◎仁也者，人也

赵《注》："能行仁恩者，人也。"

朱《注》："仁者，人之所以为人之理也。然仁，理也；人，物也。"

杨《注》："仁者人也——古音'仁'与'人'相同。《说文》云：'仁，亲也。从人二。'意思是只要有两个人在一起，便不能不有仁的道德，而仁的道德也只能在人与人之间产生。《中庸》也说：'仁者，人也。'"《译文》："'仁'的意思就是'人'。"

仁，是人的道德；人，是道德的载体。把这二者放在一起，仅用五个字，去说明它们之间的关系，确有难度。

赵《注》合本义。

朱《注》"然仁，理也；人，物也"，仁怎么是"理"呢？"理"又是什么呢？人怎么是"物"呢？在本句中，仁不含"理"的意思，人也不是"物"。"仁者，人之所以为人之理也"，也不是本句所要表达的意思。用"理"去解释"仁"，只能把简单的问题变得复杂化。

杨《注》"古音'仁'与'人'相同"，难道今音不相同吗？《译文》"'仁'的意思就是'人'"，"仁"的意思怎么就是"人"呢？孟子不可能说这样让人匪夷所思的话。

孟子多次解释"仁"。如《公孙丑上》："夫仁，天之尊爵也。"《离娄上》："仁，人之安宅也。"《离娄下》："仁者爱人。"《告子上》："仁，人心也。""恻隐之心，仁也。"《尽心上》："亲亲，仁也。"等，都是直截了当。

此句"仁也者，人也"，其句式与上述略有不同。上述都是直接称主语"仁"，此句多了"也者"，其中必有用意。"也"，是在句中表示停顿的助词，以引起下文。"者"，指示代词，放在"仁"之后，构成"者"字结构，指称与"仁"有关的人和事，近于现代汉语中的"的"。而"仁"是名词用如动词，是"具备仁""施行仁"的意思。据此，本句可今译为：具有仁德的，才是人。这与"恻隐之心，人皆有之"（《告子上》）、"无恻隐之心，非人也"（《公孙丑上》），表述的是一个意思。

第五章　自暴者

3.5　孟子曰："自暴者^①，不可与有言也^②；自弃者，不可与有为也。言非礼义^③，谓之自暴也；吾身不能居仁由义^④，谓之自弃也。仁，人之安宅也^⑤；义，人之正路也。旷安宅而弗居^⑥，舍正路而不由，哀哉！"（《离娄上》7.10）

【注释】

① 自暴：自己糟蹋自己。暴，糟蹋。《礼记·王制》："田不以礼，曰暴天物。"《书·武成》："今商王受无道，暴殄（tiǎn忝）天物，害虐烝民。"　② 有言：谈论道理。有言、有为之"有"，都是"有所"的意思。言，言谈，议论。　③ 言非礼义：说话不讲礼义。非，朱《注》："非，犹毁也。"杨《译注》译为"破坏"。朱、杨注、译似与其本义不符。自暴、自弃，都是以不作为的方式来对待自己的道德修养。此处之"非"，就是"不"的意思，同下句的"不能"，不是主动地去"毁"、

去"破坏"。　　④居仁由义：居心于仁，由义而行。居，安，处。由，自，从。　　⑤安宅：安宁的住宅。　　⑥旷：空，废，闲置。

【译文】

孟子说："自己糟蹋自己的人，不能和他谈论道理；自己抛弃自己的人，不能和他有所作为。说话不讲礼义，便叫作自己糟蹋自己；认为自己不能居心于仁、由义而行，便叫作自己抛弃自己。仁，是人最安宁的住宅；义，是人最正确的道路。闲置安宁的住宅而不去居住，舍弃正确的道路而不去行走，太可悲了！"

【一得】

仁，是安宅，可以给人以平安宁静；义，是正路，可以让人行稳致远。安宅、义路人人拥有，人人可享。但有的人却不闻不见，就是不去居住，不去行走，非自暴自弃不可。对此，只能替他悲哀。

第六章　仁者如射

3.6　孟子曰："矢人岂不仁于函人哉①？矢人惟恐不伤人，函人惟恐伤人。巫、匠亦然②。故术不可不慎也③。孔子曰：'里仁为美。择不处仁，焉得智④？'夫仁，天之尊爵也，人之安宅也。莫之御而不仁⑤，是不智也。不仁、不智，无礼、无义，

102

人役也⑥。人役而耻为役，由弓人而耻为弓⑦，矢人而耻为矢也。如耻之，莫如为仁。仁者如射，射者正己而后发；发而不中，不怨胜己者，反求诸己而已矣⑧。"（《公孙丑上》3.7）

【注释】

①矢（shǐ 史）人：造箭的人。矢，箭。　函人：造铠甲的人。函，护身的铠甲。　②巫、匠：巫，巫医。古代用占卜、祈祷等方法为人治病却灾的人。匠，此处指专做棺材的木匠。　③术：技能，技艺。此处用如动词，选择技能技艺。　④"孔子曰"句：见《论语·里仁》。智，作"知"。　里仁为美：居于有仁的境地最美好。里，居，居处。　⑤莫之御：没有人阻拦。御，抵挡，阻拦。　⑥人役：供人使唤的仆役。　⑦由：同"犹"。　⑧诸："之于"的合音。

【译文】

孟子说："造箭的人难道比造铠甲的人更没有爱心吗？造箭的人唯恐他的箭不能伤害人，而造铠甲的人却唯恐他的铠甲不能保护人。为人治病的巫医与专做棺材的木匠也是这样。由此可见，选择谋生的技艺不可不慎重。孔子说：'居于有仁的境地最美好。选择居处而不求仁，怎么能说是明智呢？'仁，是天赐的尊贵爵位，是人最安宁的住宅。没有人阻拦你却不去为仁，这是不明智啊！不仁、不智，无礼、无义，只能做供人使唤的仆役。做了仆役却又耻于被人役使，如同造弓的人耻于造弓，造箭的人耻于造箭。如果以被人役使为耻，不如为仁。为仁好比射箭，射箭先端正自己的姿势而后发箭；发出而没有射中，不埋怨战胜自己的人，反过来在自己身上找原因罢了。"

【一得】

　　人的职业影响人的心理趋向，不论选择了什么职业，都要注意避免它的负面心理影响。人的信仰影响人的道德趋向，不论信仰什么，都要避免它的极端倾向。仁学的宗旨，是以人为本，爱人敬人；居心于仁，由义而行。这是顺应人性的道德取向。漠视它，将受制于人；重视它，将受人尊重。有的人暂时没有感受到仁爱带来的快乐，这不应该怀疑仁爱，而应扪心自问：自己是否真正懂得了仁，施行了仁，拥有了仁。仁，属于智者。

第七章　尚志

　　3.7　王子垫问曰①："士何事②？"

　　孟子曰："尚志③。"

　　曰："何谓尚志？"

　　曰："仁义而已矣。杀一无罪，非仁也；非其有而取之，非义也。居恶在④？仁是也；路恶在？义是也。居仁由义，大人之事备矣⑤。"（《尽心上》13.33）

【注释】

　　①王子垫：赵《注》："齐王子，名垫也。"　　②士：此处指准备从政的读书人。　　③尚志：使自己心志高尚。尚，用如动词。志，心志。不仅指志向，品德亦在其中。　　④恶（wū乌）：何。疑问代词。　　⑤大人：使人心志高尚。大，

高尚。用如动词。

【译文】

王子垫问道：“士干什么事呢？”

孟子答道：“使自己的心志高尚。”

又问：“什么叫作使自己的心志高尚？”

答道：“仁义罢了。杀一个无罪的人，是不仁；不是自己所有却去取得它，是不义。心的居处在哪里？仁便是；行的道路在哪里？义便是。居心于仁，由义而行，使人心志高尚，要做的就齐备了。”

【一得】

一个人，要有志向。这个志向，既包括要干什么事，也包括要做什么样的人。不做好人，不可能做好事。不论得志还是不得志，都要把人做好，都要把修养身心放在首位。

【疑难】

◎大人之事备矣

赵《注》未注。

朱《注》：“大人，谓公、卿、大夫。言士虽未得大人之位，而其志如此，则大人之事体用已全。若小人之事，则固非所当为也。”

杨《注》未注。《译文》：“大人的工作便齐备了。”

此句之疑难，在于对“大人”的理解。朱《注》“谓公、卿、大夫”，不妥。王子垫问的是“士何事”，孟子回答曰“尚志”。又问“何谓尚志”，孟子又解答了什么是“尚志”。尚志，是使心志高尚，与公卿大夫没有直接联系。

"大人"，在《孟子》中多次提到，其含义有同有异。如，《告子上》："养其小者为小人，养其大者为大人。""从其大体为大人，从其小体为小人。"此处是指道德品质高尚的人。《尽心上》："有大人者，正己而物正者也。"此处是指使自己品德高尚的人。《尽心下》："说大人，则藐之。"此处指诸侯国君。本句中的"大人"，与《告子上》所言"大人"接近，与《尽心上》所言"大人"最接近，是指"使自己心志高尚"。大人，名词用如动词，使人大，即使人高尚。全句可今译为：居心于仁，由义而行，使人心志高尚，要做的就齐备了。这与王子垫所问、孟子所答，以及全章的内容是一以贯之的。

第八章　杯水车薪

3.8　孟子曰："仁之胜不仁也，犹水之胜火。今之为仁者，犹以一杯水救一车薪之火也①；不熄，则谓之水不胜火，此又与于不仁之甚者也②。亦终必亡而已矣③。"（《告子上》11.18）

【注释】

① 薪：柴火，作燃料的木材。《诗·齐风·南山》："析薪如之何？匪斧不克。"　② 与（yǔ宇）于：同盟于，结为同盟。与，同盟。《告子下》："我能为君约与国，战必克。"《战国策·齐策二》："韩、齐为与国。"《荀子·王霸》："约结已定，虽睹利败，不欺其与。"　③ 亡：灭亡。因本章似

对诸侯国国君而言，故不仁之甚者终必亡国。

【译文】

孟子说："仁能战胜不仁，好比水能熄灭火一样。当今为仁者，好比用一杯水去救一车干柴的烈火；火没有被熄灭，就说水不能灭火。这又成了非常不仁者的同盟，也最终必将灭亡罢了。"

【一得】

仁，需要积累。不达到一定的量，不能成其为仁。为仁没有诚意，浅尝辄止，就不会具有仁德，也不会拥有仁德带来的力量，最终仍然是个道德缺失者。

【疑难】

◎此又与于不仁之甚者也

赵《注》："为仁者亦若是，则与作不仁之甚者也。"

朱《注》："与，犹助也。""是我之所为有以深助于不仁者也。"

杨《注》："与——同也。"《译文》："这些人又和很不仁的人相同了。"

此句之疑难，在于对"与"的理解。赵《注》未注。朱《注》"犹助也"，杨《注》"同也"，虽接近本义，但非本义。

与，在本句中为"同盟"的意思。如同以下之"与"：《告子下》："我能为君约与国，战必克。"《战国策·齐策二》："韩、齐为与国。"《荀子·王霸》："约结已定，虽睹利败，不欺其与。"杨倞（liàng 亮，又读 jìng 竞）注："与，相亲与之国。""今之为仁者"因仁不足而谓仁不胜不仁，与"不仁之甚者"是有区别的。前者曾经为仁，还有一杯水的仁，只是因杯水之仁不能战胜车薪烈火之不仁，而错误地认为仁不能胜不仁；而后者是没有人性，一点仁也没有。故不能说他们"同也""相同"，也不能说"犹助""深助于不仁者也"。然而，对仁有偏见，这是他们的共识。故说他们是同盟者，结为同盟，还是合于本义的。

据此，本句可今译为：这又成为非常不仁者的同盟。

第九章　五谷者

3.9　孟子曰："五谷者①，种之美者也；苟为不熟，不如荑稗②。夫仁，亦在乎熟之而已矣。"（《告子上》11.19）

【注释】

①五谷：五种谷物，泛指粮食作物。古书中对其有不同的说法，通常指黍（shǔ 暑，子实叫黍子，去皮壳叫黄米，性黏）、稷（jì 计，有的说是黍属，性不黏；有的说是谷子；有的说是高粱）、麦、菽（shū 叔，大豆）、稻。　　②荑稗（tí bài 提拜）：即"稊稗"。荑通"稊"。《齐民要术·种谷》作"不如稊稗"。荑与稗都是长得像谷子的杂草，结实细小，仅可作饲料。

【译文】

孟子说："五谷，是植物种子中最美好的；但是如果没有成熟，还不如稊稗的种子。仁，也在于使它成熟罢了。"

【一得】

种五谷是一季的事情，养仁德是一辈子的事情。说了几句好话，做了几件好事，那只是仁性的闪现，而不是成熟的仁德。如果有仁之名而无仁之实，则既毁了仁的美誉，又误了自己做人。

第十章　非礼之礼

3.10　孟子曰："非礼之礼，非义之义，大人弗为。"（《离娄下》8.6）

【译文】

孟子说："不是礼的礼，不是义的义，品德高尚的人不会去做。"

【一得】

真诚的礼义，敬人利人。虚假的礼义，自欺欺人，伤礼害义，君子不为。

第十一章　言不必信

3.11　孟子曰："大人者，言不必信，行不必果，惟义所在。"（《离娄下》8.11）

【译文】

孟子说："有大智慧的人，说话不一定必须守信，做事不一定必须求成。只有符合于义才是唯一准则。"

【一得】

诚信因义而生，而义是诚信的归宿。依义而行，诚信在；背义而行，诚信失。言、行的背景发生了变化，信、果也要随之权变，不要让道德的教条成为捆绑诚信的枷锁。

第十二章　事孰为大

3.12　孟子曰："事孰为大①？事亲为大；守孰为大？守身为大。不失其身而能事其亲者，吾闻之矣；失其身而能事其亲者，吾未之闻也。孰不为事？事亲，事之本也；孰不为守？守身，守之本也。曾子养曾晳②，必有酒肉；将彻③，必请所与；

问有余，必曰'有'。曾皙死，曾元养曾子^④，必有酒肉；将彻，不请所与；问有余，曰'亡矣^⑤'。将以复进也。此所谓养口体者也。若曾子，则可谓养志也。事亲若曾子者，可也。"（《离娄上》7.19）

【注释】

①事：侍奉；服事。《易·蛊》："不事王侯。"　②曾子（前505—前436）：春秋末鲁国南武城（今山东平邑南）人。名参，字子舆。孔子弟子，以孝著称。有"吾日三省吾身""慎终，追远，民德归厚矣"（《论语·学而》）等名言。《论语》《大戴礼记》等载有他的言行。后被尊为"宗圣"。　曾皙（xī西）：名点。曾参的父亲，孔子的弟子。他的志向得到孔子的赞同，即："莫春者，春服既成，冠者五六人，童子六七人，浴乎沂，风乎舞雩（yú余），咏而归。"（《论语·先进》）　③彻：通"撤"。撤除。　④曾元：曾参的儿子。　⑤亡（wú吴）：通"无"。《诗·邶（bèi贝）风·谷风》："何有何亡，黾（mǐn敏）勉求之。"

【译文】

孟子说："侍奉谁最重要？侍奉父母最重要。守护什么最重要？守护自身最重要。不丧失自己的身心而能侍奉父母的，我听说过；丧失了自己的身心而能侍奉父母的，我没有听说过。什么人不需要侍奉？侍奉自己的父母是侍奉的根本；什么东西不应该守护？守护自己的身心是守护的根本。曾子奉养他的父亲曾皙，每餐一定要有酒肉；撤下的时候，一定请示剩下的给谁；问还有没有剩余，一定说'有'。曾皙死，曾元奉养他的父亲曾子，也是每餐都有酒肉；撤下时，不请示剩下的给谁；问有没有剩余，则说‘没有’。那是准备下顿再奉上，这叫作只奉养口腹。像曾子，则叫作奉养心志。侍奉父母像曾子那样，就可以了。”

【一得】

孝敬父母，是为人的第一等大事。而只有守护好自己的身心，然后才可能尽孝。尽孝，不仅仅是奉养父母的身体，更重要的是奉养父母的心志。能孝敬父母，是人生最大的欣慰。

第十三章　曾晳嗜羊枣

3.13　曾晳嗜羊枣[①]，而曾子不忍食羊枣。公孙丑问曰："脍炙与羊枣孰美[②]？"

孟子曰："脍炙哉！"

公孙丑曰："然则曾子何为食脍炙而不食羊枣？"

曰："脍炙所同也，羊枣所独也。讳名不讳姓[③]，姓所同也，名所独也。"（《尽心下》14.36）

【注释】

①羊枣：一种干果。在孟子故里邹城，今叫作"楗（ruǎn 软）枣子"。它是楗枣子树的果实。柿子树是由楗枣子树嫁接而成。它结原始的小柿子，成熟鲜果泛黄，晒干后褐黑色，味酸甜可

口。因其大小、形状、颜色与羊屎蛋差不多，味道又与枣接近，故称"羊枣"。　②脍炙（kuài zhì 快至）：精烹细作的佳肴。肉细切为脍，烹炒曰炙。　③讳：避讳。指不敢直称君主、尊长、父母的名字，以示尊敬。

【译文】

曾皙好吃羊枣，而曾子就不忍心吃羊枣。公孙丑问道："精烹细作的肉鱼与羊枣哪个更好吃呢？"

孟子答道："还是精烹细作的肉鱼啊！"

公孙丑又问："那么，曾子为什么吃精烹细作的肉鱼，而不吃羊枣呢？"

答道："精烹细作的肉鱼是大家都喜欢吃的，而羊枣是曾子父亲独自喜欢吃的。正如避讳名字而不避讳姓氏，是因为姓氏是许多人共同的，而名字却是每个人独有的。"

【一得】

父母所好，铭记在心；尽力满足，不与分享。

第十四章　养生者不足以当大事

3.14　孟子曰："养生者不足以当大事，惟送死可以当大事①。"（《离娄下》8.13）

【注释】

① 送死：临终前的照料与去世后的安葬。

【译文】

孟子说："奉养健在的父母，还不足以当作重大的事情；只有临终前的照料与去世后的安葬，才可以当作重大的事情。"

【一得】

孝敬健在的父母易，伺候临终的父母难。让父母有尊严地离去，这是子女尽最后的孝心。

第十五章　不孝有三

3.15　孟子曰："不孝有三①，无后为大。舜不告而娶②，为无后也。君子以为犹告也。"（《离娄上》7.26）

【注释】

① 不孝有三：赵《注》："于礼有不孝者三事，谓阿意曲从，陷亲不义，一不孝也；家贫亲老，不为禄仕，二不孝也；不娶无子，绝先祖祀，三不孝也。"　② 舜不告而娶：舜没有禀告父母，就娶了尧的两个女儿娥皇、女英。《万章上》："万章问曰：'《诗》云：娶妻如之何？必告父母。信斯言也，宜莫如舜。舜之不告而娶，何也？'孟子曰：'告则不得娶。

男女居室，人之大伦也。如告，则废人之大伦，以怼（duì 对）父母，是以不告也。'"舜的父亲、继母和弟弟象，终日试图杀舜，舜若以娶妻告父母，父母一定不会同意。舜为了娶妻有后，故不得已不告。此举虽违背了父母之命，但保全了娶妻有后的大义。

【译文】

孟子说："不孝的行为有三种，其中以没有后代为大。舜没有禀告父母就娶了妻子，是因为担心没有后代。君子认为这与禀告了父母一样。"

【一得】

男女婚配，生儿育女，是人天赋的本能，也是天赋的责任，天赋的快乐，是"人之大伦"。谁不愿意后继有人？谁不愿享天伦之乐？谁又愿意终生孤独？谁又愿意临终身边无人？如果人们都不婚不育，人将失去最后的依归，人类将会灭绝。不论不孝的行为有多少，而不婚不育一定是其中之一。儿女双全，人丁兴旺，是父母年老最大的期盼。舜告则不得娶，只得不告而娶，选择了孝之大者，为后人做出了榜样。

第十六章　杀人之父

3.16　孟子曰："吾今而后知杀人亲之重也。杀人之父，人亦杀其父；杀人之兄，人亦杀其兄。然则非自杀之也，一间

耳^①。"（《尽心下》14.7）

【注释】

①一间（jiàn见）：一点点间隙。间，间隙。形容非常接近，相差无几。

【译文】

孟子说："我从今之后可知道杀害别人亲人的严重性了。你杀了别人的父亲，别人也会杀了你的父亲；你杀了别人的兄长，别人也会杀了你的兄长。尽管不是自己杀害了父兄，那与自己杀害相差无几。"

【一得】

爱人者，人恒爱之；害人者，人岂能不恒害之？害人如害己。祸害别人的亲人，等于祸害自己的亲人。不论是自己丢了生命，还是危及父兄的生命，生命丢失，孝悌何在？

第十七章　齐宣王欲短丧

3.17　齐宣王欲短丧。公孙丑曰："为期之丧^①，犹愈于已乎^②？"

孟子曰："是犹或紾其兄之臂^③，子谓之姑徐徐云尔！亦教之孝悌而已矣。"

王子有其母死者，其傅为之请数月之丧。公孙丑曰："若此者何如也？"

曰："是欲终之而不可得也，虽加一日愈于已。谓夫莫之禁而弗为者也④。"（《尽心上》13.39）

【注释】

①期（jī机）：丧服制度，"期服"的简称。即齐衰（zī cuī资崔），一年之服，孝子守孝一年。　②犹愈于已乎：仍然胜过不守孝吧。犹，仍然。愈，胜过。《告子下》："白圭曰：'丹之治水也愈于禹。'"已，停止。《诗·郑风·风雨》："风雨如晦（huì汇），鸡鸣不已。"　③紾（zhěn诊）：拧折。　④谓夫莫之禁而弗为者也：此句前省略了上文所言"亦教之孝悌而已矣"。意思是，（教他孝悌的道理就可以了，）说的是没有限制却不去如期守孝的人。

【译文】

齐宣王想要缩短丧期。公孙丑说："行守孝一年的丧礼，仍然胜过不守孝吧？"

孟子说："这好比有一个人在拧他哥哥的胳膊，你对他说，暂且慢慢地拧吧！你教给他孝悌的道理就可以了。"

王子有死了母亲的，他的老师为他请求行守孝数月的丧礼。公孙丑说："像这种做法，怎么样呢？"

孟子说："他是想如期守孝而情势不允许啊！即便增加守孝一天，也胜过不守孝。（教他孝悌的道理就可以了，）说的是没有什么限制却不去如期守孝的人。"

【一得】

尽孝，贵在用心。有心，条件受限也会创造条件去作为；

无心，条件具备也会找借口不去作为。有心，守孝一天胜过无心守孝一年；无心，守孝一年不如有心守孝一天。

【疑难】

◎是欲终之而不可得也，虽加一日愈于已。谓夫莫之禁而弗为者也

赵《注》："如是王子欲终服其子礼而不能者也。加益一日则愈于止，况数月乎？所谓不当者，谓无禁自欲短之，故讥之也。"

朱《注》："言王子欲终丧而不可得，其傅为请，虽止得加一日，犹胜不加。我前所讥，乃谓夫莫之禁而自不为者耳。"

杨《注》断句："是欲终之而不可得也。虽加一日愈于已，谓夫莫之禁而弗为者也。"《译文》："这个是由于王子想要把三年的丧期守完，而办不到，那么（我上次所讲，）纵使多守孝一天也比不守孝好。是对那些没有人禁止他守孝自己却不去守孝的人说的。"

此段之疑难，在于句读。赵、朱《注》的断句是正确的。可惜杨《注》没有认真阅读，而把本应上属的"虽加一日愈于已"，断为下属。这就脱离了本义，并造成了混乱。

本段共三句话，前两句是对王子守孝态度的评论，后一句是对宣王守孝态度评论的追加说明。前两句的前提是："王子有其母死者，其傅为之请数月之丧。"孟子认为，那是因为想要如期守孝而情势不允许，即便争取增加守孝一天也胜过不守孝。而后一句的前提是"齐宣王欲短丧"，孟子持批评态度，并让公孙丑"亦教之孝悌而已矣"。"为期之丧，犹愈于已乎"，是公孙丑对宣王的迁就，是孟子所反对的。"虽加一日愈于已"，是孟子对王子的赞许。前者是要缩短丧期，没有增加一天的意

思；后者是要增加数月之丧，没有缩短的想法，故不可混淆。杨《译注》正是混淆了这二者，将"虽加一日愈于已"译为了"（我上次所讲）"，这就把孟子对王子的赞许误加到了宣王的头上，而遗漏了孟子对宣王的批评。此批评，在本段中作了省略。在末句之前应加上"亦教之孝悌而已矣"。

据此，本段的句读应为："是欲终之而不可得也，虽加一日愈于已。谓夫莫之禁而弗为者也。"今译应为：他是想如期守孝而情势不允许啊！即便增加守孝一天，也胜过不守孝。（教他孝悌的道理就可以了，）说的是没有什么限制却不去如期守孝的人。

第十八章　匡章，通国皆称不孝焉

3.18　公都子曰："匡章①，通国皆称不孝焉。夫子与之游②，又从而礼貌之，敢问何也？"

孟子曰："世俗所谓不孝者五：惰其四支③，不顾父母之养，一不孝也；博弈，好饮酒④，不顾父母之养，二不孝也；好货财，私妻子，不顾父母之养，三不孝也；从耳目之欲⑤，以为父母戮⑥，四不孝也；好勇斗很⑦，以危父母，五不孝也。章子有一于是乎？夫章子，子父责善而不相遇也⑧。责善，朋友之道也；父子责善，贼恩之大者⑨。夫章子，岂不欲有夫妻子母之属哉？为得罪于父，不得近，出妻屏子⑩，终身不养焉。其设心以为不若是，是则罪之大者。是则章子已矣！"（《离娄下》8.30）

【注释】

①匡章：齐国人。据《战国策》之《齐策》《燕策》记载，在齐威王、宣王时任将军，曾带兵拒秦，攻打燕国。他的母亲得罪了他的父亲，被他父亲杀害，埋在了马栈之下，他劝阻父亲的行为，遭到父亲的驱逐。直至父亲死后，也没有更葬母亲。他不敢违背父亲生前的决定，只得以赶走妻子、疏远儿子作为对自己愧对母亲的惩罚。他是孟子的朋友，与孟子曾有"陈仲子岂不诚廉士哉"之问。见《滕文公下》。　②游：交友，往来。《礼记·曲礼上》："交游称其信也。"　③四支：即四肢，支，通"肢"。《易·坤·文言》："正位居体，美在其中，而畅于四支。"　④博弈：六博和围棋。博，六博。古代的一种博戏，共十二棋，六黑六白，两人相博，每人六棋，故名。弈，围棋。此处指掷六博、下围棋。《论语·阳货》："不有博弈者乎？为之犹贤乎已。"　⑤从（zòng纵）：通"纵"。放纵。《礼记·曲礼上》："欲不可从。"　⑥戮（lù路）：羞辱。《左传·文公六年》："贾季戮臾骈（yú pián），臾骈之人欲尽杀贾氏以报焉。臾骈曰：'不可。'"　⑦好勇斗很：逞强好斗，残忍凶狠。很，通"狠"。　⑧遇：投合。　⑨贼恩：伤害感情。贼，伤害。　⑩出妻屏（bǐng饼）子：赶走妻子，远离儿子。出，赶走，离弃。屏，远离，退避。《礼记·曲礼上》："则左右屏而待。"

【译文】

公都子说："匡章，全国人都说他不孝。老师您却与他交友往来，又非常礼貌地对待他。冒昧地问，这是为什么呢？"

孟子说："世俗所说的不孝有五：四肢懒惰，不顾父母的赡养，是一不孝；掷六博，下围棋，好饮酒，不顾父母的赡养，是二不孝；贪图钱财，偏爱妻子儿女，不顾父母的赡养，是三不孝；放纵声色的欲望，为父母招来羞辱，是四不孝；逞强好斗，凶狠残忍，使父母受到危害，是五不孝。章子有其中之一吗？章子，不过是儿子责备父亲不能为善，而造成了父子不和。以善相责，是朋友相处的准则；父子以善相责，是最伤感情的事。章子，难道不想夫唱妇随、子孝母爱吗？因为得罪了父亲，不能和他亲近，所以赶走了妻子，远离了儿子，终身不受他们的侍奉。他的心里盘算，不这样做，自己的罪过就更大了。这就是章子罢了。"

【一得】

父子有亲，父慈子孝，人伦之本。然而，父亲有过，儿子劝阻，是否有违孝道？孟子认为，这不属于不孝。只不过要注意方式方法，不要伤害父子的感情罢了。不辨是非，不知权变，唯命是从，是愚孝。愚孝非孝，既会伤害父母，也会伤害自己。

第十九章　孟子自齐葬于鲁

3.19　孟子自齐葬于鲁 ①，反于齐 ②，止于嬴 ③。

充虞请曰 ④："前日不知虞之不肖 ⑤，使虞敦匠 ⑥。事严 ⑦，虞不敢请。今愿窃有请也：木若以美然。"

曰："古者棺椁无度，中古棺七寸，椁称之。自天子达于庶人。非直为观美也 ⑧，然后尽于人心。不得，不可以为悦；

无财，不可以为悦。得之为有财，古之人皆用之，吾何为独不然？且比化者无使土亲肤^⑨，于人心独无恔乎^⑩？吾闻之，君子不以天下俭其亲。"（《公孙丑下》4.7）

【注释】

①自齐葬于鲁：从齐国归葬母亲于鲁国。本章正与嬖人臧仓称孟子"后丧逾前丧"章（《梁惠王下》）相表里。此次归葬，是后丧，是葬孟子的母亲。《列女传·母仪》载："孟子处齐而有忧色，孟母见之……"由此可知，孟子在齐时，他的母亲曾随其一起生活，后在齐去世。孟子邹人，丧母本应葬邹，为何葬鲁呢？据《春秋》记载，邹东西北三面界鲁，土地犬牙交错，邹地常被鲁国大片侵占。可能是，孟子家族墓地原属邹国，后被鲁国侵占，故丧母归葬于鲁。今存孟母墓，即在原邹鲁南北交界地。赵岐在《孟子题辞》中说："或曰：孟子，鲁公族孟孙之后，故孟子仕于齐，丧母而归葬于鲁也。"此仅为一说，无据可考。上述详情见拙文《孟子先祖新考》（《孟子与孟子故里》，中国文史出版社 2001 年版）。　②反：同"返"。　③嬴：地名。春秋齐邑。在今山东济南市莱芜区西北。　④充虞：充，姓；虞，名。孟子弟子。生卒年月与里籍不详。曾随孟子游齐，又随孟子由齐归邹。孟子在齐丧母，受嘱监理棺椁的制作，并随孟子归葬母亲于鲁。有"木若以美然"之问。孟子离齐归邹，途中有"夫子若有不豫色然"之问。均见《公孙丑下》。北宋政和五年（1115），诏定封爵为"昌乐伯"，从祀孟庙。清乾隆二十一年（1756），改称"先儒充氏"。位设西庑。　⑤不肖：德才不足。自谦之词。　⑥敦：监管，督促。　⑦严：紧急。　⑧直：

仅仅。　　⑨比化者：让死者。比，介词。让，使。同"愿比死者壹洒之"（《梁惠王上》）之"比"用法。化者，死者。化，与佛家坐化、道家羽化之"化"同义。　　⑩忨（xiào笑）：欣慰，满意。

【译文】

孟子从齐国回鲁国安葬他的母亲，返回齐国的路上，在嬴邑歇息。

充虞请教说："前日您不认为我德才不足，而让我督促工匠。当时丧事紧急，我没敢请教。今天想冒昧地请教您：那棺木好像用得太精美了吧？"

孟子说："古时候棺椁没有一定的标准，中古棺厚七寸，椁与棺相称。从天子到平民百姓都是如此。这不是仅仅为了好看，而是只有这样才能尽到人子的孝心。得不到礼制的允许，不能让人子之心满足；没有钱财，不能让人子之心满足。礼制允许，又有财力，古代的人都这么做，我为什么独自不这样做呢？况且，让逝者的体肤不接触到泥土，这对于人子之心难道没有安慰吗？我听说过，君子不因为天下之大而在父母身上节省。"

【一得】

办理父母丧事，要尽心尽力。但有前提，一是政策允许；二是财力允许。如果政策允许，财力又允许，该做的没有去做，或该做好的没有做好，那是不孝；如果政策不允许，或财力不允许，而勉强为之，那也不是孝顺。

孝敬父母，贵在尽心。只要尽心了，就是最大的孝敬，不要攀比外在的形式。

【疑难】

◎孟子自齐葬于鲁

赵岐在《孟子题辞》中说："或曰：孟子，鲁公族孟孙之后，故孟子仕于齐，丧母而归葬于鲁也。"这是把孟子自齐葬于鲁的原因，归结为孟子是鲁公族孟孙之后。但此说之前又加"或曰"，即有的说，表示并不肯定。这说明，这仍然是个历史疑点。

孟子是邹国人，没有争议；孟子自齐葬于鲁是安葬他母亲，也没有争议。孟子是不是鲁公族孟孙之后，则有待考证。拙文《孟子先祖新考》（《孟子与孟子故里》，中国文史出版社 2001 年版）考证的结论是否定的。孟子居邹，如果不是鲁公族孟孙之后，为什么会在齐丧母归葬于鲁呢？这还要从邹鲁之间的历史纠葛说起。

孟子故里邹国，春秋时称邾、邾娄，战国时称邹，东西北三面界鲁。因鲁是姬姓宗主国，邾是曹姓土著国，故鲁国经常欺辱侵略邾国。虽然邾国奋起反抗，但邾国的大片土地仍被鲁国不断蚕食侵占。

据《春秋》记载：僖公三十三年（前 627），"公伐邾，取訾（zī 姿）娄"。文公七年（前 620），"春，公伐邾。三月甲戌，取须句"。宣公十年（前 599），"公孙归父帅师伐邾，取绎"。襄公十九年（前 554），"取邾田，自漷水"。哀公二年（前 493），"春，王二月，季孙斯、叔孙州仇、仲孙何忌帅师伐邾，取漷东田及沂西田"。还有，成公六年（前 585）"取鄟（zhuān 砖）"，襄公十三年（前 560）"取诗（邿）"，昭公三十二年（前 510）"取阚（kàn 瞰）"……《公羊传》在其下记曰："邾娄之邑也。曷为不系乎邾娄？讳亟也。"另外，邾国的大夫等，还有多人带着土地投奔鲁国。如，襄公二十一年（前 552），"邾

庶其以漆、闾（lǘ 驴）丘来奔"。昭公三十一年（前 511）"黑肱（gōng 弓）以滥来奔"。（见《春秋》）

直至战国，《孟子》中还记述了"邹与鲁閧（hòng 讧）。穆公问曰：'吾有司死者三十三人……'"（《梁惠王下》）邹鲁之间仍未停止流血冲突。

郑国的大片土地被鲁国侵占，至春秋末年，已"鲁击柝（tuò 唾）闻于郑"（《左传·哀公七年》）。孟子也说："去圣人之世若此其未远也，近圣人之居若此其甚也。"（《尽心下》）这都说明，邹鲁之间已无距离感，领土犬牙交错。

鉴于上述，必然有相当一部分郑国人的墓地，随郑国土地的丧失而沦为鲁国的土地。为随葬先祖，或夫妇合葬，这部分郑国人不得不居郑而葬于鲁。据此，应当存在这样一种可能，孟子先祖的墓地原在邹国北部近鲁处，后被鲁国侵占，孟子虽为邹人居邹，仕于齐丧母，但不得不"自齐葬于鲁"。

孟母墓，在今邹城北 10 公里凫村马鞍山东麓。北距鲁都曲阜 10 余公里，南距邹国故城 20 公里左右。春秋战国时为邹鲁交界之地。在古沂水西侧，即哀公二年（前 493）鲁国伐郑取沂西田的范围。这里历史上曾长期隶属于邹县，而邹县的地界是以古郑国的四境为基础的。元、明、清历代邹县知县都在这里留有碑刻，晓示保护孟母林墓、优免孟氏后裔，至今保存完好。

◎君子不以天下俭其亲

赵《注》："我闻君子之道，不以天下人所得用之物俭约于其亲，言事亲竭其力者也。"

朱《注》："送终之礼，所当得为而不自尽，是为天下爱惜此物，而薄于吾亲也。"

杨《译文》："在任何情况下，都不应当在父母身上去省钱。"

此句的难解，在"天下"二字。赵《注》为"天下人所得用之物"；朱《注》为"是为天下爱惜此物"；杨《译文》为"在任何情况下"。赵《注》、朱《注》相近，都解为天下之物，虽有孟子之意，但非孟子本意。杨《译文》似与"天下"没有什么直接关系。

此天下，就是天下，不能去加限定。不能说为"天下之物"，也不能说为"在任何情况下"，如此，则收窄了"天下"的含义。

此天下，既是实指，又是虚指；既是指物，又是指心。是泛指至大，至重。是说天下至大，至重；而孝道大于天下，重于天下。如果需要并可能，即便拿出天下也在所不惜。实际上是说，孝敬父母要竭尽心力，即"尽于心"。尽心要有物去体现；物不可尽而心可尽。只要尽心了，就是"不以天下俭其亲"。

在"舜为天子，皋陶为士，瞽瞍杀人"的难题中，"舜视弃天下犹弃敝蹝（xǐ 喜）也"。为尽孝道，舜像扔掉烂鞋一样放弃天子之位，背着他父亲到海边隐居（《尽心上》），这应当是对"君子不以天下俭其亲"的最好诠释。

根据上述，本句应解为：君子不因为天下之大而在父母身上节省。

第二十章　滕定公薨

3.20　滕定公薨①，世子谓然友曰②："昔者孟子尝与我言于宋，于心终不忘。今也不幸至于大故^③，吾欲使子问于孟子，然后行事。”

然友之邹问于孟子。孟子曰：“不亦善乎！亲丧，固所自尽也。曾子曰：‘生，事之以礼；死，葬之以礼，祭之以礼，可谓孝矣。’诸侯之礼，吾未之学也。虽然，吾尝闻之矣：三年之丧^④，齐疏之服^⑤，飦粥之食^⑥，自天子达于庶人，三代共之^⑦。”

然友反命，定为三年之丧。父兄百官皆不欲也，故曰：“吾宗国鲁先君莫之行^⑧，吾先君亦莫之行也。至于子之身而反之，不可。且《志》曰：‘丧祭从先祖。’”曰：“吾有所受之也。”

谓然友曰：“吾他日未尝学问，好驰马试剑。今也父兄百官不我足也，恐其不能尽于大事，子为我问孟子。”

然友复之邹问孟子。孟子曰：“然，不可以他求者也。孔子曰^⑨：‘君薨，听于冢宰^⑩。歠粥^⑪，面深墨^⑫，即位而哭，百官有司莫敢不哀^⑬，先之也。上有好者，下必有甚焉者矣。君子之德，风也；小人之德，草也。草尚之风^⑭，必偃^⑮。’是在世子。”

然友反命。世子曰：“然，是诚在我。”

五月居庐^⑯，未有命戒。百官族人可，谓曰知。及至葬，四方来观之，颜色之戚，哭泣之哀，吊者大悦。（《滕文公上》5.2）

【注释】

① 滕定公：滕国国君，滕文公的父亲。　薨（hōng 轰）：

周代天子死曰崩，诸侯死曰薨。 ②世子：即太子。古代王侯或爵位的法定继承者，一般是帝王、诸侯的正妻所生的嫡长子，但也有的是非嫡长子或妃妾所生的庶子。这里指的是滕文公。 然友：赵《注》："世子之傅也。"即滕文公的师傅。 ③大故：重大事故。这里指父丧。 ④三年之丧：子女为去世父母守孝三年的丧礼。为儒家所推崇。传说尧、舜、禹三代曾实行。 ⑤齐（zhī 资）疏之服：穿下摆不缝的粗麻布丧服。齐，衣服的下摆。《论语·乡党》："摄齐升堂，鞠躬如也，屏气似不息者。"何晏《集解》："衣下曰齐。摄齐者，抠衣也。"疏，《说文》："疏，通也。"引申为分，不合。衣的下摆不缝，即丧服中最重的斩衰。 ⑥飦（zhān 毡）粥之食：只吃粥类食物。飦，同"饘"。稠粥。饮类食物稠曰饘，稀曰粥。这里泛指粥类食物。 ⑦三代：此处指尧、舜、禹三代。 ⑧宗国：同姓的兄长国家。滕与鲁同为姬姓国。滕的始封祖错叔绣，鲁的始封祖周公，都是周文王的儿子。周公年长于错叔绣，故滕称鲁为宗国。此"宗"，既有同姓本族之义，又有同辈中年长之义，也含尊崇之义。 ⑨"孔子曰"句：见《论语·宪问》《论语·颜渊》。仅有"君薨，百官总己以听于冢宰三年""君子之德风，小人之德草。草上之风必偃"。其他句均无。 ⑩冢（zhǒng 肿）宰：周代官名。为六卿之首。一称大（tài 太）宰。《书·周官》："冢宰掌邦治，统百官，均四海。"相当于后世的宰相。冢，大。 ⑪歠（chuò 辍）：通"啜"。饮，喝。 ⑫面深墨：脸色因悲痛至极而变得憔悴、黝黑。 ⑬有司：官吏。古代设官分职，事各有专司，故称职官为有司。 ⑭草尚之风：草被风吹。尚，通"上"。又指加在上面。 ⑮偃（yǎn 眼）：卧倒；倒伏。伏倒为仆，仰倒为偃。 ⑯五月居庐：在安葬前的五个月里，居住在倚庐之中。《左传·隐公元年》："天子七月而葬，同轨毕至；诸侯五月，同盟至；大夫三月，同位至；士逾月，外姻至。"由此可知，诸侯要在死后五个月才能埋葬，所以孝子要在这五个月里居住在倚庐之中守丧。庐，指倚庐。《礼记·丧大记》："父母之丧，居倚庐，不涂。"孔颖达《疏》："居倚庐者，谓于中门之外，东墙下，倚木为庐，故云居倚庐。不涂者，但以草夹障，不以泥涂之也。"简言之，倚庐就是为父母守丧者的居处。即无柱无梁，用木斜倚于东墙，用草搭盖，连泥也不涂的简陋茅棚。

【译文】

滕定公去世了，世子（滕文公）对师傅然友说："过去孟子曾经与我在宋国交谈过，至今心里不能忘记。今不幸遭遇了父丧，我想派你去问问孟子，然后再办理丧事。"

然友到了邹国，向孟子请教。

孟子说："世子这样做，不是很好嘛！办理父亲的丧事，本来应当自己尽心尽力。曾子说：'父母活着，依礼侍奉；去世了，依礼安葬，依礼祭祀，就可以称得上孝了。'诸侯的丧礼，我没有学过；尽管这样，我也曾经听说过：行三年的丧期，穿下摆不缝的粗麻布丧服，只吃粥类食物，从天子一直到老百姓，尧、舜、禹三代都是这样的。"

然友返回复命，世子决定行三年的丧礼。滕国的父兄百官都不愿意，说："我们的宗国鲁国的历代国君没有实行过，我们的历代国君也没有实行过。到了你这一代却改变了祖先的规矩，不能这样做。况且《志》说：'丧葬、祭祀要遵从祖宗的惯例。'"世子说："你们说的意思，我都听明白了。"

又对然友说："我过去不曾潜心于学问，只喜欢纵马疾驰，比试击剑。现在父兄百官对我不满意，恐怕他们难以帮我尽力办好丧事，你再为我去问问孟子。"

然友又到邹国去问孟子。

孟子说："是啊！这是不能求于别人的。孔子说：'国君去世了，把一切政事交给宰相，只喝稀粥，脸色深沉黝黑，就临孝子的位置痛哭，大小官吏没有敢不悲哀的，因为在上位的做出了榜样。在上位的有什么喜好，在下位的必然更加喜好它。君子的德行，就像风一样；小人的德行，就像草一样。风吹到草上，草一定会随着风向倒伏。'这件事完全决定于世子。"

然友返回复命。世子说："是啊！这件事确实决定于我。"

于是，葬前世子在丧庐里居住了五个月，未曾颁布任何命令与禁令。百官族人都赞同，认为明智。到了安葬的时候，四方的人都来观看，世子脸色的悲伤，哭泣的哀痛，使吊丧的人深受感动。

【一得】

子女办理父母的丧事，一定要竭尽心力。不仅要有发自内心的悲痛，还要有符合礼制的外在仪式，并要切合实际。每个人都具有社会性，年长的逝者更是如此。办好丧事，既是子女孝敬父母的需要，也是与逝者有关的亲戚、朋友以及社会各界人士对逝者致哀的要求。只要尽心尽力了，父母九泉之下有知，亲朋有目共睹，自身终生无愧。

【疑难】

◎三年之丧

赵《注》："三代以前，君臣皆行三年之丧。"

朱《注》："三年之丧者，子生三年，然后免于父母之怀。

故父母之丧，必以三年也。"

杨《注》："据儒家传说，上古便曾行三年之丧（子女对于父母，臣对于君，都守孝三年），但据下文'吾宗国鲁先君莫之行，吾先君亦莫之行也'的话，以及《左传》的若干关于丧事的记载，儒家此语很可怀疑。毛奇龄《四书賸言》则以为此是商制，亦只是臆测之词。"

三年之丧，颇有争议。赵《注》"三代以前"，与孟子"三代共之"不是一回事。朱《注》说了为什么要行三年之丧，未涉其历史渊源。杨《注》对三年之丧提出了怀疑，但未置可否。

三年之丧，为孟子所推崇。《滕文公上》："昔者孔子没，三年之外，门人治任将归，入揖于子贡，相向而哭，皆失声，然后归。子贡反，筑室于场，独居三年，然后归。"这是说，孔子逝世后，孔子的弟子为孔子守孝三年，子贡守孝六年。《万章上》："尧崩，三年之丧毕，舜避尧之子于南河之南。""十有七年舜崩，三年之丧毕，禹避舜之子于阳城。""七年禹崩，三年之丧毕，益避禹之子于箕山之阴。"这是说，尧、舜、禹三代都是实行的三年之丧。

孟子所言"三年之丧"的来源。他在本章说："诸侯之礼，吾未之学也。虽然，吾尝闻之矣：三年之丧，齐疏之服，飦粥之食，自天子达于庶人，三代共之。"这说明，孟子是听别人说的，或者是听老师讲的。此语谁讲过呢？《论语·宪问》有这样的记载："子张曰：'《书》云：高宗谅阴，三年不言。何谓也？'子曰：'何必高宗，古之人皆然。君薨，百官总己以听于冢宰三年。'"这说明，此语是以孔子为代表的儒家师徒所传。高宗，是商王武丁。子张所问，是《书》中所记。

那么，《书》中又是怎么说的呢？《书·说命上》："王宅忧亮阴三祀，既免丧，其惟弗言。"意思是，商王武丁在父王墓旁的墓庐里守丧三年，除丧以后，对政事仍旧不肯发言。《书·无逸》："周公曰：'……其在高宗，时旧劳于外，爰暨小人。作其即位，乃或亮阴，三年不言。其惟不言，言乃雍，不敢荒宁。'"这处记载，与上述基本相同。以上两文，均见于今传《尚书》。今传《尚书》，由汉代今文《尚书》与古文《尚书》杂糅而成。前者今文《尚书》无，古文《尚书》有，后世怀疑为东晋人伪作。后者今、古文《尚书》皆有，但也有人怀疑其为春秋人所作。尽管如此，《论语》所记不会虚假。子张所问，孔子所答，必有依据。

由上述可知，三年之丧，古时确有此制。但尧、舜、禹三代行之，为历史传说。商王武丁居丧三年，虽见《尚书》，但也有疑点。"三年不言"，可能是居丧三年，也可能不是居丧三年。《史记·殷本纪》"帝武丁即位，思复兴殷，而未得其佐。三年不言，政事决定于冢宰，以观国风"，则未称居丧三年。最为可信的还是孔子弟子为孔子守丧三年，子贡守丧六年。这说明，三年之丧，是儒家推崇的历史传说，儒门确实施行过此制，而非夏、商、周三代共行。所谓"三代共之"，只能说尧、舜、禹三代共之。因除上述传说、记载之外，夏、商、周三代未见此类文献记载。

滕文公"定为三年之丧。父兄百官皆不欲也，故曰：'吾宗国鲁先君莫之行，吾先君亦莫之行也。至于子之身而反之，不可。'"这说明，同为姬姓的鲁国、滕国都不曾行过三年之丧。《春秋》及其《三传》，也未见周王室及各诸侯国有行三年之丧者。

三年之丧，守孝三年，不论天子、诸侯还是公卿大臣，都会荒废了政事。庶民百姓，则会荒芜了农田。其初衷虽为至孝，但现实中不可行。这是它仅为传说与理想的根本原因。

◎齐疏之服

赵《注》：“齐疏，齐衰也。”

朱《注》：“齐，衣下缝也。不缉曰斩衰，缉之曰齐衰。疏，粗也，粗布也。”

杨《注》：“齐疏之服——齐（zī）。《仪礼·丧服》云：‘疏衰裳齐。’疏，犹粗也；凡服上曰衰，下曰裳；齐，缉（衣服缝边）也。‘疏衰裳齐’意思就是用粗布做成的丧服上衣和下裳，缝衣边（斩衰则不缝衣边）。”《译文》：“穿着粗布缉边的孝服。”

此句之疑难，在于对“齐疏”的理解。赵、朱、杨《注》各持一说。赵《注》“齐衰也”，还需要再解释什么是“齐衰”。朱《注》：“齐，衣下缝也。”杨《注》：“齐，缉（衣服缝边）也。”皆不妥。杨《注》抛开“齐疏”，而去解释《仪礼·丧服》中的“疏衰裳齐”，难道这二者等同？

赵、朱、杨《注》也有共同之处，即都认定“齐疏”为“齐衰”。有误。齐衰（cuī 崔）与斩衰是不同的丧服。古制，斩衰最重，用粗麻布做成，因左右和下边不缝得名。子、未嫁女对父母，媳对公婆，承重孙对祖父母，妻对夫等都服斩衰。齐衰次于斩衰，用粗麻布做成，因其缉边缝齐得名。子对继母、庶母，孙对祖父母，曾孙、玄孙对曾、高祖父母，夫对妻等服齐衰。《周礼·春官·司服》：“凡丧，为天王斩衰、为王后齐衰。”滕文公为其父服丧，其父又是国君，应当穿最重的丧服——斩衰，怎么可能穿次一等的“齐衰”呢？孟子没有说“齐衰之服”，为什么偏偏要把“齐疏”解释成“齐衰”呢？

抛开习惯思维的影响，“齐疏”是否可以这样解释：齐，读 zī（资）。衣服的下摆。《论语·乡党》：“摄齐升堂，鞠躬如也，屏气似不息者。”何晏《集解》：“衣下曰齐。摄齐者，抠衣也。"《礼记·曲礼上》："两手抠衣，去齐尺。"意思是，两只手提起衣裳，使衣裳的下边离地一尺。这两处"齐"，都是指衣的下摆。《说文》："疏，通也。"可引申为分，分而不合。《史记·黥布传》："上裂地而王之，疏爵而贵之。"裴骃《集解》："《汉书音义》曰：'疏，分也。'"司马贞《索隐》："按裂地是对文，故知疏即分也。"孝衣的下摆边缘分而不缝，也可称为"疏"。据此，"齐疏"可解为：下摆边缘分而不缝。全句可今译为：穿下摆不缝的粗麻布孝衣。这样，既不违字面的含义，又合丧礼。不知能否成为一说。

◎五月居庐

赵《注》："诸侯五月而葬，未葬居倚庐于中门之内也。"

朱《注》："诸侯五月而葬，未葬居倚庐于中门之外。"

杨《注》："则诸侯五月乃葬，未葬前，孝子必居凶庐。凶庐也叫'梁闇'，用土砖砌成，不用柱，不用楣，不用修饰，以草为屏。甚至在守孝的时期内都居于此。"

此语，赵、朱《注》基本相同，只是有"中门"之内、外之异。但注释简略，还需再作解释才能让人明白。"诸侯五月而葬"，见《左传·隐公元年》："天子七月而葬，同轨毕至；诸侯五月，同盟至；大夫三月，同位至；士逾月，外姻至。""倚庐"，见《礼记·丧大记》："父母之丧，居倚庐，不涂。"孔颖达《疏》："居倚庐者，谓于中门之外，东墙下，倚木为庐，故云居倚庐。不涂者，但以草夹障，不以泥涂之也。"

杨《注》"孝子必居凶庐。凶庐也叫'梁闇'，用土砖砌成，不用柱，不用楣，不用修饰，以草为屏。甚至在守孝的时期内都居于此"，与赵、朱《注》不同，且不如赵、朱《注》严谨有据。"凶庐"，不常见常用。"梁闇"，含义有争议。此说与殷高宗"三年不言"有关，不能确指是守丧之庐。用这样不常见、更古老且含义不确定的词去解释"五月居庐"之"庐"，会越解释越不明白。况且，只用"土砖砌成，不用柱，不用楣"上面没办法"以草为屏"。没法搭草，不会成"庐"，也不能住人，莫说守丧五月、三年，就连三天也不能居住。而"倚庐"，倚墙而搭木，木上而搭草，完全可以遮风避雨。再者，守丧五月，是葬前，在棺旁；守丧三年，是葬后，在墓旁，不是一个地方，不可能如杨《注》所言"甚至在守孝的时期内都居于此"。

综上所述，"五月居庐"之"五月"，是葬前五个月；"庐"，是倚庐，守丧之居处，位于中门之外，东墙下，倚木为庐，以草夹障，不以泥涂。全句可今译为：葬前五月在倚庐守丧。

第一章　心之官则思

4.1　公都子问曰："钧是人也①，或为大人，或为小人，何也？"

孟子曰："从其大体为大人②，从其小体为小人③。"

曰："钧是人也，或从其大体，或从其小体，何也？"

曰："耳目之官不思④，而蔽于物。物交物，则引之而已矣⑤。心之官则思，思则得之，不思则不得也。此天之所与我者⑥。先立乎其大者，则其小者不能夺也。此为大人而已矣。"（《告子上》11.15）

【注释】

①钧：都，同。通"均"。　②从：顺从。　大体：仁义礼智的道德之心，以及具有思维功能的器官之心。③小体：耳目之欲，以及具有视听功能的器官之耳目。　④官：功能，职责。　⑤引：引诱。　⑥此天之所与我者：此，赵《注》作"比"。朱《注》作"此"。阮元《校勘记》云："'此天之所与我者'，廖本，闽、监、毛三本同。岳本、孔本、韩本'此'作'（此）〔比〕'。"根据上文来看，"此"为是，指代"心"。

【译文】

公都子问道："同样是人，有的成为大人——品德高尚的人，有的成为小人——品德低下的人，这是为什么呢？"

孟子说："顺从他的大体——仁义礼智之心以及主思之心，就成为大人；顺从他的小体——耳目之欲以及主视听之耳目，就成为小人。"

又问："同样是人，有的顺从他的仁义礼智之心以及主思之心，有的顺从他的耳目之欲以及主视听之耳目，这是为什么呢？"

答道："耳目的功能不会思考，而容易被外物所蒙蔽。物与物一交叉，它就被引入误区了。心的功能是思维。思，就能显现并扩充自己的仁义礼智之心；不思，就不能显现并扩充自己的仁义礼智之心。这是上天赋予我们所有人的。先把作为大体的仁义礼智之心树立起来，那么作为小体的耳目之欲就不能把心中的善端泯灭了。这就成为大人——品德高尚的人了。"

【一得】

做人要立足于大，要从大体，做大人；不要局限于小，从小体，做小人。大体是心，心立住了，能有正气，明是非，抗诱惑，行正道；小体是耳目，只限于耳目之欲，会只见现象，不见本质，陷入混乱与迷茫。只顾小体，会误了大体；树立了大体，小体也从中受益。

【疑难】

◎大体　小体

赵《注》："大体，心思礼义。小体，纵恣情欲。"

朱《注》："大体，心也。小体，耳目之类也。"

杨《译文》：大体，"身体重要器官"。小体，"身体次要器官"。

赵《注》"心思礼义""纵恣情欲"，近本义，但不是大体、小体的全部含义。朱《注》"心也""耳目之类也"，杨《译文》"身体重要器官""身体次要器官"，基本相似，都是将"体"说成物质的，血肉之躯的组成部分，同样不是大体、小体的全部含义。

"从其大体为大人，从其小体为小人。"从大体、小体所处的语言环境来看，它们与大人、小人直接相联系。而大人、小人是指道德层面的，故大体、小体也应与直接影响道德高下的因素相联系。从人的本性而言，人可以为善。人人心中都有善端，人人都有仁义礼智之心，只不过"思则得之，不思则不得也"。能否去思，去显现并扩充自己的仁义礼智之心，是能否成为道德高尚的人的关键。所以，大体，应是人的仁义礼智之心，以及主思之心。耳目，是人的视听器官，它们没有思维功能，只能有感性认识，若脱离了仁义礼智之心以及主思之心的主宰，就会陷入混乱、迷茫。故耳目之欲，以及主视听之耳目，应是小体。

◎耳目之官不思，而蔽于物。物交物，则引之而已矣

赵《注》："官，精神所在也。谓人有五官六府。物，事也。利欲之事，来交引其精神，心官不思善，故失其道而陷为小人也。"

朱《注》："官之为言司也。耳司听，目司视，各有所职而不能思，是以蔽于外物。既不能思而蔽于外物，则亦一物而已。又以外物交于此物，其引之而去不难矣。"

杨《译文》："耳朵眼睛这类的器官不会思考，故为外物所蒙蔽。（因此，耳目不过是一物罢了。）一与外物接触，便被引向迷途了。"

赵《注》"官，精神所在也""物，事也"，不妥。官，怎么能是精神所在呢？应是功能，职责。物，怎么能是"事"呢？物与事虽然有联系，由物也可引申至事，但物是物，事是事，不可混淆。若混淆，会脱离孟子的本意。朱《注》称耳目"则亦一物而已"，杨《译文》"耳目不过是一物罢了"，令人费解，耳目怎么可以称为"一物"呢？耳目是人体中有感知功能的器官，而"蔽于物"的"物"，"物交物"中的二"物"，都是人体之外不具备人体功能的外物。物交物，一物与另一物有交集，或一物被另一物遮挡住了，还能看到它们的真相吗？一个声音被另一个声音搅乱了，还能听到它们的真实声音吗？单凭耳目，是无法辨别出是非真伪的。如果说耳目为"一物"，"一与外物接融，便被引向迷途了"，那是否认了耳目的感知功能。孟子并未否定耳目的感知功能，只是说它们不具备"思"的功能，易受外物的蒙蔽，外物一混乱，就不能辨别是非真伪了，故需

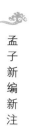

要心去辨析、去主宰。与心相比较，耳目是小体，只能有感性认识；心是大体，可以有理性认识。

根据上述，本句可今译为：耳目的功能不会思考，而容易被外物蒙蔽。物与物相交，它就被引入迷茫了。

第二章　赤子之心

4.2　孟子曰："大人者，不失其赤子之心者也[①]。"（《离娄下》8.12）

【注释】

① 赤子之心：婴儿与生俱来蕴含善端的本心。刚出生的婴儿浑身通红，故称赤子。

【译文】

孟子说："品德高尚的人，不丧失他与生俱来的含有善端的童心。"

【一得】

赤子之心，是人的初心，本心。它储存着善良的种子，蕴含着为善的潜能。保存它，滋养它，让它萌发，让它扩充，就会成长为仁义礼智之德。

【疑难】

◎大人者，不失其赤子之心者也

赵《注》："大人谓君。国君视民，当如赤子，不失其民心之谓也。一说曰：赤子，婴儿也。少小之心，专一未变化，人能不失其赤子时心，则为贞正大人也。"

朱《注》："大人之心，通达万变；赤子之心，则纯一无伪而已。然大人之所以为大人，正以其不为物诱，而有以全其纯一无伪之本然。是以扩而充之，则无所不知，无所不能，而极其大也。"

杨《译文》："有德行的人便是能保持那种婴儿的天真纯朴的心的人。"

赵《注》称大人为"国君"，称赤子为"民"，称赤子之心为"民心"，虽可自圆其说，但太牵强。又列一说"赤子，婴儿也。少小之心，专一未变化"，也非孟子本意。朱《注》"大人之心，通达万变""无所不知，无所不能"，有点言过其实，只注重了知、能、变，而遗漏了道德因素。"赤子之心，则纯一无伪而已"，只说了赤子之心的表面特征，而未言及根本。杨《译文》"婴儿的天真纯朴的心"，基本与朱《注》相同。

本句，还是讲的人性、人心，还是道德层面的论述。大人，是道德品质高尚的人，是善良的本心扩充到极致的人。赤子之心，是初生婴儿与生俱来的含有善端的本心。讲道德，离不开心。人之所以为人，是因为人有一颗可以为善的心。此心，"天之所与我者""非由外铄我也，我固有之也"（《告子上》）。保存、滋养、扩充了它，则为大人；丢失了它，则为小人。"专一未变化""纯一无伪""天真纯朴"，虽然是赤子之心的特征，但不是本质特征，不是成就为大人之德的根本。若仅有"专一未变化""纯一无伪""天真纯朴",仁义礼智之心从何而来?
所以本句应今译为:品德高尚的人,不丧失他与生俱来的含有
善端的童心。

第三章　养心莫善于寡欲

4.3　孟子曰:"养心莫善于寡欲^①。其为人也寡欲^②,虽
有不存焉者^③,寡矣;其为人也多欲,虽有存焉者,寡矣。"
(《尽心下》14.35)

【注释】

①寡欲:少有欲望,不放纵欲望。欲,既包括物质欲望,
又包括精神欲望。　②其:犹若,如果。《左传·僖公九年》:
"其济,君之灵也;不济,则以死继之。"　③不存焉者:
不保存下来的本心。存,怀有,保存。焉,语气助词,表示肯定。
者,指代心,本心。

【译文】

孟子说:"养心没有比少有欲望再好的了。如果做人欲
望少,即使有不保存下来的本心,也不多;如果做人欲望多,
即使有能保存下来的本心,也很少。"

【一得】

过多的欲望,放纵欲望,会让本心迷乱以至丧失;少有

欲望，掌控好欲望，能让本心得到安宁、存养。

【疑难】

◎寡欲

赵《注》："寡，少也。欲，利欲也。"

朱《注》："欲，如口鼻耳目四支之欲。虽人之所不能无，然多而不节，未有不失其本心者。"

杨《译文》："修养心性的方法最好是减少物质欲望。"

人的欲望，是多方面的。既有物质的，也有精神的。赵《注》："欲，利欲也。"杨《译文》："物质欲望。"二说大致相同，都强调了物质欲望而忽视了精神欲望。朱《注》"欲，如口鼻耳目四支之欲"，比较谨慎。他把"口鼻耳目四支之欲"只作为"欲"的例子来列举，而不作为全部。而"口"之欲当然是物质的，而"耳目四支"之欲应是精神的。精神的欲望还有性、情、名、权等等。所有欲望，只要不过分，都是正当的，应当珍惜的。寡欲，不是无欲，也不是灭欲，是少有欲望，不放纵欲望。它是相对"多"与"贪"而言的。多欲、纵欲是有害的，"存天理，灭人欲"之说是另一个极端，也是错误的、有害的。

第四章　饥者甘食

4.4　孟子曰："饥者甘食[①]，渴者甘饮，是未得饮食之正也，饥渴害之也。岂惟口腹有饥渴之害？人心亦皆有害。人

能无以饥渴之害为心害，则不及人不为忧矣。"（《尽心上》
13.27）

【注释】

①甘食：贪吃，对食物不加选择。甘，嗜好，喜爱。可译
作"贪"。《书·五子之歌》："甘酒嗜音。"曹植《藉田说》：
"残仁贼义，甘财悦色。"

【译文】

孟子说："饿了的人贪吃，对食物不加选择；渴了的人
贪喝，对饮水不加选择。之所以这样，是因为没有得到正常的
饮食，是饥渴危害了他。难道只有口腹有饥渴的危害吗？人心
也都有这类的危害。人如果能不把饥渴对口腹的危害变为对心
的危害，那么，就不会为自己的品德不如别人高尚而忧愁了。"

【一得】

人的口腹需要滋养，心也需要滋养。不然，口腹会饥渴，
心也会饥渴。心若饥渴，则空虚、迷茫，容易被歪理邪说欺骗，
被声色犬马诱惑。像适时地饮食一样，适时地滋养自己的心，
心就充实了。

【疑难】

◎饥者甘食，渴者甘饮，是未得饮食之正也，饥渴害之也

赵《注》："饥渴害其本，所以知味之性，令人强甘之。"

朱《注》："口腹为饥渴所害，故于饮食不暇择，而失
其正味；人心为贫贱所害，故于富贵不暇择，而失其正理。"

杨《译文》："饥饿的人觉得任何食物都是美的，干渴的

人觉得任何饮料都是甜的。他不能知道饮料食品的正常滋味，是由于受了饥饿干渴的损害的缘故。"

赵《注》不好懂。"所以知味之性"，是否为"所以不知味之性"，漏一"不"字？待解。

"是未得饮食之正也"，朱《注》"而失其正味"，杨《译文》"他不能知道饮料食品的正常滋味"，把"饮食之正"解为"正味""正常滋味"，虽然从字面上讲得通，但觉得还有未尽之意。饥渴可使人食而不知其味，但那只是短暂的错觉，稍有缓解，酸甜苦辣还是分辨得清的。"失其正味"，只是饥渴的表现，而不是饥渴的原因。未能得到正常饮食，才是造成饥渴的原因，也是造成饥不择食、食而不知其味的根本原因。要不使口腹饥渴，就要有正常饮食，这既包括适时饮食，也包括高质量的饮食。要使心不饥渴，就要有正常的滋养，这也包括适时与高质量的滋养源。这滋养源，当然是精神的，是仁义礼智之类。

据上所述，此句宜今译为：这是因为没有得到正常的饮食。

朱《注》"人心为贫贱所害，故于富贵不暇择，而失其正理"，不是孟子的本意。人心所受与饥渴同类的危害，是心之饥渴，是心没有得到适时的滋养而空虚，而不是单一地受"贫贱"所害。口腹饥渴，缺少的是饮食；心饥渴，缺少的是道德。饮食是物质性的，道德是精神性的。贫贱、富贵都是身外之"物"，而心之"贫贱""富贵"则是品德的低下与高尚。朱《注》混淆了物质与精神的区别。退一步说，即便贫贱，也不见得"于富贵不暇择，而失其正理"。富贵，难道就不"失其正理"吗？

◎人能无以饥渴之害为心害，则不及人不为忧矣

赵《注》："人能守正不为邪利所害，虽富贵之事不及逮人，犹为君子，不为善人所忧患也。"

朱《注》："人能不以贫贱之故而动其心，则过人远矣。"

赵《注》中的"邪利""富贵之事",朱《注》中的"贫贱之故",同上节朱《注》中的"贫贱""富贵",同样是以身外之"物"取代了身内之"德"。邪利、贫贱虽害人,也害人之心,但此处是讲的心饥渴,心空虚,害心的是不存不养,是歪理邪说。而邪利、贫贱只是外界会扰乱心的物质因素之一。"不及人",不是"富贵之事不及逮人",而是心不及人,即品德不如别人高尚。"不及人"的原因,也不仅仅是"以贫贱之故而动其心",而是不存不养,缺少仁义礼智之德。

据上所述,此句可今译为:人如果能不把饥渴对口腹的危害变为对心的危害,那么,就不会为自己品德不如别人高尚而忧愁了。

第五章　指不若人

4.5　孟子曰:"今有无名之指屈而不信①,非疾痛害事也,如有能信之者,则不远秦楚之路,为指之不若人也。指不若人,则知恶之;心不若人,则不知恶,此之谓不知类也②。"(《告子上》11.12)

【注释】

①无名之指:手的第四指。　信(shēn 申):舒展,伸张。通"伸"。《易·系辞下》:"尺蠖(huò 获)之屈,以求信也。"　②类:种类。《易·乾》:"本乎天者亲上,本乎地者亲下,则各从其类也。"此处用如动词,类比,分类

比较。

【译文】

孟子说：“现在有一个人，他的无名指弯曲而不能伸直，不疼痛，也不妨碍做事，如果有能帮助他伸直的，即便走去齐国、楚国的路程也不嫌远，为的是他的指头不如别人。指头不如别人，则知道羞恶；心不如别人，竟不知道羞恶，这叫作不知道分类比较。”

【一得】

有一颗善良的心，比有一张漂亮的脸蛋宝贵得多。有一个病残的身，比有一颗病残的心幸运得多。身有病残，四处求医；心有病残，置之不理。病残的身应该救治，病残的心更应该救治。

第六章　拱把之桐梓

4.6　孟子曰：“拱把之桐梓[①]，人苟欲生之，皆知所以养之者。至于身，而不知所以养之者，岂爱身不若桐梓哉？弗思甚也。”（《告子上》11.13）

【注释】

①拱把：赵《注》：“拱，合两手也。把，以一手把之也。”指仅有一两把粗。　　桐梓：桐树与梓树。一般植于住宅内外，

是做器物的上等木材。

【译文】

孟子说："一两把粗的幼小桐树与梓树，人如果想让它长大成材，都知道怎么去培养它。至于自身，却不知道如何去培养它，难道爱惜自身，还不如爱惜桐梓吗？真是太不动脑筋了。"

【一得】

培养庄稼，是一季的事；培养树木，是数年的事；培养人格，是终生的事。没有培养的自觉与得当，什么也不会成材。

第七章　人之于身也

4.7　孟子曰："人之于身也，兼所爱。兼所爱，则兼所养也。无尺寸之肤不爱焉，则无尺寸之肤不养也。所以考其善不善者，岂有他哉？于己取之而已矣。体有贵贱，有小大。无以小害大，无以贱害贵。养其小者为小人，养其大者为大人。今有场师①，舍其梧檟②，养其樲棘③，则为贱场师焉。养其一指而失其肩背，而不知也，则为狼疾人也④。饮食之人，则人贱之矣，为其养小以失大也。饮食之人无有失也，则口腹岂适为尺寸之肤哉⑤？"

（《告子上》11.14）

【注释】

①场师：管理场圃的园艺师。场，收敛、脱粒成熟谷物的场地；圃，种植果蔬及花草名木的园圃。古代场圃多共为一地，春夏为圃，秋冬为场，故统称为"场圃"。《诗·豳（bīn宾）风·七月》："九月筑场圃。"《管子·八观》："场圃接，树木茂。"　②梧槚（jiǎ甲）：梧，梧桐树；槚，楸树。都是既具有观赏性，又适宜做器物的上等乔木。　③樲（èr二）棘：丛生的酸枣树与有刺的灌木。樲，酸枣树。丛生于山坡，果小核大肉少味酸，不能成材，但可作母本嫁接大枣。棘，荆棘。泛指有刺的灌木。　④狼疾：同"狼藉"。狼性凶狠狡诈，常藉草而卧，起则践草使乱以灭迹。后因以"狼藉"形容散乱错杂。此处喻昏愦、糊涂。　⑤适：只，仅仅。

【译文】

孟子说："人们对于自己的身体，全都爱惜。全都爱惜，就全都养护。没有一尺一寸肌肤不爱惜的，也就没有一尺一寸肌肤不养护的。然而，考察一个人身体养护得好与不好的方法，难道还有别的吗？从他自己身上看看就可以了。身体的各个部位，有贵有贱，有小有大。不能以小害大，也不能以贱害贵。养护他的小者，就是品德低下的人；养护他的大者，就是品德高尚的人。现在有一个园艺师，不去栽培梧桐和楸树，而去种植酸枣与荆棘，他就是一个劣等的园艺师。养护了一个手指，而失掉了肩背，还茫然不知，那就是一个糊涂透顶的人。只知道吃喝的人，人们就会鄙视他，那是因为他养护了小者而丢失了大者。如果说只知道吃喝的人也没有什么丢失，那么，口腹吃喝难道仅仅是为了那一尺一寸的体肤吗？"

【一得】

人不吃喝就不能存活，但只知道吃喝就不能成其为人。因为所有动物都知道吃喝。人不仅有一个血肉之躯，还有一个精神世界——心。这正是人与其他动物的根本区别。吃喝不需要督促，养心则需要提醒。养心不仅能成为高尚的人，而且会让吃喝更加理性。只知吃喝不仅会吃出一身毛病，还会丢失自己最宝贵的本心。

【疑难】

◎饮食之人无有失也，则口腹岂适为尺寸之肤哉

赵《注》："如使不失道德，存仁义以往，不嫌于养口腹也。故曰口腹岂但为肥长尺寸之肤邪，亦为怀道德者也。"

朱《注》："此言若使专养口腹，而能不失其大体，则口腹之养，躯命所关，不但为尺寸之肤而已。"

杨《译文》："如果讲究吃喝的人不影响思想意识的培养，那么，吃喝的目的难道仅仅为着口腹的那小部分吗？"

赵《注》、朱《注》、杨《译文》，对于本句都有不同程度的误解。"饮食之人无有失也"是关键所在。

本句是一个先假设、后反问的句式。"饮食之人无有失也"，单独来看，是一个肯定判断句，表示"只知道吃喝的人也没有丢掉什么"；但与下句"则口腹岂适为尺寸之肤哉"连起来读，它显然是一个假设句，只是省略了"或曰"或"假如"。再与它前面的句子"饮食之人，则人贱之矣，为其养小以失大也"连起来看，前面的句子是一个论点，此句是进一步论证这一论点。前面句中的"饮食之人"，与本句中的"饮食之人"，是一个意思，都是"只知道吃喝的人"。"则人贱之矣，为其养

小以失大也",是对饮食之人的一种否定。如果"饮食之人无有失也"是一个肯定判断句,那么,就前后矛盾了,一个说"养小以失大也",一个说"无有失也"。而最后一句"则口腹岂适为尺寸之肤哉"也与"无有失也"相矛盾,而与前面的"养小以失大也"相呼应。所以,"饮食之人无有失也"是一个假设的肯定判断句。它是为了回答质疑,进一步肯定"饮食之人,则人贱之矣,为其养小以失大也"这一观点,而设计的一个先假设后反问的句式,说饮食之人有失,他只知吃喝,而失掉了人的本心、道德、精神世界。

赵《注》、朱《注》,都存在把"饮食之人无有失也"误作为肯定判断句的问题。赵《注》:"如使不失道德,存仁义以往,不嫌于养口腹也。"这种"如果不失道德,就对养口腹可以不作疑惑"的说法,与"以小失大"是格格不入的。朱《注》"此言若使专养口腹,而能不失其大体,则口腹之养,躯命所关,不但为尺寸之肤而已""专养口腹",岂能"不失其大体"?赵《注》、朱《注》,都把孟子列举出准备反驳的观点,误当作了孟子的观点。孟子的一贯观点,是"先立乎其大者,则其小者不能夺""从其大体为大人,从其小体为小人""养其小者为小人,养其大者为大人""饮食之人,则人贱之矣,为其养小以失大也",他从来没讲过先立乎其小者,而大者能兼顾,或大者能不失。

杨《译文》,看到了"饮食之人无有失也"是一个假设,译为"如果讲究吃喝的人不影响思想意识的培养",加了一个"如果"。但"讲究吃喝"与"饮食之人"有差异,前者是对吃喝讲究,注重其质量、制作方式等;后者是"只知道吃喝的人"。"无有失也",也不宜译为"不影响思想意识的培养","影响"与"失去"不是同义概念。如此一来,与后面的反问不能对应,与前面的观点也不相一致。

据上所述，本句可今译为：如果说只知道吃喝的人也没有什么丢失，那么，口腹吃喝难道仅仅是为了那一尺一寸的体肤吗？

第八章　有天爵者

4.8　孟子曰："有天爵者①，有人爵者②。仁义忠信，乐善不倦，此天爵也；公卿大夫，此人爵也。古之人修其天爵，而人爵从之。今之人修其天爵，以要人爵③；既得人爵，而弃其天爵，则惑之甚者也，终亦必亡而已矣。"（《告子上》11.16）

【注释】

①天爵：天赐的爵位，表示自我修养的道德高度。如大丈夫、君子、志士、仁人、义士等。此天，是先天，与生俱来，可以自我掌控的。　②人爵：人赐的爵位，表示君主赐与的食禄等级。如公、侯、伯、子、男等。此人，是他人，不可以自我掌控。　③要（yāo 腰）：求，取。

【译文】

孟子说："有天赐的爵位，有人赐的爵位。仁义忠信，乐善不倦，这就是天赐的爵位；公卿大夫，这就是人赐的爵位。古时候的人，修养他天赐的爵位，而人赐的爵位就随之而来。

当今之人，修养他天赐的爵位，用来谋求人赐的爵位；一旦得到了人赐的爵位，便抛弃了他天赐的爵位，真是糊涂透顶啊！最终一定会把人赐的爵位也丢掉罢了。"

【一得】

孜孜不倦地为善，就可以累积为天赐的爵位，它比人赐的爵位更加尊贵。一个人可以没有人赐的爵位，但不可以没有天赐的爵位。有天爵者，不见得去追求人爵；有人爵者，不一定拥有天爵。你有人爵，我有天爵，我为什么要高看你呢？

【疑难】

◎天爵　人爵

赵《注》："天爵以德，人爵以禄。"

朱《注》："天爵者，德义可尊，自然之贵也。"

杨《译文》："有自然爵位，有社会爵位。"

以上注解，都有一定的道理，但也都有未尽之处。

天爵、人爵，这是孟子首创的两个名词。形象逼真，内涵丰富。特别是天爵，把道德尊贵与权势尊贵相提并论，并凸显了道德尊贵，具有重大的思想认识意义。

天爵，难理解之处在于"天"。这个天，是"此天之所与我者"（《告子上》）之"天"。我的心，我的善端——仁义忠信的萌芽，或为善的潜能，是先天所有，与生俱来，天之所授。这个天，是自然之天。其实质是自我，是"我固有之""非由外铄我也"（《告子上》）。尽管善端源自先天，但它仅是潜能，还需要后天的扩充、培养，即"乐善不倦"，然后才能成熟为"仁义忠信"之德。日积月累，终成天爵。

人爵，与天爵有共同点，即同为尊贵。不同点是，天爵源

自天生，自身可存可养，可求可得；人爵是他人所给，是物质权势，贵贱予夺全在他人。

据上所述，天爵，可今译为：天赐的爵位。人爵，可今译为：人赐的爵位。

第九章　人人有贵于己者

4.9　孟子曰："欲贵者，人之同心也。人人有贵于己者，弗思耳矣。人之所贵者，非良贵也①。赵孟之所贵②，赵孟能贱之。《诗》云：'既醉以酒，既饱以德③。'言饱乎仁义也，所以不愿人之膏粱之味也④；令闻广誉施于身，所以不愿人之文绣也⑤。"（《告子上》11.17）

【注释】

①良贵：自身所固有的尊贵。这种尊贵，由自己修养所得，别人不可剥夺，最值得珍视。良，最，真正，确实。　②赵孟（？—前602）：即赵盾。谥宣，又称宣子、宣孟。春秋中期晋国人。其父赵衰，从晋文公逃亡19年，佐文公称霸，立有首功。晋襄公七年（前621），赵盾继其父卿位，先任中军佐，继任中军帅，为正卿，执国政。襄公去世后，因太子夷皋年少，先决定拥立襄公弟雍，后又不立雍，另立太子为灵公。赵穿杀死灵公，又立襄公弟黑臀为成公。历襄、灵、成、景四公，执掌晋国国政20余年。当时晋为诸侯霸主，赵盾屡代晋侯主持会盟。赵盾卒后，其后赵武、赵鞅、赵无恤亦称赵孟，但权势

154

均未及赵盾。赵孟，是对晋国赵氏继正卿、为国政、主诸侯者的尊称。孟，是长、大之义。此赵孟，是指赵盾。　③既醉以酒，既饱以德：见《诗·大雅·既醉》。意思是，醇酒已经喝醉，美德已经饱满。　④膏粱之味：精美的食物。膏，肥肉；粱，精米。　⑤文绣：绣有彩色花纹的华丽服饰。文，花纹。引申为刺画花纹。绣，用丝绒或丝线在布帛上刺成彩色花纹图像。

【译文】

孟子说："想得尊贵，是人的共同心愿。人人都有使自己尊贵的地方，只不过没有去想想罢了。别人所给予的尊贵，不是真正的尊贵。赵孟所给予的尊贵，赵孟也能让它变为卑贱。《诗》中说：'醇酒已经喝醉，美德已经饱满。'意思是，心中充满了仁义，所以就不美慕别人的精米肥肉了；广为传颂的好名声集于一身，所以就不美慕别人的锦绣服饰了。"

【一得】

一个人要懂得什么是真正的尊贵。真正的尊贵，不是别人给予的高官厚禄，而是自身修养的高风亮节。高官厚禄可予可夺，高风亮节与我同在。

【疑难】

◎赵孟

赵《注》："赵孟，晋卿之贵者。能贵人，能贱人。"

朱《注》："赵孟，晋卿也。能以爵禄与人而使之贵，则亦能夺之而使之贱。"

王夫之《四书稗（bài 败）疏·孟子下篇》："《集注》

云："赵孟，晋卿也。"当孟子时，赵已篡晋，且称王矣，不当复以字称。且赵氏唯赵武称赵孟。武柄晋权，亦未尝以贵人贱人之权势自居。此言赵孟云者，亦泛然之辞，犹今俗言赵甲钱乙张三李四耳，不必求人以实之。"

焦循《孟子正义》："周氏柄中《辨正》云：'孙奕《示儿编》：晋有三赵孟，赵朔之子曰武，谥文子，称赵孟。赵武之子曰成，赵成之子曰鞅，又名封父，谥简子，亦称赵孟。赵鞅之子曰无恤，谥襄子，亦称赵孟。按吴斗南云：赵盾字孟，故其子孙皆称赵孟。'"

杨《注》："赵孟——晋国正卿赵盾字孟，因而其子孙都称赵孟。孙奕《示儿（篇）〔编〕》云：'晋有三赵孟，赵朔之子曰武，谥文子，称赵孟。赵武之子曰成，赵成之子曰鞅，又名志父，谥简子，亦称赵孟。赵鞅之子曰无恤，谥襄子，亦称赵孟。'"

上述注疏，赵《注》、朱《注》过于简略，不能揭示孟子本意。

王《疏》未细读《左传》，故有"且赵氏唯赵武称赵孟"之误语，又有"此言赵孟云者，亦泛然之辞，犹今俗言赵甲钱乙张三李四耳，不必求人以实之"之误论。

焦循《正义》引周氏柄中《辨正》之言，《辨正》又引孙奕《示儿编》之语，说"晋有三赵孟"，漏掉了第一个称赵孟者赵盾。实际上晋有四赵孟。又引吴斗南所云"赵盾字孟，故其子孙皆称赵孟。"孟，不是赵盾的字，而是赵衰之后长支中继卿位且权势显赫者的尊号。未有子孙都用祖上的字命名的。如果都用，那便不是字。此"孟"，是孟、仲、叔、季之"孟"，是兄弟中的老大，分支中的长支。赵孟的称谓，与鲁国的孟孙、叔孙、季孙称谓有相似之处。况且，赵盾的子孙也没有"皆称赵孟"。赵盾之子赵朔、赵武之子赵成都没有称赵孟。只有赵盾、赵武、赵鞅、赵无恤四人称赵孟。

杨《注》移自焦循《正义》。只是没有说明孙奕《示儿（篇）〔编〕》引自周氏柄中之《辨正》，也没有说明"赵盾字孟，故其子孙皆称赵孟"是吴斗南之语。

赵盾（？—前602），赵衰之嫡子。谥宣，又称赵宣子、宣孟。《左传》记其"为国政"（《文公六年》），"将中军""为正卿，以主诸侯"（《文公七年》）。先后辅佐晋襄、灵、成、景四公，议立灵、成、景三公。文公六年始见其称赵孟，也是第一个称赵孟者。文公八年又见其称赵孟。《国语·晋语五》亦见其称赵孟。《吕氏春秋·报更》《淮南子·人间》《史记·赵世家》，亦称其为赵宣孟。其子赵朔，又称赵庄子，未见其称赵孟。赵盾的三个异母兄弟赵同、赵括、赵婴齐，都未称赵孟。

赵武（约前589—前541），赵朔之子。谥文，又称赵文子。《左传》记曰"赵武为卿"（《成公十八年》），"祁午谓赵文子曰：'……子相晋国，以为盟主，于今七年矣。'"（《昭公元年》）《左传》襄公二十七年、三十一年、昭公元年，屡见其称赵孟。其子赵成，继父为卿，任中军佐，未称赵孟。

赵鞅（？—前475），赵成之子。谥简，又称赵简子、志父。《史记·赵世家》称其"赵名晋卿，实专晋权，奉邑侔（móu 谋）于诸侯"。《左传》昭公二十九年始见其称赵孟。定公十三年、十四年，哀公二年、十年，屡见其称赵孟。

赵无恤（？—前425），赵鞅之子。谥襄，又称赵襄子。继其父卿位。《史记·赵世家》记曰："（赵襄子时，）赵北有代，南并知氏，彊（qiáng 强）于韩、魏。"《左传》哀公二十年，始见其称赵孟。哀公二十七年又记曰："悼之四年……将门，知伯谓赵孟：'入之！'"此赵孟仍是赵襄子无恤。

《左传》所记"赵孟"，往往在同一时日或同一事件中，既称其名、字，又称其谥号，还称"赵孟"，不知是因为记述习惯，还是因为采自不同的史料。待考。

另外，至战国中期，赵成侯（前374—前350在位），名种，又称"赵孟"。《史记·六国年表》：周显王十二年，赵成侯十八年（前357）"赵孟如齐"。

综上所述，称"赵孟"者，春秋中后期有赵盾、赵武、赵鞅、赵无恤四人；战国中期有赵种一人。之所以称赵孟，首先，他是晋国赵氏世袭卿位的承袭者；其次，他执掌晋国国政，又主诸侯之盟。或者是赵国的君主。孟，是长、大的意思。孟子所言"赵孟"，虽含有统言"赵孟"之义，但主要还是指赵盾。因为他是第一位称赵孟者，他不仅继正卿、为国政、主诸侯，又曾议立晋国灵、成、景三公，辅佐襄、灵、成、景四公，不仅对下可言贵、贱，连国君的继位与否也在他的掌控之中，故称得上"赵孟之所贵，赵孟能贱之"。

第十章　求则得之

4.10　孟子曰："求则得之，舍则失之；是求有益于得也，求在我者也。求之有道，得之有命；是求无益于得也，求在外者也。"（《尽心上》13.3）

【译文】

孟子说："追求就能得到它，放弃就会失掉它；这种追求有助于获得，是因为追求的目标在我自身。追求它有门路，得到它却需要命运；这种追求无助于获得，是因为追求的目标在我身外。"

【一得】

求外不如求内，求官不如求德。求官自卑自贱，求德自尊自贵。高位离不开德行，德行独立于高位。爵禄王公独家掌控，美德人人可求可得。

第十一章　诚者，天之道也

4.11　孟子曰："居下位而不获于上，民不可得而治也。获于上有道[①]，不信于友，弗获于上矣。信于友有道，事亲弗悦，弗信于友矣。悦亲有道，反身不诚[②]，不悦于亲矣。诚身有道，不明乎善[③]，不诚其身矣。是故诚者，天之道也；思诚者[④]，人之道也。至诚而不动者，未之有也；不诚，未有能动者也。"

（《离娄上》7.12）

【注释】

①获于上有道：获得在上位者的信任是有规律的。道，规律。　②反身不诚：反躬自省，自己没有做到真诚无伪。诚，真实，真诚无伪。　③不明乎善：不充分显示自己善良的本性。明，显示。善，不是一般的善、恶之善，而是指人性之善。孟子的性善论，是人"可以为善"论。每个人都有仁、义、礼、

智的善端，都可以做到孝悌忠信。但这不是已然的，而是潜能。只有去"为"，去"扩充"，才能明，才能显现。 ④思诚：追求真实无伪。思，不仅仅是想，还包括做。

【译文】

孟子说："身居下位而不能获得在上位者的信任，就不能得到治理百姓之事的机遇。获得在上位者的信任有规律，不能取得朋友的信任，就不能获得在上位者的信任。取得朋友的信任有规律，侍奉父母不能让他们满意，就不能取得朋友的信任。让父母满意有规律，反躬自省，自己没有做到真诚无伪，就不能让父母满意。做到自身真诚无伪有规律，不充分显示自己善良的本性，就不能做到真诚无伪。所以真实无伪，是天运行的法则；追求真实无伪，是人生存的法则。真诚达到极致，而不能打动人心的，是没有的；不真诚，没有能打动人心的。"

【一得】

俗话说，人在做，天在看。这个天，不是蓝天白云之天，而是众人之眼。它既包括你的父母、朋友、上级，也包括所有关注你的人，以及你不认识的人。你的一举一动，一言一行，都在展示着你的内心世界，无一能逃脱众人之眼。想欺骗别人，做不到；只欺骗自己，能做得到。诚，不是让你赤裸裸地暴露给别人，而是要你把最美好的自己展现给世人。你最美好、最可贵的是什么？是善，是可以为善的本性。把自己的善端萌发、扩充出来，成为有仁义礼智之心的人，谁人不喜欢？谁人不信任？

【疑难】

◎不明乎善，不诚其身矣

赵《注》未注。

朱《注》："不明乎善，不能即事以穷理，无以真知善之所在也。"

杨《译文》："（首先要明白什么是善，）若是不明白什么是善，也就不能使自己诚心诚意了。"

此句，是本章承上启下的关键所在。而"明"，又是理解本句的疑难之处。

朱《注》"即事以穷理"，那是朱熹自己的思想，不是孟子的思想。可以暂且不论。"无以真知善之所在也"与杨《译文》"若是不明白什么是善"，意思差不多，一个将"明"解释为"真知"，一个将"明"解释为"明白"，都是知道的意思。试想，不论是"真知善之所在"，还是"明白什么是善"，能直接导致"诚身"或"诚心诚意"吗？知道了，不见得能做得到，知与为，有距离。况且，此"善"，是一般意义的善恶之善，还是性善之善？是别人之善，还是自身之善？都不能得到明示。善恶不分的人，是少数。为善，也不是人人都会去做的。诚身，是真实无伪的自身。仅仅知道什么是善，不可能做到诚身。诚身，不单单是"诚心诚意"，而是真实的自身，即充满善性的自身。

据上所述，"明"，应是显示。"善"，应是善良的本性，是天之所与我者。本句应今译为：不充分显示自己善良的本性，就不能做到自身真诚无伪。

第十二章　万物皆备于我矣

4.12　孟子曰："万物皆备于我矣^①。反身而诚，乐莫大焉。强恕而行^②，求仁莫近焉。"（《尽心上》）13.4）

【注释】

①万物皆备于我矣：万物无不具备于我。万物，自我之外的客观世界。备，具备。　②强（qiǎng抢）恕而行：勉力遵循"推己及人"的恕道去做。强，勉力，勉强。《梁惠王下》："强为善而已矣。"恕，宽容，推己及人。《论语·卫灵公》："其恕乎。已所不欲，勿施于人。"

【译文】

孟子说："万物无不具备于我。反躬自问，自己确实达到了这个境界，没有比这再快乐的了。勉力按照推己及人的恕道去做，追求仁德没有比这再便捷的了。"

【一得】

万物备我，我爱万物；物我相合，我最快乐。推己及人，仁在其中。

【疑难】

◎万物皆备于我矣

赵《注》："物，事也。我，身也。普谓人为成人已往，皆备知天下万物，常有所行矣。"

朱《注》："此言理之本然也。大则君臣父子，小则事物细微，其当然之理，无一不具于性分之内也。"

杨《译文》："一切我都具备了。"

此句之疑难，在于对"万物"的理解。

赵《注》"物，事也"，物怎么会是"事"呢？"皆备知天下万物"，训"备"为"备知"，不妥。朱《注》"此言理之本然也""其当然之理，无一不具于性分之内也"，物怎么会是"理"呢？令人费解。杨《译文》"一切"，似与"万物"相近，但有些笼统。"万物"为什么非要今译为"一切"呢？"一切"还不如"万物"好理解。

此"万物"，既不是"事"，也不是"理"，而是我之外的客观世界。它就是"物"，包括世间的一切动物、植物、事物、物质等。人、人类社会也是其中的一部分，天、地也不在其外。它是人类赖以生存的物质空间。一个人，来自这个客观世界，诞生后又必须面对这个客观世界。这个客观世界无一不备人所用，只有和这个客观世界高度融合，才能生存、发展。人，是与这个客观世界融合最好的动物，也是个体相互之间关系最和睦、组织最紧密、联系最广泛的动物。这一切靠什么？靠人源自天生的善良的本性，靠推己及人的恕道。说到底，是仁，是爱心，是奉献，是利他而不是自私。只有爱万物，万物才能回馈于你。自我与万物融为一体，与万物同在，与万物同行，与万物同享，才是做人的最高境界。人要修身，人要养性，人要有一个强大的内心世界，但这一切不可能离开"万物"而发生，只有与"万物"高度融合才能实现。所以，本句宜今译为"万物无不具备于我"。这与下句的今译"反躬自问，自己确实达到了这个境界，没有比这再快乐的了"是连贯的，与末句的今译"勉力按照推己及人的恕道去做，追求仁德没有比这再便捷的了"，也是相呼应的。

本句是讲的天人合一，可与孟子的"永言配命，自求多福"（《公孙丑上》），"有大人者，正己而物正者也""亲亲而仁民，仁民而爱物""夫君子所过者化，所存者神，上下与天地同流"（《尽心上》），以及《中庸》中的"致中和，天地位焉，万物育焉""君子之道，造端乎夫妇，及其至也，察乎天地""能尽人之性，则能尽物之性；能尽物之性，则可以赞天地之化育；可以赞天地之化育，则可以与天地参矣""大哉！圣人之道。洋洋乎发育万物，峻极于天"等，均有相通之处，可以相互参照理解。

第十三章　言无实不祥

4.13　孟子曰："言无实不祥[①]。不祥之实，蔽贤者当之[②]。"（《离娄下》8.17）

【注释】

① 实：真实，不虚假。下一句"不祥之实"的"实"，指结果。　② 蔽贤：遮蔽有才德的人。《国语·齐语》："于

子之乡，有拳勇股肱之力秀出于众者，有则以告。有而不以告，谓之蔽贤。"蔽，遮蔽，埋没。

【译文】

孟子说："说话虚假，脱离真实，没有好的结果。这种不好的结果，遮蔽贤能的人理应承受。"

【一得】

昧着良心说假话，埋没人才，坑人又害己。

【疑难】

◎言无实不祥。不祥之实，蔽贤者当之

赵《注》："凡言皆有实，孝子之实，养亲是也。善之实，仁义是也。祥，善。当，直也。不善之实何等也。蔽贤之人，直于不善之实也。"

朱《注》："或曰：天下之言无有实不祥者，惟蔽贤为不祥之实。或曰：言而无实者不祥，故蔽贤为不祥之实。二说不同，未知孰是，疑或有阙文焉。"

杨《译文》："说话而无内容，无作用，是不好的。这种不好的结果，将由妨碍贤者进用的人来承当它。"

赵《注》"凡言皆有实"，是讲到对语言的分析上去了。而孟子说的是一种说假话行为的后果，故脱离了孟子的本意。"蔽贤之人，直于不善之实"不能成立。人，不能等于"实"。不祥，不善，不仅仅指蔽贤。孟子是讲，遮蔽贤能者应当承受说假话所带来的后果。

朱《注》仅引述了两种未署名者的解释，朱熹自己的观点是，"二说不同，未知孰是，疑或有阙文焉"。这是说，朱熹没有搞懂本章的意思，仅提出了有阙文的疑问。

杨《译文》，"言无实不祥"译为"说话而无内容，无作用，是不好的"。此"无实"，非"无内容，无作用"，而是虚假，脱离真实。它的内容是诋毁贤者，把白说成黑，把是说成非。它的作用，是遮蔽住贤者，不让在上位者知道、任用。

本章所说的"蔽贤"，当今很少了解与使用，而在古代是一种严重的犯罪。《汉书·武帝纪·元朔元年诏》云："且进贤受上赏，蔽贤蒙显戮，古之道也。"显戮，指明正典刑，处决示众。"不祥"也有专指。《晏子春秋·谏下》云"国有三不祥"："有贤而不知，一不祥；知而不用，二不祥；用而不任，三不祥也。"孟子所说的"不祥"，与此有关。孟子是针对"蔽贤"这种丑恶现象有感而发，告诫人们警惕这种坑人害己的犯罪行为。

第十四章　仲尼亟称于水

4.14　徐子曰①："仲尼亟称于水②，曰'水哉，水哉！'何取于水也？"

孟子曰："原泉混混③，不舍昼夜，盈科而后进④，放乎四海。有本者如是，是之取尔。苟为无本，七八月之间雨集⑤，沟浍皆盈⑥；其涸也⑦，可立而待也。故声闻过情⑧，君子耻之。"（《离娄下》8.18）

【注释】

① 徐子：即徐辟，孟子弟子。邹国人，生卒不详。邹城东南 20 公里徐桃园村旧有徐辟祠。《孟子》书中记孟子与徐辟答问共两章。除本章外，另见《滕文公上》，记墨家信徒夷之通过徐辟的关系求见孟子，孟子因故不见，徐辟从中传话。北宋政和五年（1115），诏定徐辟封爵为"仙源伯"，从祀孟庙。清乾隆二十一年（1756），诏去孟庙配享、从祀者旧时封爵，改称"先儒徐氏"。徐辟从祀孟庙，一直位设西庑。　② 仲尼：即孔子。名丘，字仲尼。　亟（qì 气）称：屡次称赞。亟，屡次。本句不见于《论语》。《论语·子罕》有"子在川上曰'逝者如斯夫，不舍昼夜'"句。　③ 原泉混混（gǔn gǔn 滚滚）：泉中涌出的水奔流不息。原泉，有本源的泉水。原，水源，根本。"源"的古字。混混，同"滚滚"。水奔流不息貌。　④ 盈科：谓水灌满坑洼。盈，充满。科，物体中空，坎地。　⑤ 七八月：孟子所说的是周历，夏历为五六月，正是北方多雨的月份。　⑥ 沟浍（kuài 快）：田间排水的沟渠。浍，田间的水沟。　⑦ 涸（hé 河）：水干竭。　⑧ 声闻（wèn 问）过情：名声超过了实情。声闻，名声。闻，名誉，名声。情，实情。

【译文】

徐子说："仲尼屡次称赞水，说：'水啊，水啊！'他是看中了水的什么呢？"

孟子说："泉中涌出的水，滚滚流淌，昼夜不息，灌满了坑坑洼洼，然后奔流向前，汇入大海。有本源的就是这样，孔子看中的就是这一点。如果没有本源，五六月之间连降大雨，

灌满了沟渠，但是它的干竭，却是立等可待的。所以，名声超过实情，君子以此为耻。"

【一得】

水无源不流，名无实不扬。君子务实，不图虚名。

第十五章 人不可以无耻

4.15 孟子曰："人不可以无耻。无耻之耻，无耻矣。"（《尽心上》13.6）

【译文】

孟子说："人不可以没有羞耻之心。没有羞耻之心带来的羞耻，正是不知羞耻啊！"

【一得】

羞耻之心，人人都有。不知羞耻，不可为人。羞耻，莫过于不知羞耻。

【疑难】

◎无耻之耻，无耻矣

赵《注》："人能耻己之无所耻，是为改行从善之人，终身无复有耻辱之累也。"

朱《注》，仅引述了赵《注》。

杨《注》：“之——有人把这个‘之’字看为动词，适也。那么，‘无耻之耻，无耻矣’便当如此翻译：由没有羞耻之心到有羞耻之心，便没有羞耻之事了。但我们认为‘之’字用作动词，有一定范围，一般‘之’下的宾语多是地方、地位之词语，除了如在‘遇观之否’等卜筮术语中‘之’字后可不用地方、地位词语以外，极少见其他用法，因此不取。”《译文》：“不知羞耻的那种羞耻，真是不知羞耻呀！”

赵《注》脱离了原文，从原文中解释不出他所表述的意思。经朱《注》转引，流行甚广。杨《注》“有人把这个‘之’字看为动词，适也’，岂止是“有人”，而是有不少人。此说的根源在赵《注》。杨《注》为是。杨《译文》亦合本义。本句是进一步说明“人不可以无耻”，而不是说由无耻转化为有耻就没有了耻辱。故宜今译为：没有羞耻之心带来的羞耻，正是不知羞耻啊！

第十六章　耻之于人大矣

4.16　孟子曰：“耻之于人大矣。为机变之巧者①，无所用耻焉。不耻不若人，何若人有？”（《尽心上》13.7）

【注释】

①机变之巧者：随机应变的巧诈之人。

【译文】

孟子说:"知道羞耻,对于人来说太重要了。那些善于随机应变的巧诈之人,是做什么事情都不会感到羞耻的。自己不如别人,而不感到羞耻,那怎么能赶得上别人呢?"

【一得】

没有羞耻之心,就是丧失了做人的底线。不知羞耻,就没有做不出来的事情。为了达到个人目的,就可以不择手段。见风使舵,见圈就跳,投机钻营,唯利是图,损人利己。自以为得计,自以为聪明,岂不知,别人都不把你当个人看。失去了人格,你还能得到什么?

第十七章　食而弗爱

4.17　孟子曰:"食而弗爱①,豕交之也②;爱而不敬,兽畜之也③。恭敬者,币之未将者也④。恭敬而无实,君子不可虚拘⑤。"(《尽心上》13.37)

【注释】

①食(sì饲):通"饲"。以食与人或畜。《诗·小雅·绵蛮》:"饮之食之,教之诲之。"　②豕(shǐ史)交:当作猪狗去喂养。豕,猪。交,此与而彼受。《礼记·礼器》:"室事交乎户,堂事交乎阶。"此处引申为喂养。　③兽畜(xù序):当作禽兽去宠好。畜,喜好,宠爱。通"慉"。《诗·小

雅·蓼莪（lǜé路俄）》："拊（fǔ府）我畜我，长我育我。"
《诗·邶风·谷风》："不我能慉，反以我为仇。" ④币之未将：赠送礼物之前。币，本为缯（zēng曾）帛。古时以束帛为祭祀或赠送宾客的礼物，曰币。后来称其他聘享的礼物，如车马玉帛等，亦曰"币"。将，送。 ⑤虚拘：用虚伪的礼遇笼络。拘，拘留，笼络。

【译文】

孟子说："只给饮食而不喜爱，那是当作猪狗去喂养。只喜爱而不恭敬，那是当作禽兽去宠好。恭敬之心，是在赠送礼物之前就具备了的。表面恭敬而内心没有诚意，君子不会被这种虚伪的礼遇所笼络。"

【一得】

待人要恭敬，恭敬要真诚。虚伪的恭敬，只会给人带来反感。

【疑难】

◎食而弗爱，豕交之也；爱而不敬，兽畜之也

赵《注》："人之交接，但食之而不爱，若养豕也。爱而不敬，若人畜禽兽，但爱而不能敬也。"

朱《注》："交，接也。畜，养也。兽，谓犬马之属。"

杨《译文》："（对于人）养活而不爱，等于养猪；爱而不恭敬，等于畜养狗马。"

此句，赵《注》、朱《注》、杨《译文》均说出了接近的意思，但都有不妥之处。共同的问题，是对"交""畜"二字的理解有误。交，不是"交接""接"的意思，而是由"此与而彼受"引申而来的"喂养"的意思，与前面的"食"同义。

与猪怎么"交接"，怎么"接"呢？畜，是喜爱、宠好的意思，而不是"养"，与前面的"爱"同义。这两句之间有个递进的关系，一个是说"食而弗爱"；一个是说"爱而不敬"。故其举例也分别以"交"呼应"食"，以"畜"呼应"爱"。这正是孟子语言的准确、巧妙之处。

第十八章　恭者不侮人

4.18　孟子曰："恭者不侮人，俭者不夺人[1]。侮夺人之君，惟恐不顺焉，恶得为恭俭？恭俭岂可以声音笑貌为哉？"（《离娄上》7.16）

【注释】

[1] 俭者不夺人：谦卑的人不会强迫别人去做不愿意做的事情。俭，谦卑貌。《论语·学而》："子贡曰：'夫子温、良、恭、俭、让以得之。'"《荀子·非十二子》："俭然，侈（chǐ 尺，又读 shì 士）然，辅然，端然……是子弟之容也。"夺，强迫，夺人之志。

【译文】

孟子说："恭敬的人不轻慢别人，谦卑的人不强迫别人。轻慢、强迫别人的君主，惟恐别人不顺从他，那怎么能做到恭敬与谦卑呢？恭敬与谦卑难道可以用花言巧语、伪装的笑脸去表达吗？"

【一得】

言行、表里要一致，恭敬与谦卑要发自内心。以心换心，才能得到别人的尊重与信从。

【疑难】

◎俭者不夺人

赵《注》："为廉俭者，不夺取人。"

朱《注》，未注。

杨《译文》："自己节约的人不会掠夺别人。"

此句理解的关键在"俭"字与"夺"字。赵《注》俭为"廉俭"；杨《译文》俭为"节约"，均不妥。此"俭"，是谦卑貌，是谦虚谨慎的样子，而不是对财物的节约与俭省。《说文》："俭，约也。"段玉裁《注》："约者，缠束也。俭者，不敢放侈之意。"由此引申为谦虚谨慎。《易·否》："《象》曰：天地不交，否；君子以俭德辟难，不可荣以禄。"《论语·学而》："子贡曰：'夫子温、良、恭、俭、让以得之。'"温、良、恭、让都是待人之方，俭不会例外，不会是指对财物的俭省与节约。《荀子·非十二子》："俭然，恀（chǐ 尺，又读 shì 士）然，辅然，端然……是子弟之容也。"由此去理解"夺"，应是强迫、夺人之志的意思，即强迫别人改变自己的志向或意愿，而不是掠夺，用暴力的手段夺取别人的土地或财产。恭敬与"节约"，轻慢与"掠夺"，是不宜放在一起议论的。恭敬、轻慢的对象是人，节俭、掠夺的对象是物。

据上所述，本句宜今译为：谦卑的人不强迫别人。

第十九章　眸子不能掩其恶

4.19　孟子曰："存乎人者^①，莫良于眸子^②。眸子不能掩其恶。胸中正，则眸子瞭焉^③；胸中不正，则眸子眊焉^④。听其言也，观其眸子，人焉廋哉^⑤？"（《离娄上》7.15）

【注释】

①存乎人者：存在于人心中的念头。存，存在。乎，犹"于"，介词。者，指代念头。　②良：真实。　眸（móu谋）子：眼珠。也指眼睛。　③瞭（liǎo了）：眼珠明亮。赵《注》："瞭，明也。"　④眊（mào冒）：眼珠昏暗。《说文》："眊，目少精也。"　⑤廋（sōu搜）：隐藏。《方言》："廋，隐也。"

【译文】

孟子说："存在于人心中的念头，没有比眼睛显露得再真实了。眼睛不能掩饰他的邪恶。胸中正，眼睛就明亮；胸中不正，眼睛就昏暗。听他说话，看他的眼神，人有什么能隐藏得住呢？"

【一得】

眼睛是心灵的窗口。观察眼神，倾听说话，就可以洞察到一个人的内心世界。

【疑难】

◎存乎人者

赵《注》："存人，存在人之善心也。"

朱《注》，未注。

杨《注》："存——《尔雅·释诂》云：'存，察也。'"《译文》："观察一个人。"当今译注者几乎无不从杨《译注》。

赵《注》存，为"存在"，正确。杨《译注》存，为"察""观察"，不妥。

《尔雅·释诂》的原文是这样说的："在，存，省，士，察也。"郭璞《注》曰："《书》曰：'在璇玑玉衡。'士，理官，亦主听察。存，即在。"(《十三经注疏·尔雅注疏》)《尔雅·释诂》是说"在，存，省，士"都有"察"的含义，但并不是说都可以直接解释为"察"。如"士"，是官职名，职责是"听察"，如果注"士，察也"，就不能完整表达本义。郭璞注"存，即在"，没有举"存"释作"察"的例子。在先秦古文中虽有用"存"作"省视"意的，如《战国策·秦策五》"无一介之使以存之"，此"存"有"视"的意思，但其主要意思是"劳问"，而非"观察"。

在《孟子》中，"存"多见于对心性的论述。如："虽存乎人者，岂无仁义之心哉？"(《告子上》)这与本章的"存乎人者"仅多了一个"虽"字。"其为人也寡欲，虽有不存焉者，寡矣；其为人也多欲，虽有存焉者，寡矣。"(《尽心下》)"人之所以异于禽兽者几希，庶民去之，君子存之。""君子所以异于人者，以其存心也。君子以仁存心，以礼存心。"(《离娄下》)以上所见"存"字，分别为"存在""存养""留存""居"等义，基本没有脱离"在"的意思，无一有"察""观察"之意。

乎，犹"于"，介词。者，指代念头。故本句可今译为：存在于人心中的念头。

第二十章　爱人不亲，反其仁

4.20　孟子曰："爱人不亲，反其仁；治人不治，反其智；礼人不答，反其敬。行有不得者皆反求诸己，其身正而天下归之。《诗》云：'永言配命，自求多福^①。'"（《离娄上》7.4）

【注释】

①永言配命，自求多福：见《诗·大雅·文王》。言，说话，自言自语。永言，即为巩固记忆经常说同一句话，念念不忘。命，是人与生俱来的、自然而来的，或上天赋予的，包括品性、才能、机遇、环境、担当等。可称为"天命"。配命，即与天命配合，不违天命。包括扩充善良的本性，充分发挥聪明才智，勇于担当，抓住机遇等。自求多福，重在"自求"。合而言之，可以理解为：念念不忘配合天命，自我寻求多得幸福。

【译文】

孟子说："你爱别人，别人却不亲近你，应当反省自己的仁心是否完全尽到；你管理别人，别人却不服从管理，应当反省自己的智慧是否充分发挥；你礼貌地对待别人，别人却没有回应，应当反省自己的敬意是否真诚。行为凡是达不到预期效果的，都要返回来从自己身上找原因，自身端正了，天下人就会归服。《诗》中说：'念念不忘配合天命，自我寻求多得幸福。'"

【一得】

你管不了别人，但可以管好自己。凡事不能如愿，要从自己身上去找原因。改变自己，顺应自然，祸去福来。

【疑难】

◎永言配命，自求多福

此诗一读便心领神会，但具体解释起来却有难点，译文也有难言之处。因其曾在本章和《公孙丑上》"仁则荣"章两次被引用，可见孟子对它的钟爱。注家多在《公孙丑上》篇注释，而在本章不注，故只能引《公孙丑上》篇的注释加以分析。

赵《注》："永，长。言，我也。长我周家之命，配当善道，皆内自求责，故有多福也。"（见《公孙丑上》）

朱《注》："永，长也。言，犹念也。配，合也。命，天命也。此言福之自己求者。"（见《公孙丑上》）

杨《注》："《毛传》：'永，长也。''配命'，言我周朝之命与天命相配。言为语中助词，无义。"《译文》："我们永远要与天命相配，自己去寻求更多的幸福。"（见《公孙丑上》）本章《译文》："与天意相配的周朝万岁呀！幸福都得自己寻求。"

本句的疑难主要在"永言配命"。永，赵、朱、杨《注》皆为"长"，应为"久"的意思。不如训为"永远"更好。言，赵《注》"我也"，不知何据？朱《注》"犹念也"，近本义。杨《注》"为语中助词，无义"，可为一说。但训"言"为"念"，亦通。言，说话，自言自语。永言，即为巩固记忆经常说同一句话，念念不忘。配，相配，相合。没有争议。命，赵《注》"长我周家之命，配当善道"，不妥。朱《注》"天命也"，合本义。杨《注》"言我周朝之命与天命相配"，《译文》"我们永远要与天命相配""与天意相配的周朝万岁呀"，出现了"周朝之命""天命""天意"这些不同解释，有点乱。况且，在同一部著作里，不宜对同一句诗作不同的翻译。命，是人与生俱来的，自然而来的，或者说上天赋予的。包括品性、才能、机遇、环境、担当等，可称为"天命"。配命，即与天命配合，不违天命。包括扩充你善良的本性，充分发挥你的聪明才智，勇于担当，抓住机遇等。

据上所述，本句宜今译为：念念不忘配合天命，自我寻求多得幸福。

第二十一章　身不行道

4.21　孟子曰："身不行道^①，不行于妻子^②；使人不以道，不能行于妻子。"（《尽心下》14.9）

【注释】

①道：规则。　②妻子：妻子儿女。

【译文】

孟子说："自身不依规则而行，规则在妻子儿女身上也不能施行；指使别人不按规则，妻子儿女也不会听从指使。"

【一得】

要求别人做到的，自己首先要做到；要求别人服从自己，自己首先要按规则指使别人。

第二十二章　于不可已而已者

4.22　孟子曰："于不可已而已者①，无所不已。于所厚者薄，无所不薄也。其进锐者，其退速。"（《尽心上》13.44）

【注释】

①已：撤换，罢免。《梁惠王下》："（孟子）曰：'士师不能治士，则如之何？'王曰：'已之。'"此章之"已"与本章之"已"同义。赵《注》："已，弃也。"朱《注》："已，止也。"皆不妥。

【译文】

孟子说："对于不该罢免的人却罢免了，那就没有什么人不可以罢免。对于应当厚待的人却薄待了，那就没有什么人不可以薄待。他晋升得你快捷，他废黜得你也疾速。"

【一得】

以厚为薄，缺仁；任意用弃，少义。缺仁少义，交往慎之。

【疑难】

◎于不可已而已者，无所不已

赵《注》："已，弃也。于义所不当弃而弃之，则不可。所以不可而弃之，使无罪者咸恐惧也。"

朱《注》："已，止也。不可止，谓所不得不为者也。"

杨《注》："已——朱熹《集注》云：'已，止也。'赵岐《注》云：'已，弃也。'今从朱注。"《译文》："对于不可以停止的工作却停止了，那没有什么不可以停止的了。"

此句之疑难，在于对"已"字的理解。赵《注》"弃也"，朱《注》"止也"，"已"虽含这两个意思，但在此处却另有所指，是指撤换、罢免。《论语·公冶长》："令尹子文三仕为令尹，无喜色；三已之，无愠色。"《孟子·梁惠王下》："（孟子）曰：'士师不能治士，则如之何？'王曰：'已之。'"这两处的"已"字，都与本章本句的"已"字同义，都是撤换、罢免的意思。再者，从下两句"于所厚者薄""其进锐者"连起来看，都是在上位者用人、待人方面的问题，而不是杨《译文》"不可以停止的工作"。故赵、朱《注》皆不妥。

据此，本句可今译为：对于不该罢免的人却罢免了，那就没有什么人不可以罢免。

第二十三章　有不虞之誉

4.23　孟子曰："有不虞之誉[①]，有求全之毁。"（《离娄上》7.21）

【注释】

① 不虞（yú 余）：意料之外，不期而至。虞，意料，料度。《左传·僖公四年》："不虞君之涉吾地也，何故？"

【译文】

孟子说："有不期而至的赞誉，有求全责备的诋毁。"

【一得】

毁誉乃身外之物，有真有假，有虚有实。不论毁誉如何，都要有自知之明，不可为其所左右。

第五篇

知言　养气

第一章　夫子加齐之卿相

5.1　公孙丑问曰："夫子加齐之卿相①，得行道焉，虽由此霸王②，不异矣③。如此，则动心否乎④？"

孟子曰："否；我四十不动心。"

曰："若是，则夫子过孟贲远矣⑤。"

曰："是不难，告子先我不动心。"

曰："不动心有道乎？"

曰："有。北宫黝之养勇也⑥，不肤挠⑦，不目逃⑧，思以一豪挫于人⑨，若挞之于市朝⑩；不受于褐宽博⑪，亦不受于万乘之君⑫；视刺万乘之君，若刺褐夫⑬；无严诸侯⑭，恶声至⑮，必反之。孟施舍之所养勇也⑯，曰：'视不胜犹胜也。量敌而后进，虑胜而后会⑰，是畏三军者也⑱。舍岂能为必胜哉？能无惧而已矣。'孟施舍似曾子⑲，北宫黝似子夏⑳。夫二子之勇，未知其孰贤，然而孟施舍守约也㉑。昔者曾子谓子襄曰㉒：'子好勇乎？吾尝闻大勇于夫子矣㉓：自反而不缩㉔，虽褐宽博，吾不惴焉㉕；自反而缩，虽千万人，吾往矣。'孟施舍之守气，又不如曾子之守约也。"

曰："敢问夫子之不动心与告子之不动心，可得闻与？"

"告子曰：'不得于言，勿求于心；不得于心，勿求于气。'不得于心，勿求于气，可；不得于言，勿求于心，不可。夫志，气之帅也；气，体之充也㉖。夫志至焉，气次焉㉗。故曰：'持其志㉘，无暴其气㉙。'"

"既曰，'志至焉，气次焉'。又曰，'持其志，无暴其气'者，何也？"

曰："志壹则动气㉚，气壹则动志也。今夫蹶者趋者㉛，是气也，而反动其心。"

"敢问夫子恶乎长㉜？"

曰："我知言㉝，我善养吾浩然之气㉞。"

"敢问何谓浩然之气？"

曰："难言也。其为气也，至大至刚，以直养而无害㉟，则塞于天地之间。其为气也，配义与道㊱；无是，馁也㊲。是集义所生者，非义袭而取之也。行有不慊于心㊳，则馁矣。我故曰，告子未尝知义，以其外之也。必有事焉而勿正㊴，心勿忘，勿助长也。无若宋人然：宋人有闵其苗之不长而揠之者㊵，芒芒然归^④，谓其人曰：'今日病矣^④！予助苗长矣。'其子趋而往视之，苗则槁矣^④。天下之不助苗长者寡矣。以为无益而舍之者，不耘苗者也。助之长者，揠苗者也。非徒无益，而又害之。"

"何谓知言？"

曰："诐辞知其所蔽^④，淫辞知其所陷^④，邪辞知其所离^④，遁辞知其所穷^④。生于其心，害于其政；发于其政，害于其事。圣人复起，必从吾言矣。"

"宰我、子贡善为说辞^④，冉牛、闵子、颜渊善言德行^④，孔子兼之，曰'我于辞命^⑤，则不能也'。然则夫子既圣矣乎？"

曰："恶！是何言也？昔者子贡问于孔子曰：'夫子圣矣乎？'孔子曰：'圣则吾不能，我学不厌而教不倦也。'子贡曰：'学不厌，智也；教不倦，仁也。仁且智，夫子既圣矣。'夫圣，孔子不居，是何言也？"

"昔者窃闻之^⑤：子夏、子游、子张皆有圣人之一体^⑥，冉牛、闵子、颜渊则具体而微^⑥。敢问所安^⑥？"

曰："姑舍是^⑥。"

曰："伯夷、伊尹何如^⑥？"

曰："不同道。非其君不事，非其民不使；治则进，乱则退，伯夷也。何事非君，何使非民；治亦进，乱亦进，伊尹也。可以仕则仕，可以止则止，可以久则久，可以速则速，孔子也。皆古圣人也，吾未能有行焉。乃所愿^⑥，则学孔子也。"

"伯夷、伊尹于孔子，若是班乎^⑥？"

曰："否。自有生民以来^⑥，未有孔子也。"

"然则有同与？"

曰："有。得百里之地而君之，皆能以朝诸侯，有天下；行一不义，杀一不辜，而得天下，皆不为也。是则同。"

曰："敢问其所以异？"

曰："宰我、子贡、有若⑥，智足以知圣人，污不至阿其所好⑥。宰我曰：'以予观于夫子，贤于尧舜远矣。'子贡曰：'见其礼而知其政，闻其乐而知其德，由百世之后⑥，等百世之王⑥，莫之能违也。自生民以来，未有夫子也。'有若曰：'岂惟民哉？麒麟之于走兽⑥，凤凰之于飞鸟，太山之于丘垤⑥，河海之于行潦⑥，类也。圣人之于民，亦类也。出于其类，拔乎其萃⑥，自生民以来，未有盛于孔子也。'"（《公孙丑上》3.2）

【注释】

①加：担任。　　卿相：古代高级长官或爵位的称谓。卿，为天子、诸侯所属高级长官。西周、春秋时，卿分为上中下三级。战国时，有上卿及亚卿等。又，古代实行世卿制度，天子或诸侯所属的大贵族，世代享有卿的地位而执掌军政大权。相，辅佐国君处理政务的最高长官，为百官之长。　　②霸王：成就霸业，称王天下。古称诸侯之长为霸，统治天下者为王。③不异：没有疑异。异，怀疑，怪异。　　④动心：动摇心志。含恐惧、动摇、退缩、改变等义。心，思想、感情、意志、信念等的通称。　　⑤孟贲（bēn 奔）：战国时勇士。《史记·范睢传》裴骃《集解》引许慎曰："……孟贲，卫人。"《史记·袁盎传》司马贞《索隐》引《尸子》云："孟贲水行不避蛟龙，

陆行不避兕（sì 四）虎。" ⑥北宫黝（yǒu 友）：战国时齐国勇士。《淮南子·主术训》："故握剑锋，以离，北宫子、司马蒯蕢（kuǎi kuì）不使应敌。"汉代高诱《注》："北宫子，齐人。孟子所谓北宫黝也。"（转引自焦循《孟子正义》）握剑锋，即倒持着剑。 ⑦不肤桡（náo 挠）：不因肌肤受到摧残而屈服。桡，屈从，变节。 ⑧不目逃：不因眼睛看到凶险而逃避。 ⑨一豪：一根毫毛。比喻微小。豪，长尖的细毛。通"毫"。 挫：屈辱，受挫。 ⑩挞（tà 踏）：用鞭棍等打人。 市朝：集市。指大庭广众之下。 ⑪褐（hè 贺）宽博：穿着粗布做的不合体衣服的贫贱人。褐，粗毛或粗麻布做的衣服；宽博，衣服做工粗拙，不合体。 ⑫万乘（shèng 胜）之君：拥有一万辆兵车的国君。乘，车辆。古时一车四马为一乘。 ⑬褐夫：古代卑者服褐，因称卑贱者为褐夫。同上"褐宽博"。 ⑭严：尊敬。 诸侯：古代对中央政权所分封各国国君的统称。 ⑮恶声：辱骂之声。 ⑯孟施舍：战国时勇士。生平不可详考。 ⑰会：会战，交战。 ⑱三军：周制天子六军，诸侯大国三军。一军为 12500 人。春秋时，齐、晋等大国多设上、中、下三军。此处指众多军队。 ⑲曾子：见《仁义 孝悌》篇 3.12②。 ⑳子夏（前 507—前 400）：姓卜，名商，字子夏。春秋卫人，孔子弟子。长于文学，相传曾讲学于西河，序《诗》，传《易》。为魏文侯师。 ㉑守约：掌握要领。约，简要，这里指要领。 ㉒子襄：赵岐《注》："曾子弟子也。" ㉓夫子：即孔子。 ㉔缩：直。《礼记·檀弓上》："古者冠缩缝，今也衡缝。""棺束，缩二，衡三。"衡，即横；缩，纵，即直。此处指理直。 ㉕惴（zhuì 坠）：恐惧。此处为动词的使动用法，意为让他恐惧。 ㉖充：动词用如名词，指充实于身体内的能量。　㉗次：止，停留。　㉘持：握住。引申为坚定。　㉙暴：糟蹋。引申为滥用。　㉚壹：数词用如动词，专一。　㉛蹶（guì 贵）者趋者：奔跑者，快走者。蹶，行急貌。《国语·越语下》："臣闻从时者，犹救火、追亡人也，蹶而趋之，唯恐弗及。"趋，跑，疾走。《论语·子罕》："过之，必趋。"　㉜恶（wū 乌）：疑问代词。哪方面。　㉝知言：识别言论。　㉞浩然之气：至大至刚、充塞于天地之间的正义之气。它的内涵是聚集于心的义与道。浩然，广大貌。气，生聚于内扬溢于外的气质、气势、精神状态。　㉟直养：按照正确的方法去培养。　㊱配：搭配，偶合。　㊲馁（něi）：饥饿。引申为干瘪，空虚，内中不足。　㊳慊（qiè 怯）：满意。　㊴正（zhēng 征）：靶心。引申为特定目的。　㊵闵：通"悯"。担忧，哀伤。　揠（yà 亚）：拔。　㊶芒芒然：迷迷糊糊的样子。芒，通"茫"。暗昧，模糊不清。　㊷病：疲倦，劳累。　㊸槁（gǎo 稿）：干枯。　㊹诐（bì 必）辞：偏颇的言论。　蔽：掩盖。　㊺淫辞：惑乱人心的言论。　陷：圈套。　㊻邪辞：歪理邪说。　离：偏离。　㊼遁（dùn 盾）辞：支吾搪塞的言论。　穷：理屈词穷。　㊽宰我（前 522—前 458）：即宰予。姓宰，名予，字子我，故亦称宰我。春秋末鲁国人，孔子弟子。以长于辞令著称。　子贡（前 520—前 456）：姓端木，名赐，字子贡，也作子赣。春秋末卫国人，孔子弟子。能言善辩，善经商，家累千金。曾仕于鲁、卫，游说于齐、吴、越、晋诸国。　说（shuì 税）辞：游说的辞令。　㊾冉牛（前 544—？）：即冉耕。姓冉，名耕，字伯牛，故又称冉牛。春秋末鲁国人，孔子弟子。以德行著称。　闵子（前 536—？）：即闵子骞。姓闵，名损，字子骞。春秋末鲁国人，孔子弟子。以德行与颜回并称，尤以孝行著称于世。　　颜渊（前521—前481）：即颜回。姓颜，名回，字子渊。春秋末鲁国人，孔子最得意的弟子。好学，安贫乐道，一箪食，一瓢饮，不改其乐。不迁怒，不贰过，以德行著称。后世先尊为“亚圣”，后尊为“复圣”。　　(50)辞命：古代列国之间使者聘问、应对之辞。　　(51)窃：谦指自己，私下。　　(52)子游（前506—？）：姓言，名偃，字子游。春秋末吴人，孔子弟子。长于文学，仕鲁，曾为武城宰。提倡以礼乐为教，境内有“弦歌之声”。　　子张（前503—？）：姓颛孙，名师，字子张。春秋末陈国阳城人，孔子弟子。曾从孔子周游列国，困于陈蔡之间。提出“士见危致命，见得思义”“君子尊贤而容众，嘉善而矜不能”等观点。《论语》有《子张》篇。　　一体：一部分，一个方面。　　(53)具体而微：全面，但程度不够。具体，全面，全部。具，副词。都，全。通“俱”。微，小，少。　　(54)安：代词。哪类。　　(55)姑：且，姑且。(56)伯夷：商末孤竹君的长子。墨胎氏。相传其父遗命要立次子叔齐为继承人。孤竹君死后，叔齐让位给伯夷，伯夷不受，叔齐也不愿即位，先后都逃到周国。周武王伐纣，两人曾叩马阻谏。武王灭商后，他们耻食周粟，逃到首阳山，饿死在山里。　　伊尹：商初大臣。名挚。一说名伊，尹是官名。原为汤妻莘氏女陪嫁的奴隶，后佐汤伐夏桀，被尊为阿衡（宰相）。汤死后，历佐卜丙、仲壬二王。仲壬死后，汤孙太甲当立。太甲破坏商汤法制，伊尹把他放逐到桐宫。三年后太甲悔过，迎之复位。一说伊尹放逐太甲，自立七年；太甲还，杀伊尹。　　(57)乃所愿：我的愿望。乃，助词，无义。所，助词，与“愿”构成名词性结构。　　(58)班：等同。　　(59)生民：人类。　　(60)有若（前518—？）：春秋末鲁国人。姓有，名若，字子有。孔子弟子。认为“孝弟”为“仁之本”，主张“礼之用，和为贵”（《论语·学而》）。孔子去世后，门人以其貌似孔子，曾奉以为师，不久即废。　　㉑汙（yū 淤）：曲折，纡曲。通“纡”。《左传·成公十四年》：“婉而成章，尽而不汙。”杜预《注》：“谓直言其事，尽其事实，无所汙曲。”《释文》：“汙，忧于反。”此处引申为不正直，有偏心。　阿：迎合，偏袒，阿谀奉承。　㉒由：经过。《论语·为政》：“视其所以，观其所由。”　㉓等：待，等待。引申为经历。与“由”义近。　㉔麒麟：传说中的仁兽。　㉕丘垤（dié 迭）：小土堆，小山丘。　㉖行潦（lǎo 老）：雨后路上的流水，或沟中的积水。　㉗出于其类，拔乎其萃（cuì 翠）：超出于那些同类，挺拔于众生之中。指德才卓越出众的人。成语“出类拔萃”的出处。出，超出，超越。类，同类。拔，挺拔，越过。萃，《说文》：“草貌。”即杂草丛生的样子。拔于其萃，即一株独秀，挺拔于草丛之中。

【译文】

公孙丑问道：“老师您如果担任了齐国的卿相，就能够推行自己的政治主张了；由此而成就霸业，进而以王道统一天下，没有什么疑异。如果这样，您是否会动心呢？”

孟子说：“否；我四十岁时就不动心了。”

公孙丑说：“如果这样，那么老师就远远超过孟贲了。”

孟子说：“这个并不难。告子先于我不动心。”

公孙丑说：“不动心有什么诀窍吗？”

孟子说：“有。北宫黝养勇的方法，是不因皮肉受到摧残而屈服，不因眼睛看到凶险而逃避。认为，哪怕受到被别人用毫毛戳了一下的屈辱，也像在大众广庭之下被鞭打了一样。不忍受布衣百姓的侮辱，也不忍受拥有万辆兵车国君的侮辱。看待刺杀拥有万辆兵车的国君，如同刺杀一个布衣百姓。面对诸侯国君，也没有什么敬意。只要听到辱骂声，一定予以反击。孟施舍的养勇，他说：'要把不能战胜的敌人，当作能够战胜的敌人来看待。估量敌人的强弱，然后前进；考虑取胜的可能，然后交战，这是害怕敌军的表现。我怎么能做到必定取胜呢？只能做到无所畏惧罢了。'孟施舍像曾子，北宫黝像子夏。这两个人的勇，不知道谁更强些。然而孟施舍能掌握要领。过去曾子对子襄说：'你喜欢勇吗？我曾经听老师讲过大勇：自我反省，自己理不直，即使对方是布衣百姓，我也不让他恐惧；自我反省，自己理直，对方即使千万人，我也勇往直前。'孟施舍对勇气的把握，又不如曾子能掌握要领。"

公孙丑说："冒昧地问，老师的不动心与告子的不动心，可以讲给我听听吗？"

"告子说：'不能在言辞上征服对手，就不要追求在心志上征服对手；不能在心志上征服对手，就不要追求在气势上征服对手。'不能在心志上征服对手，就不要追求在气势上征服对手，可以；不能在言辞上征服对手，就不要追求在心志上征服对手，不可以。志，是气的统帅；气，是充实于身体内的能量。志到达了哪里，气也随之到达了哪里。所以说：'坚定自己的心志，不要滥用自己的意气。'"

"既然说：'志到达了哪里，气也随之到达了哪里。'又说，'坚定自己的心志，不要滥用自己的意气'。这是为什么呢？"

孟子说："心志专一了就会牵动气，气专一了就会牵动心志。譬如奔跑或快走，是气专一的结果。（但是，快到一定程度，就停不下来，就不听心志的指令。）这就是气反过来又牵动了心志。"

公孙丑说："冒昧地问，老师您擅长哪个方面呢？"

孟子说："我能识别言论，我善于培养我的浩然之气。"

公孙丑说："冒昧地问，什么叫作浩然之气？"

孟子说："难以表述啊！它作为气，至大至刚，用正确的方法去培养而不加伤害，就会充塞于天地之间。它作为气，由义与道搭配凝聚而成；如果缺少了它们，就干瘪空虚了。它是累积义言义行而产生的，不是偶然一次义举所能突然得到的。一旦有了让内心感到愧疚的行为，它就干瘪空虚了。我因此说，告子不曾懂得什么是义，认为义是外在的。一定要坚持不懈地去培养它，而不要有特定的目的。心中不要忘记，不要人为地帮助它成长。不要像宋人那样：宋人有担忧他的禾苗不长而拔苗的。昏头昏脑地回到了家里，对他的家人说：'今天太累了，我帮助禾苗生长了。'他的儿子跑到地里一看，禾苗全都枯萎了。天下不帮助禾苗生长的人太少了。认为无益而放弃培养的，是不为禾苗锄草的人。人为地帮助禾苗生长的，是拔苗的人。这样，不但对它的生长没有任何帮助，反而伤害了它。"

公孙丑说："什么是识别言论？"

孟子说："偏颇的言论，知道它掩盖了什么；惑乱人心的言论，知道它的圈套是什么；歪理邪说，知道它从哪里偏离了正道；支吾搪塞的言论，知道它在何处理屈词穷。这些言论，从内心生发，危害政治；通过政治施行，危害国政民事。圣人重新出现，一定赞同我的说法。"

公孙丑说："宰我、子贡善于游说应对，冉牛、闵子、颜回善于阐述德行，孔子兼而有之，却说，'我对于外交辞令，并不擅长'。那么，老师您已经达到圣人的境界了吧！"

孟子说："嗳！这是什么话呢？过去子贡问孔子说：'老师您已经达到圣的境界了吧！'孔子说：'圣，我还达不到。但是，我能做到学习不知道满足，教诲不知道疲倦。'子贡说：

'学习不知道满足，是智；教诲不知道疲倦，是仁。既仁又智，老师您已经达到圣的境界了！'圣，孔子都不自居，你这是什么话呢？"

"过去我曾听说过：子夏、子游、子张都继承了孔子的一个方面；冉牛、闵子、颜渊则全面继承了孔子，但程度还远远不够。冒昧地问，老师您居于哪一类呢？"

孟子说："姑且不说这个。"

公孙丑说："伯夷、伊尹怎么样呢？"

孟子说："他们的处世之道不同。不是理想的君主就不侍奉，不是理想的百姓就不使役；政治清明就出来从政，政治昏暗就退避隐居，这是伯夷。没有什么君主不能侍奉，没有什么民众不能使役；政治清明出来做官，政治昏暗也出来做官，这是伊尹。可以做官时就出来做官，应该隐居时就退避隐居，可以久留时就久留，应该快走时就快走，这是孔子。他们都是古代的圣人，我未能做到他们那样。我的愿望，是学习孔子。"

公孙丑说："伯夷、伊尹与孔子，他们能等同吗？"

孟子说："不能。自从有人类以来，没有能与孔子相比的。"

公孙丑说："那么他们有相同之处吗？"

孟子说："有。如果拥有方圆百里的土地而为君主，都能使诸侯前来朝觐，让天下归服；行一件不义的事，杀一个无辜的人，因而得天下，都不会去做。这就是他们相同的地方。"

公孙丑说："冒昧地问，他们之所以不同的地方是什么呢？"

孟子说："宰我、子贡、有若，他们的智慧足以了解圣人，即便有偏心也不至于阿谀奉承他们所喜爱的人。宰我说：'以我来看老师，比尧舜贤明多了。'子贡说：'看见他的礼仪就知道他的为政，听到他的音乐就知道他的德行。即便过了百代之后，经历了百代的君王，也都不能违背啊！自从有人类以来，没有能与老师相比的。'有若说：'难道只有人类有这样的区别吗？麒麟相对于走兽，凤凰相对于飞鸟，太山相对于土丘，河海相对于水沟，都是同类。圣人对于民众，也是同类。超出于同类之上，挺拔于众生之中，自从有人类以来，没有比孔子更伟大的！'"

【一得】

人不可无勇。无勇，不能自立；无勇，不能担当；无勇，不能成功。勇自何来？勇，源于心，从于志，成于气。无仁义之心，难立远大志向；无远大志向，难养凛然正气；无凛然正气，难有大智大勇。心、志、气，相互联系，相互影响，不可分割，不可孤立。心正志定，志定气盈；气盈志定，本心难动。

勇，常与气连言，曰勇气。行于外曰勇，养于内曰气。养气，即养勇。气存于我，无需外求。天赋善性，扩充即为仁义。居心于仁，由义而行，聚仁集义，正气乃生。勿忘勿助，持之以恒，顺其自然，浩然天成。

【疑难】

◎志壹则动气，气壹则动志也。今夫蹶者趋者，是气也，而反动其心

赵《注》："孟子言壹者，志气闭而为壹也。志闭塞则气不行，气闭塞则志不通。蹶者相动。今夫行而蹶者，气闭不能自持，故志气颠倒。颠倒之间，无不动心而恐矣，则志气之相动也。"

朱《注》："壹，专一也。蹶，颠踬（zhì 质）也。趋，走也。孟子言志之所向专一，则气固从之；然气之所在专一，则志亦反为之动。如人颠踬趋走，则气专在是而反动其心焉。"

杨《注》，认为"赵岐读壹为噎，解为闭塞，恐与孟子原意不合"。朱《注》"可从，译文本之。"《译文》："（它们之间是可以互相影响的。）思想意志若专注于某一方面，意气感情自必为之转移，（这是一般的情况。）意气感情假若也专注于某一方面，也一定会影响到思想意志，不能不为之动荡。譬如跌倒和奔跑，这只是体气上专注于某一方面的震动，然而也不能不影响到思想，造成心的浮动。"

赵《注》"壹"为"闭塞"，不妥。志闭塞了，怎么去动气？气闭塞了，怎么去动志？这脱离了孟子的原意。

朱《注》"蹶"为"颠蹶"，即跌倒，不妥。志一，一般不会跌倒。跌倒，往往是志不一造成的。此处"蹶"不读"jué决"，而读"guì贵"。是行急貌。《国语·越语下》："臣闻从时者，犹救火、追亡人也，蹶而趋之，唯恐弗及。"《礼记·曲礼上》："衣毋拨，足毋蹶。"趋，是跑，疾走。故"蹶者趋者"，是奔跑者、快走者的意思。凡奔跑者，非志一而气不行，非气一而行不速。但快到一定程度，往往会失去控制，想停也停不下来，这就是"反动其心"。

杨《译文》："譬如跌倒和奔跑，这只是体气上专注于某一方面的震动，然而也不能不影响到思想，造成心的浮动。"跌倒和奔跑，不可相提并论，跌倒不是"体气上专注于某一方面的震动"。这是承袭了朱《注》的误解。

据此，作今译如前。

◎必有事焉而勿正

赵《注》："言人行仁义之事，必有福在其中，而勿正，但以为福，故为仁义也。"

朱《注》："必有事焉而勿正，赵氏、程子以七字为句。近世或并下文'心'字读之者亦通。必有事焉，有所事也，如有事于颛史之有事。正，预期也。《春秋》传曰'战不正胜'，是也。如作'正心'义亦同。此与《大学》之所谓正心者，语意自不同也。此言养气者，必以集义为事，而勿预期其效。"

杨《注》："正——朱熹《集注》引《公羊》僖公二十六年《传》'战不正胜'，云：'正，预期也。'按《公羊传》之'正'，当依王引之《经义述闻》之言'正之言定也，必也'，《穀梁传》正作'战不必胜'，尤可证。朱熹之论证既落空，则此义训不足取矣。王夫之《孟子稗疏》谓'正'读如《士昏礼》'必有正焉'之'正'，'正者，征也，的也，指物以为征准使必然也'。译文依此说。或云：《毛诗·终风序笺》云：'正犹止也。''而勿正'即'而勿止'，亦通。"《译文》："（我们必须把义看成心内之物，）一定要培养它，但不要有特定的目的。"

理解此句的关键在一"正"字。

赵《注》对"正"未作解释。注"事"为"福"，不妥。事，不含"福"义。"但以为福，故为仁义也"，为求福而为仁义，背离了孟子的本意。

朱《注》："正，预期也。"杨《注》予以否定，言之有理。但"预期"与杨《译文》"特定的目的"是一个意思。朱《注》认为"近世或并下文'心'字读之者亦通"，不妥。"必有事焉而勿正心"，文理不通，"勿正心"，如何养气？

杨《注》，正，从王夫之说："正者，征也，的也，指物以为征准使必然也。"此说确有可取之处，但也存在一定问题。"征"与"的"，是两个意思。征，含远行、征讨、取、抽税等多义，不知指何；的，是靶心。究竟是这两个意思都有呢，还是只有其一？兼而言之，难免让人不知所从。再者，"指物""征准"都令人费解。

此处之"正"，应读作 zhēng（征），解作靶心。《诗·齐风·猗嗟》："终日射侯，不出正分。"侯，靶；正，靶心。《礼记·中庸》："射有似乎君子，失诸正鹄，反求诸其身。"正、鹄皆为射的，是箭靶的中心。由箭靶的中心，可引申为特定的目的。此处为名词用如动词，"追求特定目的"。此句与"由仁义行，非行仁义也"意相通，可相互参照理解。杨《注》"'而勿正'即'而勿止'，亦通"，不妥。"正"与"止"，不是一个意思。再者，与下一句"心勿忘"也相重复。杨《译文》合本义。可从。

据上所述，作今译如前。

◎芒芒然

赵《注》："芒芒，罢倦之貌。"

朱《注》："芒芒，无知之貌。"

杨《注》："芒芒然，赵岐《注》云：'芒芒，罢（疲）倦之貌。'"《译文》："十分疲倦。"

以上注译均有不妥之处。"罢倦之貌""无知之貌""十分疲倦"，皆非本义。此"芒"，是暗昧、模糊不清。通"茫"。《庄子·齐物论》："人之生也，固若是芒乎？其我独芒，而人亦有不芒者乎？"芒芒然，是迷迷糊糊、昏头昏脑的样子。此时的拔苗者，虽然劳累、无知，但更重要的状态是心神混乱。故宜训为：昏头昏脑的样子。

◎智足以知圣人，污不至阿其所好

赵《注》："孟子曰：宰我等三人之智，足以知圣人。污，下也。言三人虽小污不平，亦不至阿其所好以非其事，阿私所爱而空誉之，其言有可用者。"

朱《注》："污，音蛙。好，去声。污，下也。三子智足以知夫子之道，假使污下，必不阿私所好而空誉之，明其言之可信也。"

杨《注》："赵岐、朱熹皆以'污'字属下读，解为'下'。

'污，不至阿其所好'，谓'假使污下，必不阿私所好而空誉之'。此说可从。"《译文》："他们的聪明知识足以了解圣人，（即使）他们不好，也不致偏袒他们所爱好的人。"

此句的难点在于对"污"字的理解。赵注为"下"，朱、杨从之。朱《注》又明确读为"蛙"（wā）。赵《注》又解释为"小污不平"；朱《注》又解释为"污下"；杨《译文》为"不好"。皆不妥。

污，虽有低下、低陷之义，但在这里应读 yū（淤），是曲折、纡曲、不正直之义。通"纡"。《左传·成公十四年》："婉而成章，尽而不污。"杜预《注》："谓直言其事，尽其事实，无所污曲。"《释文》："污，忧于反。"此处引申为不正直，有偏心。是说宰我、子贡、有若即便有点偏心，也不至于阿谀奉承他们所喜爱的孔子。下，无非是指智力低下或品德低下。宰我、子贡、有若都是孔子的高弟，怎么能假设他们智力、品德低下呢？而假设他们有点偏心，是恰如其分的。这也与"阿其所好"相理顺。杨《注》引朱《注》"假使污下，必不阿私所好而空誉之"，并说"此说可从"。污下，必不阿私，难道不污下，必阿私？此言似不通。

据上所述，本句可今译为：他们的智慧足以了解圣人，即便有偏心也不至于阿谀奉承他们所喜爱的人。

第二章　外人皆称夫子好辩

5.2　公都子曰："外人皆称夫子好辩，敢问何也？"

孟子曰："予岂好辩哉？予不得已也。天下之生久矣，一治一乱。当尧之时，水逆行，泛滥于中国，蛇龙居之，民无所定，下者为巢，上者为营窟①。《书》曰：'洚水警余②。'洚水者，洪水也。使禹治之。禹掘地而注之海，驱蛇龙而放之菹③。水由地中行，江、淮、河、汉是也④。险阻既远，鸟兽之害人者消，然后人得平土而居之。

"尧舜既没，圣人之道衰，暴君代作。坏宫室以为污池⑤，民无所安息；弃田以为园囿⑥，使民不得衣食。邪说暴行又作，园囿、污池、沛泽多而禽兽至⑦。及纣之身⑧，天下又大乱。周公相武王诛纣⑨，伐奄三年讨其君⑩，驱飞廉于海隅而戮之⑪，灭国者五十，驱虎、豹、犀、象而远之，天下大悦。《书》曰：'丕显哉，文王谟！丕承哉，武王烈！佑启我后人，咸以正无缺⑫。'

"世衰道微，邪说暴行有作，臣弑其君者有之，子弑其父者有之。孔子惧，作《春秋》⑬。《春秋》，天子之事也。是故孔子曰：'知我者其惟《春秋》乎！罪我者其惟《春秋》乎！'

"圣王不作，诸侯放恣⑭，处士横议⑮，杨朱、墨翟之言盈天下⑯。天下之言，不归杨则归墨。杨氏为我，是无君也；墨氏兼爱⑰，是无父也。无父无君，是禽兽也。公明仪曰⑱：'庖有肥肉，厩有肥马；民有饥色，野有饿莩⑲，此率兽而食人也⑳。'杨墨之道不息，孔子之道不著，是邪说诬民，充塞仁义也。仁义充塞，则率兽食人，人将相食。吾为此惧，闲先圣之道㉑，距杨墨㉒，放淫辞㉓，邪说者不得作。作于其心，害于其事；作于其事，害于其政。圣人复起，不易吾言矣。

"昔者禹抑洪水而天下平，周公兼夷狄、驱猛兽而百姓宁，孔子成《春秋》而乱臣贼子惧。《诗》云：'戎狄是膺，荆舒是惩，则莫我敢承㉔。'无父无君，是周公所膺也。我亦欲正人心，息邪说，距诐行㉕，放淫辞，以承三圣者；岂好辩哉？予不得已也。能言距杨墨者，圣人之徒也。"（《滕文公下》6.9）

【注释】

①营窟：相连的洞穴。营，围绕而居。　②泽（jiàng匠，又读hóng洪）水警余：洪水警告我们。泽水，洪水。余，我，我们。赵岐《注》："《尚书》逸篇也。"今传《书·大禹谟》作"降水儆予"。　③菹（jù具）：水草多的沼泽地。　④江：古代专指长江。《书·禹贡》："江汉朝宗于海。"　淮：古代水名，今称淮河。古四渎（dú独）之一。《尔雅·释水》："江、河、淮、济为四渎。四渎者，发源注海者也。"　河：古代专指黄河。《书·禹贡》："导河积石，至于龙门。"　汉：古代水名，今称汉江。为长江最大支流。《书·禹贡》："嶓（bō播）冢导漾（yàng样），东流为汉。"　⑤宫室：古时对房屋的通称。《易·系辞下》："上古穴居而野处，后世圣人易之以宫室。"　污（wū乌）池：蓄水的池塘。污，不流动的水。　⑥园囿（yòu又）：养育花木禽兽之地。囿，有围墙的园地。　⑦沛泽：沼泽，水草茂密的低洼地。　⑧纣（zhòu宙）：商代末代君主。帝乙之子，名受，号帝辛。史称纣王。公元前1075—前1046年在位。曾征服东夷，耗尽国力。暴敛重刑，好酒淫乐，拒谏饰非。囚周文王、箕子，杀九侯（亦作鬼侯）、鄂侯、比干、梅伯等。周武王联合西南各族伐纣，战于牧野（今河南淇县西南），纣军倒戈，他兵败自焚于鹿台。　⑨周公：姬姓，名旦。周文王之子，武王之

弟。因采邑在周（今陕西岐山北），故称"周公"。曾辅助武王灭商，建立周王朝。武王死，成王年幼，由其摄政。管叔、蔡叔、霍叔等不服，联合商纣子武庚和东夷族反叛。他出师东征，平定反叛，大规模分封诸侯，并营建洛邑（今河南洛阳）为东都。又制礼作乐，建立典章制度，主张"明德慎刑"。其言论见于《尚书》的《大诰》《康诰》《多士》《无逸》《立政》等篇。　⑩奄（yǎn掩）：古国名。今山东曲阜东有奄里，传即古奄国地。《书·蔡仲之命》："成王东伐淮夷，遂践奄。"　⑪飞廉：赵岐《注》："飞廉，纣谀臣。"《史记·秦本纪》记秦之祖先有名曰"蜚（fēi飞）廉"者。"蜚廉生恶来。恶来有力，蜚廉善走，父子俱以材力事殷纣。""蜚"通"飞"。　⑫"《书》曰"句：赵岐《注》："《尚书》逸篇也。"汉代流行的《今文尚书》无此篇。东晋梅颐（zé责）所献伪《古文尚书》将其列入《君牙》篇，"咸以正无缺"为"咸以正罔缺"。　丕（pī批）：副词，用在感叹句里，表示程度很高。可释为"多么"。赵《注》："丕，大。"亦通。　显：明，英明。　谟（mó馍）：谋略。　承①：顺从。《诗·大雅·抑》："子孙绳绳，万民靡不承。"　烈：功业。《诗·周颂·武》："於皇武王，无竞维烈。"　咸：皆，都。《书·尧典》："庶绩咸熙。"　⑬《春秋》：编年体史书，相传孔子据鲁史修订而成。记事起于鲁隐公元年（前722），止于鲁哀公十四年（前481）西狩获麟，凡十二公（隐、桓、庄、闵、僖、文、宣、成、襄、昭、定、哀），二百四十二年。战国以来为儒家主要经典之一。叙事多简略，以用字寓褒贬，今传已有缺文。传《春秋》者主要有《左氏》《公羊》《穀梁》三家。　⑭放恣：放肆无忌，任意而行。　⑮处士：古时称有做官的条件而没有做官的人。　横议：肆意议论。　⑯杨朱：战国初期魏国人。

字子居，又称杨子、阳子或阳生。后于墨翟，前于孟子。其学说重在爱己，不以物累，不拔一毛以利天下，与墨子的"兼爱"相反，同被当时的儒家斥为异端。著述不传，其说散见于《孟子》《庄子》《荀子》《韩非子》中。《列子》有《杨朱》篇，所记不尽可信。　　墨翟（dí 敌）（约前478—前392）：春秋战国之际思想家，墨家学派的创始人。鲁国人，一说是宋国人，或邾国人。做过宋国大夫，卒于楚国。他主张兼爱、非攻、尚贤、尚同，反对儒家的繁礼厚葬，提倡薄葬、非乐。墨家学派具有严密的组织，墨翟自己以巨子的身份带着学生到各国进行政治活动。《汉书·艺文志》著录《墨子》71篇，现存53篇。大部分篇章是墨翟弟子或再传弟子记述墨翟言行的集录，其中《墨经》记述了形学、力学、光学的理论概括，是研究墨翟和墨家学说的基本材料。　　⑰兼爱：爱无差等，不分远近亲疏。与儒家的爱有差等相对立。　　⑱公明仪：公明，姓；仪，名。春秋末期鲁国人，曾子弟子，亦师事子张。曾问孝于曾子，为子张主办其父亲的丧礼。（见《礼记·檀弓上》《礼记·祭义》）《孟子》中曾有4章涉及此人。其中3章是孟子引其名言讲述道理。一是"公明仪曰：'文王，我师也；周公岂欺我哉？'"（《滕文公上》）二是本章，"公明仪曰：'庖有肥肉，厩有肥马，民有饥色，野有饿莩，此率兽而食人也。'"三是"公明仪曰：'古之人，三月无君则吊。'"（均见《滕文公下》）另一章是孟子与其对话，"逢蒙学射于羿，尽羿之道，思天下惟羿为愈己，于是杀羿。孟子曰：'是亦羿有罪焉。'公明仪曰：'宜若无罪焉。'曰：'薄乎云尔，恶得无罪？……'"（《离娄下》）从上述可知，公明仪应是孟子推崇之人，或许曾私淑。　　⑲饿莩（piǎo 瞟）：饿死的人。莩，通"殍"。　　⑳率兽而食人：带领着野兽去吃人。喻施行暴政，虐害百姓。率，带领、率领。 ㉑闲：防御，捍卫。《易·家人》："闲有家，悔亡。"《说文》："闲，阑也，从门中有木。"即以木固门，防人擅入。 ㉒距：抗拒。通"拒"。《诗·大雅·皇矣》："密人不恭，敢距大邦。" ㉓放：驱离，放逐。《书·舜典》："放驩兜于崇山。" ㉔"《诗》云"句：见《诗·鲁颂·闷宫》。 戎狄：古代泛指我国西部和北部的少数民族。《礼记·王制》"西方曰戎""北方曰狄"。 膺（yīng英）：攻击。 荆舒：荆，春秋楚国的古称。楚最早建国于荆山（在今湖北南漳西部）一带，故名。舒，春秋古国名，为徐所灭。故地在今安徽庐江县西南。 承②：抵抗。 ㉕诐（bì必）行：偏颇的行为。诐，偏颇；邪僻。

【译文】

公都子说："外人都说老师您好辩，冒昧地问，这是因为什么呢？"

孟子说："我怎么是好辩呢？我是不得已啊！人类社会的产生已经很久了，时而治理有序，时而混乱不堪。在尧的时代，洪水倒灌，域内泛滥，蛇龙盘踞大地，老百姓没有安身之处。低洼地的就在树上筑巢，高亢地的就挖掘洞穴。《书》说：'洚水警告我们。'洚水，就是洪水。于是派遣禹去治理。禹疏通河道引水入海，驱逐蛇龙返回沼泽地。使水顺地势而流，长江、淮河、黄河、汉江就是这样形成的。险阻已经远离，鸟兽对人的危害消除，然后人们才回到了平坦的土地上去居住。

"尧、舜去世之后，圣人倡导的正道逐渐衰微，残暴的君主相继出现。他们拆毁房屋掘为池塘，使老百姓无处安身；荒废田地圈为园林，使老百姓没有吃穿。邪说暴行又泛起。园林、池塘、沼泽增多，禽兽纷纷返回。到了商纣王的时代，天下又大乱。周公辅佐武王诛灭了纣王。又征伐奄国，用了三年的时间，诛灭了它的君主，把飞廉驱赶到海边杀掉，灭掉的小国有五十之多。驱赶虎、豹、犀、象，让它们跑到很远的地方。天下的百姓都非常高兴。《书》说：'多么英明啊！文王的谋略；多么顺从啊！武王的功业；保佑启发我们这些后人，都秉持正道而没有缺陷。'

"周代衰落，正道荒废，邪说暴行再次泛起。有臣属杀害君主的，有儿子杀害父亲的。孔子深感忧惧，于是著述《春秋》。《春秋》，是记载有关天子大事的史书。所以孔子说：'要了解我，只有《春秋》啊！要怪罪我，只有《春秋》啊！'

"圣明的君王不能出现，分封的诸侯放肆不羁，在野的士人乱发议论，杨朱、墨翟的学说充满天下。天下的言论，不是归属到杨朱这一边，就是归属到墨翟这一边。杨朱提倡只为自己，是没有君上啊；墨翟提倡爱无差等，是无视父亲啊。没有父亲，没有君上，那是禽兽的表现。公明仪说：'厨房里有肥肉，厩棚里有肥马；老百姓面黄肌瘦，野地里有饿死的人，这是带领野兽去吃人啊！'杨墨的言论不平息，孔子的正道不彰扬，那是让歪理邪说迷惑百姓，堵塞施行仁义的道路啊！施行仁义的道路被堵塞，就会导致长上带领着野兽去吃人，人也会相互残食。我为此而忧惧，所以奋起捍卫先圣的正道，抵御杨朱、墨翟，批驳他们的荒谬言论，让荒谬言论不能流行。荒谬言论生发于心中，就会危害所作所为；影响了所作所为，就会危害治理政事。即便圣人再度出现，也不会改变我的说法。

"过去，大禹治理了洪水，而使天下平安；周公兼并了夷狄，驱逐了猛兽，而使百姓安宁；孔子作成了《春秋》，而使叛乱的臣属、不孝的儿子都害怕。《诗》说：'戎狄被打垮，荆舒被惩罚，没有谁能抵挡得了我。'无父无君，是周公所讨伐的啊！我也要端正人心，平息邪说，抵制偏颇的行为，肃清混乱的言论，以此来继承大禹、周公、孔子三位圣人，这难道是好辩吗？我是不得已啊！能理直气壮地批驳杨墨的人，才是圣人的门徒啊！”

【一得】

危难之时，能挺身而出，这需要勇气，需要担当，特别需要奉献与牺牲。它是良心的驱使，仁义的彰显，智慧与能力的迸发。救危扶难者，是人类的脊梁。没有他们，人们将不得安宁。他们理应受到尊敬与赞扬。至于有的人说三道四，那不是舆论的主流。因为哪里都有君子，哪里都有小人，哪里都有误解与偏见。大丈夫不会为荣辱毁誉所左右。

第三章　杨子取为我

5.3　孟子曰：“杨子取为我①，拔一毛而利天下，不为也。墨子兼爱②，摩顶放踵利天下③，为之。子莫执中④。执中为近之。执中无权⑤，犹执一也。所恶执一者，为其贼道也⑥，举一而废百也。”（《尽心上》13.26）

【注释】

①杨子：即杨朱。　取：取法，主张。　②墨子：即墨翟。　③摩顶放踵（zhǒng 肿）：头顶负重，磨掉毛发；徒步奔走，脚生老茧。摩，摩擦，通“磨”。顶，头顶。放，逐，

行走。踵，脚后跟，也指脚。　　④子莫：战国中早期的学者。约晚于杨、墨，早于孟子。　　执中：秉持中道。　　⑤权：权衡，变通。与经相对。古称道之至当不变者为经，反经合道为权。《公羊传·桓公十一年》："权者何？权者，反于经，然后有善者也。"　　⑥贼道：危害正道。贼，败坏；伤害。

【译文】

孟子说："杨子取法只为自己，拔一根毫毛对天下有利，也不去做。墨子主张爱无差等，即便头顶负重、磨掉毛发，徒步奔走、脚生老茧，只要对天下有利，也义无反顾。子莫秉持中道。秉持中道就接近正道了。秉持中道而不知权衡变通，就如同固执一端。之所以反对固执一端，是因为它危害正道，只顾及了某一方面而废弃了其他众多方面。"

【一得】

为己、兼爱，分别走向了两个极端。为己，会使人与人之间的关系疏远，社会组织结构松散。兼爱，会使人与人之间无法有效地相爱，家庭成员之间关系分离。执中，需要在权衡变通中求取。不知权衡变通，仍然是固执一端。不走极端，执中而知权变，才是正道。

【疑难】

◎摩顶放踵

赵《注》："摩突其顶，下至于踵。"

朱《注》："摩顶，磨突其顶也。放，至也。"

杨《注》："赵岐《注》云：'摩（秃）〔突〕其顶，下至于踵。'此处以'至'训'放'，恐不确。或以为'放者犹谓放纵'，是不着屦（屦有系偪束之）而着跂蹻（跂，木屐，雨天所穿；蹻，不另有底之鞋，晴天步行所穿，取其轻便。）之意，恐亦不确。此盖当日成语，已难以求其确诂，译文只取其大意而已。"《译文》："摩秃头顶，走破脚跟。"

此句之疑难，在于古今注家只能解其大意，而不可详析其本义。赵、朱《注》，杨《注》《译文》，都有可取之处，也都有不妥之处。

摩顶放踵，可将"摩顶"与"放踵"分别解释。摩顶，赵《注》"摩突其顶"，朱《注》"磨突其顶也"，杨《译文》"摩秃头顶"，大同小异，都没离"摩顶"，只不过有"突""秃""其顶""头顶"之别。其顶、头顶可视为同义。突、秃则含义不同。而且从"摩顶"中也不能直接解释出此义，这只是推测与想象。至于为什么会摩秃头顶，则不得其详。《梁惠王上》有"颁白者不负戴于道路矣"句。意思是，头发花白的老人不头顶着物品在路上行走。这说明，在春秋战国时的邹鲁地区，仍有用头顶器物的习俗。这种习俗，在当今的朝鲜族中仍然被保留。如果顶长了，头发会被摩掉，形成秃顶。而其前提是，不束发，不加冠。这是一副劳动者的形态。《说文》："摩，𢱢（yán 研）也。""𢱢，摩也。"摩、𢱢互训，都是摩擦的意思。顶，头顶。摩顶，即摩擦头顶，意为头顶负重。形象一点，也可能为：头顶负重，摩掉毛发。

放踵，赵、朱《注》训"放"为"至"，不妥。摩顶与放踵是两个相对独立的意思。杨《译文》"走破脚跟"，不合实际。走路对脚的损伤一般会先在脚趾与前掌，先磨出血泡、水泡，进而破溃后生成老茧。长年赤脚奔走，整个脚掌都会生成厚而坚硬的老茧，即便踏沙踩石也无疼痛之感。这也是劳动者的形态。《说文》："放，逐也。"可引申为行走，奔走。踵，脚后跟，也指脚。《晏子春秋·杂下》："比肩继踵而在，何为无人？"放踵，可解为徒步奔走，或赤脚奔走。形象一点，再加上脚生老茧。

按照儒家的要求，大夫要有大夫的装束，出行要有出行的礼仪。颜回死了，只买得起内棺而买不起外椁，他的父亲颜路请求孔子卖掉所乘之车来替颜回置椁。孔子说："吾不徒行以为之椁。以吾从大夫之后，不可徒行也。"（《论语·先进》）这说明，在春秋时大夫行必乘车，是不徒步行走的。即便是孔子，也不愿为其爱徒置椁而放弃乘车。孟子周游列国，"后车数十乘，从者数百人，以传食于诸侯"（《滕文公下》），也是行必乘车。墨子做过宋国的大夫，生活于孔子之后、孟子之前，理应行必乘车。但他"摩顶放踵"，即头顶负重，徒步奔走。天长日久，摩光了毛发，脚生老茧。这说明，他抛弃了当时士大夫四体不勤、行必乘车的观念，而与劳动者打成了一片。这与他节用、尚同、兼爱等主张是一致的。"摩顶放踵利天下，为之"，形象地描绘了墨子为了履行自己的主张，身体力行，矢志不渝的样子。

据上所述，本句可今译为：头顶负重，摩掉毛发；徒步奔走，脚生老茧。

第四章　墨者夷之

5.4　墨者夷之①，因徐辟而求见孟子②。孟子曰："吾固愿见，今吾尚病。病愈，我且往见。夷子不来③。"

他日，又求见孟子。孟子曰："吾今则可以见矣。不直④，则道不见；我且直之。吾闻夷子墨者，墨之治丧也，以薄为其道也；夷子思以易天下⑤，岂以为非是而不贵也？然而夷子葬其亲厚，则是以所贱事亲也。"

徐子以告夷子⑥。

夷子曰："儒者之道，'古之人若保赤子⑦'，此言何谓也？之则以为爱无差等，施由亲始。"

徐子以告孟子。

孟子曰："夫夷子信以为人之亲其兄之子⑧，为若亲其邻之赤子乎？彼有取尔也。赤子匍匐将入井⑨，非赤子之罪也。且天之生物也，使之一本，而夷子二本故也。盖上世尝有不葬其亲者，其亲死，则举而委之于壑⑩。他日过之，狐狸食之，蝇蚋姑嘬之⑪。其颡有泚⑫，睨而不视⑬。夫泚也，非为人泚，中心达于面目。盖归反虆梩而掩之⑭。掩之诚是也，则孝子仁人之掩其亲，亦必有道矣。"

徐子以告夷子。夷子怃然为间⑮，曰："命之矣⑯。"（《滕文公上》5.5）

【注释】

①夷之：墨家信徒。夷，姓；之，名。　②因：依赖，凭借。　徐辟：见《养心　思诚》篇4.14①徐子。　③夷子：即夷之。　④直：辨析曲直。　⑤易：改变。　⑥徐子：即徐辟。　⑦赤子：婴儿。《书·康诰》："若保赤子，惟民其康乂（yì义）。"　⑧信：确实，真的。　⑨匍匐（pú fú 葡伏）：爬，手足伏地而行。　⑩委之于壑（hè 贺）：抛弃在沟壑里。委，弃。壑，山沟；坑地。　⑪蝇蚋（ruì 锐）

姑蝤（gǔ zuō 古作）之：蝇蚊类昆虫叮吮吸食尸体的血液。蚋，昆虫，略像蝇而较小，黑色，吸食人畜的血液。姑，吸食，通"盬"。蝤，吮吸。　⑫颡（sǎng 嗓）：额。　泚（cǐ 此）：汗出貌。　⑬睨（nì 逆）：斜着眼睛看。　⑭虆梩（lěi sì 磊四）：起土工具。虆，亦作"纍"，蔓生植物，可编器物。此处指畚（běn 本）、筐类盛土器。梩，同"枱""耜"。锹、耞（chā 插）一类的起土工具。　⑮怃（wǔ 午）然为间：失意地沉默了一会。怃，怅然失意貌。间，一会儿；顷刻。　⑯命：领教。

【译文】

　　墨家信徒夷之，依赖徐辟的关系求见孟子。孟子说："我本来愿意接见，但是现在我有病。等病好了，我会前往会见，夷子不要过来。"

　　过了些日子，夷之又要求会见孟子。孟子说："我现在可以和他见面了。然而，不辨析曲直，则真理不能显现；我先辨析一下相关问题的曲直。我听说夷子是墨家信徒，墨家办理丧事，把薄葬作为他们的准则；夷子想以此来改变天下的风俗，难道是认为不这样做就不尊贵吗？然而夷子安葬他的父母却很丰厚，那是用他所轻贱的做法来对待自己的父母啊！"

　　徐辟把这些话转告给了夷子。

　　夷子说："儒家的主张，'古代的人对待百姓好像呵护婴儿一样'。这句话是什么意思呢？我认为说的是爱没有差别等级，只不过施行起来从自己的亲人开始罢了。"

　　徐辟又把这些话转告给了孟子。

　　孟子说："夷子真的以为一个人疼爱他哥哥的孩子，和疼爱他邻居家的孩子一样吗？他那是有所选择的。婴儿在地上爬着将要掉到井里去，那不是婴儿的过错。（人人看见都会去施救，那是恻隐之心的驱动，与对亲人的疼爱是有区别的。）况且天生万物，让它们各有一个本源。而夷子主张爱无差等，那是因为他认为万物都有两个本源。在很久以前，曾经有不埋葬他的父母的。他的父母死后，就抬着扔到了沟壑里。隔了几天从那里路过，狐狸在撕啃尸体，蝇蚊类昆虫在叮吮吸食尸体的血液。他的额头上冒出了汗珠，斜着眼睛不敢正视。这种流汗，不是流给别人看的，是内心的愧疚在脸上的自然显露。于是就返回家里，拿来了铲筐等挖土工具，把父母的遗骸掩埋上。掩埋上父母的遗骸确实是对的。因而孝子仁人掩埋他父母遗体的做法，也一定有它的道理。"

徐子把这话转告了夷子。夷子失意地沉默了一会，说："我领教了。"

【一得】

任何一种学说，只有切实可行才能被人接受。厚葬不见得孝，薄葬不见得不孝。任何事情都有一个"度"。葬亲的"度"，就在于尽到孝心，客观条件允许。不论超过或达不到这个"度"，都不可行，都不能达到预期的效果。"爱无差等"，只能指抽象的爱。具体的爱，不可能没有差等。没有差等，就没有爱，也不可能"施由亲始"。爱，正是在差等中实施。

【疑难】

◎蝇蚋姑嘬之

赵《注》："嘬，攒共食之也。"

朱《注》："蚋，音汭。嘬，楚怪反。""蚋，蚊属。姑，语助声。或曰蝼蛄也。嘬，攒共食之也。"

杨《注》："蚋，蚊类昆虫；一解以'蚋姑'连读，谓为蝼蛄，即俗名土狗的昆虫。实则'姑'应读为'盬'，咀也（见阮元《释且》）。喍（chuài），赵岐《注》云：'攒共食之也。'"《译文》："苍蝇蚊子在咀吮着他。"

此句难解之处在"姑""喍"二字。

姑，朱《注》"或曰蝼蛄也"，误。蝼蛄，昆虫，背部茶褐色，腹面灰黄色。前足发达，呈铲状，适于掘土，有尾须。生活在泥土中，昼伏夜出，专吃庄稼嫩茎。它是食草类昆虫，而非食肉类动物。不可能大白天爬出泥土去啃食尸体。故蝼蛄食尸在自然界中不存在。姑，通"盬"，是吸食的意思。《左传·僖公二十八年》："晋侯梦与楚子搏，楚子伏已而盬其脑。"盬其脑，即吸食他的脑髓。盬，吮吸。阮元《释且》云："《孟子·滕文公》'蝇蚋姑喍'之'姑'，与《方言》盬同，即咀也。谓蝇与蚋同咀喍之也。"（转引自焦循《孟子正义》）咀，是咬嚼、品味的意思。蝇蚋类昆虫靠针状嘴吸吮进食，而不咬嚼、品味，故释"姑"为"咀"亦不妥。只有"叮吮吸食"才是本句中"姑"的本义。

喍，赵《注》："攒共食之也。"朱《注》、杨《注》皆从此说。此《注》不太易懂。"攒""共食之"，究竟哪个是其主要含义呢？还是兼而有之？让人不得详解。喍，读为chuài（踹），是吞食的意思。《礼记·曲礼上》："濡肉齿决，干肉不齿决，毋喍炙。"而读为 zuō（作），则是吸吮的意思。如喍奶。"攒"（cuán），是聚、集的意思，与"喍"没有直接关系。"共食之"，倒说得过去。但此句前有"狐狸食之"，此句"蝇蚋姑喍之"，"姑喍之"与"食之"一定有区别，这是由狐狸与蝇蚋的进食方式不同决定的。故"喍"应解为吸食。姑、喍应连读，是叮吮吸食的意思。而非赵《注》"攒共食之也"。

据上所述，"姑嗫"为叮吮吸食。本句可今译为：蝇蚊类昆虫叮吮吸食尸体的血液。

第五章　逃墨必归于杨

5.5　孟子曰："逃墨必归于杨，逃杨必归于儒。归，斯受之而已矣。今之与杨墨辩者，如追放豚①，既入其苙②，又从而招之③。"（《尽心下》14.26）

【注释】

①放豚（tún 屯）：逃出圈栏的猪。放，逃逸。豚，小猪，也泛指猪。　　②苙（lì 历）：牲畜的圈栏。　　③招：羁绊，牵系。

【译文】

孟子说："逃离了墨家学派的，一定会归依到杨朱学派；逃离了杨朱学派的，一定会归依到儒家学派。归依了，就接受他罢了。当今与杨、墨辩论的人，好像追逐逃出圈栏的猪，已经赶回到自家圈里了，还又捆上它的脚。"

【一得】

墨家的自苦，让其信徒向往杨朱的自保。杨朱的自保，又让其信徒向往儒家的仁义。对于不同信仰者的归依，应当宽容地接纳，而不应当强求与羁绊。宽容，是一种美德，也是仁义的具体表现。

第六章 人之易其言也

5.6 孟子曰："人之易其言也[①]，无责耳矣[②]。"（《离娄上》7.22）

【注释】

① 易：轻易。 ② 责：责任。

【译文】

孟子说："一个人轻易地发表言论，那是因为他不需要承担任何责任啊！"

【一得】

一个有道德修养的人，无论何时何地，都会对他的言论负责。

【疑难】

◎人之易其言也，无责耳矣

赵《注》："人之轻易其言，不得失言之咎责也。一说人之轻易不肯谏正君者，以其不在言责之位者也。"

朱《注》："人之所以轻易其言者，以其未遭失言之责故耳。"

杨《注》："无责耳矣——俞樾《孟子平（义）〔议〕》云：

'无责耳矣，乃言其不足责也。孔子称君子"欲讷（nè）于言"，又曰，"仁者其言也切（rèn 认）"，若轻易其言，则无以入德矣，故以不足责绝之也。'案赵岐及朱熹解此句都不好，惟此说尚差强人意，姑从之。"《译文》："那便不足责备了。"

赵《注》前说与朱《注》相近，从字面上看，勉强说得通。赵《注》后说，"人之轻易不肯谏正君者"，与"人之易其言也"说的不是一个意思。

杨《注》引俞樾云："无责耳矣，乃言其不足责也。"《译文》"那便不足责备了"，虽然用孔子君子慎言的话来证实，但仍觉欠妥。

孟子所称之"言"，不是平常说话，而是指言论、议论，或自成一家的学说。当时，"圣王不作，诸侯放恣，处士横议，杨朱、墨翟之言盈天下"（《滕文公下》）。在此形势之下，孟子虽然会继承孔子慎于言的观点，但他不得不为孔子大声疾呼，与诸家论战，以至有"好辩"之名。他出此言，有多重含义。一方面想说，为什么会"处士横议"，原因是处士无职守、无言责，说什么都不需要负责任，也没有人去追究责任。另一方面想说，一个无官位、无言责的人，不论议论什么都是自由的，不必强求与时君保持一致。尽管如此，孟子还是反对乱发议论的，认为不负责任的议论是有害的。任何一种言论都会产生后果，所以发表言论的人，不论处在什么位置，还是要对自己的言论负责的。

鉴于上述，故将本章今译为：一个人轻易地发表言论，那是因为他不需要承担任何责任啊！

另外，如果将"易"训为改变，改正；"责"训为责备，本句可今译为："人家已经改变了言论，就不要再去责备他了。"这与前章（5.5）所表述的理念——宽容地对待已经转变的不同学派者，是一致的。不知此注此译能否作为一说。

第七章　此之谓大丈夫

5.7　景春曰[①]："公孙衍、张仪岂不诚大丈夫哉[②]？一怒而诸侯惧，安居而天下熄[③]。"

孟子曰："是焉得为大丈夫乎？子未学礼乎？丈夫之冠也[④]，父命之；女子之嫁也，母命之，往送之门，戒之曰：'往之女家[⑤]，必敬必戒，无违夫子[⑥]！'以顺为正者[⑦]，妾妇之道也[⑧]。居天下之广居[⑨]，立天下之正位[⑩]，行天下之大道[⑪]；得志，与民由之[⑫]；不得志，独行其道；富贵不能淫[⑬]，贫贱不能移，威武不能屈，此之谓大丈夫。"（《滕文公下》6.2）

【注释】

①景春：景，姓；春，名。据传说是魏国人。赵岐《注》曰"为纵横之术者"，仅是猜测。《孟子》中记其与孟子答问仅此1章。可列为求学于孟子者。　　②公孙衍：战国中期魏国阴晋（今陕西华阴东）人。姓公孙，名衍，号犀首。与孟子同时代。初在秦为大良造。后入魏为将，主张合纵抗秦。魏惠王后元十二年（前323），发起燕、赵、中山、韩、魏"五国相王"，即相互称王。后为魏相。公元前318年，发起魏、赵、韩、燕、楚五国合纵伐秦。曾佩五国相印。当时与张仪一纵一横，诱导着诸侯国间的兼并战争。　　张仪（？—前309）：战国中期

魏国人。相传与苏秦同师事鬼谷子。先游说于楚、赵，后入秦。秦惠文王十年（前328），任秦相。采用连横策略，用欺骗加武力的手段，迫使魏献上郡十五县。瓦解齐楚联盟，夺取楚汉中地。辅秦惠文君称王，游说各国服从秦国。封武信君。秦武王即位，失宠，入魏为相。一年后卒。《汉书·艺文志》纵横家有《张子》10篇，今佚。　　诚：果然，确实。　　③熄：火灭。引申为偃旗息鼓，战火停息。　　④丈夫：古代成年男子的通称。《穀梁传·文公十二年》：“男子二十而冠，冠而列丈夫。”《晏子春秋·谏下》：“今齐国丈夫耕，女子织，夜以接日，不足以奉上。”　　冠：戴帽。古代男子20岁行成人礼，结发戴冠。成人的年龄还有19、12等不同之说。　　⑤女（rǔ 汝）：你。通“汝”。　　⑥夫子：妻对夫的称呼。　　⑦以顺为正：以顺从为准则。正，准则；标准。　　⑧妾妇：小妻，侧室。地位低于妻、正室。　　⑨居天下之广居：居住在天下最广阔的住宅里——居心于仁。广居，仁。《公孙丑上》：“夫仁，天之尊爵也，人之安宅也。”《离娄上》：“仁，人之安宅也；义，人之正路也。旷安宅而弗居，舍正路而不由，哀哉！”⑩立天下之正位：站立在天下最正确的位置上——立足于礼。正位，礼。即礼制，规范。《论语·季氏》：“不学礼，无以立。”《论语·尧曰》：“不知礼，无以立也。”《孟子·万章下》：“夫义，路也；礼，门也。惟君子能由是路，出入是门也。”　　⑪行天下之大道：行走在天下最宽广的道路上——由义而行。大道，义。《尽心上》：“居恶在？仁是也；路恶在？义是也。居仁由义，大人之事备矣。”《告子上》：“仁，人心也；义，人路也。舍其路而弗由，放其心而不知求，哀哉！”　　⑫由：自，从。《论语·雍也》：“谁能出不由户？何莫由斯道也？”　　⑬淫：惑乱。

【译文】

景春说："公孙衍、张仪难道不确实是大丈夫吗？一旦发怒，诸侯都胆战心惊；安居不动，天下都偃旗息鼓。"

孟子说："这怎么能称得上是大丈夫呢？你没有学过礼吗？男子成年加冠，父亲教导他；女子长大出嫁，母亲教导她。临行送出门外，告诫她说：'到了你婆家，一定要恭恭敬敬，一定要小心谨慎，不要违背丈夫的意愿！'把顺从作为准则，是妾妇的信条啊！居住在天下最广阔的住宅里——居心于仁，站立在天下最正确的位置上——立足于礼，行走在天下最宽广的道路上——由义而行；得到施展抱负的机遇，就携同老百姓共行仁义之道；得不到施展抱负的机遇，就独自奉行仁义之道；富贵不能惑乱，贫贱不能动摇，威武不能屈服，这才称得上大丈夫！"

【一得】

大丈夫，以道义为准则。保持人格，坚持原则，力行正道，舍己而利天下。不论得志与否，不论富贵、贫贱还是面对威武，甚至丢掉生命，都毫不动摇，不失本心。尽管粉身碎骨，仍然顶天立地。

小妾妇，以顺从为准则。没有人格，没有原则，不讲道义，只为一己之私。只要能苟且偷生，只要能得到功名利禄，什么人都可以跟着干，什么事情都可以做得上来。尽管风风光光，仍然为人所不齿。

做人就做大丈夫，切莫沦为小妾妇。

第八章　陈仲子岂不诚廉士哉

5.8　匡章曰："陈仲子岂不诚廉士哉①？居於陵②，三日不食，耳无闻，目无见也。井上有李，螬食实者过半矣③，匍匐往，将食之，三咽，然后耳有闻，目有见。"

孟子曰："于齐国之士，吾必以仲子为巨擘焉④。虽然，仲子恶能廉？充仲子之操，则蚓而后可者也⑤。夫蚓，上食槁壤⑥，下饮黄泉⑦。仲子所居之室，伯夷之所筑与？抑亦盗跖之所筑与⑧？所食之粟，伯夷之所树与？抑亦盗跖之所树与？是未可知也。"

曰："是何伤哉？彼身织屦⑨，妻辟纑⑩，以易之也。"

曰："仲子，齐之世家也⑪。兄戴，盖禄万钟⑫。以兄之禄为不义之禄而不食也，以兄之室为不义之室而不居也。辟兄离母⑬，处于於陵。他日归，则有馈其兄生鹅者，己频顣曰⑭：'恶用是鶃鶃者为哉⑮？'他日，其母杀是鹅也，与之食之。其兄自外至，曰：'是鶃鶃之肉也。'出而哇之。以母则不食，以妻则食之；以兄之室则弗居，以於陵则居之，是尚为能充其类也乎⑯？若仲子者，蚓而后充其操者也。"（《滕文公下》6.10）

【注释】

①陈仲子：战国齐人。其兄陈戴食禄万钟，他认为是不义之禄而不食。世称廉士。居於陵，号於陵仲子。又称田仲、於陵子仲、於陵中子。其事迹散见于《战国策·齐策四》《荀子·非十二子》《韩非子·外储说左》《淮南子·氾论训》等。　②於（yú鱼）陵：战国齐邑名。西汉置县，属济南郡。在今山东邹平。　③螬（cáo曹）：即蛴（qí齐）螬，金龟子的幼虫。啮（niè聂）食植物根和块茎等地下部分。金龟子危害植物的叶、花、芽及果实等地上部分。　④巨擘（bò簸）：大拇指。比喻杰出的人物。　⑤蚓：即蚯蚓。　⑥槁（gǎo稿）壤：干枯的土壤。槁，干枯。此处泛指土壤。　⑦黄泉：地下的水源。此处指土壤中的水分。　⑧盗跖（zhí直）：相传为春秋末期人。名跖。"盗"是对他的诬称。《庄子·盗跖》称他是柳下惠的弟弟。柳下惠姓展，他也应姓展。还说他"从卒九千人，横行天下，侵暴诸侯，穴室枢户，驱人牛马，取人妇女，贪得忘亲，不顾父母兄弟，不祭先祖。所过之邑，大国守城，小国入保（堡），万民苦之"。《荀子·不苟》称："盗跖吟口，名声若日月，与舜禹俱传而不息。"据此，跖是一位著名的农民起义领袖。　⑨织屦（jù巨）：编织鞋子。屦，鞋。汉以后称履。　⑩辟纑（lú卢）：析麻为缕。辟，劈开；撕开。纑，成缕的麻。　⑪世家：世代显贵的家族。　⑫盖（gě各）：地名。战国齐盖邑，汉置盖县，属泰山郡。北齐废。故城在今山东沂源东南盖冶村。　⑬辟（bì币）兄：躲避兄长。辟，躲避。后作"避"。　⑭频顣（cù促）：皱眉。不悦貌。⑮鶃（yì义）鶃：鹅叫声。也借指鹅。　⑯是尚为能充其类也乎：这种做法还可以推及他的同类事情上吗？是，指代上

述做法，即"以母则不食，以妻则食之；以兄之室则弗居，以於陵则居之"。尚，副词，还。尚为能，即还能，还可以。充，充实。引申为推及。类，同类，是"不食""食之""弗居""居之"之类。是说这种做法行不通，不能推及他的同类事情上。

【译文】

匡章说："陈仲子难道不确实是个廉洁的人吗？住在於陵，三天不吃东西，耳朵听不见了，眼睛也看不见了。井台上有李子树上掉下来的李子，让蛴螬之类虫子吃的还剩一半，他爬着过去，把它吃了，咽了三口，然后耳朵才能听见，眼睛才能看见。"

孟子说："在齐国的士人之中，我一定会认为对仲子可以竖大拇指。尽管这样，仲子又怎么能算得上廉洁呢？如果拥有仲子这样的节操，只有先变成蚯蚓才能做到。蚯蚓，在土壤中生存，仅吞食泥土，吸取泥土中的营养与水分。仲子所住的房屋，是清廉的伯夷盖的呢？还是强暴的盗跖盖的呢？所吃的粮食，是清廉的伯夷种的呢？还是强暴的盗跖种的呢？这是不可能知道的。"

匡章说："这有什么妨碍呢？他亲手编织鞋子，妻子析麻为缕，以此来交换的呀！"

孟子说："仲子，出身于齐国世代显贵的家族。他的哥哥陈戴，在盖邑的食禄每年有万钟之多。仲子认为兄长的俸禄是不义之禄而不吃，认为兄长的房屋是不义的房屋而不住。躲避兄长，远离母亲，住在於陵。过了些日子回来，有人送给他哥哥一只活鹅，他皱了皱眉头说：'难道用这鶂鶂叫的东西去做吃的吗？'有一天，他的母亲杀了这只鹅，煮后给他吃了。他的兄长从外边回来，说：'这是那只鹅的肉啊！'他跑出门外，呕吐了出来。因为是母亲做的就不吃，因为是妻子做的就吃；因为是兄长的房子就不住，因为是於陵的房子就住。这种做法，还可以推及他的同类事情上吗？像仲子这样，只有先变成蚯蚓，然后才能具备他那清廉的节操。"

【一得】

廉洁不可徒有形式，不可走向极端。否则，将失去它本来的意义。

【疑难】

◎上食槁壤，下饮黄泉

赵《注》："蚓食土饮泉，极廉矣，然无心无识。"

朱《注》："槁壤，干土也。黄泉，浊水也。"

杨《译文》："蚯蚓，在地面上便吃干土，在地面下便喝泉水。"

赵《注》"食土饮泉"，仅简述了原句。朱《注》"黄泉，浊水也"，不妥。黄泉是地下的水，在深土之下，或渗或泉。浊水，一般为地上被搅混或被污染的水。地下水不浊。杨《译文》脱离了实际。蚯蚓生活在土壤之中，它很少到地面上来，所以它不会"在地面上便吃干土"。蚯蚓只吃湿土，而不喝水，所以不会"在地面下便喝泉水"。

孟子称蚯蚓"上食槁壤，下饮黄泉"，是一种比拟夸张的说法，"上食""下饮"是为了增强语言的节奏感，近实情而并非实情。是说蚯蚓除饮食土壤之外别无所求。如果教条地去注去译，就会走向误区。故拙著今译为："蚯蚓，在土壤中生存，仅吞食泥土，吸取泥土中的营养与水分。"

◎辟纑

赵《注》："绩绩其麻曰辟，练麻缕曰纑，故曰辟纑。"

朱《注》："辟，音壁。纑，音卢。辟，绩也。纑，练麻也。"

杨《注》，仅转引了赵《注》，称"赵岐《注》云'绩绩其麻曰辟，练其麻曰纑（lú）'"。对照上引赵《注》，后句多一"其"字，少一"缕"字。《译文》："他妻子绩麻练麻。"

清代阮元在《十三经注疏·孟子注疏》附《校勘记》"练其麻曰纑，故云辟纑"句下曰："闽、监、毛三本同，廖本、孔本、韩本无'其'字。""○按：'练其麻'，当作'练麻缕'。《说文》曰：'纑，布缕也。'"由此可知，宋代孙奭《孟子注疏》所引此句为"练其麻曰纑"；清代焦循《孟子正义》所引为"练麻缕曰纑"；清代阮元《十三经注疏》校勘记认为"练其麻"当作"练麻缕"。拙著从校勘记。

绩、绩、练，都是古代加工麻的工艺。《管子·轻重乙》："大冬营室中，女事纺绩绩缕之所作也，此之谓冬之秋。"《诗·陈风·东门之枌（fén 坟）》："不绩其麻，市也婆娑（suō 梭）。"绩、绩，都有把麻析成细丝再搓接成线的意思，有时单独使用，有时并列使用。练，是把生丝煮熟，使之柔软洁白。《周礼·天官·染人》："凡染，春暴练，夏纁（xūn 勋）玄。"

赵《注》将"辟"解为"绩绩其麻"，将"纑"解为"练其麻"或"练麻缕"，皆费解，把简单的问题搞复杂了。朱《注》、杨《注》皆从赵《注》。朱《注》"辟，音壁"亦不妥。杨《译注》用古代汉语译注古代汉语，不能达到让当今读者读懂的目的。

辟（pì 屁），本义是打开，这里可理解为劈开、裂析、分解。即把植物麻秸秆上剥离下来的原始麻，一缕一缕地析开，使其成为麻缕，以便用于编织或搓捻成线。它与绩、绩有相通之处，但不相同，它无搓、捻之义。

纑（lú 卢），应是名词，是麻缕。《说文》："纑，布缕也。"清代段玉裁《注》："言布缕者，以别乎丝缕也。绩之而成缕，可以为布，是曰纑。"麻缕可以编鞋子，也可以搓线纺线，这正与前句"彼自织屦"相呼应、吻合。

故"辟纑"应解为"析麻为缕"。

◎是尚为能充其类也乎

赵《注》："是尚能充人类乎？"

朱《注》："岂为能充满其操守之类者乎？"

杨《译文》："这还能算是推广廉洁之义到了顶点吗？"

孟子此言是反问的句式，是说"以母则不食，以妻则食之；以兄之室则弗居，以於陵则居之"，这种做法行不通，这种做法不能推及他的同类事情上。赵《注》、朱《注》、杨《译文》都不能尽其义，且别扭难读。是，指代上述做法。尚，副词，还。尚为能，即还能，还可以。充，充实。引申为推及。类，同类，是"不食""食之""弗居""居之"之类，而不是"人类""操守之类""廉洁之义"。据此，本句可今译为：这种做法，还可以推及他的同类事情上吗？

第九章　仲子

5.9　孟子曰："仲子，不义与之齐国而弗受。人皆信之。是舍箪食豆羹之义也^①。人莫大焉亡亲戚君臣上下^②。以其小者信其大者，奚可哉？"（《尽心上》13.34）

【注释】

①是舍箪食豆羹之义也：仲子的义，只不过是舍弃一筐饭、一盘汤的义。是，指代仲子的义。即上章所言"以兄之禄为不

义之禄而不食也，以兄之室为不义之室而不居也"。箪食豆羹，一筐饭，一盘汤。比喻微小。箪，盛饭用的竹器。豆，古代食器，用陶、木、铜制作，形似高足盘。羹，用肉类或蔬菜等熬制的浓汤。　②人莫大焉亡亲戚君臣上下：人没有比这再重大的——舍弃亲戚、君臣、上下的人伦。焉，指代"亡亲戚君臣上下"。亡（wú 吴），通"无"。没有，舍弃。

【译文】

孟子说："仲子，如果不合乎义，就是把整个齐国都给他，他也不会接受。人们都相信这个说法。然而，仲子的义只不过是舍弃一筐饭、一盘汤的义。人没有比这再重大的——舍弃亲戚、君臣、上下的人伦。因为他有点小义，就相信他有大义，那怎么可以呢？"

【一得】

仅知小义，难为大义。人与人之间最基本的关系处理不好，大仁大义无从谈起。

第十章　男女授受不亲

5.10　淳于髡曰①："男女授受不亲，礼与？"

孟子曰："礼也。"

曰："嫂溺②，则援之以手乎③？"

曰："嫂溺不援，是豺狼也。男女授受不亲，礼也；嫂溺援之以手者，权也^④。"

曰："今天下溺矣，夫子之不援，何也？"

曰："天下溺，援之以道；嫂溺，援之以手。子欲手援天下乎？"（《离娄上》7.17）

【注释】

① 淳于髡（kūn 坤）：战国时齐人。姓淳于，名髡。以博学、滑稽、善辩著称。齐威王在稷下招揽学者，被任为大夫。曾以隐语讽谏威王罢长夜之饮，改革内政。数使诸侯，未尝屈辱。　　② 溺（nì 逆）：落水，淹没。　　③ 援：牵拉；救助。　　④ 权：权宜，变通。《公羊传·桓公十一年》："权者何？权者，反于经，然后有善者也。"

【译文】

淳于髡说："男女在递接东西时手与手不能接触，这是礼的规定吗？"

孟子说："这是礼的规定。"

淳于髡说："如果嫂子落水被淹没了，能用手去拉她的手施救吗？"

孟子说："嫂子被水淹没不救，那是豺狼。男女递接东西手与手不接触，这是礼。嫂子被水淹没伸手相救，这是对礼的变通。"

淳于髡说："当今天下人都如同被淹没在深水之中，老先生你不去援救，为什么呢？"

孟子说："天下人如同被淹没在深水之中，应当用道去拯救；嫂子被水淹没，应当用手去援救。难道你想用手去拯救天下的人吗？”

【一得】

礼制的规定不是教条，在实践中可以变通。其出发点与最终目的都应当合于仁义。

【疑难】

◎权

朱《注》："权，称锤也。称物轻重而往来以取中者也。权而得中，是乃礼也。"

朱《注》"权"为"称锤"，由此而引申出"称物轻重而往来以取中者也"，进而得出结论"权而得中，是乃礼也"。他把"权"解为权衡，比喻衡量，考虑。此注不妥。此"权"，是"变通""权宜"之义，常与"经"相对。古称道之至当不变者为"经"，反"经"合道为"权"。《公羊传·桓公十一年》："权者何？权者，反于经，然后有善者也。"淳于髡以"男女授受不亲"之礼，责难孟子"嫂溺，则援之以手乎"，孟子答"嫂溺不援，是豺狼也""嫂溺援之以手者，权也"。正是反于经，然后有善者也。故此"权"不是权衡行为合于礼，而是对礼的变通，使其合于仁义。

第十一章　高叟之为诗也

5.11　公孙丑问曰："高子曰[①]：'《小弁》[②]，小人之诗也。'"

孟子曰："何以言之？"

曰："怨。"

曰："固哉③！高叟之为诗也。有人于此，越人关弓而射之④，则己谈笑而道之；无他，疏之也。其兄关弓而射之，则己垂涕泣而道之；无他，戚之也⑤。《小弁》之怨，亲亲也。亲亲，仁也。固矣夫！高叟之为诗也。"

曰："《凯风》何以不怨⑥？"

曰："《凯风》，亲之过小者也；《小弁》，亲之过大者也。亲之过大而不怨，是愈疏也；亲之过小而怨，是不可矶也⑦。愈疏，不孝也；不可矶，亦不孝也。孔子曰：'舜其至孝矣，五十而慕⑧。'"（《告子下》12.3）

【注释】

① 高子：齐人。姓高，名字不详。对《诗》有研究。从孟子称他为"高叟"推测，可能年长于孟子。此高子与孟子弟子另一"高子"，并非一人。　②《小弁（pán 盘）》：《诗·小雅》中的篇名。这是一首被父亲疏远的人抒发心中哀怨的诗。《诗序》以为周幽王欲立褒姒子伯服，废黜申后，故逐太子宜臼，宜臼的老师因此作诗。齐、鲁二家诗以为诗出周宣王大臣尹吉甫之子伯奇之手。吉甫偏爱后妻，伯奇被逐而作。　③ 固：呆板，浅陋。谓见闻浅少，执一而不知融会贯通。　④ 关（wān弯）弓：同"弯弓"。拉满弓。关，通"弯"。《文选·吴都赋》刘渊林注引《孟子》此句："《孟子》曰：'越人弯弓而射我。'"古时关、贯、弯并通。　⑤ 戚：亲近。与"疏"

相对。　　⑥《凯风》：《诗·邶（bèi 贝）风》中的篇名。这首诗描写了母爱的伟大与子女的自责和愧疚。　　⑦矶（jī 机）：水冲击岩石。引申为刺激，委屈。　　⑧"孔子曰"句：此句不见于《论语》。　　慕：依恋，思念。

【译文】

公孙丑问道："高子说：'《小弁》，是小人作的诗。'"

孟子说："为什么这样说呢？"

公孙丑说："因为诗里有抱怨的情绪。"

孟子说："太呆板了！高老先生对诗的理解。假如有个人在这里，越国人弯弓去射他，自己会有说有笑地去诉说这件事；没有别的原因，因为越国人与他的关系疏远。他的兄长弯弓去射他，自己会痛哭流涕地诉说这件事；没有别的原因，因为兄长与他的关系亲近。《小弁》这首诗表达的抱怨，是亲爱父亲。亲爱父亲，这是仁。太呆板了！高老先生对诗的理解。"

公孙丑说："《凯风》这篇诗为什么就不存在抱怨呢？"

孟子说："《凯风》这篇诗，母亲的过错太小了；《小弁》这篇诗，父亲的过错大了些。父母的过错大而不抱怨，是更加疏远他们；父母的过错小而去抱怨，是不能受一点委屈。更加疏远，是不孝；不能受一点委屈，也是不孝。孔子说：'舜真是太孝顺了，五十岁时仍然思慕父母。'"

【一得】

诗是死的，诗人和读诗人是活的。文字的表达力，总是有限的。读诗不可只见文字不见人心。要通过诗与诗人对话，读出诗人的内心世界。

第十二章 禹之声尚文王之声

5.12 高子曰^①："禹之声尚文王之声^②。"

孟子曰："何以言之？"

曰："以追蠡^③。"

曰："是奚足哉？城门之轨，两马之力与？"（《尽心下》
14.22）

【注释】

①高子：此高子，应与"固哉！高叟之为诗也"之高子为
同一人。　②声：音乐。　尚：超过。《论语·里仁》：
"好仁者无以尚之。"　③追蠡（chuí lí 垂离）：（夏禹时
代的乐器）敲击得像虫蛀一样残破。追，古"槌"字。通"搥"。
敲击。蠡，虫啮木中。形容残破。

【译文】

高子说："夏禹时代的音乐，超过周文王时代的音乐。"

孟子说："凭什么这样说呢？"

高子说："因为夏禹时代的乐器已被敲击得像虫蛀一样
残破。"

孟子说："这怎么能是足够的理由呢？城门内深深的车辙
沟，难道仅是两匹马拉车碾轧的吗？"

【一得】

看问题，不能只看表面现象。仅根据表面现象作出的结论，往往有片面性。只有透过表面现象，深入探讨研究，才能看到问题的本质。

【疑难】

◎追蠡

赵《注》："追，钟钮也。钮摩啮处深矣。蠡蠡，欲绝之貌也。"

朱《注》："追，音堆。蠡，音礼。丰氏曰：'追，钟钮也，《周礼》所谓旋虫是也。蠡者，啮木虫也。言禹时钟在者，钟钮如虫啮而欲绝，盖用之者多。'""此章文义本不可晓，旧说相承如此，而丰氏差明白，故今存之，亦未知其是否也。"

杨《注》，除引述了赵《注》、朱《注》之外，还解释了什么是"钟钮"。最后说："译文只依旧说解之。关于'追蠡'之义，古今尚有几种不同解释，都不可信，故略之。"《译文》："因为禹传下来的钟钮都快断了。"

由上述可知，赵注"追"为"钟钮"；"蠡"为"钮摩啮处深矣。蠡蠡，欲绝之貌也"。朱《注》、杨《译注》只依旧说，都以不可知存疑待之。今人无不随声附和。这使"追蠡"之解成了历史疑难。

其实，对此前人并非没有发表过真知灼见。

明代冯梦龙《孟子指月》引焦从吾云："遍考字书，并无以'追'为'钟钮'者。盖追者，搥也。谓禹之乐器其搥击之处率皆摧残欲绝，有如虫啮之状。以器之敝，见用之多；以用之多，见乐之尚。亦不单指钟也。"

清代焦循《孟子正义》引姚文田《求是斋自订稿》云："以追为钟钮，既无他证，语又迂曲。一说追与捶同，击也。《说文》'㸔（kuài 快）'字注：'建大木，置石其上，发以机，以追敌。'亦谓击敌也。则此说似为近是。追者，言所击之处，蠡则其如木之啮也。三代之乐不殊，而禹之钟独形其残缺，苟非当日之数数用之，而何以有是也。"

焦从吾、姚文田都否认了"追"为"钟钮"。焦提出"盖追者，捶也"；姚也说"一说追与捶同，击也"，并举《说文》"㸔"字注"以追敌"亦谓击敌为据，进一步说"追者，言所击之处"。焦语气肯定，但未列出根据；姚列了根据，但还不充分，故有保留地说："则此说似为近是。"

至此，解决这一难题的关键在于如何找到"追"与"捶"的联系。

清代段玉裁《说文解字注》载许慎《说文》："㸔，旌旗也。从从，会声。《诗》曰：'其㸔如林。'《春秋》传曰：'㸔动而鼓。'一曰，建大木，置石其上，发以机，以捶敌。"段玉裁《注》："捶，依小徐及《五经文字》。大徐作'追'，非也。……"这说明，段注本《说文》原文中"以捶敌"之"捶"，是依"小徐及《五经文字》"。而"大徐作'追'"。段认为，作"追"不对。这就出现了"追"与"捶"的交集。而造成这一交集的是"小徐"与"大徐"。

小徐，指徐锴（kǎi 凯，920—974）。南唐人，能文，善小学。累官内史舍人。宋兵下江南，卒于围城中。与其兄徐铉（xuàn 炫，917—992）齐名，时号二徐。铉称大徐，锴称小徐。铉初仕吴，又仕南唐，官至吏部尚书。入宋，为太子率更令。亦精小学。二徐皆精研《说文》之学。锴先著《说文解字系传》，世称"小徐本"。宋初，铉奉诏校定《说文》，世称"大徐本"。大、小徐本面世，纠正了《说文》成书后 800 多年间传抄中的讹误与窜改。宋以后，凡研读《说文》者皆宗二徐。

《五经文字》，唐代张参撰，三卷。辨明五经文字的读音，以及相承隶省、隶变与《说文》字体异同。共收 3235 字，依偏旁分 160 部。

段玉裁据小徐本及《五经文字》，确定《说文》原文："蹫……发以机，以椎敂。"又在《注》中说："大徐作'追'，非也。"这是妄断。大徐本是在小徐本成书后不久奉诏校定，它既会吸纳保留小徐本的正确成果，也会弥补小徐本的失误。尽管小徐本成书于大徐本之前，但在传抄中多有残缺，后人又多用大徐本窜补。故两书相互渗透。"椎""追"，在二徐刊定《说文》前应当并存。小徐选择了"椎"，大徐选择了"追"。或小徐将"追"正为"椎"，大徐又将"椎"还原为"追"。那时"追"通"椎"。况且《说文》曰："椎，从木，追声。""追"应是"椎"的古字。

追，通"椎"。本是敲击的工具，也解为敲击，通"捶""棰"。《三国志·魏书·袁绍传》："（韩）馥怀惧，从绍索去。"裴松之《注》引《英雄记》："（朱汉）收得馥大儿，椎折两脚。"《玉台新咏·古诗为焦仲卿妻作》："阿母得闻之，椎床便大怒。"一本作"棰"。

综上所述，"以追蠡"中的"追"，古"椎"字，通"捶"。敲击的意思。并非"钟钮"。

蠡，《说文》曰："虫啮（niè 聂）木中也。"段玉裁《注》："此非虫名。乃谓蠹（dù 杜，古文'蠧'）之食木，曰蠡也。朱子注《孟子》曰'蠡者，啮木虫'，则误矣，蠡之言劙（lí 离）也，如刀之劙物，蠡假借之用极多。……《孟子》曰'以追蠡'，赵注曰：'追，钟钮也。'钮孽啮处深矣，蠡蠡欲绝之貌。此又以蠡同离，同劙（lí 离）。《方言》曰：'劙，解也。'又曰：'蠡，分也。'皆其义也。不知假借之旨，乃云钟钮如虫啮而欲绝，是株守许书之辞，而未能通许书之意矣。"

虫蛀木中，是"蠡"的本义。段玉裁纠正了朱子注《孟子》释为"啮木虫"之误。又批评赵岐释"蠡"不知假借之旨，株守许书之辞，而未能通许书之意。

"以追蠡"之"蠡"，释为其本义"虫啮木中"即通。是像虫蛀一样残破的意思。不需要假借为"蠡蠡"（即"离离"）。

合而言之，"以追蠡"可释为：因为乐器已被敲击得像虫蛀一样残破。而非赵《注》所言。

第十三章　礼与食孰重

5.13　任人有问屋庐子曰①："礼与食孰重？"

曰："礼重。"

"色与礼孰重？"

曰："礼重。"

曰："以礼食，则饥而死；不以礼食，则得食，必以礼乎？亲迎②，则不得妻；不亲迎，则得妻，必亲迎乎？"

屋庐子不能对。明日之邹，以告孟子。

孟子曰："於！答是也何有③？不揣其本④，而齐其末，方寸之木可使高于岑楼⑤。金重于羽者，岂谓一钩金与一舆羽之谓哉⑥？取食之重者与礼之轻者而比之，奚翅食重⑦？取色之重者与礼之轻者而比之，奚翅色重？往应之曰：'紾兄之臂而夺之食⑧，则得食；不紾，则不得食，则将紾之乎？逾东家墙而搂其处子⑨，则得妻；不搂，则不得妻，则将搂之乎？'"（《告子下》12.1）

【注释】

①任人：任国人。任，古国名，风姓，传为太皞后裔。位于邹国故城之西偏北约50公里，今山东济宁城区。　屋庐子：屋庐，姓；名连。传说为任国人。孟子弟子。曾随孟子居平陆，到任国、齐国。《孟子》中记其与孟子答问2章，均与"礼"有关，见《告子》篇。宋政和五年（1115），诏定封爵为"奉符伯"，从祀孟庙。清乾隆二十一年（1756）改称"先儒屋庐氏"。位设孟庙东庑。　②亲迎：古代结婚六礼（纳采、问名、纳吉、纳征、请期、亲迎）之一。指夫婿于亲迎日公服至女家，迎新娘入室，行交拜合卺（jǐn紧）之礼。　③於（wū乌）！答是也何有：嗳！回答这个问题有什么困难呢？於，叹词。表示否定与轻蔑。是，代词。指代屋庐子带来的问题。何有，有什么困难。《论语·里仁》："能以礼让为国乎？何有？"何晏《注》："何有者，言不难。"　④揣（chuǎi）：量度。　⑤岑（cén）楼：高耸的小楼。岑，小而高的山。　⑥一钩：像带钩那么一点点。钩，带钩。　⑦奚翅：何止，岂但。翅，只有，仅。通"啻"（chì斥）。　⑧紾（zhěn诊）：拧扭。　⑨处（chǔ楚）子：处女。没有出嫁的姑娘。子，古时兼指女儿。《论语·公冶长》："以其兄之子妻之。"

【译文】

有个任国人问屋庐子说："礼与饮食哪一个重要？"

答道："礼重要。"

又问："男女婚配与礼哪一个重要？"

答道："礼重要。"

再问："按照礼的规定去吃东西，就会饥饿而死；不按照礼的规定去吃东西，就能得到吃的，那一定要遵循礼的规定吗？按照亲迎的礼制去娶妻子，就得不到妻子；不按照亲迎的礼制去娶妻子，就能得到妻子，那一定要遵循亲迎的礼制吗？"

屋庐子不能回答。第二天前往邹国，就此请教孟子。

孟子说："嗳！回答这个问题有什么困难呢？不去度量它的根基，而只去比较它的末端，一寸见方的木块可以让它超过高耸的小楼。金子比羽毛重这个道理，难道是说一个带钩那么点金子要比一车羽毛还重吗？拿饮食的重要方面，去与礼制的轻微方面比较，何止饮食更重要？拿婚配的重要方面，去与礼制的轻微方面比较，何止婚配更重要？你回去告诉他说：'拧扭哥哥的胳臂去抢夺他的食物，就能得到吃的；不拧扭，就不能得到吃的，难道就去拧扭吗？爬过东邻家的院墙去扯拉他家未出嫁的姑娘，就能得到妻子；不去扯拉，就不能得到妻子，那你会去扯拉她吗？'"

【一得】

作任何比较，都应当设有前提。没有前提的比较，不会有实际意义。

人们的行为规范，是为了让社会有序运转而制定。遵守行为规范，会为人们带来平安、幸福。故不可将个人的行为置于规范之外。然而，任何行为规范都是一定条件下的产物，又是条文的，而人们的生活实际则是千姿百态、千变万化的。当行为规范不能起到应有的作用时，就应当变通。这不是否定行为规范，而是坚持行为规范的基本原则，使行为规范更加合理完善。

【疑难】

◎於！答是也何有

赵《注》："於，音乌，叹辞也。何有，为不可答也。"

朱《注》："于，如字。何有，不难也。"

杨《注》未注。《译文》："答复这个有什么困难呢？"

此句之疑难，在于对"於"与"何有"的理解。於，赵《注》"音乌，叹辞也"，朱《注》"如字"，杨《译文》不见此字之义，大概是将其作为无义的语气助词。三家各执一见，虽都能讲得通，也不影响对全句的理解，但总有一个最合本义者。朱《注》"如字"，是作为介词，似没有必要。杨《译文》如作为无义的语气助词，是可有可无。赵《注》"音乌，叹辞也"，似有道理。於，古"乌"字。《穆天子传》："徂彼西土，爰居其野，虎豹为群，於鹊与处。"晋代郭璞《注》："於，读曰乌。"又作叹词。《书·尧典》："佥曰：'於！鲧哉！'"於乎，同"呜呼"。《诗·大雅·桑柔》："於乎有哀，国步斯频。"在本句中，值屋庐子专程从任国跑到邹国向孟子请教自己不能回答的难题之际，孟子听后心情会不同寻常，回答时先以"於"表示一下感叹，既合情合理，又能体现孟子的态度。於（wū乌），可今译为"嗳"（ǎi矮），表示对这一难题的否定与轻蔑。这与《公孙丑上·夫子加齐之卿相》章，面对公孙丑"然则夫子既圣矣夫"之问，孟子曰"恶！是何言也"之"恶"，用法有相似之处。虽然一个是"於"，一个是"恶"，但读音一样，同为叹词，同含否定之义。

何有，赵《注》"为不可答也"，不妥。朱《注》"不难也"、杨《译文》"有什么困难呢"，皆合本义。可从。《论语·里仁》："能以礼让为国乎？何有？"何晏《注》："何有者，言不难。"

综上所述，本句可断句为："於！答是也何有？"可今译为：嗳！回答这个问题有什么困难呢？

第十四章　有为神农之言者许行

5.14　有为神农之言者许行①，自楚之滕，踵门而告文公曰②："远方之人闻君行仁政，愿受一廛而为氓③。"

文公与之处④。

其徒数十人，皆衣褐⑤，捆屦、织席以为食⑥。

陈良之徒陈相与其弟辛⑦，负耒耜而自宋之滕⑧，曰："闻君行圣人之政，是亦圣人也，愿为圣人氓。"

陈相见许行而大悦，尽弃其学而学焉。

陈相见孟子，道许行之言，曰："滕君则诚贤君也；虽然，未闻道也。贤者与民并耕而食，饔飧而治⑨。今也滕有仓廪府库⑩，则是厉民而以自养也⑪，恶得贤？"

孟子曰："许子必种粟而后食乎⑫？"

曰："然。"

"许子必织布然后衣乎？"

曰："否；许子衣褐。"

"许子冠乎⑬？"

曰："冠。"

曰："奚冠？"

曰："冠素⑭。"

曰："自织之与？"

曰："否；以粟易之。"

曰："许子奚为不自织？"

曰："害于耕。"

曰："许子以釜甑爨⑮，以铁耕乎？"

曰："然。"

"自为之与？"

曰："否；以粟易之。"

"以粟易械器者，不为厉陶冶⑯；陶冶亦以械器易粟者，岂为厉农夫哉？且许子何不为陶冶，舍⑰，皆取诸其宫中而用之⑱？何为纷纷然与百工交易？何许子之不惮烦⑲？"

曰："百工之事，固不可耕且为也。"

"然则治天下独可耕且为与？有大人之事，有小人之事。且一人之身，而百工之所为备，如必自为而后用之，是率天下而路也。故曰：或劳心，或劳力；劳心者治人，劳力者治于人；治于人者食人⑳，治人者食于人，天下之通义也。

"当尧之时，天下犹未平，洪水横流，泛滥于天下，草木畅茂，禽兽繁殖，五谷不登，禽兽逼人，兽蹄鸟迹之道交于中国。尧独忧之，举舜而敷治焉㉑。舜使益掌火㉒，益烈山泽而焚之，禽兽逃匿。禹疏九河^㉓，瀹济、漯而注诸海^㉔，决汝汉、排淮泗而注之江^㉕，然后中国可得而食也。当是时也，禹八年于外，三过其门而不入，虽欲耕，得乎？

"后稷教民稼穑^㉖，树艺五谷^㉗。五谷熟而民人育。人之有道也，饱食、煖衣^㉘、逸居而无教，则近于禽兽。圣人有忧之^㉙，使契为司徒^㉚，教以人伦^㉛：父子有亲，君臣有义，夫妇有别，长幼有叙，朋友有信。放勋曰^㉜：'劳之来之^㉝，匡之直之，辅之翼之，使自得之，又从而振德之。'圣人之忧民如此，而暇耕乎？

"尧以不得舜为己忧，舜以不得禹、皋陶为己忧^㉞。夫以百亩之不易为己忧者^㉟，农夫也。分人以财谓之惠，教人以善谓之忠，为天下得人者谓之仁。是故以天下与人易，为天下得人难。孔子曰^㊱：'大哉尧之为君！惟天为大，惟尧则之^㊲，荡荡乎民无能名焉^㊳！君哉舜也！巍巍乎有天下而不与焉^㊴！'尧舜之治天下，岂无所用其心哉？亦不用于耕耳。

"吾闻用夏变夷者，未闻变于夷者也。陈良，楚产也，悦周公、仲尼之道，北学于中国。北方之学者，未能或之先也。彼所谓豪杰之士也。子之兄弟事之数十年，师死而遂倍之^㊵！昔者孔子没^㊶，三年之外，门人治任将归^㊷，入揖于子贡，相向而哭，皆失声，然后归。子贡反^㊸，筑室于场^㊹，独居三年，然后归。他日，子夏、子张、子游以有若似圣人，欲以所事孔子事之。强曾子^㊺，曾子曰：'不可；江汉以濯之，秋阳以暴之，皓皓乎不可尚已^㊻！'今也南蛮鴃舌之人^㊼，非先王之道^㊽，子倍子之师而学之，亦异于曾子矣。吾闻出于幽谷迁于乔木者，未闻下乔木而入于幽谷者[49]。《鲁颂》曰：'戎狄是膺，荆舒是惩[50]。'周公方且膺之[51]，子是之学[52]，亦为不善变矣。"

"从许子之道，则市贾不贰[53]，国中无伪[54]；虽使五尺之童适市[55]，莫之或欺[56]。布帛长短同，则贾相若[57]；麻缕丝絮轻重同，则贾相若；五谷多寡同，则贾相若；屦大小同，则贾相若。"

曰："夫物之不齐，物之情也。或相倍蓰[58]，或相什百，或相千万。子比而同之[59]，是乱天下也。巨屦小屦同贾，人岂为之哉？从许子之道，相率而为伪者也，恶能治国家？"（《滕文公上》5.4）

【注释】

① 神农：传说中的古帝名。与伏羲氏、燧人氏并称为"三皇"。又称炎帝烈山氏。相传他开始教民耕种，由采集渔猎进步到农业生产。又尝百草为医药以治疾病。故称为"神农"。春秋战国时期，诸子百家多托古帝之名而宣扬自己的学说。农家则假托神农之言，《汉书·艺文志》载："《神农》二十篇。"班固注曰："六国时，诸子疾时怠于农业，道耕农事，托之神农。"　　许行：战国中期楚国人，农家学派的践行者。信奉神农的学说，主张君民并耕，自食其力。　　② 踵（zhǒng肿）门：登门。踵，脚后跟。引申为"至""到"。　　文公：即滕文公。战国中期滕国国君，定公之子。以行仁政闻名。为世子时，两次见孟子于宋。定公去世，派然友到邹国问孟子如何办理丧事。即位后，孟子至滕。对孟子毕恭毕敬，请教如何治理国家，如何摆脱齐、楚大国的威胁。又派毕战问井地。

《孟子》中涉及滕文公者共8章，分别见《梁惠王下》《滕文公上》《尽心下》等篇。　③一廛（chán缠）：一处住宅。廛，古称一家所居的房地。　氓（méng萌）：平民，百姓。特指自彼来此迁徙之民。　④处：居住的地方。　⑤衣褐（yì hè义贺）：穿着粗麻做的衣服。衣，穿着。褐，粗毛或粗麻织的短衣，泛指贫贱人的衣服。　⑥捆屦（jù巨）：编鞋。捆，编织时叩击使其牢固。屦，鞋子。汉以后称履。　⑦陈良：战国时楚人。与孟子同时，或略早于孟子。喜好周公、孔子的学说，不远千里到儒学的发源地求学。学成后，回到楚国授徒讲学数十年。孟子称赞他为豪杰之士，北方的学者没有能超过他的。　⑧耒耜（lěi sì垒寺）：原始的翻土农具，类似犁。耒为其柄，耜以起土。初均用木，后耜改用铁。又泛指农具。　⑨饔飧（yōng sūn拥孙）：熟食。饔，早饭；飧，晚饭。此处用如动词，做饭。　⑩仓廪（lǐn凛）府库：粮仓和储存钱财的仓库。　⑪厉民：虐害、剥削人民。厉，"砺"的本字，磨刀石。引申为虐害、剥削。　⑫粟：古代黍、稷、粱、秫的总称。今称谷子，去壳后为小米。此处为粮食的统称。　⑬冠：戴帽子。名词用如动词。　⑭素：生丝织成的绢帛，不染色。冠素，戴素绢帛做的帽子。　⑮釜（fǔ斧）：古代烹饭用的无足锅。早期陶制，后用铁制。　甑（zèng赠）：古代蒸饭的陶器，后用竹木制作称蒸笼。　爨（cuàn窜）：炊，烧火做饭。　⑯陶冶：陶，烧制陶器；冶，冶炼金属。此处指烧制陶器与冶炼金属的工匠。　⑰舍：储存。《说文》："市居曰舍。"本为宾客居住的地方，此处由"止宿"引申为"存放""储藏"。　⑱宫：房屋。古代不论贵贱，住房均称宫。秦汉以后，专指帝王所居的房屋。　⑲惮（dàn旦）烦：怕麻烦。惮，畏惧，害怕。　　⑳食（sì 四）：拿东西给人吃；奉养。　　㉑敷（fū 肤）治：施行治理。敷，施，布。《诗·小雅·小旻》："旻天疾威，敷于下土。"　　㉒益：即伯益。一作翳。舜时东夷部落的首领。相传能与鸟语。助禹治水有功，禹要让位与益，益避居箕山之北。　　㉓九河：古代黄河自孟津而北，分为九道，曰：徒骇、太史、马颊、覆釜、胡苏、简、絜、钩盘、鬲津。九河古道，湮废已久，当在今山东德州以北、天津以南一带。近人多主张九河不一定是九条河，而是古代黄河下游许多支派的总称。　　㉔瀹（yuè 月）：疏导。　　济（jǐ 挤）：水名。古与江、淮、河并称四渎（dú 独）。济水源出于河南济源西王屋山，其故道本过黄河而南，东流至山东，与黄河并行入海，后下游为黄河所夺，惟黄河北发源处尚存。　　漯（tà 挞）：古水名。源出今山东茌平。自宋代黄河决口于商胡，朝城绝流，旧迹因而湮没。　　㉕汝：水名。淮河支流。源出河南鲁山县大盂山，流经宝丰、襄城、郾城、上蔡、汝南而注入淮河。　　汉：古汉水。（详见《知言 养气》5.2④）　　淮：淮河。（详见《知言 养气》5.2④）　　泗（sì 四）：水名。也称泗河。发源于今山东泗水陪尾山。因其四源合为一水，故名。古时泗水流经今山东曲阜、鱼台、江苏徐州，至睢宁龙集村入淮。后迁淮阴附近入淮。金元时徐州以下故道为黄河夺占。清代黄河北迁，被占故道淤废。今泗水由山东济宁东南鲁桥镇入运河，只是古代泗水的上游。中下游已不复存在。　　㉖后稷（jì 计）：名弃。周族的先祖，姬姓。稷，是主管农事的官名；后，指君主。因其曾任舜的农官，故周人称弃为后稷。　　稼穑（jià sè 嫁涩）：种植谷物曰稼，收获谷物曰穑。此处泛指耕耘收种。㉗树艺：种植，栽培。　　㉘煖（nuǎn 暖）衣：穿得暖。煖，温暖。同"暖"。　　㉙有：（yòu 又）通"又"。　　㉚契（xiè 泻）：

人名。传说中商族始祖帝喾（kù 库）的儿子，虞舜之臣，其母简狄吞玄鸟卵而生。舜时助禹治水有功，任为司徒。赐姓子氏，封于商。 司徒：官名，主管教化。 ㉛人伦：人与人之间的伦理关系及其行为准则。 ㉜放勋：尧的名。 曰：孙奭《孟子音义》、孔本作“日”。唐石经、他本皆作“曰”。从上下文来看，“曰”为是。 ㉝劳（lào 涝）之来之：劝慰他们，勉励他们。劳，劝慰；勉励。劳来，互训字。来亦训劳。 ㉞皋陶（gāo yáo 高尧）：也称“咎繇”（同音）。传说为舜之臣，掌刑狱。偃姓。春秋时英、六等国之君为其后人。 ㉟易：轮耕。《周礼·地官·大司徒》：“不易之地，家百亩。”清代孙诒让《正义》：“凡田或种谷，或休生草，更迭变易，故谓之易。” ㊱“孔子曰”句：见《论语·泰伯》。词句稍有差异。 ㊲则：效法。 ㊳荡荡：广大貌。 名：用语言描述、赞美。 ㊴不与：不结党营私，不贪恋君位。与，党与，朋群；亲附。 ㊵倍：背叛。通“背”。 ㊶没：死。通“殁”。 ㊷治任：收拾行装。任，担子，指行装。 ㊸反：返回。通“返”。 ㊹场：墓前供祭祀用的场地。 ㊺强（qiǎng 抢）：勉强，迫使。 ㊻皓（hào 浩）皓：光亮洁白貌。皓，洁白。 ㊼南蛮鴃（jué 绝）舌：南方边远地区操着鴃鸟叫一般的口音。鴃，南方的一种鸟，即伯劳，又叫博劳。鴃舌，谓语言如鴃鸟叫声。是讥讽操南方方言之词。 ㊽非：诋毁。 ㊾乔木：高大的树木。乔，高。《书·禹贡》：“厥草惟夭，厥木惟乔。”本句见《诗·小雅·伐木》：“伐木丁丁，鸟鸣嘤嘤。出自幽谷，迁于乔木。” ㊿“《鲁颂》曰”句：见《鲁颂·閟（bì 必）宫》。《鲁颂》，《诗》中三颂之一。共四篇。内容歌颂鲁僖公，为春秋中期作品。 (51)方且：正要，将要。 (52)子是之学：你们却学习他们。是，指荆舒，是“学”

的宾语。之，为结构助词。　㊾市贾（jià 价）不贰：市场上的价格没有什么两样。贾，价格。同“价”。贰，同“二”。㊿国中：都城之内。国，国都，城邑。　㊿五尺：相当于现在的三尺多。　适：到……去。　㊿莫之或欺：没有人欺骗他。之，指代“五尺之童”。或，有的人。　㊿相若：相像，相同。若，好像。《书·盘庚上》：“若网在纲，有条而不紊。”㊿倍蓰（xǐ 喜）：倍，一倍；蓰，五倍。　㊿比：并列。

【译文】

有位信奉神农学说的名叫许行，从楚国来到滕国，登门告诉滕文公说：“我这个远方的人听说国君您施行仁政，希望得到一处住宅而成为您的百姓。”

滕文公给了他居住的地方。

许行的门徒有几十个人，都穿着粗麻布衣，靠编鞋织席维持生计。

儒者陈良的门徒陈相与他弟弟陈辛，扛着耒耜等农具从宋国来到了滕国，也对文公说：“听说国君您施行圣人的政治，这样做也应该算作圣人了，我们愿意成为圣人的百姓。”

陈相见到了许行非常高兴，全部放弃了他原来学习的学问而转向许行学习。

陈相见到孟子，转述许行的言论，说：“滕君确实是位贤明的国君；尽管如此，但还是未能知道做贤君的准则。贤君应当与百姓共同耕种而获得食物，自己做饭，同时料理国事。如今滕国有粮仓财库，这是剥削百姓来养活自己。这怎么能称得上贤明呢？”

孟子说：“许子一定要自己种粮食，然后才吃饭吗？”

陈相答道：“是。”

"许子一定自己织布然后才穿衣服吗？"

"不；许子穿粗麻织的衣服。"

"许子戴帽子吗？"

"戴。"

"戴什么帽子？"

"戴素绢做的帽子。"

"是自己织的吗？"

"不；用粮食换来的。"

"许子为什么不自己编织呢？"

"因为妨碍耕种。"

"许子用釜甑烹饭、用铁器耕作吗？"

"是的。"

"是自己制造的吗？"

"不；用粮食交换的。"

"用粮食换取炊具、农具，不认为是剥削制陶、冶铁的工匠；制陶、冶铁的工匠也用自己做的炊具、农具来换取粮食，难道是剥削农夫吗？况且许子为什么不自己制作陶器、铁器，先储存起来，然后都从自己的住宅里拿出来使用？为什么忙忙碌碌地与各种工匠交换？为什么许子不因此而害怕麻烦？"

陈相说："各种工匠所做的事情，本来不是可以边耕种边去做的。"

"那么，治理天下单单可以一边耕作一边去做吗？社会上有需要杰出人做的事情，有需要一般人做的事情。况且一个人的人身所需，各种工匠做的产品都要具备。如果一定自己生产然后再使用，那是驱使天下的人都疲于奔命。所以说，有的人劳用心思，有的人劳用体力。劳用心思的管理别人，劳用体力的接受别人管理。被管理者供养别人，管理者从别人那里得到供养，这是天下通行的规则。

"在尧的时代，天下还没有平定，洪水横流，四处泛滥。草木荒漫丛生，禽兽成群繁衍，五谷不能生长，禽兽威逼人类，兽蹄鸟迹践踏的路径在大地纵横交错。只有尧为此担忧，选拔舜去施行治理这些祸患。舜派遣益掌管焚火，益用火把山野沼泽的树木杂草点燃焚烧，禽兽逃跑藏匿。禹又导通徒骇、太史、马颊等九河，疏浚济水、漯水而流入大海。开挖汝水、汉水，排泄淮河、泗河而注入长江。然后中原大地才可以耕种并收获粮食。在那个时期，禹在外八年，三次路过他的家门都没有进去，虽然想耕种，能做到吗？

"后稷教给人们耕种收获，栽培各种谷物。粮食丰收了，人民得以生存繁衍。人有做人的道理。吃饱了，穿暖了，住得安逸了，如果没有教化，就和禽兽相差无几。圣人又为此担忧，于是任命契为主管教化的司徒，教授人们人与人之间的伦理关系及其行为准则：父子之间要有亲情，君臣之间要有礼义，夫妇之间要有区别，长幼之间要有顺序，朋友之间要有诚信。放勋说：'劝慰他们，勉励他们；矫正他们，匡直他们；帮助他们，庇护他们；使他们自我扩充善性，进而提高他们的德行。'圣人如此为百姓担忧操劳，还能有闲暇耕种吗？

"尧把不能得到舜这样的人才而作为自己的忧虑，舜把不能得到禹、皋陶这样的人才而作为自己的忧虑。把百亩田地不能轮耕作为自己的忧虑的，那是农夫。把钱财分送给别人的叫作惠，用善良的道理去教育别人的叫作忠，为天下百姓选拔出杰出人才的叫作仁。所以把天下让给别人容易，而为天下得到人才困难。孔子说：'伟大啊，尧作为君主！唯有天最广大，只有尧能效法。广大无边啊！百姓不能用语言赞美！贤君啊，圣君啊舜！高大啊，拥有了天下而不结党营私、贪恋君位！'

尧舜如此治理天下，难道没有用他们的心思吗？他们也是没有去从事耕种。

"我只听说过用华夏的文明去改变偏远地区的野蛮的，没有听说被偏远地区的野蛮所改变的。陈良，楚国土生土长，喜欢周公、孔子的学说，到北边的中原国家来学习。北方的学者，没有人能超过他的。他称得上豪杰之士啊！你们兄弟跟他学习了几十年，老师死了却背叛了他！过去孔子去世，弟子们为他守孝，三年之后，弟子们收拾行装准备返乡，向子贡作揖告别，相对而哭，都泣不成声，然后才离去。子贡重返墓地，在墓旁搭屋，又独自守墓三年，然后才离去。过了些时日，子夏、子张、子游认为有若像圣人，想用侍奉孔子的礼节去侍奉他。他们勉强曾子也这样做，曾子说：'不可；师从夫子，好比接受过长江、汉江水的洗濯，秋天太阳的曝晒，至洁至美，不可有人超越啊！'如今操着鸟音的南方人，诽谤先王的大道，你们背叛了自己的老师而向他学习，也是不同于曾子啊！我听说鸟儿有逃出幽深的山谷而飞往高大树木上的，没有听说有脱离高大树木而飞进幽深山谷里的。《鲁颂》说：'戎狄应当攻击，荆舒应当惩罚。'周公都要讨罚荆楚，你们却向他们学习，这也是不善于改变自己啊！"

陈相说："依从许子的主张，市场上的物价就会没有什么两样，都市里也不会有欺诈行为。即便让一米多高的儿童到市场上去买东西，也没有人欺骗他。布匹绸缎的长短相同，价钱就一样；麻缕丝絮的轻重相同，价钱就一样；各种粮食的多少相同，价钱就一样；鞋子大小相同，价钱就一样。"

孟子说："各种物品存在差异，不可整齐划一，这是各种物品的自然实际情况。它们的价格有的相差一倍五倍，有的相差十倍百倍，有的相差千倍万倍。你并列起来，让它们等同，那是搅乱天下。大鞋小鞋同价，人们怎么可能这样做呢？依从许子的主张，是引导人们争相弄虚作假啊，那怎么能治理国家？"

【一得】

社会分工，是人类历史的进步，是生产力发展的必然结果，不可倒退。

在社会分工中，有的人从事脑力劳动，有的人从事体力劳动。脑力劳动者管理别人，体力劳动者被别人管理。被管理者向别人提供衣食，管理者由别人提供衣食。这些话，有的人听起来可能不太顺耳，但它毕竟是严酷的现实。学习先进，改变落后，不断提高道德、文化、科技、管理等综合文明水平，才是改变一个人、一个民族、一个国家命运且不受制于人的唯一出路。

各种事物的不同，是不依人的意志为转移的自然现象。承认差异，区别对待，各尽所能，各取所需，各得其所，是智慧的表现。

【疑难】

◎舍

此"舍"，在"且许子何不为陶冶舍皆取诸其宫中而用之"句中。

赵《注》："舍者，止也。止不肯皆自取之其宫宅中而用之。"

朱《注》："舍，止也。或读属上句。舍，谓作陶冶之处也。"

杨《注》："舍——何物也。后代作"儑"，缓言之为'什么''甚么'。"《译文》："而且许子为什么不亲自烧窑冶铁，做成各种器械，什么东西都储备在家中随时取用？"

赵《注》"舍"为"止""止不肯"，令人费解。"止"，与"止不肯"似不是一个意思。"止"似"禁止"。"止不肯"之"止"，既似"禁止"，又似副词"只""仅"。此《注》在句中难以读通。故不可取。

朱《注》沿袭了赵《注》，解为"舍，止也"，又提出了"或读属上句。舍，谓作陶冶之处也"的新说。"为陶冶"与"作陶冶之处"不是一个意思。这就成了画蛇添足，背离了孟子的本意。

杨《注》"舍"为"何物也"。又释为"儞""什么""甚么"，虽然可使句子读通，但没有举出此解在先秦典籍中的例证，似猜测。其实，章炳麟在《新方言·释词》中就说过："《孟子·滕文公》篇，'舍皆取诸其宫中而用之'，犹言何物皆取诸其宫中而用之也。"章释"舍"为"何物"，杨《注》与此同。此解使"舍"可有可无。故亦不妥。

舍，《说文》："舍，市居曰舍。"段玉裁《注》："此市字非买卖所之，谓宾客所之也。舍可止，引伸之为凡止之偁。"这是说，舍是宾客居住的地方，舍可供客人停息、住宿。由此引申出诸多与"止"有关的称谓。

《论语·子罕》"逝者如斯夫，不舍昼夜"之"舍"，是"停止"之意。

《墨子·非攻中》"至夫差之身，北而攻齐，舍于汶上"之"舍"，是"驻扎""止宿"之意。

《庄子·山木》"夫子出于山，舍于故人之家"之"舍"，是"寄宿"之意。

《史记·季布传》："高祖购求布千金，敢有舍匿，罪及三族。"《汉书·淮南厉王传》："亡之诸侯，游宦事人，及舍匿者，论皆有法。"此两"舍匿"，都是"容止，窝藏"之意。

"且许子何不为陶冶舍皆取诸其宫中而用之"句中之"舍"，与上述引申义类似，只不过上述是对"水"、对"人"而言，此句是对"器物"而言。对"水"可称"停止"，对"人"可称"止宿"，对"器物"只能称"存放""储藏"。即把自制的陶器、铁器储存起来，而不用于拿到市场上去交换其他商品。

据此，本句应当这样断句：且许子何不为陶冶，舍，皆取诸其宫中而用之？

舍，应当读作 shè（社）。解作"储存"。此句可今译为：况且许子为什么不自己制作陶器、铁器，先储存起来，然后都从自己的住宅里拿出来去使用？

◎不与

赵《注》："巍巍乎有天下之位，虽贵盛不能与益。"

朱《注》："不与，犹言不相关，言其不以位为乐也。"

杨《注》："'与'，即'参与'之'与'，这里含有'私有''享受'之意。"《译文》："舜也是了不得的天子！那么使人敬服地坐了天下，自己却不享受它，占有它！"

赵《注》"不与"为"不能与益"，似不能增益的意思。孟子虽有"舜视弃天下犹弃敝蹝也"（《尽心上》）之语，但在这里并不是表达的这个意思。况且，对于"与"的含义，并未作单独解释。

朱《注》"不与"为"犹言不相关，言其不以位为乐也"。与赵《注》"不能与益"基本同义，只不过将"与"具体解释为"相关""以位为乐"。

杨《注》"与"，即"参与"之"与"，这里含有"私有""享受"之意。与赵《注》、朱《注》不同。但"参与"之"与"，与"私有""享受"之间似找不到联系。

《说文》："舆，党舆也。"段玉裁《注》："党，当作攩（dǎng 党）。攩，朋群也。舆，当作与。与，赐予也。"（舆，与其简化字"与"古为两个字。）

这是说，"与"是"党舆"。党舆，是朋群，结党，同党。《书·洪范》："无偏无党，王道荡荡；无党无偏，王道平平。"《公羊传·宣公十一年》："其言纳何？纳公党舆也。"《汉书·王莽传》："莽色厉而言方，欲有所为，微见风采，党舆承其指意而显奏之。"《国语·齐语》："桓公知天下诸侯多与己也，故又大施忠焉。"

上述"党"，是"结党"；"党舆"，是"同党人"；"与"，是"亲附""依附"。故此句中的"与"，应是交结朋党，结党营私。由"亲附"，也可引申出"亲附君位""贪恋君位"。"焉"，指代君位。

综上所述，"不与焉"，可解为"不结党营私""不贪恋君位"。这不仅与"与"的本义相符，而且与本节的论点"舜以不得禹、皋陶为己忧""为天下得人者谓之仁""是故以天下与人易，为天下得人难"是一致的。与舜先为尧之臣，后为禹、皋陶之君而忠于尧，不结党营私，能任人唯贤，禅让贤能，也是一致的。

◎江汉以濯之，秋阳以暴之，皓皓乎不可尚已

赵《注》："以为圣人之洁白，如濯之江汉，暴之秋阳。秋阳，周之秋，夏之五六月，盛阳也。皓皓，甚白也。何可尚？"

朱《注》："江、汉水多，言濯之洁也。秋日燥烈，言暴之干也。皓皓，洁白貌。尚，加也。言夫子道德明著，光辉洁白，非有若所能仿佛也。"

杨《注》："秋阳——阳，太阳也。周正建子，周之七、八月乃今日农历之五、六月，故周之所谓秋阳，实为今夏日之太阳。""但'江汉以濯'三句，毛奇龄《四书索解》、焦循《正义》均以为'江汉以濯之，以江汉比夫子也；秋阳以暴之，以秋阳比夫子也；皓皓乎不可上，以天比夫子也……'此又一解。"《译文》："譬如曾经用江汉之水洗濯过，曾经在夏日的太阳里曝晒过，真是洁白得无以复加了。（谁能再比得孔子呢？）"

此句的疑难之处有二：一是秋阳；二是被比喻的实体。

赵《注》、杨《注》都把"秋阳"解为"夏日的太阳"。理由是，周代历法的秋，正是夏代历法的夏。夏历，即今之农历。周历以夏历的十一月为正月。夏历的秋，为七、八、九三个月；周历的秋，为五、六、七三个月。夏历是因农耕而创立，与二十四节气、一年四季相吻合。周历之月与春夏秋冬不同步，故不能将周历之"秋"称为夏历之"夏"。比如，若称周历的十、十一、十二月即夏历的八、九、十月为冬，既无冰又无雪，而正值五谷成熟收获；称周历的正、二、三月即夏历的十一、十二、正月为春，既不可耕，又不可种，正值冰天雪地。夏历之秋，天高气爽，多晴少雨，太阳穿透性强，阳光不燥不弱，既可催熟五谷，又可晒干果实，人们求之不得；而夏历之夏，骄阳似火，又多受阴雨阻隔，人们躲之不及，曝晒效果远不如秋阳。

其实，周代实行周历，但并未废止夏历，而是周历、夏历并行。这从当时的著述中可以得到证明。例如，《大戴礼记·千乘》："方秋三月，收敛以时。"《管子·国蓄》："夏贷以收秋实。"《荀子·王制》："春耕夏耘，秋收冬藏。"《诗·小雅·出车》："春日迟迟，卉木萋萋。"《诗·小雅·四月》：“四月维夏，六月徂暑。”“秋日凄凄，百卉具腓。”“冬日烈烈，飘风发发。”《诗·豳风·七月》：“七月流火，九月授衣。”“六月食郁（郁李）及薁（yù 玉，野葡萄），七月亨（烹）葵及菽，八月剥枣，十月获稻。”“九月肃霜，十月涤场。朋酒斯飨，曰杀羔羊。”

《孟子》中也有以夏历言四季者。如，孟子引晏子曰：“春省耕而补不足，秋省敛而助不给。”（《梁惠王下》）孟子引曾子曰：“胁肩谄笑，病于夏畦。”（《滕文公下》）

以上所称之春夏秋冬四季及一年中的十二个月，都是用的夏历。这说明，在西周及春秋战国，夏历仍在通用，正如当今既有阳历又有农历，阳历、农历并用一样。而言春夏秋冬皆以夏历之月为准。

鉴于上述，没有必要把“秋阳”改称为“夏阳”。

此句被比喻的实体，赵《注》“以为圣人之洁白”，朱《注》“言夫子道德明著，光辉洁白”，杨《译文》“仍从赵义”，或称“孔子”，或称“孔子道德”，虽然接近本义，但仍有勉强之感。不论是说孔子还是孔子的道德，譬如曾经用江汉之水洗濯过、曾经在夏日的太阳里曝晒过，还是以江汉、秋阳、天比作孔子，都不妥。

孟子有言：“孔子登东山而小鲁，登太山而小天下，故观于海者难为水，游于圣人之门者难为言。”（《尽心上》）与此句可相互参照理解。

如果把此句被比喻的实体理解为“师从于夫子”，今译为“师从于夫子，好比接受过长江、汉江水的洗濯，秋天太阳的曝晒，圣洁至美，不可有人超越啊”，不知更妥否？

第六篇

行　止

第一章　穷不失义

6.1　孟子谓宋句践曰①："子好游乎②？吾语子游。人知之，亦嚣嚣③；人不知，亦嚣嚣。"

曰："何如斯可以嚣嚣矣？"

曰："尊德乐义，则可以嚣嚣矣。故士穷不失义④，达不离道⑤。穷不失义，故士得己焉⑥；达不离道，故民不失望焉。古之人，得志，泽加于民；不得志，修身见于世⑦。穷则独善其身，达则兼善天下。"（《尽心上》13.9）

【注释】

①宋句（gōu 勾，同"勾"）践：赵《注》："宋，姓也；句践，名也。"生平不详。　　②游：游说。　　③嚣（áo）嚣：悠然自得的样子。《诗·大雅·板》："我即尔谋，听我嚣嚣。"　　④穷：困厄。《论语·卫灵公》："君子亦有穷乎？"　　⑤达：通，顺；顺利，显贵。　　⑥得己：得到自尊，不失去人格。　　⑦见（xiàn 现）：显露，出现。"现"的本字。《论语·泰伯》："天下有道则见，无道则隐。"

【译文】

　　孟子对宋句践说："你喜欢游说吗？我告诉你怎么游说。别人认可你，也悠然自得；别人不认可你，也悠然自得。"

　　句践说："怎么做可以悠然自得呢？"

　　孟子说："崇尚道德，喜爱仁义，就可以悠然自得。所以士人困厄时不丢失义，顺达时不脱离道。困厄时不丢失义，所以士人能得到自尊；顺达时不脱离道，所以老百姓不会对他失望。古时候的人，得志，把恩泽施加于老百姓；不得志，以修身显现在人世间。困厄时独自完善自我，顺达时兼及完善天下。"

【一得】

　　人生的道路是多变的。时而坎坷，时而平坦。困厄逼迫着你，顺达迷惑着你。困厄时，管好自己，不失羞恶之心；顺达时，不忘众人，偕行仁义之道。终生坚持扩充自己的善性，那么，快乐和充实将永远陪伴着你。走自己的路，不要看别人的脸色。

第二章　古之君子仕乎

6.2　周霄问曰^①："古之君子仕乎？"

孟子曰："仕。《传》曰^②：'孔子三月无君，则皇皇如也^③，出疆必载质^④。'公明仪曰^⑤：'古之人，三月无君则吊^⑥。'"

"三月无君则吊，不以急乎？"

曰："士之失位也，犹诸侯之失国家也。《礼》曰^⑦：'诸侯耕助^⑧，以供粢盛^⑨；夫人蚕缫^⑩，以为衣服。牺牲不成^⑪，粢盛不絜，衣服不备，不敢以祭。惟士无田，则亦不祭。'牲杀、器皿、衣服不备，不敢以祭，则不敢以宴，亦不足吊乎？"

"出疆必载质，何也？"

曰："士之仕也，犹农夫之耕也；农夫岂为出疆舍其耒耜哉？"

曰："晋国亦仕国也^⑫，未尝闻仕如此其急。仕如此其急也，君子之难仕，何也？"

曰："丈夫生而愿为之有室^⑬，女子生而愿为之有家^⑭。父母之心，人皆有之。不待父母之命，媒妁之言^⑮，钻穴隙相窥，逾墙相从，则父母国人皆贱之。古之人未尝不欲仕也，又恶不由其道。不由其道而往者，与钻穴隙之类也。"（《滕文公下》6.3）

【注释】

①周霄：周，姓；霄，名。生平不详。赵《注》："魏人也。" ②"《传》曰"句：出处不可详考。 ③皇皇：心神不安貌。同"惶惶"。 ④质：初见尊长时所持的礼物。俗称见面礼。通"贽"。《左传·庄公二十四年》："男贽，大者玉帛，小者禽鸟，以章物也。女贽，不过榛、栗、枣、脩（xīu修，干肉），以告虔也。" ⑤公明仪：见《知言养气》5.2⑱。 ⑥吊：悲伤。同"弔"。《诗·桧风·匪风》："顾瞻周道，中心弔兮。" ⑦"《礼》曰"句：出处不可详考。 ⑧耕助（chú除）：耕种除草。助，通"锄"。除去。《庄子·徐无鬼》："王顾谓其友颜不疑曰：'……嗟乎！无以汝色骄人哉！'颜不疑归而师董梧，以助其色。"陆德明《释文》："助，士居反，本亦作'锄'。" ⑨粢盛（zī chéng资成）：祭品。指盛在祭器内的黍稷。粢，黍稷的别名，又是诸谷的总称。盛，盛放于祭器。 ⑩蚕缫（sāo骚）：养蚕缫丝。缫，把蚕茧浸在热水里抽丝。 ⑪成：成熟，饱满，充实。引申为肥壮。 ⑫晋国：即魏国，或梁国。因魏国由晋国分出；后因迁都大梁，又称梁国。故时人仍称魏国为晋国。 ⑬室：妻。妻多主内，居室中，故称为室。 ⑭家：丈夫；婆家。 ⑮媒妁（shuò朔）：婚姻介绍人。媒，谓谋合二姓；妁，谓斟酌二姓。

【译文】

周霄问道："古时候的君子出来做官吗？"

孟子说："出来做官。《传》说：'孔子如果三个月没有被君主任用，就心神不安。离开国境去另一个国家时一定带着拜见君主的礼物。'公明仪说：'古代的人，三个月不被君主任用就会悲伤。'"

"三个月不被君主任用就悲伤，不是太着急了吗？"

答："士失去了官位，就像诸侯失去了国家一样。《礼》说：'诸侯带头耕种锄草，是为了提供祭品；夫人带头养蚕缫丝，是为了制作祭服。牛羊不肥壮，祭品不清洁，祭服不完备，就不敢去祭祀。士没有田地，也不能去祭祀。'祭祀用的牛羊、器皿、服装不完备，就不敢祭祀，也就不敢举办宴会，那也不足以悲伤吗？"

"走出国境一定要带见面礼，为什么呢？"

答："士去做官，好像农夫种田；农夫难道因为走出国境就丢掉他的农具吗？"

问："晋国也是个可以做官的国家，没曾听说过求得官位如此心急的。士如此急于寻求官位，君子却又不轻易去做官，这是为什么呢？"

答："男子一生下来，父母就期望长大为他娶个妻子；女孩一生下来，父母就期望长大为她找个婆家。父母的这种心情，人人都有。不等到父母的指令，媒人的说合，就钻洞扒缝去偷看，爬过墙头去私奔，那么父母和乡亲们都会轻贱他。古时的人并不是不愿意去做官，但又厌恶不通过正当的渠道。不通过正当的渠道去做官，与钻洞扒缝是一样的啊！"

【一得】

管理众人之事，是古代读书人的追求。但是，要实现这个愿望，还必须得到君主的认可。

古往今来，任人唯贤的少，任人唯亲的多。用官位来谋利的多，来做事的少。尽管有章可循，但那又是靠人掌控的。所以，不要天真地认为，我德才兼备就必然会有一个相应的位置。走正道，不走歪门邪道，这是君子入仕的准则。一时不能如愿，等一等，换一个方向，那又何妨？若不择手段地去攀高接贵，得到的是官位，失去的是人格。

【疑难】

◎耕助

赵《注》："诸侯耕助者，躬耕劝率其民，收其藉助，以供粢盛。"

朱《注》："《礼》曰：'诸侯为藉百亩，冕而青纮（hóng 红），躬秉耒以耕，而庶人助以终亩。收而藏之御廪，以供宗庙之粢盛。'"

杨《注》："耕助——此二字为连绵动词，和下文'蚕缫'相对成文。'助'即'藉'（《说文》作'耤'，云：'帝耤千亩也。'经传多作'藉'）。《滕文公上》已云：'助者，藉也。'故知《孟子》此处实假'助'为'藉'。古者天子有藉田千亩，诸侯百亩，于每年孟春，率三公九卿诸侯大夫躬耕。天子三推，三公五推，卿、诸侯、大夫九推（见《吕氏春秋·孟春纪》）。则天子他们之耕田，不过做做样子罢了，其实仍须假借人民的力量以为之，所以这田便叫'藉田'，而耕种这种'藉田'也叫'藉'。《国语·周语上》：'宣王即位，不藉千亩。'卢植曰：'藉，耕也。'《左传》昭公十八年云：'鄅人藉稻。'《正义》引服虔《注》云：'藉，耕种于藉田也。'正是此'助'字之义。赵《注》未了，前人注解以及字书亦皆未及，故详言之。"

《译文》："诸侯亲自参加耕种，就是用来供给祭品。"

"耕助"之疑难，不在"耕"，而在"助"。

赵《注》"躬耕劝率其民，收其藉助"，是把"助"当作了税制。

朱《注》仅引了"《礼》曰",而自己未作任何解释。

杨《注》"助"即"藉"。理由是:"《滕文公上》已云:'助者,藉也。'故知《孟子》此处实假'助'为'藉'。"由此推出天子、诸侯耕种的田叫"藉田","而耕种这种'藉田'也叫'藉'""正是此'助'字之义"。

其实,《滕文公上》所说"助者,藉也",是说的土地税制:"夏后氏五十而贡,殷人七十而助,周人百亩而彻,其实皆什一也。彻者,彻也;助者,藉也。"此"藉",杨《注》并未释为"藉田"或"耕种藉田",而仅引赵《注》曰:"藉者,借也;犹人相借力助之也。"杨《注》"耕助"之"助"为"耕种藉田",虽可自圆其说,但仍有迂回牵强之嫌。况且其《译文》曰"亲自参加耕种",也未提及"藉田"。

与《孟子》约同时期的《庄子》,在《徐无鬼》一篇中曰:"王顾谓其友颜不疑曰:'……嗟乎!无以汝色骄人哉!'颜不疑归而师董梧,以助其色。"唐代陆德明《经典释文》:"助,士居反,本亦作'锄'。"

释"助"为"锄","耕助"为"耕锄",简洁明了,既不与耕什么田相矛盾,也与"蚕缲"相对应,不知可否作为一说?

第三章　古之君子何如则仕

6.3　陈子曰[①]:"古之君子何如则仕?"

孟子曰:"所就三[②],所去三。迎之致敬以有礼;言,将行其言也，则就之。礼貌未衰，言弗行也，则去之。其次，虽未行其言也，迎之致敬以有礼，则就之。礼貌衰，则去之。其下，朝不食，夕不食，饥饿不能出门户，君闻之，曰，'吾大者不能行其道，又不能从其言也，使饥饿于我土地，吾耻之'。周之③，亦可受也，免死而已矣。"（《告子下》12.14）

【注释】

①陈子：赵《注》为陈臻，拙著认为是陈代。陈臻与孟子关系密切，曾随孟子周游列国，除受业外，还兼管孟子师徒钱粮给养。而陈代对谒见诸侯与出仕比较关心，应是孟子晚期弟子。　②就：留。就职。　③周：救济。通"赒"。《诗·大雅·云汉》："靡人不周，无不能止。"

【译文】

陈子说："古时候的君子在什么条件下才出来做官？"

孟子说："留下就职的情况有三种，辞职离去的情况有三种。迎接的时候恭敬而有礼貌；进言，准备施行所言，便留下就职。礼貌没有衰减，但是对于进言却不采纳，就辞职离去。其次，虽然没有采纳所言，迎接时仍恭敬而有礼貌，便留下就职。礼貌衰减了，就辞职离去。其下，早晨吃不上饭，晚上吃不上饭，饿得不能走出门户，国君知道了，说：'我大的方面不能推行您的学说，又不能依从您的进言，而让您在我的土地上忍饥受饿，我感到羞耻。'于是给予救济，这样也可以接受，只是为了避免饿死罢了。"

【一得】

能言听计从，受到尊重，求得生存，这是古代君子出来做官的基本条件。这三者并非缺一不可，也不等同。不论去就，能否言听计从均为首要，受到尊重次之，求得生存是不得已而为之。

第四章　古之贤王好善而忘势

6.4　孟子曰："古之贤王好善而忘势；古之贤士何独不然？乐其道而忘人之势，故王公不致敬尽礼，则不得亟见之①。见且由不得亟，而况得而臣之乎？"（《尽心上》13.8）

【注释】

①亟（jí 极）：赶快，急速。《诗·豳风·七月》："亟其乘屋，其始播百谷。"赵《注》："亟，数也。"杨《译文》："多次地。"不妥，贤士可能一次也不与无礼之君相见。

【译文】

孟子说："古代的贤王喜爱高尚的品德而忘记了自己的权势；古代的贤士为什么唯独不是这样呢？喜爱自己信奉的道义，而忘记别人的权势，所以王公不恭恭敬敬、竭尽礼仪，就不能尽快地见到他。见面尚且不能尽快，而何况让他做自己的臣属呢？"

【一得】

　　势，往往和权、力相联系。比如权势，势力。它离不开暴力，是野蛮的遗存。善，是爱，是德；道，是义，是理。它离不开人心，是文明的产物。仗势，为人所恶；好善、乐道，为人所敬。国君仗势，将为暴君；士人附势，将为妾妇。忘势，方显好善、乐道；好善、乐道，必然忘势。

第五章　有事君人者

　　6.5　孟子曰："有事君人者，事是君则为容悦者也[①]；有安社稷臣者，以安社稷为悦者也；有天民者[②]，达可行于天下而后行之者也；有大人者[③]，正己而物正者也。"（《尽心上》13.19）

　　【注释】

　　①容悦：脸色愉悦。　②天民：本指所有天生的人。此处指伊尹一类先知先觉的贤人。　③大人：仁、义、礼、智四端扩充到极致的人。此处指孔子一类德参天地的圣人。

　　【译文】

　　孟子说："有侍奉君主的人，侍奉这个君主，就是为了讨取他好看的脸色。有为安定国家而为臣属的人，把安定国家作为快乐。有胸怀天下的人，得志，道可以在天下推行时，而后出来推行。有追求道德高尚的人，端正了自己，而万物也随之端正。"

【一得】

人的追求不同，所作所为与结局也不相同。因此，有一个正确的志向，对人至关重要。

【疑难】

◎天民

赵《注》："天民，知道者也。"

朱《注》："民者，无位之称。以其全尽天理，乃天之民，故谓之天民。"

杨《注》未注。《译文》直译为"天民"。

赵《注》疏于宽泛。朱《注》以"天理"释"天民"，"天理"为何？还需再解。

天民，另见《万章上》："天之生此民也，使先知觉后知，使先觉觉后觉也。予，天民之先觉者也；予将以斯道觉斯民也。"这是伊尹说的话。这里的"天民"，就是一般的"人"。此章还说："伊尹耕于有莘之野，而乐尧舜之道焉。非其义也，非其道也，禄之以天下，弗顾也……汤三使往聘之，既而幡然改曰：'与我处畎亩之中，由是以乐尧舜之道，吾岂若使是君为尧舜之君哉？吾岂若使是民为尧舜之民哉？吾岂若于吾身亲见之哉？'"接下去的是上面的那段话。

本章中的"天民"，不同于《万章上》中的"天民"，不是指一般意义上的"人"，而是赋予了它特定的含义。伊尹自称"予，天民之先觉者也"，其言行又是"达可行于天下而后行之者"，所以，本章的"天民"，是指伊尹一类的人，是天赋高于一般人的圣贤，是先知先觉的人，是胸怀天下，善于把握时机，勇于担当的人。

◎大人

赵《注》："大人，大丈夫，不为利害动移者也。"

朱《注》："大人，德盛而上下化之，所谓'见龙在田，天下文明'者。"

杨《注》："《孟子》数言'大人'，涵义不一。《史记·索隐》引向秀《易·乾卦注》云：'圣人在位，谓之大人。'或者是此'大人'之义。"《译文》直曰"大人"。

赵、朱、杨《注》，皆说了"大人"的部分含义，而未及全部。以《易》解之，似舍近求远。

大人，数见于《孟子》。如，"孟子曰：大人者，言不必信，行不必果，惟义所在。""孟子曰：大人者，不失其赤子之心者也。"（《离娄下》）"孟子曰：……体有贵贱，有小大。无以小害大，无以贱害贵。养其小者为小人，养其大者为大人。""孟子曰：从其大体为大人，从其小体为小人。……心之官则思，思则得之，不思则不得也。此天之所与我者。先立乎其大者，则其小者不能夺也。此为大人而已矣。"（《告子上》）

由上述可知，孟子所言"大人"，其共性是把人性中的仁、义、礼、智四端扩充到了极致。但在不同的语境，又有各自的特指。有的是就一般而言，有的是就个别而言，有的仁、义、礼、智各有侧重。本章中的"大人""正己而物正者也"，与"所过者化，所存者神，上下与天地同流"（《尽心上》）的君子相近，是指孔子一类道德高尚的圣人。

第六章　不见诸侯，何义

6.6　公孙丑问曰："不见诸侯，何义？"

孟子曰："古者不为臣不见。段干木逾垣而辟之[①]，泄柳闭门而不内[②]，是皆已甚；迫，斯可以见矣。阳货欲见孔子而恶无礼[③]；大夫有赐于士，不得受于其家，则往拜其门。阳货阚孔子之亡也[④]，而馈孔子蒸豚；孔子亦阚其亡也，而往拜之。当是时，阳货先，岂得不见？曾子曰：'胁肩谄笑，病于夏畦[⑤]。'子路曰[⑥]：'未同而言，观其色赧赧然[⑦]，非由之所知也。'由是观之，则君子之所养，可知已矣。"（《滕文公下》6.7）

【注释】

①段干木：战国早期魏国人。姓段干，名木（或曰姓段，名干木）。身处乱世，不趋势利，怀君子之道，隐居穷巷，声驰千里。魏文侯闻其贤，登门拜访，越墙躲避。又请为相，不就。后卑己坚持求见，与之交谈，文侯立，倦不敢息。文侯乘车过其家门，必伏轼致敬。与卜子夏、田子方同为文侯师。　辟：同"避"。　②泄（yì义）柳：泄，姓；柳，名。字子柳。战国早期鲁国人。鲁缪公闻其贤，前往求见，闭门不纳。后仕缪公为臣。　内：同"纳"。接纳。　③阳货：又叫阳虎。春秋末期鲁国人。为季氏家臣。当时，季氏已几代把持鲁国的国政。阳货又把持季氏的家政。鲁定公五年（前505），挟持

季桓子，据阳关（今山东泰安东南），掌握鲁国国政。八年，欲废除三桓势力，劫定公与叔孙州仇伐孟氏，被击败，出奔阳关。次年到齐。后又经宋奔晋，为赵鞅谋臣。其见孔子事又见《论语·阳货》。　④阚（kàn 看）：远望。阮元《校勘记》云："《音义》：'瞰，或作阚。'依《说文》则阚是正字。"《说文》："阚，望也。" 此处引申为"打探"。　⑤病于夏畦：比夏天在农田里干活还要痛苦。病，苦。夏畦，夏天在农田里劳动。　⑥子路（前 542—前 480）：春秋末期鲁国卞（今山东泗水东南）人。姓仲，名由，字子路。一字季路。孔子弟子。性直爽勇敢。敢于向孔子表达不同的意见。孔子任鲁国司寇时，他任季氏的宰（家臣）。后任卫大夫孔悝（kuī 亏）的宰。因不愿跟从孔悝迎立蒉聩（kuài kuì 快馈）为卫公，被杀。　⑦赧（nǎn 腩）赧：因惭愧而脸红的样子。

【译文】

公孙丑问道："不见诸侯，是什么道理呢？"

孟子说："古时候的人不作为臣属就不见。段干木翻过墙头躲避魏文侯，泄柳关上大门不接待鲁缪公，这样做都太过分了。要求迫切，就可以见一面嘛！阳货想让孔子来见他，而又怕别人说他不讲礼仪。当时有这样一个规矩，大夫赏给士礼物，士如果不在家，没有当面接受并致谢，事后就要到大夫家登门拜谢。阳货远远看到孔子外出，就派人给他送去了一只蒸熟的小猪。孔子也远远看到阳货外出，而前往登门拜谢。那个时候，阳货如果先去拜访，孔子哪能不接见他呢？曾子说：'缩敛着肩膀，假装讨好的笑脸，比夏天在农田里干活还要痛苦。'子路说：'没有共同的志趣，而与之攀谈，看着他那满脸通红而羞愧难当的样子。为什么要这样做？我仲由不知道。'由此看来，君子应该培养什么，就可以知道了。"

【一得】

与在上位者接触，要依义而行。存在上下级关系，应当主动相见。不存在上下级关系，不得随便相见。既不可一概排斥，更不可低三下四。如果对方确有诚意，相见无妨。这是君子应当培养的节操。

第七章　敢问不见诸侯，何义也

6.7　万章曰："敢问不见诸侯，何义也？"

孟子曰："在国曰市井之臣①，在野曰草莽之臣②，皆谓庶人。庶人不传质为臣③，不敢见于诸侯，礼也。"

万章曰："庶人，召之役，则往役；君欲见之，召之，则不往见之，何也？"

曰："往役，义也；往见，不义也。且君之欲见之也，何为也哉？"

曰："为其多闻也，为其贤也。"

曰："为其多闻也，则天子不召师，而况诸侯乎？为其贤也，则吾未闻欲见贤而召之也。缪公亟见于子思，曰：'古千乘之国以友士，何如？'子思不悦，曰：'古之人有言曰，事之云乎，岂曰友之云乎？'子思之不悦也，岂不曰，'以位，则子，君也；我，臣也；何敢与君友也？以德，则子事我者也，奚可以与我友？'千乘之君求与之友而不可得也，而况可召与？齐景公田④，招虞人以旌⑤，不至，将杀之。志士不忘在沟壑⑥，勇士不忘丧其元⑦。孔子奚取焉？取非其招不往也。"

曰："敢问招虞人何以？"

曰："以皮冠。庶人以旃⑧，士以旂⑨，大夫以旌。以大夫之招招虞人，虞人死不敢往；以士之招招庶人，庶人岂敢往哉？况乎以不贤人之招招贤人乎？欲见贤人而不以其道，犹欲其入而闭之门也。夫义，路也；礼，门也。惟君子能由是路，出入是门也。《诗》云，'周道如底，其直如矢；君子所履，小人所视⑩。'"

万章曰："孔子，君命召，不俟驾而行⑪；然则孔子非与？"

曰："孔子当仕，有官职，而以其官召之也。"（《万章下》10.7）

【注释】

①国：国都，城邑。　市井：市街的通称。　②野：乡下，民间。　草莽：丛生的杂草，比喻在野。　③传质：递送见面礼。传，递送，转达。质，初见尊长时所持的礼物。通"贽"。　④田：打猎。通"畋"。　⑤虞人：古代掌管山泽苑囿、田猎的小吏。　旌（jīng京）：用旄牛尾和彩色鸟羽作竿饰的旗。　⑥沟壑（hè贺）：山沟和大坑。壑，溪谷，坑地。　⑦元：首，头。　⑧旃（zhān沾）：赤色曲柄的旗。　⑨旂（qí旗）：上画龙形，竿头系铃的旗。　⑩"《诗》云"句：见《诗·小雅·大东》。　周道如底（zhǐ止）：大道像磨刀石一样平。周道，大道，官路。

厎，磨刀石。通"砥"。《说文》："厎，柔石也。"段玉裁《注》："按厎者，砥之正字。后人乃谓砥为正字。厎与砥异用，强为分别之过也。厎之引申之义，为致也，至也，平也。""《毛诗·大东》'周道如砥'，《孟子》作厎。" ⑪俟（sì寺）：等待。

【译文】

万章说："冒昧地问，不见诸侯，是什么道理呢？"

孟子说："居住在国都城邑的叫市井之臣，居住在乡下民间的叫草莽之臣，都称作老百姓。老百姓不递送见面礼作为臣属，不敢接受诸侯的召见，这是礼的规定。"

万章说："老百姓，召唤他去服役，便去服役；君主想见，召唤他，却不前往见面，这是为什么呢？"

孟子说："前往服役，这是合乎义的；前往见面，就不合乎义了。况且国君想见他，那是因为什么呢？"

万章说："因为他见多识广，因为他品德高尚。"

孟子说："因为他见多识广，天子都不召唤老师，何况诸侯呢？因为他品德高尚，我没听说过想要见品德高尚的人可以召唤的。鲁缪公屡次去拜访子思，说：'古代拥有千乘兵车的国君与士交朋友，会是怎么样呢？'子思不高兴，说：'古时的人有这样的话，事奉他为老师吧！怎么能说与他交朋友呢？'子思的不高兴，难道不是说，'论地位，则是你，你是国君；我，是臣属；怎么敢和国君交朋友呢？论品德，那你应该拜我为师，怎么可以与我交朋友呢？'拥有千乘兵车的国君与他交朋友都做不到，而何况可以召唤呢？齐景公打猎，招呼管理猎场的小吏虞人用旌，虞人不去，景公准备杀了他。志士不惜葬身沟壑，勇士不惜丢掉头颅。孔子赞赏虞人的什么呢？赞赏他对不合礼仪的招呼宁死不往啊！"

万章说："冒昧地问，招呼虞人应该用什么呢？"

孟子说："用皮冠。庶人用旃，士用旂，大夫用旌。用招呼大夫的礼仪去招呼虞人，虞人宁死也不敢前往。用招呼士的礼仪去招呼庶人，庶人怎么敢前往呢？何况用不是招呼贤人的礼仪招呼贤人呢？想见到贤人却不守会见贤人的规则，就好比想让人家进去却关上门一样。义，是路；礼，是门。只有君子才能沿着这条大路行走，从这个大门出入。《诗》说：'大道像磨刀石一样平，像射出的箭一样直；君子由此行走，小人只能观望。'"

万章说："孔子，国君有命召唤，不等到驾好车就先走了；如此看来，孔子这样做不对吗？"

孟子说："孔子当时在官位上，有职务在身，国君是以他担任的官职召唤他的。"

【一得】

孟子是位想打破官本位的人。他要为有德之士争一席之地。

君主、官位，令人望而生畏，也令为君、为官者自我膨胀。因为有暴力作后盾，有生杀予夺大权在握。他们认为，平民百姓、下级臣属，应当招之即来，挥之即去。否则，就是叛逆。

孟子承认君对臣有召唤的权力，但那是有限的：一是存在隶属关系；二是依礼行事。民不可以无礼，君亦不可以无礼。民对君的无礼之举，可以不予理睬。若付出代价，那是成仁取义。

民也有对君的尊严，那就是道德。高尚的道德，足以使在下位者对在上位者居高临下。义、礼，是在上位者与在下位者应当共同遵守的准则。

第八章　孟子将朝王

6.8　孟子将朝王，王使人来曰："寡人如就见者也，有寒疾，不可以风。朝，将视朝，不识可使寡人得见乎？"

对曰："不幸而有疾，不能造朝[①]。"

明日，出吊于东郭氏[②]。公孙丑曰："昔者辞以病，今日吊，或者不可乎？"

曰："昔者疾，今日愈，如之何不吊？"

王使人问疾，医来。孟仲子对曰[③]："昔者有王命，有采薪之忧[④]，不能造朝。今病小愈，趋造于朝，我不识能至否乎？"

使数人要于路[⑤]，曰："请必无归，而造于朝！"

不得已，而之景丑氏宿焉[⑥]。

景子曰："内则父子，外则君臣，人之大伦也。父子主恩，君臣主敬。丑见王之敬子也，未见所以敬王也。"

曰："恶[⑦]！是何言也！齐人无以仁义与王言者，岂以仁义为不美也？其心曰，'是何足与言仁义也'云尔，则不敬莫大乎是。我非尧舜之道，不敢以陈于王前，故齐人莫如我敬王也。"

景子曰："否，非此之谓也。《礼》曰：'父召，无诺[⑧]；君命召，不俟驾。'固将朝也，闻王命而遂不果，宜与夫《礼》若不相似然。"

曰："岂谓是与？曾子曰：'晋楚之富，不可及也；彼以其富，我以吾仁；彼以其爵，我以吾义，吾何慊乎哉？'夫岂不义而曾子言之？是或一道也。天下有达尊三：爵一，齿一⑨，德一。朝廷莫如爵，乡党莫如齿，辅世长民莫如德。恶得有其一以慢其二哉？故将大有为之君，必有所不召之臣；欲有谋焉，则就之。其尊德乐道，不如是，不足与有为也。故汤之于伊尹，学焉而后臣之，故不劳而王；桓公之于管仲⑩，学焉而后臣之，故不劳而霸。今天下地丑德齐⑪，莫能相尚，无他，好臣其所教，而不好臣其所受教。汤之于伊尹，桓公之于管仲，则不敢召；管仲且犹不可召，而况不为管仲者乎？"（《公孙丑下》4.2）

【注释】

①造朝：前往朝会。造，到，去。朝，朝会，朝廷。　②吊：慰问，访友。杨《译》为"吊丧"，亦通。但吊丧应是事前计划内之事，而不应是临时安排之活动。而慰问、探视、访友则可随时安排。　东郭氏：赵《注》，"齐大夫家也"。此人已不可详考。　③孟仲子：赵《注》："孟子之从昆弟，学于孟子者也。"不知何据。　④采薪之忧：自称有病的婉辞。采薪，拾柴。朱《注》："言病不能采薪，谦辞也。"　⑤要：拦截。通"邀"。《万章上》："孔子不悦于鲁、卫，遭宋桓司马将要而杀之。"　⑥景丑氏：赵《注》："齐大夫。"焦循《正义》："翟氏灏《考异》云：'《汉书·艺文志》有《景子》三篇，列儒家者流。此称景丑为景子，其言父子主恩，君臣主敬，及引《礼》父召、君召诸文，颇有见于儒家大意。景子似即著书之景子也。孟子宿于其家，盖亦以气谊稍合，往焉。'"　⑦恶（wū屋）：叹词，表示惊讶，否定。　⑧无诺：不缓

慢地答应了再行动。诺,应承之词,疾应曰"唯";缓应曰"诺"。《礼·玉藻》:"父命呼,唯而不诺。"　⑨齿:指人的年龄。年壮者齿齐,年长者齿缺。　⑩管仲(?—前645):春秋初期著名政治家。名夷吾,字仲。颍(yǐng 影)上(古地名。隋置颍上县。今颍上在安徽西北部,淮河北岸,颍河下游。有管鲍祠)人。初事齐公子纠,后相齐桓公。主张通货积财,富国强兵。以"尊王攘夷"相号召,九合诸侯,一匡天下,使齐桓公成为春秋五霸之首。《汉书·艺文志》道家著作录有《管子》86篇,今存76篇,为后人依托之作。　⑪地丑德齐:土地类似,德行无异。丑,同类,相类。通"俦"。

【译文】

孟子准备去朝见齐王。齐王派人来传话说:"我本来准备去见您的,但因着凉病了,不能见风。朝会的时候,我将临朝听政,不知道那时可以让我见到您吗?"

孟子回答说:"很不幸,我也病了,不能前往朝会。"

第二天,孟子到东郭氏家里去慰问。公孙丑说:"昨天您以病了推辞朝会,今天却去访友,是否不妥当呢?"

孟子说:"昨天有病,今天好了,为什么不能去访友呢?"

齐王派人来看望孟子的病情,并有医生随同。孟仲子对他们说:"昨天王派人转达了命令,因为先生病了,不能前往朝会。今天病情有好转,已经往朝廷去了,我不知道能不能走到那里。"

接着派了好几个人分别到路上去拦截,让他们告诉孟子:"请一定不要回来,要赶快前往朝廷!"

孟子不得已,只得到景丑氏家里住了下来。

景子说:"在家重父子,在外重君臣,这是人与人之间最大的伦理关系。父子之间讲求恩亲，君臣之间讲求恭敬。我看到齐王尊敬您了，可没看到您是怎么尊敬齐王的。"

孟子说："嗳！这是什么话呢？齐国人没有与齐王讲述仁义的，难道是认为仁义不美吗？其实他心里说：'这样一个君主怎么值得与他讲仁义呢？'不恭敬，没有比这再重大的。我不是尧舜的主张就不敢在齐王面前陈述，所以齐国人没有比我更尊敬齐王的。"

景子说："不，我说的不是这个意思。《礼》说：'父亲召唤，不能缓慢地应了声"诺"再行动；君主有命令召唤，不能驾好车再走。'你本来准备朝见齐王，但听到齐王的回命，却不去了，这与《礼》的要求好像不一样。"

孟子说："难道说的是这个吗？曾子说：'晋国和楚国的富有，不可达到；你依仗你的富有，我凭借我的仁爱；你依仗你的爵位，我凭借我的道义，我有什么感到缺憾呢？'难道不合义理而曾子还会这样说吗？这和我讲的或许是一个道理。天下通行的尊贵有三，一是爵位，一是年龄，一是道德。在朝廷，没有比爵位再尊贵的；在民间，没有比年长再尊贵的；辅翼世道，表率百姓，没有比道德再尊贵的。怎么能拥有其一，就可以用来轻慢拥有其二的呢？所以准备有大作为的君主，一定有不可随意召唤的臣属；想和他谋划什么事情，就要去拜访他。君主的尊德乐道，不这样，就不足以有所作为。所以商汤对于伊尹，先向他学习，然后再把他作为臣属，所以不用辛劳就统一了天下；桓公对于管仲，先向他学习，然后再把他作为臣属，所以不用辛劳就成就了霸业。当今天下列强土地类似，德行无异，谁也不能超过谁，没有别的原因，就是喜欢用自己可以教训的人为臣，不喜欢用可以教训自己的人为臣。商汤对于伊尹，桓公对于管仲，则不敢召唤；管仲尚且还不可召唤，而何况不愿意做管仲的人呢？"

【一得】

人需要尊重。君需要尊重，臣也需要尊重。人得到尊重，才能激发出最大的能量。连基本的尊重都做不到，连基本的尊重都得不到，还谈什么合作，还谈什么共谋大事？

大有为之君，以安定天下为己任。他尊重众人，也得到众人的拥护。他求贤若渴，敬贤如宾，用贤不疑，不会因其刚直而疏远。不召之臣，以行道保民为使命。他尊重君主，忠于道义，鞠躬尽瘁，但不会被无礼所召唤，不会因爵禄而阿权。只有大有为之君，才能举用不召之臣；只有不召之臣，才能成全大有为之君。

第九章　出吊于滕

6.9　孟子为卿于齐，出吊于滕[①]，王使盖大夫王驩为辅行[②]。王驩朝暮见，反齐滕之路，未尝与之言行事也。

公孙丑曰："齐卿之位，不为小矣；齐滕之路，不为近矣，反之而未尝与言行事，何也？"

曰："夫既或治之，予何言哉？"（《公孙丑下》4.6）

【注释】

①出吊于滕：赵《注》："出吊滕君。"未言哪位滕君。焦循《正义》引季本《孟子事迹图谱》云："其与王驩使滕，

为文公之丧也。"杨《注》亦引此说。据考，孟子周游列国，离开齐国后曾去滕国，与滕文公相处甚好（详见拙文《孟子周游列国年代考》，《孔子研究》2000 年第 4 期）。故此次出吊于滕，不会是文公之丧。也不会是文公之父定公之丧。因为定公之丧孟子居邹，文公曾派然友两次赴邹问丧葬之礼（见《滕文公上》）。此丧是否为文公母丧呢？待考。　②王驩（huān 欢）：齐宣王宠幸的权臣。曾任盖（gě 舸，齐邑名。故城在今山东沂水县西北）邑地方长官及右师。

【译文】

孟子在齐国任客卿，奉命出使滕国吊唁，齐王派遣盖邑的地方长官王驩担任副使随行。王驩与孟子朝暮相见，往返于齐、滕的路上，孟子却未曾与他交谈过公务。

公孙丑说："齐卿的爵位，不算小了；齐、滕之间的路程，不算近了，直到返回了还未见您与他交谈过公务，这是为什么呢？"

孟子说："既然有人把什么事情都包办了，我还有什么可说的呢？"

【一得】

宠臣专权，不可理喻。

第十章　公行子有子之丧

6.10　公行子有子之丧^①，右师往吊^②。入门，有进而与右师言者，有就右师之位而与右师言者。孟子不与右师言。右师不悦，曰："诸君子皆与驩言，孟子独不与驩言，是简驩也^③。"

孟子闻之，曰："礼，朝廷不历位而相与言^④，不逾阶而相揖也。我欲行礼，子敖以我为简^⑤，不亦异乎？"（《离娄下》8.27）

【注释】

①公行子：赵《注》："齐大夫也。"　　②右师：齐国的执政官。此处指王驩。　　③简：轻慢。不尊重，缺少礼节。　　④历位：越过位置。历，越过。　　⑤子敖：王驩字子敖。

【译文】

公行子在家里为儿子办理丧事，右师王驩前往吊唁。刚一进门，就有人迎上前去与他说话；落座后，又有人跑到他的座位前与他攀谈。唯独孟子不搭理他。右师不高兴，说："各位君子都与我说话，唯独孟子不与我说话，这是轻慢我王驩啊！"

孟子听说了这件事，说："按照礼的规定，在朝廷上不能越过位置而相互说话，不能跨过台阶而相互作揖。我要按照礼仪去做，而子敖却认为我是轻慢他，这不是很奇怪吗？"

【一得】

攀高结贵，阿谀逢迎，小人所为；居高临下，欣然接受吹捧，亦小人所为。君子依礼而行，不亢不卑。

第十一章　乐正子从于子敖之齐

6.11　乐正子从于子敖之齐。

乐正子见孟子。孟子曰："子亦来见我乎？"

曰："先生何为出此言也？"

曰："子来几日矣？"

曰："昔者^①。"

曰："昔者，则我出此言也，不亦宜乎？"

曰："舍馆未定。"

曰："子闻之也，舍馆定，然后求见长者乎？"

曰："克有罪。"（《离娄上》7.24）

【注释】

①昔者：前些日子。昔，古，从前。与"今"相对。朱《注》："昔者，前日也。"杨《注》："昔者，昨天。"均不妥。孟子问："子来几日矣？"说明乐正子来了不是一两天了。乐正子答"昔者"，是含混其辞，没说具体几天。故应解作"前些日子"，或"前几天"。

【译文】

乐正子跟随王子敖来到了齐国。

乐正子去见孟子。孟子说："你也来见我吗？"

乐正子说："先生为什么说这样的话呢？"

孟子说："你来几天了？"

乐正子说："前些日子。"

孟子说："前些日子。那么，我说这样的话，不是很合适吗？"

乐正子说："住的地方还没安排好。"

孟子说："你听说过，先安排好住处，然后再来求见长者吗？"

乐正子说："克有罪。"

【一得】

舍故攀高，忠信难保。文过饰非，错上加错。尊师重道，贵在心诚。

第十二章　孟子谓乐正子曰

6.12　孟子谓乐正子曰："子之从于子敖来，徒餔啜也①。我不意子学古之道而以餔啜也。"（《离娄上》7.25）

【注释】

① 餔啜（bū chuò 逋辍）：吃喝。泛指饮食。餔，吃。啜，

饮。也用作"吃"。《荀子·天论》："君子啜菽饮水，非愚也，是节然也。"

【译文】

孟子对乐正子说："你跟着王子敖来，仅仅是为了混饭吃吗？我想不到，你学习古人的大道竟是用来混饭吃啊！"

【一得】

学道，不仅仅是为了生存，更是为了找回自己放失了的本心。想做官，可以；但要由义而行，切不可有奶就是娘。

第十三章　孟子谓蚳蛙曰

6.13　孟子谓蚳蛙曰①："子之辞灵丘而请士师②，似也为其可以言也。今既数月矣，未可以言与？"

蚳蛙谏于王而不用，致为臣而去。

齐人曰："所以为蚳蛙则善矣；所以自为，则吾不知也。"

公都子以告。

曰："吾闻之也：有官守者，不得其职则去；有言责者，不得其言则去。我无官守，我无言责也，则吾进退，岂不绰绰然有余裕哉③？"（《公孙丑下》4.5）

【注释】

① 蚳（chí 池）蛙：赵《注》："蚳蛙，齐大夫。"生平待考。　② 灵丘：赵《注》："灵丘，齐下邑。"具体方位待考。　士师：治狱官。主察狱讼之事。　③ 绰（chuò 辍）绰：宽裕。《诗·小雅·角弓》："此令兄弟，绰绰有裕。"

【译文】

孟子对蚳蛙说："你辞去灵丘的地方长官而请求担任治狱官，好像是为了能向齐王进言。至今已经过去几个月了，没有什么可以进谏的吗？"

蚳蛙向齐王谏言而未被采纳，辞掉官职离去。

有个齐国人说："对于蚳蛙的指点已经很高明了；他自己准备怎么做，我还不知道。"

公都子把这话告诉了孟子。

孟子说："我听说过：有官职守责的人，如果无法行使职权，就要离去；有谏言职责的人，如果谏言不被采纳，就要离去。我没有官职守责，我没有谏言职责，那么我无论是进是退，难道不都宽裕有余吗？"

【一得】

职权受制，谏言不听，其实质都是君臣之间失去了信任。当然，受制、不听都不应仅仅是一次，而应达到一定的程度。离去，丢掉的是官位，保持的是尊严。无实职实权，处宾师之位，当然不受此限，去就的回旋余地要大得多。

第十四章　冯妇搏虎

6.14　齐饥，陈臻曰[①]："国人皆以夫子将复为发棠[②]，殆不可复[③]。"

孟子曰："是为冯妇也[④]。晋人有冯妇者，善搏虎。卒为善[⑤]，士则之[⑥]。野有众逐虎，虎负嵎[⑦]，莫之敢撄[⑧]。望见冯妇，趋而迎之。冯妇攘臂下车[⑨]。众皆悦之，其为士者笑之。"（《尽心下》14.23）

【注释】

①陈臻：孟子弟子。据传说为邹国人。精于计算，善于理财。曾随孟子周游列国，除受业外，兼管孟子师徒钱粮给养。《孟子》书中共记孟子与陈臻答问两章，分别见《公孙丑》与《尽心》篇。另有孟子与陈子答问两章，分别见《公孙丑》与《告子》篇。据内容分析，《公孙丑》篇载之"陈子"应为陈臻，而《告子》篇载之"陈子"应为陈代。北宋政和五年（1115），诏定陈臻封爵为"蓬莱伯"，从祀孟庙。清乾隆二十一年（1756），诏去孟庙配享、从祀者旧时封爵，改称为"先儒陈臻氏"。陈臻从祀孟庙，一直位设孟庙东庑。　②发棠：打开棠地的粮仓救济灾民。棠，齐邑。位于今山东青岛市即墨区南。　③殆：恐怕。表示估计兼担心。　④冯妇：冯，姓；妇，名。晋国人。善长与老虎搏斗。因先放弃旧业后又故伎重演，为士人耻

笑。 ⑤卒：后来。 ⑥则之：效法他。则，效法。《易·系辞上》："河出图，洛出书，圣人则之。" ⑦堣（yú 余）：通"隅"。角落；偏僻的地方。 ⑧撄（yīng 英）：接触；触犯。 ⑨攘臂：捋衣出臂，表示跃跃欲试。

【译文】

齐国发生了饥荒，陈臻说："国人都认为老师您将再次劝说齐王，打开棠地的粮仓救济灾民。恐怕不能再那样做了吧！"

孟子说："再那样做，就成为冯妇了。晋国人有一个叫冯妇的，善长搏杀老虎，后来洗手不干了，士人把他作为效法的榜样。一次，野外有许多人在追逐一只老虎，老虎被逼到了一个偏僻的角落。但是没有人敢上前抓捕。他们看见了冯妇，跑着迎了上去。冯妇将袖伸臂下了车。大家都很高兴，那些士人却笑话他。"

【一得】

既然是正确的改变，就要坚持下去。不可反复无常，也不可被别人的毁誉所左右。

【疑难】

◎卒为善，士则之。野有众逐虎

此句的疑难在于断句。

赵《注》、朱《注》、杨《译注》均断为："卒为善士，则之野，有众逐虎。"

焦循《孟子正义》引宋代刘昌诗《芦浦笔记》云："余味此段之言，恐合以'卒为善'为一句，'士则之'为一句，'野有众逐虎'为一句。盖有搏虎之勇而卒能为善，故士以为则。

及其不知止，则士以为笑也。"周密《志雅堂杂抄》云："一本以'善'字、'之'字点句，前云'士则之'，后云'其为士者笑之'，文义相属，于章旨亦合。"又引清代阎若璩《释地又续》云："古人文字叙事未有无根者。惟冯妇之野，然后众得望见冯妇。若如宋代周密断'士则之'为句，'野'字遂属下。野但有众耳，何由有冯妇来？此为无根。"

刘昌诗、周密言之有理。

阎若璩称"古人文字叙事未有无根者"，若将"野"字下属，"何由有冯妇来？此为无根"。此说有些片面。古人文字叙事除"有根"之外，还多有省略。不说"则之野"，并不影响冯妇"之野"，也不影响全篇文字的理解。而"则之野"，句式罕见，且"则"字费解。

故拙著从刘、周说。断句为："卒为善，士则之。野有众逐虎。"今译为：后来洗手不干了，士人把他作为效法的榜样。一次，野外有许多人在追逐一只老虎。

第十五章　孟子致为臣而归

6.15　孟子致为臣而归。王就见孟子，曰："前日愿见而不可得，得侍同朝，甚喜。今又弃寡人而归，不识可以继此而得见乎？"

对曰："不敢请耳，固所愿也。"

他日，王谓时子曰[①]："我欲中国而授孟子室[②]，养弟子以万钟[③]，使诸大夫国人皆有所矜式[④]。子盍为我言之[⑤]！"

时子因陈子而以告孟子⑥。陈子以时子之言告孟子，孟子曰："然。夫时子恶知其不可也？如使予欲富，辞十万而受万，是为欲富乎？季孙曰⑦：'异哉子叔疑⑧！使己为政，不用，则亦已矣，又使其子弟为卿。'人亦孰不欲富贵？而独于富贵之中有私龙断焉⑨。古之为市也，以其所有易其所无者，有司者治之耳。有贱丈夫焉，必求龙断而登之，以左右望，而罔市利⑩。人皆以为贱，故从而征之。征商自此贱丈夫始矣。"（《公孙丑下》4.10）

【注释】

①时子：赵《注》："时子，齐臣也。"　②中国：指齐国都城之中。　③万钟：一万钟。钟，古代容量单位。《左传·昭公三年》晏婴曰："齐旧四量：豆、区（ōu 欧）、釜、钟。四升为豆，各自其四，以登于釜。釜十则钟。"清咸丰七年（1857），在山东胶县（今胶州市）灵山卫出土了战国初期齐国铜制官定量器 3 件，其中子禾子釜实测容量为 20.46 升。据此推算，齐 1 升约等于今 0.32 升，1 万钟约等于今 20460 石。如果将容量换算为重量，今一升谷子约 0.8 公斤，若依子禾子釜容量 20.46 升计算，即为约 16.4 公斤。10 釜 1 钟，1 钟即为约 164 公斤，万钟即为约 1640000 公斤。　④矜（jīn 今）式：尊崇效法。　⑤盍（hé 河）：副词。何不。　⑥因：依靠。此处意为拜托。　陈子：即陈臻。孟子弟子。　⑦季孙：鲁桓公之后有孟孙氏、叔孙氏、季孙氏，史称"三桓"。自春秋中期至战国，"三桓"把持朝政，季孙氏为首。季孙，是对季孙氏后代的简称。　⑧子叔疑：可能是春秋时鲁国叔孙氏的后代。待考。赵《注》季孙、子叔疑为孟子弟子。

误。　　⑨龙（lǒng 垄）断：陇而高的冈垄。引申为把持和独占。今通作"垄断"。　　⑩罔（wǎng 网）：捕鸟兽鱼类的工具。引申为张网捕捉。同"网"。

【译文】

孟子辞去了臣属的职位准备返回故里，齐王去看望他，说："过去想见到您而不能如愿。后来得到了同朝共事的机会，非常高兴。如今您又丢下我还乡，不知道以后还能不能像现在这样继续见到您吗？"

孟子说："不敢强求。这本来也是我的愿望。"

另一天，齐王对时子说："我想在国都城内送给孟子一处房屋，用万钟的粟米来供养他们师徒，让各位官员和国人都有所尊崇效法。你何不去为我说一说！"

时子拜托陈臻将齐王的话转告孟子。陈臻就把时子的话告诉了孟子。孟子说："是啊。时子难道就不知道那是不可能的吗？如果把我当作追求财富的人，辞去十万钟俸禄而接受一万钟供养，这能达到我追求财富的目的吗？季孙说：'奇怪呀子叔疑！想让自己去做官，得不到任用，那就算了吧！又让自己的子弟去做卿大夫。'哪个人不愿意富贵呢？而偏偏在追求富贵中有人要私自独占。古时设置集市，是为了让人们用自己所有交换自己所无，有职责的官吏仅去管理它。后来，有一个低贱的男子待在那里，一定要找一个高地登上去，以便左右张望，从而把集市交易的好处一网打尽。人人都认为这样做太低贱，所以官府就征他的税。征收商人的税就是从这类低贱男子开始的。"

【一得】

不恋厚禄，不为利诱，唯义是从，方能去就自由。孟子因齐宣王伐燕不仁不义，劝阻不听而离去，岂能为万钟粟米而逗留？然而，宣王想留下孟子，养在都城，让各级官吏和百姓有个效法的榜样，其用心还有可取之处。

【疑难】

◎万钟

赵《注》未注。

朱《注》："万钟，谷禄之数也。钟，量名。受六斛四斗。"

杨《注》："万钟——根据《左传》昭公三年晏婴'齐旧四量：豆、区、釜、钟，四升为豆，各自其四以登于釜，釜十则钟'的话，则区为一斗四升，釜为六斗四升，钟为六石四斗。万钟则为六万四千石。但古代一升，仅合今日 0.1937 升，则六万四千石犹不足今日之一万三千石。"

朱《注》1 钟为"六斛四斗"，杨《注》1 钟为"六石四斗"，是一个意思。斛（hú 胡）、石（dàn 旦，古读 shí 实），都是古代的容量单位。《说文》："斛，十斗也。"《汉书·律历志上》："十升为斗。"《汉书·食货志上》："治田百亩，岁收亩一石半。"古代一石、一斛都是十斗（南宋末年改为五斗一斛，两斛为一石）。一斗都是十升。

朱、杨《注》的根据应当是，《左传·昭公三年》晏婴说过："齐旧四量：豆、区、釜、钟。四升为豆，各自其四，以登于釜。釜十则钟。"按此说，4 升为 1 豆，4 豆为 1 区，4 区为 1 釜，10 釜为 1 钟。如果以升为基本单位，即 1 豆为 4 升，1 区为 16 升，1 釜为 64 升，1 钟为 640 升。朱《注》按 10 升为 1 斗、10 斗为 1 斛（石）的换算公式，将齐量的 640 升，换算为"六斛（石）四斗"。

殊不知，齐量之"升"，不同于朱、杨《注》之"升"。

齐量之"豆"，也不同于朱、杨《注》之"斗"。齐量"四升为豆"，朱、杨《注》"十升为斗"。不同的基数，不同的进制，不能相互换算。故齐量的 1 钟为 640 升，不能换算为"六斛（石）四斗"。

杨《注》"但古代一升，仅合今日 0.1937 升"，这个"古代"，是哪个朝代？是春秋、战国？还是秦、汉？或是唐、宋？没有具体的年代，也不能作为换算的依据。何况秦以前度量衡并不统一。

破解这一难题的关键在于，找到齐量之升与今量之升的容量差异。否则，只能存疑。

值得庆幸的是，清咸丰七年（1857），在古齐地山东胶县（今胶州市）灵山卫古城出土了齐量三器。其中子禾子釜、陈纯釜都是战国早期齐国在左关安陵地区（即灵山卫一带）征收赋税的专用标准量器范具。

子禾子釜、陈纯釜均为铜铸。罐形。直口大腹，溜肩平底。腹部有一对把手。子禾子釜高 38.5 厘米，口径 22.3 厘米，底径 19 厘米。实测容量为今 20.46 升。肩下部有铭文 10 行，可识者近 90 字。内容是告诫官吏使用标准量器，不得犯戒舞弊。现藏中国历史博物馆。陈纯釜高 39 厘米，口径 23 厘米，底径 18 厘米。实测容积为今 20.58 升。腹外壁铸铭文 7 行 34 字，记载陈侯制造此量器，并对其使用进行详细规定之事。现藏上海博物馆。

据此，再参照《左传·昭公三年》晏婴所言："齐旧四量：豆、区、釜、钟。四升为豆，各自其四，以登于釜。釜十则钟。"依子禾子釜容量 20.46 升推算，齐 1 升约等于今 0.320 升；齐 1 钟，即 10 釜，等于今 204.6 升，即 2.046 石；万钟为 20460 石。依陈纯釜容量 20.58 升推算，齐 1 升约等于今 0.322 升；1 钟，

即 10 釜，为今 205.8 升，即 2.058 石；万钟为 20580 石。

如果将容量换算为重量，今 1 升谷子约 0.8 公斤，若依子禾子釜容量 20.46 升计算，即为约 16.4 公斤。10 釜 1 钟，1 钟即为约 164 公斤，万钟即为约 1640000 公斤。

第十六章　先名实者

6.16　淳于髡曰①："先名实者②，为人也；后名实者，自为也。夫子在三卿之中③，名实未加于上下而去之，仁者固如此乎？"

孟子曰："居下位，不以贤事不肖者，伯夷也④；五就汤，五就桀者，伊尹也⑤；不恶污君，不辞小官者，柳下惠也⑥。三子者不同道，其趋一也。一者何也？曰，仁也。君子亦仁而已矣，何必同？"

曰："鲁缪公之时⑦，公仪子为政⑧，子柳、子思为臣⑨，鲁之削也滋甚⑩；若是乎，贤者之无益于国也！"

曰："虞不用百里奚而亡⑪，秦穆公用之而霸⑫。不用贤则亡，削何可得钦？"

曰："昔者王豹处于淇⑬，而河西善讴⑭；绵驹处于高唐⑮，而齐右善歌⑯；华周、杞梁之妻善哭其夫而变国俗⑰。有诸内，必形诸外⑱。为其事而无其功者，髡未尝睹之也。是故无贤者也；有则髡必识之。"

曰："孔子为鲁司寇[19]，不用，从而祭，燔肉不至[20]，不税冕而行[21]。不知者以为为肉也，其知者以为为无礼也。乃孔子则欲以微罪行，不欲为苟去。君子之所为，众人固不识也。"

（《告子下》12.6）

【注释】

① 淳于髡：见《知言 养气》5.10 ①。　② 名实：循名求实。让名转化为之所以成其名的事实，达到名副其实，名至实归。名，是名声、名誉、官位；实，是事物、行为、功劳、业绩等，是名的实际内容。此处之名，是指名位；实，是指业绩，用如动词，即做出业绩，让名位与业绩统一起来。　③ 三卿：齐王直属的高级官员。西周至战国，各诸侯国均置。依职位有司徒、司马、司空等，分掌军政大权；依爵秩分为上、亚、下三级。战国时齐国如何设置，待考。孟子在齐未任实职，只做议事的客卿，此处应是指他的爵秩。　④ 伯夷：见《知言 养气》5.1 $\textcircled{\scriptsize 56}_1$。　⑤ 伊尹：见《知言 养气》5.1 $\textcircled{\scriptsize 56}_2$。⑥ 柳下惠：即"展禽"。春秋时鲁国大夫。展氏，名获，字禽。食邑柳下，谥惠，故称柳下惠。任士师（掌刑狱的官）时，三次被黜。与伯夷并称夷惠。　⑦ 鲁缪公：战国初期偏晚鲁国国君。名显。鲁元公之子，鲁国第29任国君，公元前410—前377年在位。他废除世卿世禄制度，注重礼贤下士，广纳人才，开创了设置"博士"以优待儒生的先例。使鲁国一度出现安定局面。　⑧ 公仪子：即公仪休。《史记·循吏列传》云："公仪休者，鲁博士也。以高弟为鲁相。奉法循理，无所变更，百官自正。使食禄者不得与下民争利，受大者不得取小。"⑨ 子柳：即"泄柳"。见《行止》6.6 $②_1$。　子思（前

483—前402）：战国初思想家。姓孔，名伋，字子思。孔子之孙。相传受业于曾子。生平不可详考。据《孟子》记载，曾居于卫，与卫君同御齐寇。曾在鲁为臣，被鲁缪公尊为贤者，欲与交友。在费被费惠公尊为师。《汉书·艺文志》著录《子思子》23篇，已佚。现存《礼记》中的《中庸》《表记》《坊记》等，相传是他的著作。司马迁在《史记·孟子荀卿列传》中说，孟子受业于子思之门人。后人称子思与孟子为思孟学派。元文宗至顺元年（1330）被追封为沂国述圣公。孟子故里邹城有子思子作《中庸》处遗址，有重建于元代的子思书院、子思祠。

⑩削：削弱，减少。　滋甚：更加严重。滋，更加。　⑪虞：古国名。周武王时建立的诸侯国。姬姓。开国君主为周古公亶父（太王）之子虞仲（仲雍）。春秋时，晋国假道于虞以灭虢（guó国），军还又将虞灭掉。其地在今山西平陆北。　百里奚："奚"亦作"傒"。春秋时秦穆公之贤相。原为虞大夫，虞亡时被晋俘获，作为晋献公女陪嫁之臣入秦。后逃至宛，被楚人所执。秦穆公闻其贤，用五张牡黑羊皮赎回，用为大夫，世称"五羖（gǔ古）大夫"。与蹇（jiǎn俭）叔、由余等共同辅佐穆公建立霸业。　⑫秦穆公（？—前621）：春秋时秦国君。嬴姓，名任好。德公之子，宣公、成公之弟。公元前659—前621年在位。任用百里奚、蹇叔、由余等为谋臣，击败晋国，俘晋惠公，灭梁、芮（ruì锐）两国。后又伐西戎，灭国十二，拓地千里，为春秋五霸之一。　⑬王豹：赵岐《注》："王豹，卫之善讴者。"　淇（qí旗）：淇水之滨。淇，即淇水。在今河南北部，古为黄河支流，源出淇山，南流至卫辉东北淇门村南入黄河。　⑭河西：古地名。亦称"河右"。春秋战国时，指今山西、陕西二省间黄河南段之西。此处指淇水附近黄河之西的卫国境内。　⑮绵驹：赵《注》："绵驹，善歌者也。"　高

唐：地名。春秋齐邑。《左传·昭公十年》："穆孟姬为之请高唐，陈氏始大。"故城在今山东禹城西南。　⑯齐右：指齐国西部。亦高唐所处之地。　⑰华周、杞梁之妻：赵《注》："华周，华旋也；杞梁，杞殖也。二人，齐大夫，死于戎事者，其妻哭之哀，城为之崩。"据《左传·襄公二十三年》记载，华周、杞梁死于齐袭莒之战。"城为之崩"，本《列女传》《说苑》所记。　⑱有诸内，必形诸外：凡具备于自身的，必然外部有形迹可见。此"内"，是指"贤能"，与"名"相近；此"外"，是指"功业"，与"实"相近。　⑲司寇：官名。主管刑狱。　⑳燔（fán 凡）肉：古代祭祀时用的炙肉。㉑税（tuō 脱）冕：脱掉祭祀时戴的帽子，税，通"脱"。

【译文】

淳于髡说："急于将名位与功业统一起来，是为了惠及他人；缓于将名位与功业统一起来，是为了自我完善。先生您身居三卿高位之中，名位和功业的统一还没有施加于君王与百姓就辞职离去，仁者本来就是这样的吗？"

孟子说："身居下位，不以贤者的身份去侍奉不肖的人，这是伯夷；五次做汤的臣属，五次做桀的臣属，这是伊尹；不厌恶昏浊的君主，不拒绝卑微的官职，这是柳下惠。这三个人做法不一样，但趋向是一致的。这个一致是什么呢？那就是仁。君子能追求仁就足够了，做法何必要相同呢？"

淳于髡说："在鲁缪公的时候，公仪子执掌国政，子柳、子思为臣属，鲁国的削弱却更加严重。像这样，贤者对于国家并没有什么帮助！"

孟子说："虞国不用百里奚而导致灭亡，秦穆公用了他而称霸诸侯。不用贤者就灭亡，削弱怎么能来得及呢？"

淳于髡说："过去王豹居住在淇水之滨，而河西的人都喜好讴歌；绵驹居住在高唐，而齐国西部的人都喜好歌唱；华周、杞梁的妻子痛哭她们的丈夫悲哀至极，从而改变了国家的习俗。凡具备于自身的，必然外部有形迹可见。做了某件事情，却没有成效的，我淳于髡未曾见过。所以没有贤者啊；如果有，我淳于髡一定能识别出来。"

孟子说："孔子做鲁国的司寇，不被信任，跟随公室去参加祭祀，分赐的祭肉没有送到，不脱掉祭祀时戴的帽子就匆匆离去。不知道的认为他是因为没有得到祭肉；那些知道的认为他是因为不合礼仪。而孔子则是宁愿背负点小的过错而出走，而不想随便离去。君子的所作所为，多数人本来就不能理解啊！"

【一得】

仁者，并非不想建功立业，做到名副其实，但要等到得志之时。时机不到，形势不许，只能独善其身。若急功近利，不仅达不到目的，而且将失去本心。仁，是其不论在什么条件下的唯一追求。安定天下，是其最高功业。不论兼善天下，还是独善其身，都是仁者的名实统一。

【疑难】

◎名实

赵《注》："名者，有道德之名也。实者，治国惠民之功实也。"

朱《注》："名，声誉也。实，事功也。言以名实为先而为之者，是有志于救民也；以名实为后而不为者，是欲独善其身者也。"

杨《注》引朱《注》。《译文》："重视名誉功业是为着济世救民，轻视名誉功业是为着独善其身。"

名实，是春秋战国时期的一个常用词。它既是一个政治术语，又是一个哲学概念。《管子·九守》："名实当则治，不当则乱。"孔子提出"正名"（《论语·子路》），墨子提出"非以其名也，以其取也"（《墨子·贵义》），主张取"实"予"名"。后期墨家主张"以名举实"（《墨经·小取》）。《庄子·逍遥游》："名者，实之宾也。"公孙龙著有《名实论》，提出"夫名，实谓也"。荀子提出"制名以指实""名闻而实喻"（《荀子·正名》），邓析、韩非等则要求"循名而责实"（《韩非子·定法》）。

淳于髡所说的"名实"，主要涉及道德、政治议题，也含哲理在内。意思是，让名转化为之所以成其名的实，求得名与实的统一。即循名而求实，名副其实，名至实归。他是借此批评孟子名实不符，即空有"仁者""贤者"之名，特别是空有"三卿之中"的高位，而没有做出任何政绩，就辞职离去。

从孟子的回答中，也可以看出"名实"所指。"居下位，不以贤事不肖者"的伯夷，是有贤者之"名"，而不去求功业之"实"。"五就汤，五就桀"的伊尹，是多次为汤为桀所用，并非每次都去求功业之"实"。柳下惠"不恶污君，不辞小官"，是急于将贤者之"名"化为功业之"实"。他们都是有"名"在先，而求"实"态度与途径不同。淳于髡所言之"实"是"功业"；孟子所言之"实"是"仁道"。名与实之间都存在一个对立统一的辩证关系。

赵《注》、朱《注》，将名、实分而释之，只讲了名、实的统一性，并将其并列，而没有讲名、实之间的对立性，特别是它们之间相互转化依存的关系，故没有解释出全部含义，以

至出现了误注、误解。杨《译文》承袭了朱《注》的说法，并把"先"译为"重视"，"后"译为"轻视"。"重视名誉功业是为着济世救民，轻视名誉功业是为着独善其身"，此言既不能成立，也不合原文本义。重视名誉功业，不见得是为着济世救民；轻视名誉功业，也不见得是为着独善其身。名誉、功业在这里不是并列关系，而是对立统一关系。如果把此句今译为"急于将名位与功业统一起来，是为了惠及他人；缓于将名位与功业统一起来，是为了自我完善"，是否更符合本义呢？其实，"先""后"不译亦可。若今译为，"先将名位与功业统一起来，是为了惠及他人；后将名位与功业统一起来，是为了自我完善"，也能顺畅易懂而不失本义。

第十七章　孟子去齐，宿于昼

6.17　孟子去齐，宿于昼①。有欲为王留行者，坐而言②。不应，隐几而卧③。

客不悦曰："弟子齐宿而后敢言④，夫子卧而不听，请勿复敢见矣。"

曰："坐！我明语子。昔者鲁缪公无人乎子思之侧⑤，则不能安子思；泄柳、申详无人乎缪公之侧⑥，则不能安其身。子为长者虑，而不及子思；子绝长者乎⑦？长者绝子乎？"（《公孙丑下》4.11）

【注释】

①昼：赵《注》："昼，齐西南近邑也。"即齐都临淄西南附近的县邑。孟子离齐返邹所经之地。　②坐：古人席地而坐，双膝跪地，把臀部靠在脚后跟上。耸身为跪。跪可言坐，坐不可言跪。　③隐（yìn 印）几：倚着几案。隐，倚；靠着。几，几案。　④齐（zhāi 斋）宿：昨晚斋戒沐浴。表示恭敬诚恳。齐，通"斋"。宿，隔夜。　⑤鲁缪公：见《行止》6.16⑦。　子思：见《行止》6.16⑨₂。　⑥泄柳：见《行止》6.6②₁。　申详：孔子弟子子张之子。　⑦绝：绝交，断绝交情。也可理解为"不搭理"。

【译文】

孟子离开齐国，在昼邑歇宿。有一位想为齐王挽留孟子的，端坐在孟子面前劝说。孟子不理他，倚着几案躺卧在那里。

说客不高兴地说："学生昨晚斋戒沐浴，而后才敢来劝说您，先生躺卧在那里不听，这让我再也不敢拜见您了。"（说罢起身要走。）

孟子说："坐下！我明白地告诉你。过去鲁缪公如果没有派人在子思身边侍奉，就觉得不能让子思安心；泄柳、申详如果看到没有贤人在缪公身边辅佐，就不能安稳自己的身心。你为我这个长者考虑的，还不如缪公对待子思；是你与我这个长者绝交呢？还是我这个长者与你绝交呢？"

【一得】

规劝别人，一定要先明辨是非，找到症结所在，然后对症下药。切不可仅凭一腔热情，偏信一面之辞，乱开药方。

第十八章　尹士语人曰

6.18　孟子去齐。尹士语人曰①："不识王之不可以为汤武，则是不明也；识其不可，然且至，则是干泽也②。千里而见王，不遇故去，三宿而后出昼，是何濡滞也③？士则兹不悦。"

高子以告④。

曰："夫尹士恶知予哉？千里而见王，是予所欲也；不遇故去，岂予所欲哉？予不得已也。予三宿而出昼，于予心犹以为速。王庶几改之⑤；王如改诸，则必反予⑥。夫出昼，而王不予追也，予然后浩然有归志⑦。予虽然，岂舍王哉？王由足用为善；王如用予，则岂徒齐民安，天下之民举安。王庶几改之，予日望之。予岂若是小丈夫然哉？谏于其君而不受，则怒，悻悻然见于其面⑧，去则穷日之力而后宿哉？"

尹士闻之，曰："士诚小人也。"（《公孙丑下》4.12）

【注释】

①尹士：赵《注》："尹士，齐人也。"　②干（gān甘）泽：谋求恩泽。干，求取。泽，恩泽；富贵。　③濡（rú如）滞：迟缓，停留。此处意为缠绵拖沓。　④高子：孟子弟子。见《学问》1.23①。　⑤庶几：也许可以。表示希望或推测之词。　⑥反：回，归还。通"返"。　⑦浩然：

像江河一样一去不回。此处指坚定不移。　　⑧悻（xìng 幸）悻然：怨愤不平貌。　　见（xiàn 现）：同"现"。

【译文】

孟子离开齐国。尹士告诉别人说："不知道齐王不可以成为商汤王、周武王那样的圣君，那是不明智；知道他不可以，而又投奔他，那是谋求恩泽。千里迢迢来见齐王，不能相投而辞职，在昼邑住了三宿才离去，是多么缠绵拖沓啊！我对这种做法不欣赏。"

高子将这话转告给了孟子。

孟子说："那个尹士怎么能了解我呢？千里迢迢来见齐王，那是我的愿望；不能相投而离去，难道也是我的愿望吗？我是不得已啊！我住了三宿才离开昼邑，对于我的内心来说还是感到太快了。齐王也许还能改正错误；齐王如果能改正错误，就一定会把我接回去。离开昼邑，而齐王不去追赶，我然后才坚定了归还故乡的念头。我虽然这样做，难道是舍弃齐王吗？齐王具备足够的条件可以施行善政；齐王如果重用我，岂止能让齐国的百姓得到平安，天下的百姓都能得到平安。齐王也许还能改正错误，我每天都在盼望着。我怎么能像那些小人一样呢？劝谏他的君主而不被接受，就发怒，那怨愤不平的心情表现在脸上；离去时，一口气跑到天黑，直至精疲力尽才去投宿吗？"

尹士听说了这话，说："我真是个小人啊。"

【一得】

不论去、就，都要有原则，有底线。那就是看是否合乎仁义，而不应为名利所左右。

为人处事要做到仁至义尽，不可凭感情用事。要看长远，顾大局，抛开一己之私，要有舍己而安天下的胸怀。

第十九章　充虞路问曰

6.19　孟子去齐，充虞路问曰①："夫子若有不豫色然②。前日虞闻诸夫子曰：'君子不怨天，不尤人③。'"

曰："彼一时，此一时也。五百年必有王者兴，其间必有名世者④。由周而来，七百有余岁矣。以其数，则过矣；以其时考之，则可矣。夫天未欲平治天下也；如欲平治天下，当今之世，舍我其谁也？吾何为不豫哉？"（《公孙丑下》4.13）

【注释】

① 充虞：孟子弟子。见《仁义 孝悌》3.19④。　② 豫：安乐；愉悦。　③ 尤：责怪；归咎。　④ 名世：闻名于当世。

【译文】

孟子离开齐国。充虞在途中问道："老师您的神色好像有不愉悦的样子。前些天我听老师您说过：'君子不抱怨上天，不责怪别人。'"

孟子说："那时是一个时势，如今又是一个时势。每隔五百年一定会有圣王出现，这中间一定会产生闻名当世的贤者。自周朝建立以来，已经七百多年了。按经历的年数，已经超过了；

按当今的时势来分析，是应该产生圣贤的时代了。上天还没有想平定治理天下；如果想平定治理天下，当今之世，除了我还会有谁呢？我为什么不愉悦呢？"

【一得】

　　天下大势，盛久必衰，衰久必盛。盛衰交替，是自然规律。虽然不以人的意志为转移，但都是人所推动。时势不到，不可强求；大势所趋，不可阻挡。大丈夫以天下为己任，当社会大动荡，大变革，生灵涂炭，民不聊生之际，挺身而出，勇于担当；不避生死，不计毁誉；惩恶扶善，去弊兴利，救民于水火。"当今之世，舍我其谁也？"是其发自内心惊天动地的呼喊。

第二十章　居休

　　6.20　孟子去齐，居休[①]。公孙丑问曰："仕而不受禄，古之道乎？"

　　曰："非也。于崇[②]，吾得见王，退而有去志，不欲变，故不受也。继而有师命[③]，不可以请。久于齐，非我志也。"（《公孙丑下》4.14）

【注释】

　　①休：孟子离齐后曾经居住过的地方。具体方位待考。
②崇：齐国地名。　　③师命：出兵打仗的命令。师，兴师，

出动军队发动战争。齐宣王六年（前314），齐伐燕，齐宣王对孟子有"或谓寡人勿取，或谓寡人取之。……取之，何如""诸侯多谋伐寡人者，何以待之"等问。

【译文】

孟子离开齐国，居住在叫休的地方。公孙丑问道："做官而不接受俸禄，这是古时候的规矩吗？"

孟子说："不是。在崇地，我有机会见到齐王，退下之后就产生了离开齐国的念头，并且不想再改变，所以不再接受俸禄。接着齐王发布了出兵伐燕的命令，这时不宜提出辞呈。长时间留在齐国，不是我的意愿。"

【一得】

在官位，为君主做事，就接受俸禄；不在官位，或不准备继续做官，也不打算再为君主做事，就不接受俸禄。这是准则。当君主刚作出有关国家的重大决定时，个人的意愿应当避让君主的决定。这是权变。

第二十一章　鲁欲使乐正子为政

6.21　鲁欲使乐正子为政①。孟子曰："吾闻之，喜而不寐②。"

公孙丑曰："乐正子强乎？"

曰："否。"

"有知虑乎？"

曰："否。"

"多闻识乎？"

曰："否。"

"然则奚为喜而不寐？"

曰："其为人也好善。"

"好善足乎？"

曰："好善优于天下，而况鲁国乎？夫苟好善，则四海之内皆将轻千里而来告之以善③；夫苟不好善，则人将曰：'訑訑④！予既已知之矣。'訑訑之声音颜色，距人于千里之外⑤。士止于千里之外，则谗谄面谀之人至矣⑥。与谗谄面谀之人居，国欲治，可得乎？"（《告子下》12.13）

【注释】

①鲁：见《学问》1.20⑥。　　乐正子：即乐正克。见《性善》2.12②。　　②寐（mèi 妹）：睡眠。　　③轻：易，轻易。　　④訑（yí 仪）訑：傲慢自满的样子。　　⑤距：通"拒"。　　⑥谗谄面谀（yú 鱼）：背后说人坏话，当面阿谀奉承。谗，说别人坏话。谄，献媚。谀，用溢美之词奉承人。

【译文】

鲁国打算让乐正子治理国政。孟子说："我听说了这件事，高兴得睡不着觉。"

公孙丑问道："乐正子强毅有力吗？"

孟子答道："不。"

"有深谋远虑吗？"

答："不。"

"见多识广吗？"

答："不。"

"那么为什么高兴得睡不着觉呢？"

答："他的为人喜好善。"

"喜好善就足够了吗？"

答："喜好善可以得到天下人的拥戴，而何况鲁国呢？如果喜好善，那么四海之内的人都会不远千里来告诉他善；如果不喜好善，那么人们会学他说：'咦咦！我什么事情都已经知道了。'那轻慢自满的声音颜色，将拒人于千里之外。士人止步于千里之外，那么背后说人坏话、当面阿谀奉承的人就来了。与背后说人坏话、当面阿谀奉承的人在一起，要想把国家治理好，能做到吗？"

【一得】

孟子否认乐正子"强""有知虑""多闻识"，只是铺垫。他是要以此强调"好善"对为政的重要性。"强""有知虑""多闻识"，仅是一己之力、之智，而"好善"可以海纳百川，集中天下智慧、力量来治理好国家。

第二十二章　鲁平公将出

6.22　鲁平公将出^①，嬖人臧仓者请曰^②："他日君出，

则必命有司所之^③。今乘舆已驾矣^④，有司未知所之，敢请。”

公曰：“将见孟子。”

曰：“何哉？君所为轻身以先于匹夫者^⑤。以为贤乎？礼义由贤者出；而孟子之后丧逾前丧^⑥。君无见焉！”

公曰：“诺。”

乐正子入见，曰：“君奚为不见孟轲也？”

曰：“或告寡人曰：‘孟子之后丧逾前丧’，是以不往见也。”

曰：“何哉，君所谓逾者？前以士，后以大夫；前以三鼎^⑦，而后以五鼎与？”

曰：“否；谓棺椁衣衾之美也^⑧。”

曰：“非所谓逾也，贫富不同也。”

乐正子见孟子，曰：“克告于君，君为来见也。嬖人有臧仓者沮君^⑨，君是以不果来也^⑩。”

曰：“行，或使之；止，或尼之^⑪。行止，非人所能也。吾之不遇鲁侯，天也。臧氏之子焉能使予不遇哉？”（《梁惠王下》2.16）

【注释】

①鲁平公：鲁国国君。景公之子。名叔，一说名“旅”。平是他的谥号。约公元前322年至公元前303年在位。②嬖（bì 避）人：受宠幸的人。嬖，宠幸。 臧（zāng 赃）仓：鲁平公宠幸的小臣。臧，姓。春秋鲁孝公之子彄（kōu 抠）食邑于臧，因以为氏。仓，名。 ③有司：见《仁义 孝悌》3.20⑬。 ④乘（shèng 圣）舆：天子、诸侯乘坐的车。贾谊《新

书·等齐》：“天子车曰乘舆，诸侯车曰乘舆，乘舆等也。”
⑤轻身：轻卑自身，不重视自己的身份。　⑥后丧逾前丧：
后丧办理的规模超过了前丧。后丧，母丧；前丧，父丧。
⑦三鼎：用三鼎之礼祭祀。鼎，古代的一种烹饪器，最早用陶
制，商周时多用青铜制。圆形，三足两耳。此处用作礼器，盛
放祭品。古代祭祀之礼因人的等级而异，士用三鼎，大夫用五
鼎。《公羊传·桓公二年》：“宋始以不义取之，故谓之郜（gào
告）鼎。”何休注：“礼祭，天子九鼎，诸侯七，卿大夫五，
元士三也。”《仪礼·士昏礼》：“陈三鼎于寝门外。”郑玄注：
“鼎三者，升豚（tún 音屯，小猪或猪）、鱼、腊（xī 西，干肉）
也。”　⑧棺椁（guǒ 果）衣衾（qīn 侵）：古代棺木有两重，
内曰棺，外曰椁。衾，覆盖尸体的单被。衣衾，入殓时所用的
衣服被褥。　⑨沮（jǔ 举）：阻止，终止。《墨子·尚同中》：
“赏誉不足以劝善，而刑罚不足以沮暴。”　⑩果：成为事
实。事与预期相合。　⑪尼（nì 逆）：阻止，止息。

【译文】

　　鲁平公准备外出，宠臣臧仓请示说：“往日国君外出，一
定告诉管事的人到哪里去。今天乘舆已经驾好了，管事的人还
不知道到哪里去，所以大胆地请示一下。”

　　平公说：“准备去见孟子。”

　　臧仓说：“为什么呢？国君不重视自己的身份而主动去拜
访一个平民。是因为他有贤德吗？礼义都是由有贤德的人表现
出来；而孟子后办的母丧规模超过了先办的父丧。君别去
见他！”

　　平公说：“好吧。”

　　乐子入朝见平公，问道：“君为什么不去见孟轲了呢？”

平公说："有人告诉寡人说，'孟子后办的母丧规模超过了先办的父丧'，因此就不去见他了。"

乐正子说："君所说的超过，是指什么呢？是前丧用士礼，后丧用大夫礼；前丧用三鼎祭祀，后丧用五鼎祭祀吗？"

平公说："不是；是棺椁衣衾的精美。"

乐正子说："这不能叫超过，是前后贫富不同罢了。"

乐正子去见孟子，说："我向国君推荐了您，国君准备来见您。受宠幸的小臣有个叫臧仓的阻止了国君，国君因此没有如愿而来。"

孟子说："行，总有某种力量在促使他；止，总有某种力量在阻挠他。行止，不是哪一个人所能决定的。我不能和鲁侯相见，是天意啊！臧氏的小子，怎么能让我不与鲁侯相见呢？"

【一得】

救世济民，是儒家的不懈追求。孟子不放过任何实现这一目标的机会。不遇鲁侯，他不归因于嬖人臧仓的从中作梗，而说是天意。孟子所说的"天"，不是"老天爷"，而是"或使之""或尼之"的那种人力不可企及的客观力量，或已经形成的大势。如鲁平公的平庸、没有主见；鲁国的衰微；还有秦、齐、楚、魏、韩、赵、燕等七雄的割据称王等，这些都是"天"的组成部分。

第七篇

取　舍

第一章　鱼，我所欲也

7.1　孟子曰："鱼，我所欲也，熊掌，亦我所欲也；二者不可得兼，舍鱼而取熊掌者也。生，亦我所欲也，义，亦我所欲也；二者不可得兼，舍生而取义者也。生亦我所欲，所欲有甚于生者，故不为苟得也；死亦我所恶，所恶有甚于死者，故患有所不辟也[①]。如使人之所欲莫甚于生，则凡可以得生者，何不用也？使人之所恶莫甚于死者，则凡可以辟患者，何不为也？由是则生而有不用也，由是则可以辟患而有不为也。是故所欲有甚于生者，所恶有甚于死者。非独贤者有是心也，人皆有之，贤者能勿丧耳。

"一箪食，一豆羹，得之则生，弗得则死，嘑尔而与之[2]，行道之人弗受；蹴尔而与之[3]，乞人不屑也。万钟则不辩礼义而受之[4]，万钟于我何加焉？为宫室之美、妻妾之奉、所识穷乏者得我与？乡为身死而不受[5]，今为宫室之美为之；乡为身死而不受，今为妻妾之奉为之；乡为身死而不受，今为所识穷乏者得我而为之，是亦不可以已乎？此之谓失其本心[6]。"（《告子上》11.10）

【注释】

①辟（bì 毕）：躲避。通"避"。《荀子·荣辱》："不辟死伤，不畏众强。"　②嘑（hù 户）尔：呵斥。　③蹴（cù 促）尔：踢着。　④万钟：见《行止》6.15③。　辩：辩明，辨别。通"辨"。《易·系辞上》："辩吉凶者存乎辞。"　⑤乡（xiàng 向）：过去，从前。　⑥本心：本然之心。原本固有的善端、良心。

【译文】

孟子说："鱼，是我想要的，熊掌，也是我想要的；二者不能同时得到，那就舍弃鱼而取得熊掌。生，也是我想要的，义，也是我想要的；二者不能同时得到，那就舍弃生而取得义。生也是我想要的，但所想要的还有超过生的，所以不做苟且偷生的事。死也是我厌恶的，但所厌恶的还有超过死的，所以有的祸患不去躲避。如果人所想要的没有超过生的，那么凡是可以得到生的方法，还有什么不能用的？如果人所厌恶的没有超过死的，那么凡是可以躲避祸患的行为，还有什么不能做的？通过某种方法就可以得到生，而有的人却不去用；通过某种行为就可以躲避祸患，而有的人却不去做。所以，人所想要的还有超过生的，人所厌恶的还有超过死的。不是唯独有贤德的人才有这种心，而是人人都有它，只不过有贤德的人能不丧失它罢了。

"一筐饭，一盘汤，得到就能生，得不到就会死，呵斥着去给他，路上行走的人都不会接受；用脚踢着去给他，乞丐连看也不看。万钟粟米就不辨别是否合乎礼义而接受了它，那么万钟粟米对我又有什么增益呢？难道是为了宫室的华美、妻妾的侍奉、所结识的穷困人能得到我的周济吗？过去情愿死了也不接受，如今为了宫室的华美而接受；过去情愿死了也不接受，如今为了妻妾的侍奉而接受；过去情愿死了也不接受，如今为了所结识的穷困人能得到我的周济而接受，这些难道也是不可以拒绝的吗？这叫作丧失了自己的本心。"

【一得】

义，比生命还值得珍惜；不义，比死亡还值得厌恶。人以义为荣，以不义为耻。

以一己之命，换取他人之命、多人之命，乃至众人之命；以一己之力，解除他人之难、多人之难，乃至众人之难，这就是义，这值得荣耀。以一己之私，害了他人性命、多人性命，乃至众人性命；以一己之欲，造成他人之危、多人之危，乃至众人之危，这就是不义，这应当羞耻。义与不义，一字之差，一念之间，一舍己利人，一损人利己。一善一不善，人类的集体记忆选择了义，摒弃了不义。试想，世上若无舍生取义者，国何在？家何在？人何在？

当然，人不可能每天都面临生死考验，而更多的是不期而遇的取舍行止。或为或不为，或取或不取，或与或不与，义无不蕴含其中。损益不论大小多少，舍己利人则义，损人利己则不义。义，不可因小而不为，不可因少而不聚。小不为何以为大？少不聚何以集多？我们不妨向大、向多追求，从小、从少做起。

义，人人可取。它源于人的恻隐之心、羞恶之心，源于人可以为善的本性。取，是扩充了自己的本心；不取，是舍弃了自己的本心。

第二章　说大人则藐之

7.2　孟子曰："说大人则藐之^①，勿视其魏魏然^②。堂高数仞^③，榱题数尺^④，我得志，弗为也；食前方丈，侍妾数百人，我得志，弗为也；般乐饮酒^⑤，驱骋田猎，后车千乘，我得志，弗为也。在彼者，皆我所不为也；在我者，皆古之制也，吾何畏彼哉？"（《尽心下》14.34）

【注释】

①说（shuì 税）：劝说别人服从自己的意见。　　大人：在上位的权贵。此处应指诸侯国的王公。　　②魏（wēi 危，旧读 wéi 围）魏然：高高在上的样子。魏，通"巍"。高大。《庄子·知北游》："魏魏乎其终则复始也。"又《天下》："魏然而已矣。"阮元《孟子注疏·校勘记》云："'勿视其巍巍然'，闽、监、毛三本同。廖本、孔本、韩本巍作'魏'。《音义》出'魏魏'，丁云：'当作巍。'是经文本作'魏'，作'巍'

非也。"　　　③仞（rèn 刃）：古代长度单位。周代八尺为一仞。　　　④榱（cuī 摧）题：屋檐伸出的部分。亦称"出檐"。　　　⑤般乐（pán lè 盘勒）：作乐不止，享乐无度。般，本义为盘旋、旋转。此处引申为不止、无度。

【译文】

孟子说："劝谏在上位的权贵，要藐视他，不要把他高高在上的样子放在眼里。殿堂高耸数仞，檐头伸出数尺，我得志，不这样做；享用的美食一丈见方，侍奉的妻妾数以百计，我得志，不这样做；作乐不止，饮酒无度，跑马射猎，随车千辆，我得志，不这样做。在他那里的，都是我所不做的；在我这里的，都是古代的美德善政，我为什么要害怕他呢？"

【一得】

人要有自信。有了道德自信、信仰自信，才会有底气，才能从容地面对一切。

世俗的高贵，正是君子所卑贱；而君子的高贵，则权势者不可企及。道德与道义是至高无上的，是人人可比的。

孟子充满了自信，充满了底气，充满了浩然之气。面对时君，他居高临下，批评教训。梁惠王称："寡人愿安承教。"（《梁惠王上》）面对孟子的追问，齐宣王"王顾左右而言他"（《梁惠王下》）。这是对本章的最好诠释。

此等气度，在《论语》里看不到。

【疑难】

◎般乐

赵《注》："般，大也。大作乐而饮酒。"

朱《注》："般，音盘。乐，音洛。"

杨《注》在本章未注，在《公孙丑上》注曰："般乐怠敖——般（pán），般乐为同义复音词。《尔雅·释诂》：'般，乐也。'《诗·般》郑《笺》：'般，乐也。'"

般，赵《注》为"大"，杨《注》为"乐"，朱《注》绕了过去。这说明，对此字解释有争议有难度。赵《注》、杨《注》虽接近本义，但离本义都有一定的距离。

《说文》："般，辟也。象舟之旋。从舟从殳（shū 书，竹木制长杖）。殳，令舟旋者也。"这是说，般即"辟"。辟，是盘旋进退，古人行礼时的动作姿态。般的本义，是用殳拨船，让船旋转，是船旋转的样子。由旋转，可引申出"不止"；由不止可引申出"无度"。故"般乐"含纵欲而无节制之意，应解为作乐不止，享乐无度。

第三章　后车数十乘

7.3　彭更问曰①："后车数十乘②，从者数百人，以传食于诸侯③，不以泰乎④？"

孟子曰："非其道，则一箪食不可受于人⑤；如其道，则舜受尧之天下，不以为泰。子以为泰乎？"

曰："否；士无事而食，不可也。"

曰："子不通功易事⑥，以羡补不足⑦，则农有余粟，女有余布；子如通之，则梓匠轮舆皆得食于子⑧。于此有人焉，入则孝，出则悌，守先王之道，以待后之学者^⑨，而不得食于子；子何尊梓匠轮舆而轻为仁义者哉？"

曰："梓匠轮舆，其志将以求食也^⑩；君子之为道也，其志亦将以求食与？"

曰："子何以其志为哉？其有功于子^⑪，可食而食之矣^⑫。且子食志乎？食功乎？"

曰："食志。"

曰："有人于此，毁瓦画墁^⑬，其志将以求食也，则子食之乎？"

曰："否。"

曰："然则子非食志也，食功也。"（《滕文公下》6.4）

【注释】

①彭更：生卒与里籍不详。孟子弟子。曾随孟子周游列国。与孟子答问仅见本章。北宋政和五年（1115），诏定其封爵为"雷泽伯"，从祀孟庙。位设西庑。清乾隆二十一年（1756）诏改称"先儒彭氏"。　②乘（shèng剩）：古时一车四马为一乘。　③传（chuán船）食：辗转受人供养。　④泰：过分。　⑤箪（dān丹）：盛饭用的竹器。　⑥通功易事：谓人与人之间相互交换劳动成果。通、易都指交换；功、事都指劳动成果。　⑦羡（xiàn现）：盈余。　⑧梓匠轮舆：分工不同的木工。《周礼·考工记》："攻木之工，轮、舆、弓、庐、匠、车、梓。"梓人，专造乐器悬架、饮器等；匠人，主营宫室、城郭等；轮人，专造车轮等；舆人，专造车身、车箱等。　⑨待：期待；传承。　⑩志：意向，目的。

⑪功：功劳，绩效。　　⑫食（sì 寺）：提供食物给别人吃。《诗·小雅·绵蛮》："饮之食之，教之诲之。"《史记·淮阴侯列传》："汉王遇我甚厚，载我以其车，衣我以其衣，食我以其食。"　　⑬毁瓦画墁（màn 曼）：毁坏房屋上的瓦，在粉饰好的墙上乱涂乱画。墁，粉饰过的墙壁。

【译文】

彭更问道："跟行的车辆有几十乘，随从的弟子有几百人，辗转接受各诸侯的供养，这样不认为过分吗？"

孟子说："违背道义，就是一筐饭也不能接受别人的；合乎道义，就是舜接受尧禅让的天下，也不为过分。你难道认为过分吗？"

彭更说："不是这个意思。我是说，士人不做事情而吃别人的，不可以啊！"

孟子说："你如果不相互交换劳动成果，用盈余补充欠缺，那么种田的农民就会有多余的粮食，织布的女工就会有多余的布匹；你如果相互交换，那么梓人、匠人、轮人、舆人都能从你那里得到食物。这里有个人，居家就孝顺父母，在外就尊从长上，坚守先王的大道，以此期待后来的学者，然而却不能从你那里得到食物，你为什么看重梓人、匠人、轮人、舆人，而轻视传承仁义的人呢？"

彭更说："梓人、匠人、轮人、舆人，他们的意向是为了求得饮食；君子奉行大道，他们的意向也是为了以此求得饮食吗？"

孟子说："你为什么单说他们的意向呢？他们对你有功绩，应当供给饮食而供给饮食啊。况且，你是因为意向供给饮食，还是因为功绩供给饮食呢？"

彭更说："因为意向供给饮食。"

孟子说："有一个人在这里，毁坏屋上的瓦，在粉饰好的墙上乱涂乱画，他的意向是为了求得饮食，那么你供给他饮食吗？"

彭更说："不能。"

孟子说："那么你就不是因为意向而供给饮食了，而是因为功绩而供给饮食了。"

【一得】

不合乎情理，别人的东西一口也不能吃；合乎情理，别人给什么东西都可以接受。取舍予夺的唯一准则，就是是否合乎道义。

高尚的道德，优良的传统，通行的道义，由人类共同创造，并一代一代坚守，一代一代传承。这些精神财富的创造者、坚守者、传承者，是先知先觉的人，他们的贡献并不低于能工巧匠，故理应享有尊严，理应受到敬重，理应得到饭吃。他们的社会地位与物质待遇如何，是衡量社会文明进步程度的一个重要标志。

【疑难】

◎食

本章"食"字16见。含义不同，读音也不同。其含义有三，读音有二。

"传食""士无事而食""其志将以求食也""其志亦将以求食与""毁瓦画墁，其志将以求食也"之"食"，含义为吃，即自己吃。读音为 shí（十）。

"一箪食""则梓匠轮舆皆得食于子""以待后之学者，

而不得食于子"之"食"，含义为食物。读音也为 shí（十）。

"可食而食之矣""且子食志乎？食功乎""食志""则子食之乎""然则子非食志也，食功也"之"食"，含义为提供食物给别人吃，读音为 sì（寺）。

第四章　焉有君子而可以货取乎

7.4　陈臻问曰[1]："前日于齐，王馈兼金一百而不受[2]；于宋[3]，馈七十镒而受[4]；于薛[5]，馈五十镒而受。前日之不受是，则今日之受非也；今日之受是，则前日之不受非也。夫子必居一于此矣。"

孟子曰："皆是也。当在宋也，予将有远行，行者必以赆[6]，辞曰：'馈赆。'予何为不受？当在薛也，予有戒心，辞曰：'闻戒，故为兵馈之[7]。'予何为不受？若于齐，则未有处也[8]。无处而馈之，是货之也[9]。焉有君子而可以货取乎？"（《公孙丑下》4.3）

【注释】

①陈臻：见《行止》6.14①。　②兼金：价值倍于寻常的精金。兼，加倍。古代金银铜通称为金。这里指银。　③宋：见《学问》1.19⑨。　④镒（yì 溢）：古代重量单位。赵《注》："古者以一镒为一金。镒，二十两也。"　⑤薛：古国名。任姓。祖先奚仲传为车的创造者，曾任夏代的车正。

周初分封为诸侯，封其后人于薛。《左传·隐公十一年》："十一年春，滕侯、薛侯来朝，争长。"战国时为齐所灭。齐封田婴、田文（孟尝君）于此，称为薛公。故地在今山东滕州东南约26公里。　　⑥赆（jìn 进）：主人在客人临别时赠送的路费或礼物。　　⑦兵：兵器。　　⑧处（chǔ 楚）：本为居住，安顿。此处引申为出处，根据，做某件事的正当理由。　　⑨货：用钱财收买，贿赂。使动用法。下一句之"货"，为钱财。

【译文】

陈臻问道："前些日子在齐国，齐王赠送给上等金一百镒，而不接受；在宋国，赠送给七十镒而接受；在薛，赠送给五十镒也接受。前些日子的不接受如果是正确的，那么近日的接受就是错误的了；如果近日的接受是正确的，那么前些日子的不接受就是错误的了，老师您一定在这二者之中占有其一。"

孟子说："都是正确的。在宋国的时候，我准备远行，按照礼仪，对远行者一定要赠送些路费，他们说：'赠送您些路费吧！'我为什么不接受呢？在薛的时候，途中有危险，我有警戒之心，他们说：'听说您需要戒备，所以为了购买点兵器赠送给您些费用吧！'我为什么不接受？至于在齐国的时候，则是没有什么正当理由。没有正当理由而赠送钱财，那是用钱财收买我。哪有君子而可以用钱财收买的呢？"

【一得】

人在困厄时，虽然急需金钱，但并不是谁的钱都可以要的。这时，最容易检验你的人品与智慧。有的人是真心帮助你，这可以接受；有的人是虚心假意，你千万不可当真；有的人趁机打劫，要用金钱收买你的人格，收买你的灵魂与生命，这就要倍加小心了。心中要想想：你的人格、灵魂、生命能值多少钱？是可以随便出卖的吗？

什么时候能不为金钱所动，那你就成为君子了。

第五章　季任为任处守

7.5　孟子居邹①，季任为任处守②，以币交③，受之而不报。处于平陆④，储子为相⑤，以币交，受之而不报。他日，由邹之任，见季子；由平陆之齐，不见储子。屋庐子喜曰⑥："连得间矣⑦。"问曰："夫子之任，见季子；之齐，不见储子，为其为相与？"

曰："非也。《书》曰：'享多仪，仪不及物曰不享，惟不役志于享⑧。'为其不成享也。"

屋庐子悦。或问之，屋庐子曰："季子不得之邹，储子得之平陆。"（《告子下》12.5）

【注释】

①邹：见《学问》1.1⑩邹君。　②季任：赵《注》："季任，任君季弟也。"　任：古国名。风姓，传为太昊后裔，位于今山东济宁城区。战国末期灭亡。《左传·僖公二十一年》："任、宿、须句、颛臾，风姓也。"赵《注》："任，薛之同姓小国也。"误。任是风姓，薛是任姓，非同姓。《左传·隐公十一年》："寡人若朝于薛，不敢与诸任齿。"

这是鲁隐公派羽父对薛侯说的话，意思是，寡人我若是朝见于薛国，必定不敢与各任姓的国家争执行礼的先后。"诸任"，是各任姓的国家，即薛国的同姓国。这说明，薛是任姓。按照礼仪，行礼时同姓在先，异姓在后。　　③币：礼物。本为帛，古时以束帛为祭祀或赠送宾客的礼物，曰币。后来其它祭祀或馈赠的礼物也称币，或币帛。《左传·僖公十年》："币重而言甘，诱我也。"《左传·襄公八年》："敬共币帛，以待来者，小国之道也。"　　④平陆：战国时齐邑。故地在今山东汶上县北。　　⑤储子：齐相。　　⑥屋庐子：见《知言 养气》5.13①₂。　　⑦连：屋庐子名"连"。　　间：空隙，空子。　　⑧"《书》曰"句：见《书·洛诰》。《洛诰》，是在洛邑建成后，周公与成王关于如何利用洛邑的多次对话。　　享多仪：进献贡品应当有庄重的礼仪。享，诸侯国国君向天子进献贡品。多，庄重。　　仪不及物：仅有贡品而无礼仪。　　役志：用心。役，用。志，心意。

【译文】

孟子居住在邹国，季任在任国代理国政，派人为孟子送去了礼物，表示愿意结交。孟子接受了，但没有回报。孟子在平陆，储子担任齐国的国相，派人为孟子送去了礼物，表示愿意结交。孟子接受了，但没有回报。过了些日子，孟子由邹国到任国去，会见了季子；由平陆到齐国去，没有会见储子。屋庐子高兴地说："我（屋庐连）发现老师的空子了。"问孟子道："老师您到任国，会见季子；到齐国，不会见储子，是因为他担任国相吗？"

孟子答道："不是啊。《书》中说：'进献贡品应当有庄重的礼仪，仅有贡品而无礼仪，就不能称作进献贡品，那是没有把他的心意用在进献贡品上。'因为那不成其为进献贡品。"

屋庐子很高兴。有人问他为什么，屋庐子说："季子不能（离境）到邹国去，而储子能够到（自己管辖的）平陆去。"

【一得】

人与人之间交往要有诚意。而诚意要通过一定的礼仪形式来表现。馈赠礼物若无诚意，不如不送。

第六章　枉尺而直寻

7.6　陈代曰[①]："不见诸侯，宜若小然。今一见之，大则以王，小则以霸。且《志》曰：'枉尺而直寻[②]。'宜若可为也。"

孟子曰："昔齐景公田[③]，招虞人以旌[④]，不至，将杀之。志士不忘在沟壑，勇士不忘丧其元[⑤]。孔子奚取焉？取非其招不往也。如不待其招而往，何哉？且夫枉尺而直寻者，以利言也[⑥]。如以利，则枉寻直尺而利，亦可为与？

"昔者赵简子使王良与嬖奚乘[⑦]，终日而不获一禽[⑧]。嬖奚反命曰[⑨]：'天下之贱工也。'或以告王良。良曰：'请复之。'强而后可[⑩]，一朝而获十禽。嬖奚反命曰：'天下之良工也。'简子曰：'我使掌与女乘。'谓王良。良不可，曰：'吾为之范我驰驱[⑪]，终日不获一；为之诡遇[⑫]，一朝而获十。《诗》云：不失其驰，舍矢如破[⑬]。我不贯与小人乘[⑭]，请辞。'御者且羞与射者比[⑮]；比而得禽兽，虽若丘陵，弗为也。如枉道而从彼，

何也？且子过矣！枉己者，未有能直人者也。"（《滕文公下》6.1）

【注释】

①陈代：生卒与里籍不详。约为孟子晚期弟子。对谒见诸侯与从政比较关心。《孟子》中共记其与孟子答问两章。其一记为"陈代"，即本章；其一记为"陈子"，见《告子下》。北宋政和五年（1115），诏定陈代封爵为"沂水伯"，从祀孟庙，位设东庑。清乾隆二十一年（1756），改称"先儒陈代氏"。　②枉尺而直寻：弯曲一尺而得到伸展八尺。枉，弯曲。寻，8尺为1寻。　③齐景公（？—前490）：春秋时齐国国君。庄公异母弟。公元前547—前490年在位。名杵臼（chǔ jiù 楚旧）。大夫崔杼杀庄公后立为君。在位时好治宫室，聚狗马，厚赋重敛，刑罚残酷。致使百姓苦怨，逃离公室，归于田氏。后任晏婴为正卿，国势稍有恢复。　④虞人：见《行止》6.7⑤₁。　旌：见《行止》6.7⑤₂。　⑤元：见《行止》6.7⑦。　⑥利：利益，功利。　⑦赵简子（？—前475）：即赵鞅。春秋末晋国正卿。又名志父，亦称赵孟。曾在汝滨筑城，铸刑鼎，上书范宣子所作刑书。在晋卿内讧中打败范氏、中行氏。后扩大封地，奠定了此后建立赵国的基础。　王良：赵《注》："善御者也。"　嬖（bì 必）奚：被宠幸的小臣奚。嬖，被宠幸。奚，人名。　⑧禽：泛指猎物。非单指飞鸟，亦指走兽。　⑨反：回，归还。同"返"。　⑩强（qiǎng 抢）：勉力，勉强。　⑪范我驰驱：按照礼制规范我的驾驶。范，规范。用作动词。《春秋穀梁传》曾记述狩猎的礼制："车轨尘，马候蹄，揜（yǎn 掩）禽旅。御者不失其驰，然后射者能中。过防弗逐，不从奔之道也。面伤不献，不成禽不献。"意思是，车辆的轨迹要扬起尘土，疾速奔驰；

四马的蹄足要相互协调，步伐一致。只准捕猎离开巢穴正在飞、奔的鸟兽。驾车的人不违背驾驶的规则，然后狩猎的人才能射中猎物。鸟兽逃出了猎场的防线不得再追逐，这是交战中不穷追逃窜之敌的常规。面部受伤的猎物不得进献，幼小的猎物不得进献。由此可知，古代狩猎不论驾车还是射杀都有严格的规定。　⑫诡遇：不按规则驾驶。偷袭，滥捕滥杀。　⑬"《诗》云"句：见《诗·小雅·车攻》。意思是，不失法度去驾驶，箭一发出便中的。舍矢，把箭射出。舍，发射。如破，射中标的。如，古时常与"而"通用。破，中的。　⑭贯：习惯。通"惯"。　⑮比（bǐ，旧读bì）：勾结。《论语·为政》："君子周而不比，小人比而不周。"此处可解为"合作"。

【译文】

陈代说："不去谒见诸侯，好像太顾及小的方面了。如今只要一见他们，成效大可以统一天下，成效小也可以称霸诸侯。况且《志》说：'弯曲一尺，从而可以伸展八尺。'好像可以这样去做。"

孟子说："过去齐景公打猎，用召唤大夫的旌召唤守护猎场的小吏，小吏不去，景公就要杀了他。有志向的人不惜弃尸山沟，勇敢的人不惜丢掉头颅。孔子赞许小吏的什么呢？赞许他不是合乎礼仪的召唤就不前往。如果不等待合乎礼仪的召唤就前往，那算什么呢？况且，'弯曲一尺而伸展八尺'的说法，是针对谋取利益而言的。如果为了谋利，那么弯曲八尺而伸展一尺能获利，难道也可以去做吗？

"过去赵简子派王良为他宠幸的小臣奚驾车打猎，从早到晚一只禽兽也没打到。奚回来报告说：'王良是天下最拙劣的驾车人。'有人将这话告诉了王良。王良说：'请重新再来一次。'经再三要求,奚勉强同意。结果一个早上就打到了十只猎物。奚回来报告说:'王良是天下最优秀的驾车人。'赵简子说:'我派王良专职为你驾车。'并告诉了王良。王良不同意,说:'我为他按照礼制规范驾驶,他一整天打不到一只猎物;而不按礼制规范驾驶,一个早晨就打了十只。《诗》说:不失法度去驾驶,箭一发出便中的。我不习惯为小人驾车,请求辞去这个任命。'一个驾车人尚且把与不良射手合作作为羞耻,合作获得的禽兽即便堆积得像小山丘一样,也不去做。如果弯曲了道义而屈从那些当今的不义,那算什么呢?况且你误解了啊!弯曲自己,没有能让别人伸展的。"

【一得】

"枉尺而直寻",作为一种以退为进、以屈求伸的斗争策略,不无可取之处。但是,对于传道人而言,道是不能"枉"的,传道人也是有尊严的。孟子秉持的是尧舜周孔之道,追求的是"王天下"的政治理想,岂能为一时之困,而弯曲道义、屈就世俗?

第七章　交际何心也

7.7　万章曰①:"敢问交际何心也②?"

孟子曰:"恭也。"

曰:"'却之却之为不恭',何哉?"

曰:"尊者赐之,曰:'其所取之者,义乎?不义乎?'

而后受之。以是为不恭，故弗却也。"

曰："请无以辞却之，以心却之，曰，'其取诸民之不义也'，而以他辞无受，不可乎？"

曰："其交也以道，其接也以礼，斯孔子受之矣。"

万章曰："今有御人于国门之外者[③]，其交也以道，其馈也以礼，斯可受御与？"

曰："不可。《康诰》曰[④]：'杀越人于货[⑤]，闵不畏死[⑥]，凡民罔不譈[⑦]。'是不待教而诛者也。殷受夏，周受殷，所不辞也[⑧]。于今为烈[⑨]，如之何其受之？"

曰："今之诸侯取之于民也，犹御也。苟善其礼际矣，斯君子受之，敢问何说也？"

曰："子以为有王者作，将比今之诸侯而诛之乎[⑩]？其教之不改而后诛之乎？夫谓非其有而取之者盗也，充类至义之尽也[⑪]。孔子之仕于鲁也，鲁人猎较[⑫]，孔子亦猎较。猎较犹可，而况受其赐乎？"

曰："然则孔子之仕也，非事道与？"

曰："事道也。"

"事道奚猎较也？"

曰："孔子先簿正祭器[⑬]，不以四方之食供簿正。"

曰："奚不去也？"

曰："为之兆也[⑭]。兆足以行矣，而不行，而后去，是以未尝有所终三年淹也[⑮]。孔子有见行可之仕[⑯]，有际可之仕[⑰]，有公养之仕[⑱]。于季桓子[⑲]，见行可之仕也；于卫灵公[⑳]，际可之仕也；于卫孝公[㉑]，公养之仕也。"（《万章下》10.4）

【注释】

①万章：万，姓；章，名。邹国人。约少孟子40岁。孟子故里邹城东南30公里有万庄，聚居万姓族众数千人。据其族谱记载，均为万章之后。万章为孟子晚期弟子，然属孟子弟子中之高足。喜读《诗》《书》，且对《书》深有探究。与孟子答问最多，与公孙丑不相上下，内容主要涉及古圣贤故事。孟子年老居住故里邹国，万章与公孙丑等高弟与孟子一起整理编撰《孟子》七篇。其中第5篇以"万章"命名，多记孟子与万章答问。全书记述孟子与万章答问共15章，分别见《滕文公》《万章》《尽心》等篇。万章墓在邹城西南8里，地名万村。《汉书·古今人表》，列万章为圣人、仁人之下的第4等，为中上者，与公羊子、穀梁子、告子、薛居州、乐正子等并。北宋景祐四年（1037），孔道辅新建孟子庙，以公孙丑、万章之徒配享。政和五年（1115），诏定万章封爵为"博兴伯"，从祀孟庙。位设西庑之首。清雍正二年（1724），诏祔祀孔庙。位设曲阜孔庙东庑，称先贤。乾隆二十一年（1756），诏去孟庙配享、从祀者旧时封爵，改称为"先贤万子"。　　②交际：人与人之间的结交、往来与授受。　　③御人：施暴于人。御，强暴。《诗·大雅·荡》："咨女殷商，曾是强御，曾是掊（pǒu）克。"《诗·大雅·烝民》："不侮矜寡，不畏强御。"《书·牧誓》："弗御克奔，以役西土。"《诗》中之"御"为"暴"；《书》中之"御"为"施暴"。　　④"《康诰》曰"句：《康诰》，《书·周书》中的篇名。在今传本《书·康诰》中，此句为："杀越人于货，暋（mǐn 闵）不畏死，罔弗憝（duì 对）。"⑤杀越人于货：杀害正在赶路的行人，劫取他的财物。越，远；出走。《左传·襄公十四年》："公使厚成叔吊于卫，曰：'寡

君使瘠，闻君不抚社稷，而越在他竟（境），若之何不吊？'"于，取，猎取。《诗·豳（bīn 宾）风·七月》："三之日于耜（sì四），四之日举趾。""一之日于貉，取彼狐狸，为公子裘。"此处可训为劫取。　⑥闵：强悍，横暴。通"暋"。

⑦譈（duì 对）：憎恶，怨恨。同"憝"。　⑧辞：遣退；废除。⑨烈：猛烈；猖獗。　⑩比：比照；按照。这是一个法律名词。是中国古代对法律没有明文规定的案件，比照类似的法律条文和过去的判例作出判决的制度。《秦简·法律答问》："臣强与主奸，可（何）论？比殴主。……斗折脊项骨，可（何）论？比折支（肢）。"《韩非子·内储说上》："人之救火者死，比死敌之赏。"在本句中，是说将诸侯掠民比照抢劫定罪。

⑪充类至义之尽也：把同类行为进行比照推论，达到其意义的极致之处。充类，把同类行为进行比照推论。至，达到。义之尽，意义的极致之处。　⑫猎较（jué 决）：古时狩猎后，君主选取上等猎物用于祭祀，将不取者作为箭靶，让臣下用射猎的方式去争夺归己。较，通"角"。相竞争。《穀梁传·昭公八年》记狩猎之礼："面伤不献，不成禽不献。"　⑬簿正：用古时的记载匡正祭祀的礼仪。簿，登记、书写所用的册籍。正，匡正。　⑭兆：古代占卜时在龟板或兽骨上预示凶吉的裂纹。引申为事情发生前的征候或迹象。此处意为试行、试验。

⑮淹：滞留，久留。　⑯见行可：看到有推行道义的可能。可，可以；认可。　⑰际可：受到接待的礼遇。际，接触；交往。　⑱公养：敬士养贤。　⑲季桓子（？—前 492）：即季孙斯。姬姓，名斯，"桓"是他的谥号。鲁桓公少子季友的后裔，季平子（季孙意如）的儿子。季孙氏是鲁国三桓之一，与叔孙氏、孟孙氏同为鲁桓公的后代。文公死后，三桓专鲁国国政，季孙为首。公室成为傀儡。至定公时，三桓家臣又专三

桓之政。季孙氏家臣阳虎由专季氏之政进而"执国命"。季桓子曾遭阳虎囚禁、谋杀，均侥幸逃脱。后联合三桓，将阳虎逐出鲁国。在此之后，"孔子行乎季孙，三月不违"（《公羊传·定公十年、十二年》），后又因"季桓子受齐女乐，孔子去"（《史记·鲁周公世家》）。季桓子约定公五年（前505）至哀公三年（前492）执掌鲁国政权。　⑳卫灵公（？—前493）：卫国国君。姬姓，名元。卫襄公宠姬婤姶（zhōu è 周饿）所生庶子。因襄公夫人宣姜无子，其兄孟絷（zhí 直）跛足，故得继位。公元前534年至公元前493年在位。《史记·孔子世家》载："卫灵公闻孔子来，喜，郊迎。""卫灵公问孔子：'居鲁得禄几何？'对曰：'奉粟六万。'卫人亦致粟六万。"此应为"际可"之谓。　㉑卫孝公：卫国国君。《左传》《史记》记为卫出公。公元前492年至公元前481年在位。名辄。卫灵公的孙子。他的父亲太子蒯聩（kuǎi kuì），因谋杀灵公夫人南子未遂而逃亡投奔晋赵氏，故灵公死后辄得立，为出公。出公四年（前489），孔子自楚返卫。这时，"孔子弟子多仕于卫，卫君欲得孔子为政"（《史记·孔子世家》）。出公九年（前484），"鲁迎仲尼，仲尼反鲁"（《史记·卫康叔世家》）。孔子在卫过了五年。这应是"公养"之谓。出公十二年（前481），蒯聩返卫夺其子君位，为庄公。出公逃亡于鲁。孔子最后一次在卫，是出公四年至九年。卫孝公即卫出公，"孝""出"都是辄的谥号。

【译文】

万章说："冒昧地问，和别人交往应当秉持什么样的心态呢？"

孟子说："恭敬。"

问："（常言说）'推辞了又推辞，就是不恭敬'，这是为什么呢？"

答："在上位的赐与礼物，你在心中嘀咕'这礼物的来路，是义呢？还是不义？'然后才接受它。把这作为不恭敬，所以不能再三推辞。"

问："如果不用言语推辞它，而用内心推辞它，在心中念叨，'那是从老百姓那里攫取的不义之财呀！'而用其他的理由不接受，不可以吗？"

答："他按照规矩交往，他按照礼仪相待，那么孔子也会接受他。"

万章说："假如有一个在荒郊野外拦路抢劫的人，他按照规矩交往，他按照礼仪馈赠，那么可以接受他抢劫来的赃物吗？"

答："不可。《康诰》说：'杀害正在赶路的人，劫取他的财物，强暴而不怕死，没有人不痛恨他。'这是不必等待教育了以后就要诛杀的。这一法规，殷继承了夏，周继承了殷，都没有废除。当今这种犯罪更加猖獗，那怎么能接受这种人的赃物呢？"

问："当今的诸侯搜刮民财，好像强盗一样。如果他注重交往的礼仪，那么君子就接受了他的馈赠，冒昧地问，这应该怎么解释呢？"

答："你认为有圣王兴起，将比照惩处强盗的法规把当今的诸侯杀掉呢？还是等待教育了不改之后再去杀掉呢？称不是属于自己的东西而去夺取它就是抢劫，那是把同类行为进行比照推论，达到其意义极致的说法。孔子在鲁国做官，鲁人用射猎的游戏争夺不用于祭祀的猎物，孔子也射猎争夺。射猎争夺都可以，而何况接受他的赐与呢？"

问："那么孔子出来做官，不奉行道义吗？"

答："奉行道义。"

"奉行道义为什么还争夺猎物呢？"

答："（祭祀时）孔子先按照古时的记载匡正祭祀的礼仪，不用外地进献的食物作匡正后的供品。"

问："他为什么不离去呢？"

答："为了先试行他的主张。试行后感觉足以可以推行，而国君却不推行，然后才离去。所以没有在一个国家停留超过三年的。孔子有因主张可行而做官，有因以礼相待而做官，有因国君养贤而做官。对于鲁国的季桓子，是因主张可行而做官；对于卫灵公，是因以礼相待而做官；对于卫孝公，是因国君养贤而做官。"

【一得】

人不可能与世隔绝，也不可能只与好人打交道。面对社会，既有好人，也有不好的人，更多的是有优点也有缺点的人。况且，不论哪种人，都是在发展变化的。所以，对于不是志同道合的人，也要和睦相处。要善于发现他们的优点、长处、可取之处。取其所长，补己之短；取其所有，补己之无。不论与什么人交往，都要诚心诚意，多予少取，有原则，有底线，有权变，不为污泥浊水所染。你的交往面有多么广，你的生存活动空间就有多么大。

【疑难】

◎御人

赵《注》："御人，以兵御人而夺之货。"

朱《注》："御，止也。止人而杀之，且夺其货也。"

杨《注》全引朱《注》。《译文》曰："如今有一个在国都郊野拦路抢劫的人。"

赵《注》对"御人"等于没注。只是增加了"以兵""而夺之货"的想象。

朱《注》"御"为"止","御人"为"止人",此"止"为何义？还需要再注才能明白。是停止、停息？还是阻止、禁止？或是留住、拘留？这些都不是"御"在此处的意思。

《诗·大雅·荡》："咨女殷商，曾是强御，曾是掊（pǒu）克。"《诗·大雅·烝民》："不侮矜寡，不畏强御。"这两处的"强御"，都是"强暴"的意思；而"御"则是与"强"搭配的"暴"。

《书·牧誓》："弗御克奔，以役西土。"意思是，不要强暴（或施暴）于殷商军队中前来投降的人，以便让这些人为我们周国服役。此处的"御"，也是"强暴"之义，只是作为动词"施暴"。一定不是"防御"之"御"。

本章的"御人于国门之外"之"御"，同以上《诗》《书》中的用法，故应解为"暴""强暴"。"御人"，则是施暴于人。即用暴力强制手段抢夺别人的财物。这个抢劫犯，可能杀死了人，也可能没杀死人，但一定是使用了暴力。

◎杀越人于货

赵《注》："越、于，皆於也。杀於人，取於货。"

朱《注》："越，颠越也。""言杀人而颠越之，因取其货。"

杨《注》："赵岐《注》云：'越，于也。''越'为虚词，无义。'于货'犹《诗经·七月》之'于貉'。《毛传》云：'于貉，谓取狐狸皮也。'则'于货'，谓取其货也。"

赵《注》"越、于，皆於也"。不妥。注"越"为"於"，用作虚词，解"杀越人"为"杀於人"，勉强可以说得过去；但注"于"为"於"，解"于货"为"取于货"，"取"字由何而来？"於货"，无"取"之意。

朱《注》"越，颠越也"。颠越，见《书·盘庚中》："乃有不吉不迪，颠越不恭。"孔颖达《疏》："陨坠礼法，不恭上命。"此处意为"陨坠"。《史记·楚世家》："且魏断二臂，颠越矣。"此处意为"衰落"。不论"陨坠"还是"衰落"，都不是本句中"越"之本义。况且"颠越"是不常见的古语，不宜用作注解。

越，有"远""出走"之意。《左传·襄公十四年》："公使厚成叔吊于卫，曰：'寡君使瘠，闻君不抚社稷，而越在他竟（境），若之何不吊？'"此处之"越"，既可作"远"解，也可作"出走"解，是说卫君流亡在他国。

于，有"为""取"之意。《诗·豳风·七月》："三之日于耜（sì 四），四之日举趾。""一之日于貉，取彼狐狸，为公子裘。""三之日"即周历的三月，夏历的正月。"耜"，是农具犁的一种。此处之"于"，不是介词而是动词，有"修理""准备"之意。"一之日"，即周历的正月，夏历的十一月。"于貉"之"于"，是"猎取"的意思，即"猎取貉"。貉，是一种与狐狸相似的动物。

据此，"于货"之"于"，可解为"抢夺""劫取"。

"杀越人于货"，可解为："杀死正在赶路的人，劫取他的财物。"简言之，拦路杀人抢劫。

◎将比今之诸侯而诛之乎

赵《注》："将比地尽诛今之诸侯乎？"

朱《注》："比，连也。言今之诸侯之取于民，固多不义，然有王者起，必不连合而尽诛之。必教之不改而后诛之……"

杨《注》："比——旧读去声。《礼记·乐记》郑《注》云：'此犹同也。'故译为'一例看待'。"

本句难解，在一"比"字。比，赵《注》为"比地"；朱《注》为"连也""连合"；杨《注》为"犹同"，《译文》为"一例看待"。他们虽然用词有异，但意思相近，都有"一律""无区别"的含义。这些解释都有不妥之处。

孟子此言，是针对万章之问"今之诸侯取之于民也，犹御也"而言。万章的观点是，当今诸侯掠民，与拦路抢劫无异。孟子不同意这种说法，用了反问来驳斥万章的观点。"将比今之诸侯而诛之乎？"意思是："将当今的诸侯比照抢劫犯去定罪诛杀呢？"此"比"，是比照，按照的意思，是诸侯掠民与拦路抢劫之比，诸侯与抢劫犯之比；而不是诸侯之间的"比地""连合""同""一例看待"。

此"比"，是一个法律名词。中国古代对法律没有明文规定的案件，比照类似的法律条文和过去的判例作出判决的制度。《秦简·法律答问》："臣强与主奸，可（何）论？比殴主。……斗折脊项骨，可（何）论？比折支（肢）。"《汉书·文帝纪》："它不在令中者，皆以此令比类从事。"《韩非子·内储说上》："人之救火者死，比死敌之赏。"上述"比""比类"，都是比照类推的意思。

万章所问，孟子所答，都与抢劫犯罪相关，都涉及对抢劫犯罪与诸侯掠民的定罪处罚，故解"比"为"比照"，还是符合孟子本意的，也是与上下文相呼应的。

◎充类至义之尽也

赵《注》："充，满。至，甚也。满其类大过至者，但义尽耳，未为盗也。诸侯本当税民之类者，今大尽耳，亦不可比于御。"

朱《注》："其谓非有而取为盗者，乃推其类，至于义之至精至密之处而极言之耳，非便以为真盗也。"

杨《注》："充类至义——'充类'即'充其类'（6.10），

'至义'犹言'极其义'，其以'充类至'为一读者，误。"《译文》："而且，不是自己所有，而去取得它，把这种行为说成抢劫，这只是提高到原则性高度的话。"

赵《注》"充"为"满"；"至"为"甚也"，都不妥。"满其类大过至者"，比孟子原话还难懂。

朱《注》"充类"为"乃推其类"，和不注差不多。注"至义之尽"为"至于义之至精至密之处而极言之"，"至精至密"，不准确；"极言之"是蛇足之语。

杨《注》，读破了句子。"充类至义"在这里不能单独摘出。应当读作"充类至义之尽也"。注"充类"即"充其类"，等于没注。查6.10（《滕文公下》第10章）亦未注。注"至义"犹言"极其义"，误。"至义"既然已"极其义"，"至尽"又应作何解？由于注释、句读有误，故其译文也难自圆其说。

此句是否应当这样理解：充类，是把同类事物或行为进行比照推论。充，是动词，是比照推论；类，是同类，是具有共性的事物或行为。至，是达到。义，是道理或意义。尽，是极致。今可译为：把同类行为进行比照推论，达到其意义的极致之处。

第八章　仕非为贫也

7.8　孟子曰："仕非为贫也，而有时乎为贫；娶妻非为养也，而有时乎为养。为贫者，辞尊居卑，辞富居贫。辞尊居卑，辞富居贫，恶乎宜乎？抱关击柝①。孔子尝为委吏矣②，曰：'会计当而已矣^③。'尝为乘田矣^④，曰：'牛羊茁壮长而已矣。'位卑而言高，罪也；立乎人之本朝，而道不行，耻也。"（《万章下》10.5）

【注释】

① 抱关击柝（tuò 唾）：看守门户，敲梆子巡夜。抱，守。《礼记·儒行》："戴仁而行，抱义而处。"《老子》："见素抱朴，少私寡欲。"关，本是门栓，又泛指门户、关塞。柝，巡夜时敲的木梆子。　② 委吏：管理仓储的小吏。委，堆积；贮存。《公羊传·桓公十四年》："御廪者何？粢盛委之所藏也。"　③ 会（kuài 快）计：计算、记录收入支出的账目。会，总计。　④ 乘（shèng 圣）田：管理畜牧的小吏。

【译文】

孟子说："出来做官不是因为贫穷，而有时候是因为贫穷；娶妻不是因为奉养父母，而有时候是因为奉养父母。因为贫穷而做官的，就应该推辞尊贵，甘居卑贱；推辞厚禄，仅取薄俸。推辞尊贵，甘居卑贱；推辞厚禄，仅取薄俸，那居于什么位置才适宜呢？看守门户、敲梆子巡夜之类皆可。孔子曾经做管理仓储的小吏，他说：'把出入的账目记录无误就可以了。'还曾经做过管理畜牧的小吏，他说：'牛羊能茁壮地成长就可以了。'地位低下而议论高大，那是罪过；就职于朝廷，而道义不能推行，那是耻辱。"

【一得】

一个读书人步入仕途，如果为了养家糊口，就要甘居卑下贫贱；如果为了推行道义，就要轻视功名利禄。不论在什么位置，都要尽职尽责，不僭不绌，知荣知辱。

身居卑下，不可妄议尊上与朝政。否则，当心为自己引来祸患。

第九章　士之不托诸侯

7.9　万章曰："士之不托诸侯^①，何也？"

孟子曰："不敢也。诸侯失国，而后托于诸侯，礼也；士之托于诸侯，非礼也。"

万章曰："君馈之粟，则受之乎？"

曰："受之。"

"受之何义也？"

曰："君之于氓也^②，固周之^③。"

曰："周之则受，赐之则不受，何也？"

曰："不敢也。"

曰："敢问其不敢何也？"

曰："抱关击柝者^④，皆有常职以食于上。无常职而赐于上者，以为不恭也。"

曰："君馈之，则受之，不识可常继乎？"

曰："缪公之于子思也^⑤，亟问^⑥，亟馈鼎肉^⑦。子思不悦。于卒也^⑧，摽使者出诸大门之外^⑨，北面稽首再拜而不受^⑩，曰：'今而后知君之犬马畜伋。'盖自是台无馈也^⑪。悦贤不能举，又不能养也，可谓悦贤乎？”

曰：“敢问国君欲养君子，如何斯可谓养矣？”

曰：“以君命将之^⑫，再拜稽首而受。其后廪人继粟^⑬，庖人继肉^⑭，不以君命将之。子思以为鼎肉使己仆仆尔亟拜也^⑮，非养君子之道也。尧之于舜也，使其子九男事之，二女女焉^⑯，百官牛羊仓廪备，以养舜于畎亩之中^⑰，后举而加诸上位，故曰，王公之尊贤者也。”（《万章下》10.6）

【注释】

① 托：托食，寄养。《管子·国蓄》：“号有百乘之守，而实无尺壤之用，故谓托食之君。”　② 氓（méng 萌）：民。特指迁徙之民。同《滕文公上》“愿受一廛而为氓”之“氓”。③ 周：周济，救济。通“赒”。《论语·雍也》：“君子周急不继富。”　④ 抱关击柝：见《取舍》7.8①。　⑤ 缪公：即鲁缪公。见《行止》6.16⑦。　⑥ 亟（qì 气）：屡次，一再。《左传·隐公元年》：“亟请于武公，公弗许。”⑦ 鼎肉：不可详考。可能与鼎有关，应当是上等的肉食。赵《注》未注；朱《注》曰“熟肉”；杨《注》引《礼记·少仪》郑玄注，释为“生肉”，皆为猜测。故【译文】仍称“鼎肉”。⑧ 卒：后，后来。《尽心下》：“卒为善士。”赵《注》：“卒，后也。”　⑨ 摽（biāo 标）：挥手示去。　⑩ 稽（qǐ 启）首：古时一种跪拜礼。或头至地；或双手拱至地，头至手。稽，叩头至地。　⑪ 台：本为高而上平的建筑物，引申为对在上位者、尊者的敬称。如，抚台、藩台、台端、台甫等。此处指鲁缪公。　⑫ 将：送。《诗·召南·鹊巢》：“之子于归，百两将之。”　⑬ 廪（lǐn 凛）人：掌管粮食出入的小吏。

⑭庖人：掌管膳食的小吏。　⑮仆仆尔：频频前倾下跪的样子。仆，向前倾跌。　⑯二女（nǚ）女（nù）焉：把两个女儿嫁给他。前一个"女"是"女儿"；后一个"女"是"以女嫁人"。　⑰畎（quǎn 犬）亩：田间，田地。

【译文】

万章说："士不寄养于诸侯，是为什么呢？"

孟子说："不敢啊。诸侯失去了国家，而后寄养于其他诸侯，这符合礼制；士寄养于诸侯，不符合礼制。"

万章说："国君馈赠给谷米，可以接受吗？"

答："可以接受。"

问："可以接受的道理是什么呢？"

答："国君对于外来的移民，本来就应该周济。"

问："周济就接受，赐与就不接受，这是为什么呢？"

答："不敢啊。"

问："冒昧地问，不敢的原因是什么呢？"

答："那些看守门户、敲梆子巡夜的，都有固定的职务，以此来得到君上的供养。没有固定的职务而接受君上的恩赐，认为这样做不恭敬。"

问："国君馈赐的，就接受了，不知道可以经常这样继续下去吗？"

答："鲁缪公对于子思，屡屡问候，屡屡馈赠鼎肉。子思心中不乐。到了后来，他挥手把使者赶出了大门之外，以朝北先磕头触地后两次作揖拒绝接受，说：'如今才知道国君是怎样把我孔伋当作犬马来畜养的了。'从这时，缪公就不再像原来那样馈赠了。喜欢贤人却不能委以重任，又不能供养，这能称得上喜欢贤人吗？"

问："冒昧地问，国君如果想供养君子，怎么做才叫供养呢？"

答："初次以国君之命馈赠礼物，君子先两次拱手作揖后磕头触地而接受。此后，管粮仓的官吏经常不断地送来谷米，管厨房的官吏经常不断地送来肉食，就不再以国君的命令相馈赠。子思认为，为了鼎肉让自己频频下跪屡屡拜谢，那不是供养君子的办法。尧对待舜，让他的九个儿子侍奉他，两个女儿嫁给他，给他配备了百官牛羊仓廪，以此供养舜在田地之间，后来又荐举委任高位，所以说，这才是王公尊贤的做法。"

【一得】

君子不可无功受禄。

王公尊贤，不唯供养，而应以礼相待。要在委以职责，人尽其才。

【疑难】

◎台

赵《注》："台，贱官，主使令者。《传》曰：'仆臣台。'"

朱《注》："台，贱官，主使令者。盖缪公愧悟，自此，不复令台来致馈也。"

杨《注》："台——杨树达《积微居小学金石论丛·〈孟子〉台无馈解》云：'台当读为始，"盖自是台无馈"，谓鲁缪公自是始不馈子思也。《说文》云："始，女之初也。从女，台声。"台与臺古音同。'"

赵《注》台为"贱官，主使令者"，其依据是"《传》曰：'仆臣台。'"朱《注》袭之。查《左传·昭公七年》，芊尹无宇确实对楚王说过这样的话："天有十日，人有十等，下所以事上，上所以共神也。故王臣公，公臣大夫，大夫臣士，士臣皂，皂臣舆，舆臣隶，隶臣僚，僚臣仆，仆臣台，马有圉，牛有牧，以待百事。"依此说，是"人有十等"，而不是官有十等。王、公、大夫为官，而士就不能算官。隶、僚、仆、台都应是奴仆之列，"台"是奴仆中的最末一等，也是人中的最末一等，这不能算官，故"贱官"之谓不能成立。鲁缪公能让最末一等的人，去以他的名义、命令向贤人子思馈赠肉食吗？那是不可能的。故"主使令者"也不能成立。再说，"馈"的主体是缪公，若依赵《注》"台无馈"，"台"就成了馈的主体，这就更不合礼仪了。

杨《注》引杨树达解，称"台当读为始"，理由是："《说文》云：'始，女之初也。从女，台声。'台与臺古音同。"查《说文》："台，说也。从口，吕（yǐ以）声。"段玉裁《注》："台说者，今之怡悦字。《说文》怡训和。无悦字。""与之切。"即读 yí（怡）。是和悦、愉快的意思。《说文》："臺，观四方而高者也。从至，从高省，与室屋同意。之声。"段玉裁《注》："徒哀切。"即读 tái（抬）。由此可知，古时"台"与"臺"是两个字，读音不同，字义亦不同。从《说文》中，看不出"台"与"臺"古音同，也找不出"台"当读为"始"的理由。况且，杨《译文》："大概从此便不给子思送礼了。"从《译文》中也没看到"始"的影子。

本章中的"台"，是古"臺"字的简化字，而不是古"台"字。"臺"，是可以观看四方，高而上平的建筑物。《诗·大雅·灵台》："经始灵台，经之营之。"它一般为王公所有，也是权势的象征。由此，可引申为在上位者、高高在上者、尊者等。也用于对高级官吏的尊称。如，汉代应劭《汉官仪·上》："汉因秦置之，故尚书为中台，谒者为外台，御史为宪台。"

明清称巡抚为抚台，布政使为藩台，学政为学台等。又用于对人的敬称，如台端、台甫、兄台等。

如上所述，本章之"台"，是由它的本义引申出的"在上位者"之义，是对鲁缪公或以鲁缪公为首的鲁公室的敬称。

◎仆仆尔

赵《注》："仆仆，烦猥貌。"

朱《注》、杨《注》袭赵《注》。

仆仆，注如"烦猥貌"，既别扭，又难懂，还不如不注。其一，它不是一个常用词；其二，它的意思费解。从字面上看，含"繁琐苟且"义。但从"仆"的本义，引申不出"繁琐苟且"。

仆，有两读两解。其一读作 pū（扑），向前跌倒的意思。《史记·项羽本纪》："樊哙侧其盾以撞，卫士仆地。"其二读作 pú（葡），是古代对奴隶或差役的称谓。前者是动词，后者是名词。本章之"仆"应当是前者。仆，向前跌倒；仆仆，就应当是两次或多次向前跌倒。子思"再拜稽首"，不正是"向前跌倒"吗？故"仆仆"不应当注为"烦猥貌"，而应当注为"频频前倾下跪的样子"。尔，是语气助词。

第十章　可以取，可以无取

7.10　孟子曰："可以取，可以无取，取伤廉；可以与，可以无与，与伤惠①；可以死，可以无死，死伤勇。"（《离娄下》8.23）

【注释】

① 惠：恩惠。给予他人好处或照顾。《书·蔡仲之命》："惟惠之怀。"《韩非子·外储说右上》："振贫穷而恤孤寡，行恩惠而给不足。"

【译文】

孟子说："（有些收受）可以要，可以不要，要了会伤害廉洁；（有些馈赠）可以给，可以不给，给了会伤害恩惠；（有些紧要关头）可以献出生命，可以不献出生命，献出了会伤害英勇。"

【一得】

人生之中，经常会遇到事在两可的选择。不同的选择，会带来不同的后果。任何事情做过了头，都会带来负面效应。恰如其分，无过无不及，才是最佳选择。

第十一章　周于利者

7.11　孟子曰："周于利者①，凶年不能杀②；周于德者，邪世不能乱。"（《尽心下》14.10）

【注释】

① 周：密，固而无隙。《说文》："周，密也。"此处引申为积累而使之富足。下一句"周于德者"之"周"，引申为修养而使之高尚。　②杀：致死。此处指饥饿而死。

【译文】

孟子说："积累财货使自己富足的人，灾荒年月也不会饿死；修养道德使自己高尚的人，邪恶世道也不会惑乱。"

【一得】

储备点食物，以防身死；积累点仁义，以防心亡。

第十二章　好名之人

7.12　孟子曰："好名之人，能让千乘之国；苟非其人①，箪食豆羹见于色②。"（《尽心下》14.11）

【注释】

① 苟非其人：如果不是好名者中意的人。　② 箪食豆羹：见《知言养气》5.9①。　见（xiàn 现）：同"现"。

【译文】

孟子说："喜好名声的人，能把拥有千辆兵车的国家让给别人。如果不是中意的人，即便送给一筐饭一盘汤，脸上也会表现出不悦的神色。"

【一得】

好名之人，唯名是求。为了博取名声，可以不惜一切。他的付出，既有特定的目的，又有特定的对象，而与慈善、仁义都没有关系。

【疑难】

◎苟非其人

赵《注》："诚非好名者。"

朱《注》："然若本非能轻富贵之人。"

杨《译文》："若不是那受让的对象。"

赵、朱、杨《注》所指各不相同。

赵《注》为与"好名者"相反的"非好名者"，并褒扬好名者，贬斥不好名者。不妥。其实，孟子是在批评好名者，指出其只图其名，不求其实的本质。"箪食豆羹见于色"者，是好名者，而不是另外的不好名者。孟子在齐国时，约公元前318年，燕王哙让国与国相子之，子之为君，王哙为臣。后燕国大乱，齐趁机伐燕。（《史记·燕召公世家》）这是孟子所指的"能让千乘之国"。对此，孟子曾有批评："子哙不得与人燕，子之不得受燕于子哙。"（《公孙丑下》）故赵《注》以不好名者与好名者相比较，以肯定好名者，背离了孟子的本意。

朱《注》"然若本非能轻富贵之人"，有点含糊。孟子此处指的是好名者要让与的对象，而不是好名者的"若本非能轻富贵"。

杨《译文》"若不是那受让的对象"，就接近孟子的本意了。

孟子认为，好名者有特定的目的，即唯名是图；其让与有特定的对象，即利于博取名声。如果不是这样，一箪饭一盘汤也不会让出，所以"苟非其人"，是指接受让与者，是"如果不是好名者中意的人"。

第十三章　齐人有一妻一妾而处室者

7.13　齐人有一妻一妾而处室者^①。其良人出^②，则必餍酒肉而后反^③。其妻问所与饮食者，则尽富贵也。其妻告其妾曰："良人出，则必餍酒肉而后反；问其与饮食者，尽富贵也，而未尝有显者来。吾将瞷良人之所之也^④。"

蚤起^⑤，施从良人之所之^⑥，遍国中无与立谈者^⑦。卒之东郭墦间^⑧，之祭者，乞其余。不足，又顾而之他。此其为餍足之道也。

其妻归，告其妾曰："良人者，所仰望而终身也。今若此！"与其妾讪其良人^⑨，而相泣于中庭^⑩。而良人未之知也，施施从外来^⑪，骄其妻妾。

由君子观之，则人之所以求富贵利达者，其妻妾不羞也而不相泣者，几希矣^⑫。（《离娄下》8.33）

【注释】

①处室：居住在家里。处，居住。　②良人：妻妾称其丈夫。　③餍（yàn 艳）：饱，足。　④瞷（jiàn 建）：窥视，偷偷地看。　⑤蚤起：早早地起来。蚤，通"早"。⑥施（yì 义）从：尾随，紧追不舍。施，与"延"通，延蔓、缠绕的意思。《诗·大雅·旱麓》："莫莫葛藟（lěi 磊），施于条枚。"《后汉书·黄琬传》注为："莫莫葛藟，延于条枚。"

⑦国中：国都城内。　⑧东郭：东边的外城。郭，外城。《公孙丑下》："三里之城，七里之郭。"　墦（fán 凡）：坟墓。⑨讪（shàn 善）：褒贬，讥笑。　⑩中庭：即庭中，庭院之中。　⑪施施（shī shī）：施，本为旌旗左右摇摆或随风飘扬的样子。许慎《说文》："施，旗旖（yǐ 倚）施也。从㫃（yǎn掩），也声。"施施，由摇摆飘扬，引申为摇摇晃晃。喝醉了酒，头重脚轻，走路不稳的样子。　⑫几希：很少，不多。

【译文】

　　齐国人有一妻一妾同住家中的。她们的丈夫外出，一定会吃得酒足肉饱然后返回。妻子问他和谁在一起吃喝的，他回答都是些富贵的人。妻子告诉小妾说："丈夫外出，一定吃得酒足肉饱然后返回；问他和谁一起吃喝的，说都是些富贵的人，但是却从来没有显贵的人到我们家里来过。我准备偷偷地看看他究竟到哪里去了。"

　　妻子早早地起来，悄悄地尾随在丈夫后边，走向他要去的地方。走遍了国都城内，没见到一个人站住和他说话。最后去了东边城郊外的坟地中间，走向正在祭祀的人，乞讨他们剩余的供品。一家不够，又四处看看，走向另一家。这就是他吃得酒足肉饱的办法啊！

　　妻子回来，把所见告诉了小妾，说："丈夫，是我们仰望并依靠终身的人。如今竟然是这样！"妻子与小妾一起贬斥自己的丈夫，继而在庭院中对面哭泣。而丈夫并不知道这一切，仍然喝得东倒西歪地从外边回来，还向他的妻妾摆出一副趾高气扬的样子。

　　在君子看来，人们用来寻求富贵利达的办法，他的妻妾不为之羞耻而相对哭泣的，太少了。

【一得】

乞丐并不丢人；丢人的是，名为富贵而实为乞丐。无官无禄并不可耻；可耻的是，人前腰缠万贯、身居高位，人后投机钻营、卖身求荣。

【疑难】

◎施　施施

赵《注》："施者，邪施而行，不欲使良人觉也。""施施，犹扁扁，喜悦之貌。"

朱《注》："施，音迤，又音易。""施，邪施而行，不使良人知也。""施施，如字。""施施，喜悦自得之貌。"

杨《注》："施——音迤（yǐ），又音易（yì）。钱大昕《潜研堂答问》云：'施，古斜字。'""施施——赵岐《注》云：'犹扁扁，喜悦之貌。'"

朱《注》、杨《注》袭赵《注》，基本无异议。

施，本为旌旗左右摇摆或随风飘扬的样子。许慎《说文》："施，旗旖（yǐ 倚）施也。从㫃（yǎn 掩），也声。"旗旖施，即旌旗飘扬的样子。后经传多假借，与"移""斜""延"等通用。如，《诗·大雅·旱麓》："莫莫葛藟（lěi 磊），施于条枚。"《后汉书·黄琬传》注为："莫莫葛藟，延于条枚。"这说明施与"延"通。施含"延"意，还见《诗·国风·葛覃（tán 谈）》："葛之覃兮，施于中谷。"毛亨《传》："覃，延也。""施，移也。"郑玄《笺》："葛延蔓于谷中。"对于"莫莫葛藟，施于条枚"，毛亨《传》："莫莫，施貌。"郑玄《笺》："葛也藟也，延蔓于木之枚本而茂盛。"由此可知，此两处之施，均为"延""移""延蔓"之意，即葛藤蔓延到山谷之中，缠绕到树木的枝干之上。"施从良人之所之"之"施"，正是由此意引申而来。由"延""移""延蔓""缠绕"，引申为"尾随""跟踪""盯梢""紧追不舍""不离不弃"。

赵《注》："施者，邪施而行，不欲使良人觉也。"此说，于"施"无解，只在"施"前加了个"邪"字。施，虽有邪（斜）意，但"邪"无"缠绕""尾随"之意。故此说欠妥。还是上述《诗》中之意更合孟子本意，应当解作"尾随，紧追不舍"。

施施，赵《注》为"扁扁（即翩翩），喜悦之貌"，亦不妥。《诗·王风·丘中有麻》："彼留子嗟，将其来施施。"毛亨《传》："施施，难进之意。"郑玄《笺》："施施，舒行。伺间独来见己之貌。"由此可知，施施是行走的样子，是缓慢行走。本章"施施从外来"之"施施"，也应是行走的样子，是像旗帜摇摆、飘扬一样。此处取"施"之本义——旌旗摇摆、飘扬的样子。"良人出，则必餍酒肉而后反。"丈夫吃得酒足肉饱，一定会醉醺醺的，飘飘然，走路头重脚轻，东倒西歪，摇摇晃晃。而非仅有"喜悦之貌"。故"施施"应解为：摇摇晃晃；喝醉了酒，走路头重脚轻的样子。

孟子研究文库 第八辑

孟子新编新注

（下）

刘培桂 ／著

齐鲁书社
·济南·

第八篇 尧 舜

第一章　言必称尧舜

8.1　滕文公为世子，将之楚，过宋而见孟子。孟子道性善，言必称尧舜。

世子自楚反，复见孟子。孟子曰："世子疑吾言乎？夫道一而已矣。成覸谓齐景公曰[①]：'彼，丈夫也；我，丈夫也；吾何畏彼哉？'颜渊曰：'舜何？人也；予何？人也；有为者亦若是。'公明仪曰：'文王，我师也；周公岂欺我哉？'今滕，绝长补短，将五十里也，犹可以为善国。《书》曰：'若药不瞑眩，厥疾不瘳[②]。'"（《滕文公上》5.1）

【注释】

①成觐（jiàn 建）：春秋时齐国勇士。又称"成荆""成庆"等。觐，同"睍"。　②"《书》曰"句：见《古文尚书·商书·说命上》。《今文尚书》无此篇。　睊眩（miàn xuàn 面绚）：指用药后头晕目眩的反应。　瘳（chōu 抽）：病愈。

【译文】

滕文公当太子的时候，要到楚国去，路过宋国而去拜访孟子。孟子向他讲述人的本性可以为善，谈论无不称颂尧舜。

太子从楚国返回，又去拜访孟子。孟子说："太子怀疑我说的话吗？道只有一个罢了。成觐对齐景公说：'他，是丈夫；我，是丈夫；我为什么要害怕他呢？'颜渊说：'舜是什么？是人；我是什么？是人；有作为的，也会像他那样。'公明仪说：'文王，是我的先师；周公怎么能欺骗我呢？'当今的滕国，取长补短，将有五十里见方，仍然可以治理成一个很好的国家。《书》中说：'如果药不能让人头晕目眩，那个病就不会痊愈。'"

【一得】

人性有善端，善端可扩充；尧舜与人同，人人可以做尧舜。这是孟子坚定不移的信念，并贯穿于整个思想学说之中。

第二章 规矩，方员之至也

8.2 孟子曰："规矩[①]，方员之至也[②]；圣人[③]，人伦之至也。欲为君，尽君道；欲为臣，尽臣道。二者皆法尧舜而已矣。不以舜之所以事尧事君，不敬其君者也；不以尧之所以治民治民，贼其民者也。孔子曰：'道二，仁与不仁而已矣。'暴其民甚，则身弑国亡；不甚，则身危国削。名之曰'幽''厉'，虽孝子慈孙，百世不能改也。《诗》云：'殷鉴不远，在夏后之世。'此之谓也[④]。"（《离娄上》7.2）

【注释】

①规矩：校正圆形、方形的工具。规，画圆形的圆规；矩，画直角或方形用的曲尺。 ②方员：方形与圆形。员通"圆"。 ③圣人：品德、智慧超出常人的人。儒家典籍中多以泛指尧、舜、禹、汤、文、武、周公、孔子。自儒家定为一尊之后，特指孔子为圣人。 ④"《诗》云"句：见《诗·大雅·荡》。 殷鉴：殷朝的鉴戒。 夏后：夏王。此处指夏代的末世君主桀。后，古代天子和列国诸侯皆称后。

【译文】

孟子说："规矩，是方圆的准则；圣人，是做人的准则。要做君主，就要尽君主之道；要做臣属，就要尽臣属之道。二者都要效法尧舜就可以了。不用舜事奉尧的方式去事奉君主，就是不恭敬自己的君主；不用尧治理百姓的方式去治理百姓，就是残害自己的百姓。孔子说：'道只有两个，仁与不仁罢了。'残害百姓太过分，就会自身被杀而国家灭亡；就是不太过分，也会自身危险而国家衰弱。死后谥号为'幽''厉'，虽然有孝子慈孙，经过百世也不能更改。《诗》说：'殷朝的鉴戒并不遥远，就在夏王那个时代。'说的就是这个意思。"

【一得】

无论是做人，还是做事，都要有个准则。失去了准则，就会走上斜路。这个准则的基本点，就是要有爱心。在孟子的心目中，尧是为君的典范，舜是为臣的典范。

第三章　知者无不知也

8.3　孟子曰："知者无不知也[1]，当务之为急[2]；仁者无不爱也，急亲贤之为务。尧舜之知而不遍物，急先务也；尧舜之仁不遍爱人，急亲贤也。不能三年之丧，而缌、小功之察[3]；放饭流歠[4]，而问无齿决[5]，是之谓不知务。"（《尽心上》13.46）

【注释】

①知（zhì 至）：同"智"。知、智古今字。《孟子》中

智多作"知"。本句中"知者"之"知",是"智";"无不知"之"知（zhī 之）",是知道、了解的意思。　②务：致力,从事,去做。《说文》："务,趣也。"段玉裁《注》："趣者,疾走也。务者,言其促疾于事也。"　③缌（sī 思）：即缌麻,丧服名。古时丧服制度以亲疏为差等,有斩衰（cuī 崔）、齐衰（zī cuī 姿崔）、大功、小功、缌麻五种名称,统称五服。缌麻是五服中最轻的一种,用疏织细麻布制成孝服,服丧三月。　小功：丧服名。五服之一,用较粗的熟麻布制成。服期五个月。《仪礼·丧服》："小功者,兄弟之服也。"④放饭流歠（chuò 辍）：吃喝放纵,汤饭狼藉。放饭,大口吃饭而饭食洒落;流歠,大口喝汤而汤水流溅。歠,饮。《礼记·曲礼上》："毋放饭,毋流歠。"　⑤齿决：用牙齿咬断。无齿决,用手掰食,不用牙咬断。《礼记·曲礼上》："濡肉齿决,干肉不齿决。"濡肉,湿软的肉。

【译文】

孟子说："智慧的人无所不知,却把当下应当做的事情作为急需;仁爱的人无所不爱,却把急于亲近贤人作为要务。以尧舜的智慧却不去遍知万物,是因为要急于做当下应当做的事情;以尧舜的仁爱却不去遍爱众人,是因为要急于亲近贤者。不能守三年的丧礼,而在缌麻三月、小功五月的丧服上讲究;在长者面前大吃大喝,而去寻问能不能用牙齿咬断干肉,这样叫作不知道应该去做什么。"

【一得】

一个人做事情,要有轻重缓急,切不可眉毛胡子一把抓。再聪明的人,再善良的人,也不可能一个人包揽天下,因为你

掌握的知识是有限的，你能做的事情也是有限的。真正的仁者智者，是掌握应该并急需掌握的知识，去做应该并急需做的事情。特别是作为一个领导人，不要事无巨细地去做一些具体工作，而应当掌好舵，用好人。

第四章 尧舜与人同耳

8.4 储子曰[①]："王使人瞷夫子[②]，果有以异于人乎？"

孟子曰："何以异于人哉？尧舜与人同耳。"（《离娄下》8.32）

【注释】

①储子：齐相。赵《注》："储子，齐人也。"见《取舍》7.5 ⑤。 ②瞷（jiàn 建）：窥视。悄悄地观察。阮元《校勘记》云："'王使人瞷夫子'，宋《九经》本、岳本、咸淳衢州本、孔本、韩本、《考文》古本同。监、毛二本瞷作'瞰'，闽本注作'瞯'。按《音义》出'瞷'，夫作'瞷'，盖此正与《滕文公》篇'阳虎瞰孔子'同字，音勘，讹为'瞷'，而以古苋切之，非也。下章（《齐人有一妻一妾而处室者》章）同。"瞰（kàn）、瞯（kàn）、瞷（瞯），都含"望"义。"瞰"同"瞯"，为远望；"瞷"，为窥视，故从"瞷"。此合文义。

【译文】

储子说："王派人悄悄地观察先生，您果真有不同于常人的地方吗？"

孟子说："怎么会不同于常人呢？尧舜都与一般人相同呢。"

【一得】

圣人是人，不是神。人人都有与圣人相同的善性与潜能，只不过没有扩充到他们那般极致罢了。

第五章 尧舜，性之也

8.5 孟子曰："尧舜，性之也[①]；汤武，身之也[②]；五霸[③]，假之也[④]。久假而不归，恶知其非有也[⑤]？"（《尽心上》13.30）

【注释】

①性之：本性使他那样。仁义出自本性自然。 ②身之：修身使他那样。仁义出自修身力行。 ③五霸：春秋时先后称霸的五个诸侯。后人说法不一。齐桓公、晋文公最早、最强，宋襄公、秦穆公、楚庄王次之，吴王阖闾、越王勾践最晚。其中齐桓公、晋文公、秦穆公、楚庄王较为公认，宋襄公、吴王阖闾、越王勾践依时配之。赵岐在《告子下》注曰："五霸者，大国秉直道以率诸侯，齐桓、晋文、秦缪（同穆）、宋襄、楚庄是也。"此为较通行的说法。 ④假之：假借使他那样。即仁义出自假借利用。假，借。 ⑤恶知：怎么知道。恶，疑问代词，如何，怎么。

【译文】

孟子说："尧舜的仁义出自本性自然；汤武的仁义出自修身力行；五霸的仁义出自假借利用。假借久了而不归还，怎么知道他本来就没有呢？"

【一得】

不要被旗号所蒙蔽。都是相同的旗号，但有真有假。真的假不了，假的真不了。同样是真，也有差异。只有分清了高低真伪，才能知道应当何去何从。

第六章 舜生于诸冯

8.6 孟子曰："舜生于诸冯①，迁于负夏②，卒于鸣条③，东夷之人也④。文王生于岐周⑤，卒于毕郢⑥，西夷之人也。地之相去也，千有余里；世之相后也，千有余岁。得志行乎中国，若合符节⑦。先圣后圣，其揆一也⑧。"（《离娄下》8.1）

【注释】

①诸冯：古地名。传说在今山东东部，近海。其地不可详考。②负夏：古邑名。传说在今山东南部。《左传·哀公七年》：鲁季康子伐邾，俘邾子益，"囚诸负瑕"。"负瑕"，一说即负夏。为春秋鲁地，在今山东济宁市兖州区北。 ③鸣条：古地名。相传商汤伐夏桀，战于鸣条之野。其地所在，异说纷纭，

不可详考。　　④东夷：古代华夏族对东方诸民族的称谓。夷，泛指四方边远地区的少数民族。下文的西夷，即指西方的少数民族。　　⑤岐周：岐山北的周国。岐山，在今陕西岐山县东北。相传周古公亶（dǎn胆）父自豳（bīn宾，今陕西旬邑西）迁此建邑，定居于周原，周遂成为部族名。因周初国在岐山，故又称岐周。　　⑥毕郢（yǐng影）：古邑名。即郢，也称"程"。在今陕西咸阳东。　　⑦符节：古代朝廷用作凭证的信物。用竹、木、玉或金属等制成，上书文字，剖分为二，各执其一，使用时以两片相合为验。　　⑧揆（kuí魁）：法度，准则。

【译文】

孟子说："舜出生在诸冯，迁徙到负夏，逝世在鸣条，是东部边远地区人。文王出生在岐周，逝世在毕郢，是西部边远地区人。两地相距，千里有余；世代相隔，千年有余。他们得志后在中国施行仁政，像符节一样契合。先世的圣君，后世的圣君，他们奉行的准则是一样的。"

【一得】

仁义是可以跨越时间和空间的美德；仁政是可以跨越时间和空间的善政。

第七章　舜之居深山之中

8.7　孟子曰："舜之居深山之中，与木石居，与鹿豕游①，

其所以异于深山之野人者几希；及其闻一善言，见一善行，若决江河，沛然莫之能御也②。"（《尽心上》13.16）

【注释】

①豕（shǐ 史）：猪。此处指野猪。　②沛然：迅速而充盛的样子。

【译文】

孟子说："舜居住在深山里的时候，与树木石头相处，与麋鹿野猪为伴，他用来区别于深山野人的地方只有一点点。但等到他听见一句善言，见到一件善行，其善良本性的扩充就像江河决口一样，浩浩荡荡而不能阻挡。"

【一得】

谁人出生即圣贤？不闻不见难为善。闻善见善善扩充，如决江河难阻拦。

第八章　君子莫大乎与人为善

8.8　孟子曰："子路①，人告之以有过，则喜。禹闻善言②，则拜。大舜有大焉，善与人同，舍己从人，乐取于人以为善。自耕稼、陶、渔，以至为帝，无非取于人者。取诸人以为善，是与人为善者也。故君子莫大乎与人为善。"（《公孙丑上》3.8）

【注释】

①子路：见《行止》6.6⑥。　　②禹：亦称大禹、夏禹、戎禹。夏后氏部落领袖。姒（sì 四）姓，鲧（gǔn 滚）的儿子。古史相传，禹奉舜命治理洪水，改变其父鲧围堵之法而用疏导的办法，历时十三年，三过家门而不入，水患全平。舜死，继任部落联盟领袖，都安邑。后东巡狩至会稽而卒。其子启继位，开始建立君主世袭制度。

【译文】

孟子说："子路，别人告诉他有过错，就高兴。禹听到有益的话，就拜谢。大舜就更高尚了，善于与别人相同，放弃自己服从别人，喜欢从别人身上取得长处而去做善事。从耕田种庄稼、制陶器、捕鱼，直到做最高领袖，没有什么长处不是取自别人的。学习别人的长处而后去做善事，是偕同别人共同去做善事。所以君子没有比偕同别人共同去做善事再高尚的了。"

【一得】

美德与智慧由人类共同创造，是人类共同的财富，并造福于人类。它不排斥任何人拥有与利用。谁拥有并利用，谁就受益。一个英明的领导人，善于集中众人的智慧与美德，从而去造福众人。

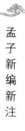

第九章 人之所以异于禽兽者几希

8.9 孟子曰："人之所以异于禽兽者几希①，庶民去之，君子存之。舜明于庶物②，察于人伦③，由仁义行④，非行仁义也⑤。"（《离娄下》8.19）

【注释】

①几希：寥寥无几，很少一点点。 ②庶物：众物，万物。庶，众多。上句"庶民"之"庶"，由众多而引申为一般、普通。 ③人伦：人与人之间的特定关系，以及这种关系下的行为规范。伦，常理。 ④由仁义行：遵循内心的仁义去行事。由，遵循，顺着。行，行事，作为。这种行，是出自内心的自觉，是善端的显现、扩充，自认为应该这样做；否则，就是舍弃了人性。 ⑤行仁义：做事去谋取仁义的名声。行，营造，做作。做好事是给别人看的，让别人觉得自己仁义，从而达到自己特定的目的。这种仁义是假的，只是旗号、幌子。

【译文】

孟子说："人用来区别于禽兽的地方寥寥无几，一般人丢掉了它，君子保存了它。舜通晓万物的属性，明察为人的常理，遵循内心的仁义去行事，而不是做事去谋取仁义的名声。"

【一得】

人之所以异于禽兽的"几希"，是人有道德自觉，有仁义之心，有为善的潜能，而禽兽没有。由仁义行，行仁义，从字面上看，很难区分二者的含义。但仔细品味，却有质的区别。由仁义行，是发端于"几希"，求之于内，追求的是道德完善。"尧舜，性之也"即是。行仁义，发端于非"几希"，求之于外，追求的是一己之私。"五霸，假之也"即是。同是仁义，一个是由它行，一个是行它，或者叫利用它。比如捐款救灾，都是做好事，有的出自爱心，见义勇为，倾囊相助，默不作声。有的视为商机来临，捐点善款，大喊大叫，以此谋取好的名声，以便获得更大的利益。一个是扩充了"几希"，一个是丢弃了"几希"；一真一假，一为人一为己，这就是二者的不同。

第十章　鸡鸣而起

8.10　孟子曰："鸡鸣而起，孳孳为善者[①]，舜之徒也；鸡鸣而起，孳孳为利者，跖之徒也[②]。欲知舜与跖之分，无他，利与善之间也[③]。"（《尽心上》13.25）

【注释】

①孳孳：同"孜孜"。勤勉不懈貌。　②跖（zhí 直）：即"盗跖"。见《知言　养气》5.8⑧。　③间（jiàn 建）：空隙。引申为差别，不同。

【译文】

孟子说："鸡一叫就起床，孜孜不倦做善事的，是舜一类的人；鸡一叫就起床，孜孜不倦谋私利的，是跖一类的人。要知道舜与跖的区别，没有别的，就是谋私利与做善事的不同。"

【一得】

圣王、大盗，一念之间，或为公义，或为私利。观念决定行为，行为反映品质。

第十一章　舜之饭糗茹草也

8.11　孟子曰："舜之饭糗茹草也①，若将终身焉。及其为天子也，被袗衣②，鼓琴③，二女果④，若固有之。"（《尽心下》14.6）

【注释】

①饭糗（qiǔ）茹草：吃着粗糙的干粮，就着苦涩的野菜。糗，干粮，捣碎的熟谷米。草，泛指草本植物，此处指野菜。饭、茹，都是吃的意思。　②被袗（pī zhěn 披诊）衣：穿着华贵的衣服。被，通"披"，穿着。袗衣，绣有文彩的华贵的服装。　③鼓琴：弹琴。鼓，泛指弹奏乐器。《诗·小雅·鹿鸣》："我有嘉宾，鼓瑟鼓琴。"　④果（wǒ 我）：女侍，侍奉。通"婐"。《说文》："婐，婐婉（nuǒ）也。（段玉裁《注》：'三

字句，今本删媒字，非也。媒妮与旖施音义皆同，俗作婀娜。'）从女，果声。一曰果敢也。一曰女侍曰媒。读若骒。一曰若委。孟轲曰：'舜为天子，二女媒。'"

【译文】

孟子说："舜吃着粗糙的干粮，就着苦涩的野菜，好像终生都要这样生活。到他做了天子，穿着华贵的衣服，弹着琴，尧的两个女儿侍奉着，好像本来就有的一样。"

【一得】

人要适应各种环境，即"随遇而安"。不论是下为百姓，还是上为天子，都要保持一颗平常心。

第十二章　天下大悦而将归己

8.12　孟子曰："天下大悦而将归己；视天下悦而归己，犹草芥也①，惟舜为然。不得乎亲，不可以为人；不顺乎亲，不可以为子。舜尽事亲之道而瞽瞍厎豫②，瞽瞍厎豫而天下化，瞽瞍厎豫而天下之为父子者定，此之谓大孝。"（《离娄上》7.28）

【注释】

①草芥（jiè介）：野草与芥子。芥，芥菜的种子，颗粒微小。比喻轻贱而微小，不足珍惜。　②瞽瞍（gǔ sǒu 古叟）：见《性善》2.1⑤。　　厎（zhǐ止）豫：得到快乐。厎，致；豫，乐。

【译文】

孟子说："天下人都心悦诚服而将要归属自己；看待天下人心悦诚服而归属自己，好像野草芥子一样，只有舜能这样。不能得到父母的欢心，不可以做人；不能顺从父母的意愿，不可以做儿子。舜竭尽事奉父母的孝道，而使他的父亲瞽瞍快乐；瞽瞍快乐，而天下得到了教化；瞽瞍快乐，而天下的父子人伦就确定了下来，这叫作大孝。"

【一得】

父母与子女的关系，是人类社会中最基础也是最重要的人际关系。它也会影响其他人际关系。父母与子女之间能保持亲情，家庭会和睦幸福，社会也会和谐安定。

第十三章　瞽瞍杀人

8.13　桃应问曰①："舜为天子，皋陶为士②，瞽瞍杀人，则如之何？"

孟子曰："执之而已矣③。"

"然则舜不禁与？"

曰："夫舜恶得而禁之？夫有所受之也。"

"然则舜如之何？"

曰："舜视弃天下犹弃敝蹝也④。窃负而逃，遵海滨而处，终身诉然⑤，乐而忘天下。"（《尽心上》13.35）

【注释】

① 桃应：桃，姓；应，名。孟子弟子。生卒年月与里籍不详。与孟子答问仅此一章。北宋政和五年（1115），诏定封爵为"胶水伯"，从祀孟庙。清乾隆二十一年（1756），诏去孟庙配享、从祀旧时封爵，改称"先儒桃氏"。位设西庑。　② 皋陶（gāo yáo 高尧）：见《知言　养气》5.14 ㉞。　士：刑官。即士师。主察狱讼之事。《书·舜典》："帝曰：'皋陶，蛮夷猾夏，寇贼奸宄（guǐ 轨），汝作士，五刑有服。'"　③ 执：拘捕。《左传·襄公十九年》："执邾悼公，以其伐我故。"　④ 敝蹝（xǐ 喜）：穿破了的鞋子。喻废物。也作"敝屣"。　⑤ 䜣（xīn 欣）然：快乐的样子。䜣，快乐。同"欣"。

【译文】

桃应问道："舜做天子，皋陶做大法官，如果舜的父亲瞽瞍杀了人，那应该怎么办？"

孟子说："逮捕他就是了。"

"那么舜不制止吗？"

孟子说："舜怎么能制止他呢？皋陶是得到授权的。"

"那么舜应该怎么办？"

孟子说："舜看待丢弃天子之位，如同丢弃穿破了的鞋子一样。偷偷地背着他的父亲逃跑，沿着海边找个地方住下来，终生高高兴兴，快乐得忘记了自己曾经拥有天下。"

【一得】

不可因亲情而枉废法律，也不可因法律而割舍亲情。二者不可得兼，只有放弃自己的名利和地位，以维护法律的尊严，以保持亲情的存在。

第十四章　舜往于田

8.14　万章问曰："舜往于田，号泣于旻天①，何为其号泣也？"

孟子曰："怨慕也②。"

万章曰："'父母爱之，喜而不忘③；父母恶之，劳而不怨④。'然则舜怨乎？"

曰："长息问于公明高曰⑤：'舜往于田，则吾既得闻命矣；号泣于旻天，于父母⑥，则吾不知也。'公明高曰：'是非尔所知也。'夫公明高以孝子之心为，不若是恝⑦：我竭力耕田，共为子职而已矣⑧；父母之不我爱，于我何哉？帝使其子九男二女，百官牛羊仓廪备，以事舜于畎亩之中⑨；天下之士多就之者，帝将胥天下而迁之焉⑩。为不顺于父母，如穷人无所归。天下之士悦之，人之所欲也，而不足以解忧；好色，人之所欲，妻帝之二女，而不足以解忧；富，人之所欲，富有天下，而不足以解忧；贵，人之所欲，贵为天子，而不足以解忧。人悦之、好色、富、贵，无足以解忧者，惟顺于父母可以解忧。人少，则慕父母；知好色，则慕少艾⑪；有妻子，则慕妻子；仕，则慕君，不得于君则热中⑫。大孝，终身慕父母。五十而慕者，予于大舜见之矣。"（《万章上》9.1）

【注释】

①号泣于旻（mín 民）天：面对苍天大声哭喊。号泣，大声喊叫哭泣。旻天，泛指天。《诗·小雅·小旻》："旻天疾威，敷于下土。"于，介词。面对。　②怨慕：怨恨，思慕。　③忘：忘记。引申为懈怠。　④劳：忧愁。《诗·邶（bèi 贝）风·燕燕》："瞻望弗及，实劳我心。"　⑤长息：赵《注》："公明高弟子。"　公明高：赵《注》："曾子弟子。"　⑥于（xū须）父母：吁唤父母。于，通"吁"。《诗·周南·麟之趾》："于嗟麟兮！"吁，叹声。又表示忧愁。《诗·周南·卷耳》："云何吁矣！"　⑦恝（jiá 颊）：淡漠，不介意的样子。与"悆"（xiè泻）为古今字。《说文》："悆，忽也。从心，介声。孟子曰：'孝子之心不若是悆。'"段玉裁《注》："《万章篇》文。今本'夫公明高以孝子之心为不若是恝'，《注》云：'恝，无愁之貌。'张古黠切。丁音砑。按悆、恝古今字。"淡然忘之而不介意，曰"恝置"。　⑧共（gōng 公）：敬。通"恭"。《左传·僖公二十七年》："公卑杞，杞不共也。"　⑨畎（quǎn 犬）亩：田间。见《取舍》7.9⑰。　⑩胥（xū 须）：皆，都。《诗·鲁颂·有駜（bì 必）》："鼓咽（yè 业）咽，醉言舞。于胥乐兮！"在本句中引申为全部、整个。　⑪少艾：美貌的少女。　⑫热中：焦急，烦躁，心急上火。

【译文】

万章问道："舜跑到田野里，面对苍天，大声哭喊。他为什么要大声哭喊呢？"

孟子说："怨恨与思慕啊！"

万章说："我听说，父母喜爱自己，高兴而不懈怠；父母讨厌自己，忧愁而不怨恨。那么，舜是怨恨吗？"

孟子说："长息向公明高问道：'舜跑到田野里的故事，我已经听您讲过了。但是，面对苍天而大声哭喊，呼唤父母，我就不懂为什么了。'公明高说：'这不是你所能知道的。'公明高认为，孝子的心，不像这样淡漠：我竭尽全力耕种田地，恭敬地尽到儿子职责罢了；父母不喜爱我，对于我有什么关系呢？帝尧派他的九个儿子、两个女儿，还配备了百官、牛羊、粮仓、府库等，到田地里去侍奉舜；天下的士人许多都去投奔他，帝尧把整个天下都让给了他。因为得不到父母的欢心，好像穷人无家可归。天下的士人都悦服他，是人人所想得到的，而不足以解除忧愁；漂亮的女子，是人人所想得到的，娶了帝尧的两个女儿，而不足以解除忧愁；富，是人人所想得到的，富有天下，而不足以解除忧愁；贵，是人人所想得到的，贵为天子，而不足以解除忧愁。别人的悦服、漂亮的女子、富、贵，没有一样可以解除忧愁的，只有得到父母的欢心才能解除忧愁。人幼小的时候，就思慕父母；懂得了喜欢女子，就思慕年轻漂亮的姑娘；有了妻子儿女，就思慕妻子儿女；出来做官，就思慕君上，得不到君上的信任就心急上火。大孝，终身思慕父母。到了五十岁仍然思慕的，我在大舜身上看到了。"

【一得】

一个人，名利、地位、富贵、美色无一不可放弃。只有亲情不可割舍。当人一无所有时，唯有亲情还在。

【疑难】

◎夫公明高以孝子之心为不若是恝

此句之疑难，在于句读。

赵《注》、朱《注》似连读，没有表示出句中的停顿。

杨《译注》标点为："夫公明高以孝子之心，为不若是恝，"《译文》为："公明高的意思，以为孝子的心理是不能像这样地满不在乎的："许多注家与杨《译注》同。

标点"夫公明高以孝子之心"为停顿，易误解为"孝子之心"是公明高的；"为不若是恝"为一句，易感到"为"有些突兀。《译文》"公明高的意思"之"意思"，与下句"以为孝子的心理"之"以为"重复。依此断句翻译不出此译文，《译文》与断句不合。故杨《译注》断句与译文均不妥。

其实，本句的断句并不太难。只不过是杨《译注》读破了句子。本句中内含一个"以……为"句式，应句读为："夫公明高以孝子之心为，不若是恝："可今译为："公明高以为，孝子的心，不像这样漠然处之：""以……为"句式，实为"以为……"，即"认为……"。"以""为"分而言之，是为了加强语气。实际上，本句是一气呵成，不宜断开。只不过句子长，又有生僻字，断开更好读些。恝，是"忿"的古今字，忽略、漠然、淡然的意思。详见【注释】。

◎胥天下

赵《注》："胥，须也。尧须天下悉治，将迁位而禅之。"

朱《注》："胥，相视也。"

杨《注》："胥——《尔雅·释诂》云：'胥，皆也。'引伸之便有'尽'义。'胥天下'犹言'尽天下'也。"《译文》："尧也把整个天下让给了舜。"

赵《注》"须也"，朱《注》"相视也"，都是想表达这样一个意思：尧让舜先辅佐自己，待天下大治后，再将帝位让给舜。其实，孟子在这里并不是详述此事的过程，而想突出舜对天子之位的淡然态度，是直接讲尧将天子之位让给了舜。所以赵《注》、朱《注》偏离了孟子的本意。

胥，在此处是"皆""都"的意思。《诗·鲁颂·有駜》："鼓咽咽，醉言舞。于胥乐兮！"可引申出"整个""全部"，与"皆""都"配合表述。"胥天下"，可今译为"整个天下"。"帝将胥天下而迁之焉"，可今译为"帝尧把整个天下都让给了舜"。

杨《译文》可取。但《注》"胥——《尔雅·释诂》云：'胥，皆也。'引伸之便有'尽'义。'胥天下'犹言'尽天下'也"，则需要斟酌。"皆"虽可引申出"尽"义，但罕见"尽天下"这种表达句式。其《译文》为"整个天下"，就说明"尽天下"不通俗易懂。如果训"胥"为"皆"，引申为"整个"，岂不更好？

第十五章　娶妻如之何

8.15　万章问曰："《诗》云：'娶妻如之何？必告父母①。'信斯言也，宜莫如舜。舜之不告而娶，何也？"

孟子曰："告则不得娶。男女居室，人之大伦也②。如告，则废人之大伦，以怼父母③，是以不告也。"

万章曰："舜之不告而娶，则吾既得闻命矣。帝之妻舜而不告，何也？"

曰："帝亦知告焉则不得妻也。"

万章曰："父母使舜完廪④，捐阶⑤，瞽瞍焚廪。使浚井，出，从而揜之⑥。象曰⑦：'谟盖都君咸我绩⑧，牛羊父母，仓廪父母，干戈朕⑨，琴朕，弤朕⑩，二嫂使治朕栖。'象往入舜宫，舜在床琴。象曰：'郁陶思君尔⑪。'忸怩⑫。舜曰：'惟兹臣庶，汝其于予治。'不识舜不知象之将杀己与？"

曰："奚而不知也？象忧亦忧，象喜亦喜。"

曰："然则舜伪喜者与？"

曰："否。昔者有馈生鱼于郑子产⑬，子产使校人畜之池⑭。校人烹之，反命曰：'始舍之，圉圉焉⑮，少则洋洋焉⑯，攸然而逝⑰。'子产曰：'得其所哉！得其所哉！'校人出，曰：'孰谓子产智？予既烹而食之，曰：得其所哉！得其所哉！'故君子可欺以其方，难罔以非其道⑱。彼以爱兄之道来，故诚信而喜之，奚伪焉？"（《万章上》9.2）

【注释】

①"《诗》云"句：见《诗·齐风·南山》。　②大伦：重大伦常关系。　③怼（duì 对）：怨恨。《诗·大雅·荡》："强御多怼，流言以对。"　④完廪：修缮粮仓。完，修筑。《诗·大雅·韩奕》："溥彼韩城，燕师所完。"　⑤捐阶：除去梯子。捐，除去。阶，阶梯。　⑥揜（yǎn 眼）：通"掩"。遮蔽，掩盖。　⑦象：赵《注》："象，舜异母弟。"⑧谟（mó 摹）盖都君咸我绩：谋划掩埋都君都是我的功劳。谟，谋划。盖，掩埋。都君，即舜。因舜耕历山，渔雷泽，陶河滨，一年所居成聚，二年成邑，三年成都，故称其为都君。咸，都，皆。绩，功劳，功绩。《诗·大雅·文王有声》："丰水东注，维禹之绩。"　⑨干戈：古代兵器的通称。干，盾；戈，戟。⑩弤（dǐ 抵）：弓。　⑪郁陶：忧思积聚貌。《书·五子之

歌》："郁陶乎予心，颜厚有忸怩。"　　⑫忸怩（niǔ ní 纽尼）：羞愧貌。　　⑬子产（？—前522）：春秋时郑国执政。名侨，字子产，又字子美，谥成子。穆公之孙，子国之子。公子之子称公孙，故名公孙侨。以父字为氏，故曰国侨。因居东里，又称东里子产。自郑简公时始执国政，历定、献、声公三朝。执政期间，曾整顿田地疆界，创立按"丘"征赋制度；将《刑书》铸在鼎上，公之于众；不毁乡校，以广开言路。当时晋楚争霸，郑国弱小，夹于两强之间，子产巧妙周旋，卑亢得宜，保持不受其害。子产死，孔子称其为古之遗爱。　　⑭校人：管理池沼的小吏。　　⑮圉（yǔ 宇）圉焉：困而未舒的样子。　　⑯洋洋焉：舒缓的样子。　　⑰攸然：同"悠然"。　　⑱罔（wǎng 网）：蒙蔽，欺瞒。

【译文】

万章问道："《诗》中说：'娶妻应该怎么办？一定要禀告父母。'相信这话的，应该谁也不如舜。但是，舜不禀告父母就娶了妻子，是为什么呢？"

孟子说："禀告了就娶不到妻子。男女婚配，是人的重大伦常关系。如果禀告，就废弃了这一重大伦常关系，仍然会招致父母的怨恨。所以不禀告啊！"

万章说："舜不禀告父母就娶了妻子，我已经听您讲明白了。帝尧把两个女儿嫁给舜而不告诉他的父母，又是为什么呢？"

孟子说："帝尧也知道，如果告诉了他们，就不能把两个女儿嫁给舜了。"

万章说："舜的父母让舜去修缮粮仓，修好后，却把梯子抽取下来，瞽瞍放火点着了粮仓。舜设法逃脱。又让舜去淘井，挖出淤泥后，却把井口填上。舜的弟弟象说：'谋划掩埋都君（舜）都是我的功劳，舜的牛羊归父母，粮仓库房归父母；盾与戟归我，琴归我，雕弓归我，两位嫂子伺候我睡觉。'象到舜的宫室里去入住，舜正在床上弹琴。象说：'我想您想得好郁闷啊！'羞惭得抬不起头来。舜说：'我心里老是放不下那些臣下和百姓，你就帮我管理管理吧！'不明白舜是不知道象要杀死自己吗？"

孟子说："怎么能不知道呢？象忧愁，舜也忧愁；象欢喜，舜也欢喜。"

万章说："那么，舜是假装欢喜吗？"

孟子说："不是。过去有人送给了郑国的子产一条活鱼，子产让管理池沼的小吏放养到池塘里去。小吏却放到锅里煮了。然后回来报告说：'一开始放到池里，还扭扭捏捏，过了一会就摇头摆尾了，悠然自得地游得不知去向了。'子产说：'得到了它的去处啊！得到了它的去处啊！'小吏退出，说：'谁说子产聪明？我已经把鱼煮熟吃到肚子里了，他还说，得到了它的去处啊！得到了它的去处啊！'所以，君子可以用符合常理的方式去欺骗他，难以用违背常理的方式去蒙蔽他。象以爱兄的常理而来，所以舜信以为真而心中高兴，怎么能是伪装的呢？"

【一得】

规则利事不害义，大孝爱亲不愚顺，君子循道不疑人。

舜大孝。按照后儒之说：君叫臣死，臣不得不死；父让子亡，子不得不亡。舜父欲置舜于死地，舜应当去死，以悦父心。然而舜却不去死，几次逃脱，忤逆父意。这是孝呢？还是不孝？死了，可顺父心；不死，可让父成为天子之父。舜选择了后者。这才是真正的大孝，这也是智者之举。愚忠愚孝害死人。任何美德都需要智慧去调节。

其实，舜父并不想让舜死，只是做做样子让后妻及庶子别为非作歹罢了。他放火烧仓取下梯子，说不定早在另一旁又放上了一个梯子；他填井埋舜，说不定早为舜预留了逃跑的通道。如不然，在家庭之内，三人合力害死一个成员，岂有逃脱之路？虎不食子，何况是人？传说而已，不可当真。但大孝不愚，应当可取。

第十六章　象日以杀舜为事

8.16　万章问曰："象日以杀舜为事，立为天子则放之，何也？"

孟子曰："封之也。或曰放焉。"

万章曰："舜流共工于幽州^①，放驩兜于崇山^②，杀三苗于三危^③，殛鲧于羽山^④，四罪而天下咸服，诛不仁也。象至不仁，封之有庳^⑤，有庳之人奚罪焉？仁人固如是乎？在他人则诛之，在弟则封之。"

曰："仁人之于弟也，不藏怒焉，不宿怨焉，亲爱之而已矣。亲之，欲其贵也；爱之，欲其富也。封之有庳，富贵之也。身为天子，弟为匹夫，可谓亲爱之乎？"

"敢问或曰放者，何谓也？"

曰："象不得有为于其国，天子使吏治其国而纳其贡税焉，故谓之放。岂得暴彼民哉？虽然，欲常常而见之，故源源而来。

'不及贡，以政接于有庳⑥'，此之谓也。"（《万章上》9.3）

【注释】

①共（gōng 公）工：相传为尧的大臣，与驩兜、三苗、鲧并称四凶，被舜流放到幽州。　幽州：古代十二州之一。传说舜分冀州东北为幽州，在北方偏远地区，即今河北北部及辽宁一带。　②驩（huān 欢）兜：传说中恶人。唐尧时与共工同为非作恶，被舜放逐到崇山。　崇山：有的说是山名，有的说是地名，传说在南方偏远地区。今湖南张家界市永定区西南与天门山相连有崇山。　③三苗：我国古代部族名。《书·禹贡》："三危既宅，三苗丕叙。"《史记·五帝本纪》："三苗在江淮、荆州。"即今长江中游以南一带。　三危：一说山名，一说地名。传说在西部偏远地区。今甘肃敦煌有三危山。④殛（jí 及）：杀。　鲧（gǔn 滚）：传说为禹的父亲，称崇伯。奉尧命治水，九年未平，被舜杀死在羽山。　羽山：山名。《书·舜典》："殛鲧于羽山。"传说在东部偏远地区，今江苏北部沿海赣榆、连云港一带。　⑤有庳（bì 避）：古地名。也作有鼻。传说在今湖南道县北。　⑥"不及贡"句：可能是《尚书》逸文，为孟子所引用。

【译文】

万章问道："象天天把杀舜作为自己的任务，舜立为天子之后却把他流放了，为什么呢？"

孟子说："是分封他。有的说是流放他。"

万章说："舜把共工流放到幽州，把驩兜驱逐到崇山，把三苗之君处死在三危，把鲧诛杀在羽山。这四个人得到惩罚而天下无不信服，是因为诛杀了不仁的人。象最不仁，却把他分封到有庳，有庳的百姓有什么罪过呢？仁人本来应该这样吗？他人有罪就诛杀他，弟弟有罪就分封他。"

孟子说："仁人对待自己的弟弟，不隐藏愤怒，不留存怨恨，只亲爱他罢了。亲他，想让他尊贵；爱他，想让他富有。把他分封到有庳，是让他富贵啊！自己做了天子，而弟弟却为普通百姓，能称得上亲爱他吗？"

"冒昧地问，有的说是流放，是指什么呢？"

孟子说："象不能在他的封国里有所作为，天子派遣官吏去治理他的封国并收纳贡税，所以称作流放。这样，象怎么能残害他的百姓呢？尽管如此，舜还是想经常见见他，所以象不断地来。'不等到缴纳贡税，就以议政的名义接见有庳之君'，说的就是这个意思。"

【一得】

兄弟，是仅次于父子、夫妇的亲情关系。兄弟之亲，如同手足。但是，兄弟之间又存在利益关系，其主要根源是对父母遗产的继承。为此反目，互不相认，并不少见。处理好兄弟关系，父母承担着基础责任，兄弟双方也各有责任。父母要对子女平等相待，不论男女、长幼、嫡庶、贤愚。否则，将留下隐患，也会伤了亲子之情。兄弟之间要兄友弟恭，好让不争。兄长要对弟弟亲之爱之，弟弟要对兄长恭之敬之。兄弟和，家庭和；兄弟同心，黄土变金。兄弟不和，两败俱伤，殃及后代，外人也会乘虚而入，各个击破。有本事，自己去拓出一片天地，不要窝里争，窝里斗。

第十七章　咸丘蒙问曰

8.17　咸丘蒙问曰①："语云：'盛德之士，君不得而臣，父不得而子。舜南面而立，尧帅诸侯北面而朝之，瞽瞍亦北面而朝之。舜见瞽瞍，其容有蹙②。孔子曰：于斯时也，天下殆哉，岌岌乎③！'不识此语诚然乎哉？"

孟子曰："否。此非君子之言，齐东野人之语也。尧老而舜摄也。《尧典》曰：'二十有八载，放勋乃徂落，百姓如丧考妣。三年，四海遏密八音④。'孔子曰：'天无二日，民无二王⑤。'舜既为天子矣，又帅天下诸侯以为尧三年丧，是二天子矣。"

咸丘蒙曰："舜之不臣尧，则吾既得闻命矣。《诗》云：'普天之下，莫非王土；率土之滨，莫非王臣⑥。'而舜既为天子矣，敢问瞽瞍之非臣，如何？"

曰："是诗也，非是之谓也。劳于王事而不得养父母也。曰：'此莫非王事，我独贤劳也⑦。'故说诗者，不以文害辞，不以辞害志。以意逆志⑧，是为得之。如以辞而已矣，《云汉》之诗曰：'周余黎民，靡有孑遗⑨。'信斯言也，是周无遗民也。孝子之至，莫大乎尊亲；尊亲之至，莫大乎以天下养。为天子父，尊之至也；以天下养，养之至也。《诗》曰：'永言孝思，孝思惟则⑩。'此之谓也。《书》曰：'祗载见瞽瞍，夔夔齐栗，

瞽瞍亦允若^⑪。'是为父不得而子也？"（《万章上》9.4）

【注释】

①咸丘蒙：咸丘，复姓；蒙，名。传说为鲁国人。孟子弟子。喜读《诗》《书》，关注尧舜孝道之事。与孟子答问仅本章。北宋政和五年（1115），诏定封爵为"须城伯"，从祀孟庙。位设西庑。清乾隆二十一年（1756），诏改称"先儒咸丘氏"。　②蹙（cù促）：局促不安貌。也作"蹴"。　③"孔子曰"句：孔子此言不见《论语》。此类言论另见《墨子·非儒》："孔丘与其门弟子闲坐，曰：'夫舜见瞽叟就然，此时天下圾乎！'"《韩非子·忠孝》引记曰："舜见瞽瞍，其容造焉。孔子曰：'当是时也，危哉天下岌岌！'"　殆（dài代）：危险。　岌（jí及）岌：危险貌。　④"《尧典》曰"句：《尧典》，《尚书》中《虞书》的第一篇。本句见当今流行的《十三经注疏》本《尚书正义·舜典》。自《尚书》于周代成书之后（初称《书》，西汉后称《尚书》《书经》），经春秋战国，至西汉流行的《今文尚书》《古文尚书》，均无《舜典》篇。唐代孔颖达等奉命撰《尚书正义》，以晋元帝时豫章内史梅赜（zé则）所献伪西汉《孔安国尚书传》为宗，合《今文尚书》《古文尚书》为一，并采用南朝齐姚方兴所献伪《舜典》孔《传》一篇，共二十卷，五十八篇，列为官书《五经正义》之一。自此，《尚书》始有《舜典》篇。宋代将《尚书正义》收入《十三经注疏》刊印，遂流传至今。此《舜典》，实由唐代之前的《尧典》中分出。取《尧典》中的"慎徽五典"，至末句"陟（zhì至）方乃死"，篇首另加"曰若稽古帝舜"等28字而成。当今见到的《尧典》《舜典》两篇，在孟子时实为《尧典》一篇。　放勋：尧名。《书·尧典》："曰若稽古帝尧，曰放勋。"　徂（cú殂）

落：死亡。同"殂落"。《书·舜典》："帝乃殂落。"徂同"殂"。　考妣（bǐ 比）：父母。后多指已去世的父母。《礼记·曲礼下》："生曰父曰母曰妻，死曰考曰妣曰嫔。"　　遏（è 饿）密八音：停止演奏各种音乐。遏密，禁绝，停止。八音，古代称金、石、丝、竹、匏（páo 袍）、土、革、木为八音。金为钟，石为磬，琴瑟为丝，箫管为竹，笙竽为匏，埙（xūn 勋）为土，鼓为革，柷敔（zhù yǔ 助羽）为木。此处泛指各种音乐。　　⑤"孔子曰"句：此句亦见《礼记》之《曾子问》《坊记》《丧服四制》篇。只是"民"改为"土"。　　⑥《诗》云"句：见《诗·小雅·北山》。　　率土之滨：四海之内。率，循，沿着。滨，水边。　　⑦贤劳：劳苦，忙忙碌碌。贤，多。也指劳苦。《诗·小雅·北山》："大夫不均，我从事独贤。"　　⑧以意逆志：由诗的本意追溯作者的心志。逆，由下而上追溯。　　⑨"《云汉》之诗曰"句：见《诗·大雅·云汉》。　　孑（jié 杰）遗：残存，剩余。　　⑩"《诗》曰"句：见《诗·大雅·下武》。　　孝思：孝，孝道。思，语气助词，无义。《诗·周南·汉广》："南有乔木，不可休思。汉有游女，不可求思。"　　惟则：是法则。惟，为，是。《书·禹贡》："厥草惟夭，厥木惟乔。"惟通"维"。《书》中多用"惟"，《诗》中多用"维"。本句在《毛诗》中即为"孝思维则"。　　⑪"《书》曰"句：赵《注》："《书》，《尚书》逸篇。"见当今流传的《十三经注疏》本《尚书·虞书·大禹谟》。　　祗载（zhī zǎi 之宰）：恭恭敬敬，满怀恭敬之心。祗，恭敬。载，充满。《诗·大雅·生民》："厥声载路。"　　夔（kuí 魁）夔齐（zhāi 摘，同"斋"）栗：惊惧而又谨慎的样子。夔夔，惊惧貌。　　允若：顺从，接受。允，答应。

【译文】

咸丘蒙问道："有议论说：'道德极其高尚的人，君主不能拿他作为臣下，父亲不能拿他作为儿子。舜面朝南立天子之位，尧率领着诸侯面向北朝拜他，父亲瞽瞍也面向北朝拜他。舜看见瞽瞍，面容局促不安。孔子说，在这个时候，天下不安了，岌岌可危啊！'不知道这议论符合实情吗？"

孟子说："不是。这不是君子的言论，是齐东野人的言论。是尧年老了让舜代理执政。《尧典》说：'二十又八年，放勋乃逝世，百姓好像失去了父母一样。服丧三年，四海之内停止演奏各种音乐。'孔子说：'天上没有两个太阳，老百姓没有两个君王。'舜已经继承了天子之位，又率领天下诸侯为尧守三年之丧，在这种情况下，才会有两个天子。"

咸丘蒙说："舜不能把尧作为臣下，我已经听明白您的教诲了。《诗》中说：'普天之下，没有一块不属于君王的土地；四海之内，没有一人不是君王的臣属。'而舜已经做了天子，冒昧地问，瞽瞍不能作为臣属，怎么解释？"

孟子说："这首诗不是说的这个意思，是说忙于王事而没有机会孝养父母。意思是说：'这些没有一件不是君王的事，只有我独自忙忙碌碌。'所以，解释诗的人，不能因为文字而误解了词句，不能因为词句而误解了作者的心志。要由诗意向上追溯作者的心志，这样才能得到它的真谛。如果仅仅从词句上去理解，《云汉》这首诗说'周地幸存的老百姓，现在一个也未剩'，把这话当真，是周地没有留下的老百姓了。孝子的极致，没有超过尊敬父母；尊敬父母的极致，没有超过用天下来奉养。做了天子的父亲，尊敬达到了极致；用天下来奉养，奉养达到了极致。《诗》中说：'永远讲孝道，孝道是法则。'说的就是这个意思。《书》中说：'舜恭恭敬敬地去见瞽瞍，惊惧而又谨慎，瞽瞍也愉快地接受了。'这是父亲不能把天子当作儿子吗？"

【一得】

人在社会上将扮演很多角色，具有多重身份，有时还会产生定位的冲突。不同的身份有不同的责任和担当，也有不同的权利和义务。智者兼顾而不偏，不智者顾此而失彼。心存仁爱，以诚相待，互相尊重，恪守常规，注意不同场合的不同定位，就会融洽和顺，不失礼义。

读书人要读好书。尽量读名人名著，或经过历史检验的经典。不论是读经、读史还是读诗，都要有一个科学的态度和方法。均不可读死书，死读书。要学会辩证分析，融会贯通。由字句而寻全局，由全局而解字句，透过文字看到作者的用心。

【疑难】

◎ "《尧典》曰"句

赵《注》，未涉此句出处。

朱《注》："《尧典》，《虞书》篇名。今此文乃见于《舜典》，盖古书二篇，或合为一耳。"

杨《注》："《尧典》曰——此下数句实为今《尚书·舜典》文。按今《尧典》《舜典》本是一篇，谓之《尧典》。至齐明帝建武年间，吴兴姚方兴于大航头得所谓孔氏传古文，始分《尧典》为二，以'慎徽五典'至末谓之'舜典'，而加'粤若稽古帝舜'二十八字于其中，实则与古不合。"

此句出处，简单的几句话说不清楚。因为《尚书》的流传是一个漫长而又复杂的过程。

朱《注》所言，是说他看到的《尚书》此句在《舜典》篇，而不在《尧典》篇。"盖古书二篇，或合为一耳"，则有误。事实上，不是二篇合为一，而是《尧典》一篇分为《尧典》《舜典》两篇。

杨《注》，是改写了焦循《孟子正义》中引毛奇龄《四书賸（shèng 圣）言》云："《孟子》'《尧典》曰二十有八载'……至齐建武年，吴兴姚方兴于大航头得孔氏传古文，始分《尧典》为二，以'慎徽五典'至末谓之'舜典'，而加二十八字于其中，此伪书也。"

杨《注》中"今《尚书·舜典》文""今《尧典》《舜典》"，易与《今文尚书》混淆，此"今"，应明确为"今传"或"当今流传"。"齐明帝建武年间"句，"齐"，在中国历史上多次作为国名或朝代名，应加上"南朝"或"南"予以区别。"而加'粤若稽古帝舜'二十八字于其中"，是误写。应当或引全28字，或在"二十八字"前加一"等"字。"于其中"应明确为"于篇首"。"实则与古不合"，此"古"为时代之古，还是《古文尚书》之古？令人费解。

据此，有必要将《尧典》《舜典》之分合略加概述。

《尚书》，是现存最早的关于上古时典章文献与传说追述著作的汇编。内容有虞、夏、商、周各代的典、谟、训、诰、誓、命等。最初可能是由周代史官编撰，又经春秋战国的儒家补订，称《书》。汉初由秦博士济南伏胜传 29 篇，始称《尚书》。尚，通"上"。因用当时通行的汉隶书写，故称《今文尚书》。立于学官。汉武帝时在孔子故宅壁中发现《尚书》，比《今文尚书》多 16 篇，因用蝌蚪古文书写，所以称《古文尚书》。魏晋时期藏于秘府，至永嘉之乱亡佚。晋元帝时，豫章内史梅赜（zé 则）献西汉孔安国传《古文尚书》，比《今文尚书》多出 25 篇。同时出现《孔安国尚书传》。南朝齐·姚方兴又献《舜典》孔安国《传》1 篇。此《舜典》，实由旧传《尚书》中《尧典》分出，自"慎徽五典"至末句"陟（zhì 至）方乃死"，篇首另加"曰若稽古帝舜，曰重华，协于帝。濬哲文明，温恭允塞。玄德升闻，乃命以位"28字。唐代孔颖达等奉命撰《尚书正义》，以梅赜献《孔安国尚书传》为宗，并采用姚方兴献《舜典》孔《传》1篇，合《今文尚书》《古文尚书》为一，共20卷，58篇，列为官书《五经正义》之一。自此，《尚书》始有《舜典》篇。宋代将《尚书正义》收入《十三经注疏》刊印，遂经元、明、清各代，流传至今。当今看到的《尚书》，就是《尚书正义》中留存的《尚书》全文。

对梅赜所献孔传《古文尚书》中比《今文尚书》多出的25篇，宋代吴棫（yù玉）就开始怀疑其真伪。明代梅鷟（zhuó浊）作《尚书考异》，清代阎若璩作《尚书古文疏证》，惠栋作《古文尚书考》，相继辩证，定为伪作。丁晏《尚书余论》认为出自三国魏王肃之手。姚方兴所献《舜典》多出的28字，应是分《尧典》为《尧典》《舜典》两篇者所加。

◎以意逆志

赵《注》："文，诗之文章，所引以兴事也。辞，诗人所歌咏之辞。志，诗人志所欲之事。意，学者之心意也。""人情不远，以己之意，逆诗人之志，是为得其实矣。"

朱《注》："文，字也。辞，语也。逆，迎也。""言说诗之法，不可以一字而害一句之义，不可以一句而害设辞之志，当以己意迎取作者之志，乃可得之。"

杨《注》，"文""辞"的注释都引用了朱《注》。另注："逆——揣测之意。《易·说卦》云：'知来者逆，是故《易》，逆数也。''逆'字与此同。"《译文》："所以解说诗的人，不要拘于文字而误解词句，也不要拘于词句而误解原意。用自己切身的体会去推测作者的本意，这就对了。"

对于"文""辞"的解释，朱《注》为是。文，是字；辞，是语言，是词句。

"以意逆志"，赵《注》："志，诗人志所欲之事。意，学者之心意也。""人情不远，以己之意，逆诗人之志，是为得其实矣。"朱《注》、杨《译文》均依赵《注》。其实，此"意"，是诗意，诗的本意，是诗本身表达的意思，而非"学者之心意"。如果抛开诗的本意，而"以己之意，逆诗人之志"，或"用自己切身的体会去推测作者的本意"那么，诗人之志由何而来？诗人之志，只能从诗的本意中推测，而非用读者的心意去推测。只有正确理解了字、词、句，才能正确理解诗意；只有正确理解诗意，才能由此向上追溯诗人的心志，即用心、志趣、思想、感情。志藏于意之中，而又独立于意。当然，对任何作品的理解都受读者主观意志的影响，但读者应当客观地去理解作品，要依据作品的本意，用常理、常识、常心去推测作者之志。这样，才能得到作品的真谛。

逆，朱《注》为"迎"，是本义。可引申出由下而向上追溯。杨《注》为"揣测"，亦可。只是所引《易·说卦》云"知来者逆，是故《易》，逆数也"有缺。其"逆数"，不单是"逆"，还有"数"。原文是："数往者顺，知来者逆，是故《易》逆数也。"逆数，是逆而数之，推测之意。

根据上述，对孟子的这段名言，拙著今译为：所以，解释诗的人，不能因为文字而误解了词句，不能因为词句而误解了作者的心志。要由诗意向上追溯作者的心志，这样才能得到它的真谛。

◎永言孝思，孝思惟则

赵《注》："周武王所以长言孝道，欲以为天下法则。"

朱《注》："言人能长言孝思而不忘，则可以为天下法则也。"

杨《译文》："永远地讲究孝道，孝道便是天下的法则。"

上述注释、译文，都未脱离诗的本义，但读后总感觉似懂非懂，有些疑难找不到答案。为不昏昏，故作以下探讨。

言，是"讲"的意思，如当今之讲卫生、讲义气之"讲"。孝思，即孝，孝道。思，是语气助词，无义。如《诗·周南·汉广》："南有乔木，不可休思。汉有游女，不可求思。"惟，是"为""是"的意思。如《书·禹贡》："厥草惟夭，厥木惟乔，厥土惟涂泥，厥田惟下下。"据此，拙著今译为：永远讲孝道，孝道是法则。

◎祗载

赵《注》："祗，敬。载，事。"

朱《注》、杨《注》均同赵《注》。

杨《译文》："舜恭敬小心地来见瞽瞍。"

祗载，见"祗载见瞽瞍"句中，是舜见瞽瞍时的心态。祗，释为"敬"，妥。而"载"释为"事"，释"祗载"为"敬事"，此句便为"敬事见瞽瞍"，不通。杨《译文》也未见"事"的出现。故"载"注为"事"不妥。

此"载"，应是"充满"意。如《诗·大雅·生民》"厥声载路"之"载"。据此，祗载，可解为"充满恭敬之心"，或"恭恭敬敬"。"祗载见瞽瞍"，可今译为：舜恭恭敬敬地去见瞽瞍。

第十八章　尧以天下与舜

8.18　万章曰："尧以天下与舜，有诸？"

孟子曰："否。天子不能以天下与人。"

“然则舜有天下也，孰与之？”

曰：“天与之。”

“天与之者，谆谆然命之乎①？”

曰：“否。天不言，以行与事示之而已矣。”

曰：“以行与事示之者，如之何？”

曰：“天子能荐人于天，不能使天与之天下；诸侯能荐人于天子，不能使天子与之诸侯；大夫能荐人于诸侯，不能使诸侯与之大夫。昔者，尧荐舜于天，而天受之；暴之于民②，而民受之；故曰：天不言，以行与事示之而已矣。”

曰：“敢问荐之于天，而天受之；暴之于民，而民受之，如何？”

曰：“使之主祭，而百神享之，是天受之；使之主事，而事治，百姓安之，是民受之也。天与之，人与之，故曰：天子不能以天下与人。舜相尧二十有八载，非人之所能为也，天也。尧崩，三年之丧毕，舜避尧之子于南河之南③，天下诸侯朝觐者④，不之尧之子而之舜；讼狱者，不之尧之子而之舜；讴歌者，不讴歌尧之子而讴歌舜，故曰，天也。夫然后之中国，践天子位焉。而居尧之宫，逼尧之子，是篡也，非天与也。《太誓》曰：‘天视自我民视，天听自我民听。’此之谓也⑤。”（《万章上》9.5）

【注释】

①谆谆：教导不倦貌。《诗·大雅·抑》：“诲尔谆谆，听我藐藐。”　②暴（pù瀑）：晒。“曝”的本字。本作

"暴"，后又加日旁作"曝"。此处是公示的意思。　　③南河：传说为尧都之南的一条河流，已不可确指。　　④朝觐（cháo jìn 潮进）：臣子朝见君主。觐，古代诸侯秋朝天子称觐。春见曰朝。　　⑤"《太誓》曰"句：见《书·周书》。

【译文】

万章说："尧把天下给了舜，有这么回事吗？"

孟子说："不是。天子不能把天下给别人。"

"那么，舜拥有天下，是谁给他的呢？"

孟子说："天给与他的。"

"天给与他，是天一遍又一遍不知疲倦地授命他吗？"

孟子说："不是。天不说话，用行动与做事来表示罢了。"

万章说："用行动与做事来表示，是怎么体现的呢？"

孟子说："天子能把人推荐给天，但不能让天给与他天下；诸侯能推荐人给天子，但不能让天子封赐他为诸侯；大夫能推荐人给诸侯，但不能让诸侯封赐他为大夫。过去，尧把舜推荐给了天，而天接受了他；公示于百姓，而百姓接受了他。所以说，天不说话，用行动与做事来表示罢了。"

万章说："冒昧地问，尧把舜推荐给了天，而天接受了他；公示于百姓，而百姓接受了他，是怎么体现的呢？"

孟子说："让他主持祭祀，而百神享用，就是天接受了他；让他主管事务，而事务得到治理，百姓满意，就是百姓接受了他。是天给与了他，是人给与了他。所以说，天子不能把天下给与别人。舜辅佐尧二十八年，不是人所能左右的，是天意。尧去世了，三年的丧礼完毕，舜躲避尧的儿子去了南河之南。天下诸侯朝见的，不去找尧的儿子而去找舜；打官司的，不去找尧的儿子而去找舜；唱颂歌的，不歌颂尧的儿子而去歌颂舜。

所以说，是天意啊！在这种情况下，舜才回到国都，登上了天子的位置。如果居住了尧的宫室，逼走了尧的儿子，那就是篡夺，而不是天给与了。《太誓》说：'天看到的，来自我老百姓看到的；天听到的，来自我老百姓听到的。'说的就是这个意思。"

【一得】

天，是一种不以人的意志为转移的客观存在。它或者是一种力量，或者是一种形势，或者是一种趋向等。天子之位，不是哪一个人所能决定的，包括最高权力者在内。是由天意决定，而天意就是民意。民意、民心，决定着政权的归属。

第十九章　至于禹而德衰

8.19　万章问曰："人有言：'至于禹而德衰，不传于贤，而传于子。'有诸？"

孟子曰："否，不然也。天与贤，则与贤；天与子，则与子。昔者，舜荐禹于天，十有七年舜崩，三年之丧毕，禹避舜之子于阳城①，天下之民从之，若尧崩之后不从尧之子而从舜也。禹荐益于天②，七年禹崩，三年之丧毕，益避禹之子于箕山之阴③。朝觐讼狱者不之益而之启④，曰：'吾君之子也。'讴歌者不讴歌益而讴歌启，曰：'吾君之子也。'丹朱之不肖⑤，舜之子亦不肖。舜之相尧，禹之相舜也，历年多，施泽于民久。启贤，能敬承继禹之道。益之相禹也，历年少，施泽于民未久。

舜、禹、益相去久远，其子之贤不肖，皆天也，非人之所能为也。莫之为而为者，天也；莫之致而至者，命也。匹夫而有天下者，德必若舜禹，而又有天子荐之者，故仲尼不有天下。继世以有天下，天之所废，必若桀纣者也，故益、伊尹、周公不有天下。伊尹相汤以王于天下，汤崩，太丁未立⑥，外丙二年⑦，仲壬四年⑧。太甲颠覆汤之典刑⑨，伊尹放之于桐⑩。三年，太甲悔过，自怨自艾⑪，于桐处仁迁义⑫。三年，以听伊尹之训己也，复归于亳⑬。周公之不有天下，犹益之于夏，伊尹之于殷也。孔子曰：'唐、虞禅，夏后、殷、周继，其义一也⑭。'"（《万章上》9.6）

【注释】

①阳城：古山名，在今河南登封东北。又，古邑名。周为颍（yǐng 影）邑。战国初属郑，名阳城。秦置县，汉因之。故城在今河南登封东南。阳城山、邑，均曾相传为禹避舜之子处，实情不可详考。　②益：亦称伯益、伯翳。尧舜禹时期历史人物。东夷部落领袖，嬴姓各族的祖先。尧时已被举用，但未有分职。舜时掌山泽，山泽得到开发利用。协助禹定高山大川，推广水稻种植。禹即位，委以政事，后授以天下。禹去世，益避禹之子而未受。　③箕（jī 机）山：山名。在今河南登封东南。④启：夏代国君。姒（sì 四）姓，禹的儿子。相传禹推荐东夷族的伯益做继承人。禹去世后，伯益避让，退隐箕山，启遂继王位，并确立了传子制度。一说启杀伯益自立。　⑤丹朱：传说中帝尧之子。名朱，因居丹水，故称丹朱。　不肖：不似。特指子不似父。《说文·肉部》："肖，骨肉相似也。从肉，小声。不似其先，故曰不肖也。"不肖，亦有不贤、不才、不正派

之义，应与不似之义相区别。　⑥太丁：汤之长子，未继位而早逝。　⑦外丙：汤之子，太丁弟。　⑧仲壬：又称"中壬"。汤之子，外丙弟。　⑨太甲：商王名。太丁之子，汤之孙。即位后，废弃汤法，被伊尹放逐于桐。三年后，悔过自新，复归君位。一说伊尹放逐太甲而自立，七年后，太甲潜回，杀伊尹而复位。　典刑：常规、法度。典，常道，准则。刑，法则，制度。《书·舜典》："慎徽五典，五典克从。"《左传·隐公十一年》："许无刑而伐之，服而舍之。"《诗·大雅·荡》："虽无老成人，尚有典刑。"今典刑通作"典型"，突出"典范"的含义，弱化了"法度"的含义。　⑩桐：即桐宫。《史记·殷本纪》"于是伊尹放之于桐宫"句，《正义》曰："《晋太康地记》云：'尸乡南有亳坂，东有城，太甲所放处也。'按：尸乡在洛州偃师县西南五里也。"洛州偃师县，即今河南洛阳市偃师区。新中国成立后，在今偃师区二里头，曾发现商代早期大型都城宫殿遗址，并以此命名为"二里头文化"。⑪自怨自艾：自我悔恨，自我改正。艾，割草，比喻改过自新。　⑫处仁迁义：居心于仁，做事从义。处，居住。《易·系辞下》："上古穴居而野处，后世圣人易之以宫室。"迁，迁移。引申为"从"。《诗·小雅·伐木》："出自幽谷，迁于乔木。"⑬亳（bó 勃）：地名。商汤的国都。《史记·殷本纪》："汤始居亳。"相传亳有三：一在今河南商丘东南，又名"南亳"；二在今河南商丘北，诸侯拥戴汤为盟主于此，又名"北亳"；三在今河南洛阳市偃师区西，汤攻克夏时所居，又名"景亳""西亳"。新中国成立后，在今偃师区二里头发现商代早期宫殿遗址。此亳，应是指西亳。　⑭"孔子曰"句：此句不见于《论语》。　禅（shàn 善）：把帝王之位让授于贤者。　　夏后：初为部落名，后为朝代名，即夏。相传禹是其领袖。禹治水有功而受舜禅让，成为部落联盟领袖。后建立夏王朝，称夏后氏、夏后或夏氏。《论语·八佾（yì 义）》："夏后氏以松。"《史记·夏本纪》："禹于是遂即天子位，南面朝天下，国号曰夏后，姓姒氏。"　　继：帝王父传与子，世代相袭。

【译文】

万章问道："人们有这种说法：'到了禹的时代道德就衰落了，不传给贤者，而传给儿子。'有这么回事吗？"

孟子说："不，不是这样。天给与贤者，就给与贤者；天给与儿子，就给与儿子。过去，舜把禹推荐给天，十七年后舜去世，三年的丧礼完毕，禹为躲避舜的儿子去了阳城，天下的老百姓都跟随着他，好像尧去世之后不跟随尧的儿子而跟随舜一样。禹把益推荐给天，七年之后禹去世，三年的丧礼完毕，益为躲避禹的儿子去了箕山之阴。朝见、诉讼的不去找益而去找启，说：'我君王的儿子啊！'唱赞歌的不歌颂益而歌颂启，说：'我君王的儿子啊！'丹朱不像他父亲尧那样贤能，舜的儿子也不像舜那样贤能。舜辅佐尧，禹辅佐舜，经历的年岁多，施与老百姓恩泽的时间长。启贤，能恭敬地继承禹的优良传统。益辅佐禹，经历的年岁少，施与老百姓恩泽的时间没有多久。舜、禹、益辅君泽民的时间长短不一，舜、禹的儿子贤与不贤，都是天意，不是人所能决定的。没有想去做，却做到了的，那是天意；没有想达到，却达到了的，那是命运。一介平民而能够拥有天下的，他的道德一定要像舜禹那样高尚，而且又有天子的推荐。所以孔子不可能拥有天下。通过父子继承而拥有天下，被天废弃，一定是像桀纣那样的暴君。所以益、伊尹、周公不可能拥有天下。伊尹辅佐汤统一了天下，汤去世，长子太丁早逝未立，丁弟外丙做了两年君王，丙弟仲壬做了四年君王。太丁的长子太甲继位，废弃汤制定的常规法度，伊尹把他放逐到了桐地。过了三年，太甲认识到了错误，自我悔恨，自我改正，在桐居心于仁，做事从义。三年之后，听从伊尹对自己的教训，重新回到了亳都。周公不能拥有天下，就像益在夏的处境、伊尹在殷的处境一样。孔子说：'唐尧、虞舜禅让天下与贤，夏、商、周世代相传，他们遵循的道义是一样的。'"

【一得】

最高权力的更迭，人民群众的拥护是其根本条件。这就是"天与之"。任何人，都要在社会制度的框架下去寻找自己的位置。社会制度又是发展变化的。

尧、舜禅让，是原始社会部落联盟的制度，它适应当时生产力发展的状况。禹传子，是社会生产力的发展、私有制的确立、家庭的稳固等因素的结果，它应当有利于社会的稳定、统一与发展。尧舜让贤、大禹传子，人民群众都是拥护的。否则，它不会成功。他们都适应了社会生产力发展的要求。具体制度的实施，仅有道德是不够的，还需要实力，乃至以武力作后盾。

第二十章　禹恶旨酒

8.20　孟子曰："禹恶旨酒①，而好善言。汤执中，立贤无方②。文王视民如伤，望道而未之见③。武王不泄迩④，不忘远。周公思兼三王⑤，以施四事⑥；其有不合者，仰而思之，

夜以继日；幸而得之，坐以待旦。"（《离娄下》8.20）

【注释】

①旨酒：美酒。旨，美，味美。《诗·小雅·鹿鸣》："我有旨酒，以燕乐嘉宾之心。" ②无方：不拘一格，没有固定的模式。方，模式，规则。 ③望道：遥望祭祀山川于道。望，古代祭祀山川的专称。因遥望而祭，不能亲诣，故曰望，或望祭。《书·舜典》："望于山川，遍于群神。"《公羊传·僖公三十一年》："三望者何？望祭也。然则曷祭？祭泰山河海。"《左传·宣公三年》："望，郊之属也。"道，道路。"望"属于郊祭之类，在郊外大道举行。 ④泄迩（ěr 尔）：遗漏近的。泄，漏，遗漏。迩，近。 ⑤三王：夏、商、周三代的君王。 ⑥四事：禹、汤、文、武四位君王施行的善政。

【译文】

孟子说："禹厌恶美酒而喜欢善言。汤秉持中道，举用贤能不拘一格。文王看待百姓好像受伤的人一样，遥望祭祀于道，祈求群神护佑，而没有逐一探视。武王施恩不遗漏近的，不落下远的。周公追求兼备夏、商、周三代君王的美德，施行禹、汤、文、武四位君王的善政；若有不合，仰面深思，夜以继日；幸好想通了，坐着等到天明，立即实施。"

【一得】

每一个王朝之所以能够建立，都有它的善政所在；每一位圣君之所以被后人称道，都有他的美德所在。聪明的后来者，会继承前人的优良传统，并发扬光大。遵循正道，而知变通，是智者之举。

【疑难】

◎望道而未之见

赵《注》："望道而未至,殷录未尽,尚有贤臣,道未得至,故望而不致诛于纣也。"

朱《注》："而,读为如,古字通用。民已安矣,而视之犹若有伤;道已至矣,而望之犹若未见。圣人之爱民深,而求道切如此。不自满足,终日乾乾之心也。"

杨《译文》："追求真理又似乎未曾见到一样(,毫不自满,努力不懈)。"

赵《注》读不懂,不知怎么联系到"诛于纣"上去了。朱《注》"道已至矣,而望之犹若未见",杨《译文》"追求真理又似乎未曾见到一样",虽有小异,但存大同。都是将"道"作为"道理""真理"之类,将"望"当作"求""追求"之属。由此而作出的解释,都既别扭,又难合本义。

"望道而未之见",是接着"视民如伤"说的,一定与"视民如伤"有联系。而"诛于纣""求道""追求真理",与"视民如伤"离得似乎远了一点,说的不是一回事。"禹恶旨酒,而好善言""汤执中,立贤无方""武王不泄迩,不忘远",都是说的一句话、一件事。从文理、文气而言,说文王也应该是一句话、一件事。

理解此句的关键在"望道"二字。赵、朱、杨却都未作单独注释。望道,不是他们所说的"求道"。望,不能解作"求""看";道,不宜解作"道理""真理"。

望道,是望祭于道。望,古代祭祀山川的专称。遥望而祭,故曰望。《书·舜典》:"望于山川,遍于群神。""岁二月,东巡守,至于岱宗,柴,望秩于山川。"《公羊传·僖公三十一年》:

"三望者何？望祭也。然则曷祭？祭泰山河海。曷为祭泰山河海？山川有能润于百里者，天子秩而祭之。"《左传·宣公三年》："望，郊之属也。"《史记·秦始皇本纪》："（三十七年）十一月，行至云梦，望祀虞舜于九疑山。"上述"望"，都是遥望而祭的意思，因为不能亲赴所在。"望秩"，是将山川河海分为公侯伯子男不同等级遥望而祭。"望道"之"望"，与上述"望"同。道，是道路。因为"望"为郊祭之属，在郊外大道上举行。望道，即在郊外大道上遥望而祭山川河海，祈求群神赐福护佑。

据此，"望道而未之见"，可解为"遥望祭祀山川于道，而没有逐一探视"。与"文王视民如伤"连读，就可以看出文王爱民从大处做起，而不拘于不可为的形式。

◎泄迩

赵《注》："泄，狎（xiá 侠）。迩，近也。不泄狎近贤，不遗忘远善。近谓朝臣，远谓诸侯也。"

朱《注》："泄，狎也。迩者人所易狎而不泄，远者人所易忘而不忘，德之盛，仁之至也。"

杨《注》全引赵《注》。《译文》："武王不轻侮在朝廷中的近臣。"

泄，注为"狎"不妥。狎，本义为亲近，亲密。《礼记·曲礼上》："贤者狎而敬之，畏而爱之。"《左传·襄公六年》："宋华弱与乐辔少相狎，长相优，又相谤也。"狎，本身没有"侮"义，只有和"侮"结合为"狎侮"，才有轻侮、轻慢、戏弄义。《书·泰誓》："狎侮五常，荒怠弗敬。"《史记·高祖本纪》："廷中吏无所不狎侮。"泄，本义为泄漏。无"亲近""亲密"义。与"狎"基本没有什么牵连。

"武王不泄迩，不忘远"，是说武王待人公平。"泄迩"与"忘远"，迩、远，是说不论远近；泄、忘，则同为遗漏、落（là 辣）

下的意思。是说施恩不论远近都不遗漏、落下，主要是指灭殷后的分封诸侯、论功行赏以及对老百姓乃至殷遗民的安抚。迩、远，不仅仅是指距离，也指血缘关系等，都不是单单指某一部分人，而是指所有臣民。

据上所述，"泄迩"应解为"遗漏亲、近的人"。这与"忘远"即"忘记疏、远的人"正相对应。

第二十一章　禹稷当平世

8.21　禹、稷当平世①，三过其门而不入，孔子贤之。颜子当乱世，居于陋巷，一箪食，一瓢饮②，人不堪其忧，颜子不改其乐，孔子贤之。

孟子曰："禹、稷、颜回同道。禹思天下有溺者，由己溺之也；稷思天下有饥者，由己饥之也，是以如是其急也。禹、稷、颜子易地则皆然③。今有同室之人斗者，救之，虽被发缨冠而救之④，可也；乡邻有斗者，被发缨冠而往救之，则惑也，虽闭户可也⑤。"（《离娄下》8.29）

【注释】

①稷：即后稷。见《知言　养气》5.14 ㉖₁。　②饮：泛指可以喝的稀食，粥、浆、汤之类。　③易地：互换环境。易，换。地，环境，所处的位置。不是单纯指地方。　④被（pī披）发缨冠：披散着头发，把缨和冠一并戴在头上。形容急迫。

被，通"披"。缨，结冠的带子，系冠于颐下。缨冠，把缨带和帽子一并戴在头上。　⑤户：泛指门。《诗·小雅·斯干》："筑室百堵，西南其户。"《论语·雍也》："谁能出不由户？"

【译文】

禹、稷处在社会安定的年代，为了救灾济民，三次路过自己的家门都不进去，孔子以"贤"称赞他们。颜子处在社会动乱的年代，居住在狭小的巷子里，饮食只有一筐饭、一瓢汤，别人都受不了这种贫穷的苦恼，颜子却不改变自己内心的快乐，孔子也以"贤"称赞他。

孟子说："禹、稷、颜回奉行的准则是一样的。禹想着天下有受淹的百姓，是由于自己失职而让他们淹在了水里；稷想着天下有挨饿的百姓，是由于自己失职而让他们没有饭吃。抱着这种心态，所以他们救民才如此急迫。禹、稷、颜子互换了环境都会这样。如果有住在同一个房屋里的人发生了打斗，急于去劝解，即使披散着头发，把缨带和帽子一并戴在头上，就去劝解他们，也是可以的；同乡邻居有打斗的，披散着头发，把缨带和帽子一并戴在头上，就去劝解他们，就是糊涂了；即使关上门不问，也是可以的。"

【一得】

人的所作所为，应当与所处的环境、位置相适应，该作为的，不可不作为；不该作为的，不可乱作为。不论在什么情况下，都要保持一颗仁爱之心，都要依义而行。

本章与《尽心上》"穷不失义，达不离道""穷则独善其身，达则兼善天下"，可以相互表里。也与《中庸》"君子素其位而行"同义。

第九篇 圣 贤

第一章　圣人，百世之师也

9.1　孟子曰："圣人，百世之师也。伯夷、柳下惠是也[①]。故闻伯夷之风者，顽夫廉[②]，懦夫有立志[③]；闻柳下惠之风者，薄夫敦[④]，鄙夫宽[⑤]。奋乎百世之上，百世之下，闻者莫不兴起也。非圣人而能若是乎？而况于亲炙之者乎[⑥]？"（《尽心下》14.15）

【注释】

①伯夷：见《知言　养气》5.1 ㊻。　　柳下惠：见《行止》6.16 ⑥。　　②顽夫：愚钝、贪婪的人。顽，不仅指愚昧不化，

还含贪婪自私义。《书·尧典》"父顽"，是说舜的父亲瞽叟多次与其庶子象共同谋害舜，想占有舜的财产。　　③懦：怯懦，软弱。　　④薄：浅薄，轻浮。　　⑤鄙：庸俗，鄙陋。　　⑥亲炙（zhì 至）：亲身受到熏陶、教化。炙，烤。引申为熏陶、教化。

【译文】

孟子说："圣人，是百代人的师表。伯夷、柳下惠就是这样的。所以听说了伯夷风范的，愚钝、贪婪的人也会变得清廉，怯懦、软弱的人也会立下志向；听说了柳下惠风范的，浅薄、轻浮的人也会变得敦厚，庸俗、鄙陋的人也会变得宽容。奋发有为于百代之前，百代之后，听说了他们风范的无不振作兴起。不是圣人，能做到这样吗？而何况对于亲身受到熏陶、教化的人呢？"

【一得】

儒家提倡崇拜人，而不崇拜神。圣人，德才兼备，集道德和智慧于一身，又以传承文明为己任，是儒家的最高崇拜者。正是由于圣人的存在，才使人们有书读，有榜样学，有教育与受教育的自觉，才使中华文明的薪火代代相传。

第二章　伯夷，目不视恶色

9.2　孟子曰："伯夷，目不视恶色，耳不听恶声。非其君不事，非其民不使。治则进，乱则退。横政之所出，横民之所止，不忍居也。思与乡人处，如以朝衣朝冠坐于涂炭也①。当纣之时，居北海之滨，以待天下之清也。故闻伯夷之风者，顽夫廉，懦夫有立志。

"伊尹曰：'何事非君？何使非民？'治亦进，乱亦进。曰：'天之生斯民也，使先知觉后知，使先觉觉后觉。予，天民之先觉者也。予将以此道觉此民也。'思天下之民匹夫匹妇有不与被尧舜之泽者，如己推而内之沟中②。其自任以天下之重也。

"柳下惠，不羞污君，不辞小官。进不隐贤，必以其道。遗佚而不怨③，厄穷而不悯④。与乡人处，由由然不忍去也⑤。'尔为尔，我为我，虽袒裼裸裎于我侧⑥，尔焉能浼我哉⑦？'故闻柳下惠之风者，鄙夫宽，薄夫敦。

"孔子之去齐，接淅而行⑧。去鲁，曰'迟迟吾行也'，去父母国之道也。可以速而速，可以久而久，可以处而处，可以仕而仕，孔子也。"

孟子曰："伯夷，圣之清者也；伊尹，圣之任者也；柳下惠，圣之和者也；孔子，圣之时者也。孔子之谓集大成。集大成也者，金声而玉振之也⑨。金声也者，始条理也⑩；玉振之也者，终条理也。始条理者，智之事也；终条理者，圣之事也。智，譬则巧也；圣，譬则力也。由射于百步之外也⑪，其至，尔力也；其中，非尔力也。"（《万章下》10.1）

【注释】

①涂炭：污泥与木炭。因污泥有异味，木炭为黑色，均易污染衣物，故以此指不清洁。　②内（nà 纳）：同"纳"。

纳的本字。《史记》《汉书》多以"内"为"纳"。　③遗佚：遗漏，遗弃。　④厄（è扼）穷：艰难穷困。　⑤由由然：怡然自得的样子。　⑥袒裼裸裎（tǎn xī luǒ chéng 坦西裸呈）：敞衣露体。袒，敞开。裼，裘外的罩衣，泛指外衣。裸，露。裎，对襟单衣，泛指内衣。　⑦浼（měi 美）：玷污，污染。　⑧接淅（jié xī 杰西）：迅速而不停息。接，迅速。通"捷"。《荀子·大略》："先事虑事谓之接，接则事优成。"唐代杨倞（jìng 净；又读 liàng 亮）注："接，读为捷，速也。"淅，除解作淘米外，更多用于拟声，形容轻微的风、雨、雪等的声音。如，小雨淅淅沥沥下个不停。此处取其"不停"义。　⑨金声而玉振：奏乐节奏有条理，声音优美。比喻孔子智、德兼备，集圣人智、德之大成。金，指钟；玉，指磬。奏乐，首先撞钟，以发众声；最后击磬，以收众音，以完美的节奏，集众音之大成。　⑩条理：协调理顺。同"调理"。指奏乐时的整体掌控。　⑪由：犹如，好像。通"犹"。

【译文】

孟子说："伯夷，眼睛不看丑恶的现象，耳朵不听丑恶的声音，不是称心的君主不事奉，不是称心的百姓不使唤。世道清明就进取，世道混乱就退避。暴政横出的地方，乱民聚集的地方，不愿意留居。认为与乡下人相处，好像穿戴着上朝的衣冠坐在污泥炭堆上一样。在商纣王的时代，居住在北海的海边上，来等待天下的清明。所以听到伯夷风范的，愚钝、贪婪的人也会变得清廉，怯懦、软弱的人也会立下志向。

"伊尹说：'什么君主不可事奉？什么百姓不可使唤？'世道清明也进取，世道混乱也进取。说：'上天降生这些百姓，让先知道的唤醒后知道的，让先觉悟的唤醒后觉悟的。我，天下百姓中先觉悟的人。我将用这些道理去唤醒这些百姓。'心里想，天下的百姓只要有一个男子、一个妇女没有蒙受到尧舜恩泽的，就像被自己推入沟壑之中。就这样，把拯救天下作为自己的重任。

"柳下惠，不以事奉昏庸的君主为羞耻，不推辞卑小的官职。进取不隐藏才干，一定坚持自己的准则。被遗漏了也不埋怨，艰难穷困也不忧愁。与乡下人相处，怡然自得不忍离去。'你为你，我为我，虽然敞衣露体坐在我的身边，你怎么能玷污我呢？'所以听说柳下惠风范的，庸俗、鄙陋的人也会变得宽容，浅薄、轻浮的人也会变得敦厚。

"孔子离开齐国，迅速而不停地行走。离开鲁国，说'我要慢慢地走'，这是离开父母国家的道路啊！可以快速就快速，可以缓慢就缓慢，可以隐居就隐居，可以做官就做官，这就是孔子。"

孟子说："伯夷，是圣人中的清纯者；伊尹，是圣人中的担当者；柳下惠，是圣人中的和悦者；孔子，是圣人中的识时者。孔子能称得上集大成。集大成的意思，好比奏乐，首先撞钟，以发众声；最后击磬，以收众音。撞钟，是启奏时的发声调理；击磬，是终结时的收音调理。启奏时的发声调理，依靠智慧；终结时的收音调理，依靠圣德。智慧，好比灵巧；圣德，好比力量。比如在百步之外射箭，射到，靠你的力量；射中，就不是靠你的力量了。"

【一得】

高尚的道德品质，体现在多个方面。其根本的表现，是有仁心，即有爱心；有义行，即乐奉献。然而，人各有志，人各有长，人各有所处的环境，不可能什么都做到，不可能都一样。

只要有一个方面的美德，就可以被称为圣人了。清纯、担当、和悦、识时，分别是伯夷、伊尹、柳下惠、孔子的过人之处，所以他们被分别称为圣之清者、圣之任者、圣之和者、圣之时者。既有美德，而又充满智慧，这是圣人的共同境界。

【疑难】

◎袒裼裸裎

赵《注》未注。

朱《注》见《公孙丑上》。注曰："袒裼，露臂也。裸裎，露身也。"

杨《译注》见《公孙丑上》。注曰："袒，《说文》作'但'，云：'但，裼也。'《尔雅·释训》《诗·毛传》皆云：'袒裼，肉袒也。'（肉袒者，肉外见而无衣也。）裎（chéng），朱熹《集注》云：'裸裎，露身也。'"《译文》："赤身露体。"

朱《注》太简，应当再说具体一点。

杨《注》剪辑了《孟子正义》中的几句话，以袒作"但"，以裼解"但"，不能让人知道袒、裼各为何义。裸裎，全引了朱《注》。《译文》"赤身露体"，其本义可能是光着上身，但从字面上去直解，则可训为"裸体"。春秋时代，不可能有人一丝不挂处在柳下惠身边。

袒裼裸裎，不是个连绵词，每个字各有独立的含义。袒裼、裸裎，各为动宾词组。

袒，敞开。《礼记·少仪》："甲若有以前之，则执以将命；无以前之，则袒橐（gāo 高，古代收藏衣甲或弓箭之器）奉胄。"孔颖达《疏》："袒，开也。"《礼记·曲礼上》："冠毋免，劳毋袒。"意思是，帽子不要随便脱下，劳作时不要敞开衣襟。裼，裘外所覆加的罩衣。《礼记·玉藻》："狐裘，黄衣以裼之。""裘之裼也，见美也。"也泛指外衣。《史记·张仪列传》："山东之士被甲蒙胄以会战，秦人捐甲徒裼以趋敌。"捐甲徒裼，意为扔掉甲胄，只穿外衣。袒裼，应解为敞开外衣。

裸，露出，没有遮盖。裎，对襟单衣，泛指内衣。《方言》卷四："［禅（单）衣］……无褓（bào 抱，古'抱'字）者谓之裎衣。"钱绎笺疏："裎衣，即今之对裣（襟）衣，无右外裣（襟）者也。"裸裎，即露出内衣。

袒裼裸裎，即敞开外衣露出内衣。形容敞衣露体，衣着不整之貌。

◎接淅

赵《注》："淅，渍米也。不及炊，避恶亟也。"

朱《注》："接，犹承也。淅，渍米水也。渍米将炊，而欲去之速，故以手承水取米而行，不及炊也。"

杨《注》："《说文》：'淅，汰米也。'又云：'潃，浚干渍米也。从水，竟声。《孟子》曰，夫子去齐，潃淅而行。'是许慎所据《孟子》'接'作'潃'。'潃'是漉干之意。淅米，汰米，今日淘米。"《译文》："不等把米淘完，漉干就走。"

赵《注》："淅，渍米也。"渍（zì字），是浸泡的意思。《礼记·内则》："渍，取牛肉必新杀者，薄切之必绝其理。"浸泡与淘米不是一回事。故此注不妥。

朱《注》："淅，渍米水也。"误。"以手承水取米而行"，不切合实际。用手又承水又取米，不知如何操作。

杨《注》以"接"作"潃"，《译文》"不等把米淘完，漉干水就走"。如果潃是漉干，淅是淘米，接淅就是"漉干淘米"，那么，"不等"由何而来？此种译、注不能自圆其说。

接，读 jié（捷），迅速之意。通"捷"。《荀子·大略》："先事虑事谓之接，接则事优成。"唐代杨倞（jìng 净，又读 liàng

亮）注："接，读为捷，速也。"渐，若为淘米，则要不停地滤水，不停地摇晃；若为拟声"渐沥""渐渐沥沥"，则是指雨、雪下个不停。这两种用法，都含有"不停"的意思，故"渐"可引申为"不停"。据此，"接渐"可解为"迅速不停"。"接渐而行"，即迅速不停地行走。

如果训"渐"为淘米，"接"为迅速，"接渐"可解释为迅速淘米。亦通。但不知为什么要把迅速离去与淘米连在一起呢？"不及炊""不等把米淘完"就走，是特殊情况下的行为，而非正常情况下的行为。拙著还是认为，训"接渐"为迅速不停，为妥。

第三章　伯夷，非其君不事

9.3　孟子曰："伯夷，非其君不事，非其友不友。不立于恶人之朝，不与恶人言。立于恶人之朝，与恶人言，如以朝衣朝冠坐于涂炭。推恶恶之心，思与乡人立，其冠不正，望望然去之[①]，若将浼焉。是故诸侯虽有善其辞命而至者，不受也。不受也者，是亦不屑就已。

"柳下惠，不羞污君，不卑小官。进不隐贤，必以其道。遗佚而不怨，厄穷而不悯。故曰：'尔为尔，我为我，虽袒裼裸裎于我侧，尔焉能浼我哉？'故由由然与之偕而不自失焉，援而止之而止[②]。援而止之而止者，是亦不屑去已。"

孟子曰："伯夷隘，柳下惠不恭。隘与不恭，君子不由也[③]。"（《公孙丑上》3.9）

【注释】

①望望然：疏远的样子。望，向远处看。望望，引申为疏远，远远。　　②援而止之：拉扯着留下。援，牵，拉。止，停留。　　③由：从。《论语·雍也》："谁能出不由户？何莫由斯道也？"此处可引申为遵循，这样做。

【译文】

孟子说："伯夷，不是称心的君主不事奉，不是称心的朋友不结交。不在恶人的朝廷里做官，不与恶人交谈。在恶人的朝廷里做官，与恶人交谈，好像穿戴着上朝的衣帽坐在污泥和木炭上一样。把这种讨厌恶人的心理推而广之，想着与乡下人站在一起，他歪戴着帽子，会远远地离开他，好像会玷污了自己。因此，诸侯虽然派遣善于劝说的使者前往邀请，也不接受任用。不接受任用，实际上是不屑于与他们共事。

"柳下惠，不以事奉昏庸的君主为羞耻，不认为做小官卑下。进取不隐藏才干，一定坚持自己的准则。被遗弃了也不抱怨，艰难贫困也不忧愁。所以他说：'你是你，我是我，虽然敞衣露体在我身边，你怎么能玷污我呢？'因此，怡然自得地与他们相处而不觉得自己有什么损失，拉扯着留下就留下。拉扯着留下就留下，实际上是不屑于离去。"

孟子说："伯夷有些狭隘，柳下惠有些不庄重。狭隘与不庄重，君子不会这样做。"

【一得】

一个人修德谋事，可以追求极致，而不可走向极端。极致，是恰到好处；极端，是在某些方面做过了头。比如讲卫生，恰到好处，是保持了清洁，预防了疾病；做过了头，是过度防护，成了"洁癖"，伤害身心。

【疑难】

◎望望然去之

赵《注》："望望然，惭愧之貌也。去之，恐其污己也。"

朱《注》："望望，去而不顾之貌。"

杨《注》："望望然——怨望之貌。"《译文》："便将不高兴地走开。"

望望然，"惭愧之貌"，按文中所述，伯夷此刻的心情不是"惭愧"，而是厌恶。"去而不顾之貌"，不顾，即不看；离去而不看，与"望望"相矛盾。"怨望之貌"，望望，由何生"怨"？也很难译为"不高兴"。故赵、朱、杨《注》均不妥。

望望然，是疏远的样子。望，本义为向远处看。由此，望望可引申为远远，疏远。望望然去之，可译为"远远地离开他"。

第四章　柳下惠不以三公易其介

9.4　孟子曰："柳下惠不以三公易其介①。"（《尽心上》13.28）

【注释】

① 三公：辅佐国君执掌军政大权的最高官员。周代已有此称。《书·周官》："立太师、太傅、太保，兹惟三公，论道经邦，

燮理阴阳。"又《公羊传·隐公五年》："天子三公者何？天子之相也。"一说指司徒、司马、司空。　介：操守。通"界"。《楚辞·九章·哀郢》："哀州土之平乐兮，悲江介之遗风。"王逸注："介，一作界。"由疆界、边际，引申为人做事的底线、操守。

【译文】

孟子说："柳下惠不因为三公的高位而改变自己的操守。"

【一得】

孟子称柳下惠为"圣之和者"，又批评他"不恭"，但仍然赞扬他在大富大贵面前"不能淫"。

第五章　伊尹以割烹要汤

9.5　万章问曰："人有言，'伊尹以割烹要汤[①]。'有诸？"

孟子曰："否，不然。伊尹耕于有莘之野[②]，而乐尧舜之道焉。非其义也，非其道也，禄之以天下，弗顾也；系马千驷[③]，弗视也。非其义也，非其道也，一介不以与人[④]，一介不以取诸人。汤使人以币聘之，嚣嚣然曰[⑤]：'我何以汤之聘币为哉？我岂若处畎亩之中，由是以乐尧舜之道哉？'汤三使往聘之，既而幡然改曰[⑥]：'与我处畎亩之中，由是以乐尧舜之道，吾岂若使是君为尧舜之君哉？吾岂若使是民为尧舜之民哉？吾岂若于吾身亲见之哉⑦？天之生此民也，使先知觉后知，使先觉觉后觉也。予，天民之先觉者也；予将以斯道觉斯民也。非予觉之，而谁也？'思天下之民匹夫匹妇有不被尧舜之泽者，若己推而内之沟中⑧。其自任以天下之重如此，故就汤而说之以伐夏救民⑨。吾未闻枉己而正人者也，况辱己以正天下者乎？圣人之行不同也，或远，或近；或去，或不去，归洁其身而已矣。吾闻其以尧舜之道要汤，未闻以割烹也。《伊训》曰：'天诛造攻自牧宫，朕载自亳⑩。'"（《万章上》9.7）

【注释】

①割烹：烹饪厨艺。　要（yāo腰）：求，取。《告子上》："今之人修其天爵，以要人爵。"　②有莘（shēn深）：古国名。也作"有辛""有侁"。故址在今山东曹县西北。一说在今河南开封旧陈留县东。商汤娶有莘氏之女，即其国。③驷（sì四）：古代一车套四马，因此称四马之车或车之四马为"驷"。千驷，即四千匹马。《论语·季氏》："齐景公有马千驷。"　④一介：一丁点儿。指数量轻微。　⑤嚣（áo嗷）嚣然：自得，不在乎的样子。《尽心上》："人知之，亦嚣嚣；人不知，亦嚣嚣。"　⑥幡（fān翻）然：突然改变的样子。幡，改变。通"翻"。　⑦见（xiàn现）：体现。同"现"。⑧内（nà纳）：使进入。古"纳"字作"内"。　⑨说（shuì税）：劝说别人服从自己的意见。　⑩"《伊训》曰"句：赵《注》："《伊训》，《尚书》逸篇名。"今传《尚书》中的《伊训》源自伪《古文尚书》。有"造攻自鸣条，朕哉自亳"句，与本文所引有异。　造：起始。　牧宫：赵《注》："牧宫，桀宫。"　载：开始。《滕文公下》："汤始征，自葛载。"

【译文】

万章问道："有人说，'伊尹用烹饪厨艺去求取商汤的信任。'有这么回事吗？"

孟子说："不，不是这么回事。伊尹在有莘国的农田耕作，而喜欢尧舜之道。不合尧舜之义，不合尧舜之道，就是把天下的财富作为俸禄，连头也不回；送给能拉千辆车的骏马，连看也不看。不合尧舜之义、不合尧舜之道，一丁点儿也不给与别人，一丁点儿也不从别人那里取得。汤派人带着币帛去聘请他，不以为然地说：'我怎么能被汤的聘礼所左右呢？我哪如处在农田之中，在这里以践行尧舜之道为乐呢？'汤三次派人去聘请他，于是翻然改口说：'与其我处在农田之中，在这里以践行尧舜之道为乐，我哪如使这位君王做尧舜那样的君王呢？我哪如使这些百姓做尧舜时代的百姓呢？我哪如在我身上去亲自体现它呢？上天降生这些百姓，让先知道的唤醒后知道的，让先觉悟的唤醒后觉悟的。我，天下百姓中先觉悟的人；我将用这些道理去唤醒这些百姓。不是我去唤醒他们，还有谁呢？'心里想，天下的百姓只要有一个男子、一个妇女没有蒙受到尧舜恩泽的，就像被自己推入沟壑之中。他把拯救天下作为自己的重任就是这样，所以去了汤那里而劝告他讨伐夏桀拯救百姓。我没听说过弯曲自己而能矫正别人的，何况屈辱自己去匡正天下呢？圣人的做法各有不同，或者疏远，或者接近；或者离开，或者不离开，归根到底保持自身的纯洁罢了。我听说伊尹用尧舜之道去求取商汤的信任，没听说用烹饪厨艺啊！《伊训》说：'上天讨伐夏桀的起因在他的牧宫，我不过从亳都开始出征。'"

【一得】

孟子喜欢伊尹，溢于言表。他批评圣之清者伯夷狭隘，批评圣之和者柳下惠不恭，而对伊尹只有赞美。从孟子的一生行迹，可以看到伊尹的影子。

第六章　放太甲于桐

9.6　公孙丑曰："伊尹曰：'予不狎于不顺[①]。'放太甲于桐[②]，民大悦。太甲贤，又反之[③]，民大悦。贤者之为人臣也，其君不贤，则固可放与[④]？"

孟子曰："有伊尹之志[⑤]，则可；无伊尹之志，则篡也。"（《尽心上》13.31）

【注释】

①"伊尹曰"句：古《尚书》逸文。今传《尚书·太甲》三篇，源自伪《古文尚书》，其上篇有"予弗狎于弗顺"句。　狎（xiá 侠）：习惯。《国语·周语中》："未狎君政，故未承命。"　②太甲：见《尧舜》8.19⑨。　桐：见《尧舜》8.19⑩。　③反：回，返回。通"返"。　④固：本来，原来。《左传·僖公十五年》："愎谏违卜，固败是求，又何逃焉。"　⑤志：用心，志向。

【译文】

公孙丑说："伊尹说：'我不习惯于不顺应天命。'他放逐太甲到桐邑，百姓非常高兴。太甲改过自新，又迎接他返回君位，百姓非常高兴。贤者作为人臣，他的君主不贤，就本来可以放逐吗？"

孟子说："有伊尹的心志，就可以；没有伊尹的心志，就是篡夺君位。"

【一得】

君主不贤，臣下应当怎么办？这是一个难题。劝谏，尚有被杀头的危险，何况放逐？孟子的观点是："有伊尹之志，则可。"只要出以公心，以天下为己任，就可以。这与"汤放桀，武王伐纣"是"诛一夫"（《梁惠王下》）；"君有大过则谏，反复之而不听，则易位"（《万章下》），是同类的观点。都是肯定了君位不是神圣不可侵犯，而"民大悦"才是最重要的。

【疑难】

◎予不狎于不顺

赵《注》未注。

朱《注》："狎，习见也。不顺，言太甲所为，不顺义理也。"

杨《注》未注。《译文》："我不愿亲近违背义礼的人。"

此句难解在"狎"与"顺"。

狎，朱《注》"习见"、杨《译》"亲近"，均不妥。狎，在此是"习惯"意。正如《左传·昭公二十三年》："民狎其野，三务成功。"杜预注："狎，安习也。"《国语·周语中》："未狎君政，故未承命。"

顺，本身并不难懂。关键在"不顺"的是什么。朱《注》为"不顺义理"，杨译为"违背义礼的人"，虽接近本义，但有待深入。如果认为伊尹因为"不习见不顺义理"，或"不愿亲近违背义礼的人"，而放逐太甲，就低看了伊尹的心志。伊尹自以为是"天民之先觉者也"，上天"使先觉觉后觉"，他要"使是君为尧舜之君""使是民为尧舜之民"（《万章上》），他以拯救天下为己任，他要顺应的是天命，而太甲不遵从先祖留下的法典、教训，在君位而不行君事，是不顺应天命。如果不能使太甲成为尧舜之君，也是自己没顺应天命。所以伊尹不习惯的是不顺应天命，为了顺应天命而放逐了太甲。因此，顺，应理解为"顺应天命"。

据上述，此句应今译为"我不习惯于不顺应天命"。

第七章　百里奚自鬻于秦

9.7　万章问曰："或曰，'百里奚自鬻于秦养牲者五羊之皮^①，食牛，以要秦缪公'。信乎？"

孟子曰："否，不然，好事者为之也。百里奚，虞人也^②。晋人以垂棘之璧与屈产之乘假道于虞以伐虢^③。宫之奇谏^④，百里奚不谏。知虞公之不可谏而去，之秦，年已七十矣。曾不知以食牛干秦缪公之为污也^⑤，可谓智乎？不可谏而不谏，可谓不智乎？知虞公之将亡而先去之，不可谓不智也。时举于秦，知缪公之可与有行也而相之，可谓不智乎？相秦而显其君于天下，可传于后世，不贤而能之乎？自鬻以成其君，乡党自好者不为^⑥，而谓贤者为之乎？"（《万章上》9.9）

【注释】

①自鬻（yù玉）：自己出卖自己。鬻，出卖。　②虞：见《行止》6.16⑪₁。　③晋：周代诸侯国名。周成王封其弟叔虞于唐。叔虞子燮（xiè谢）父改国号为晋。春秋时据有今山西大部与河北西南地区，地跨黄河两岸。后被其大夫韩、赵、魏三家所分而亡。　垂棘之璧：垂棘出产的玉璧。垂棘，古地名。春秋时属晋，在今山西长治市潞（lù路）城区北，以出产美玉著称。　屈产之乘（shèng胜）：屈地出产的良马。屈，春秋时晋地，产良马。阎若璩《四书释地》云："余谓今山西吉州是。"乘，良马。赵《注》："乘，四马也。"朱《注》："乘，四匹也。"皆不妥。虽然古战车一乘四马，因以乘为四的代称，但在此处并非指"四"，而是指"马"，指驾车的良马。　假道：借路。因从晋国攻打虢国要经过虞国，故晋借路于虞。　虢（guó国）：周分封的诸侯国。有东、西、北虢之分。此虢为北虢，都上阳（今河南三门峡南），占有今河南三门峡和山西平陆一带，公元前655年为晋所灭。　④宫之奇：一作宫奇。春秋时虞国大夫。晋献公十九年（前658），晋以良马玉璧贿赂虞公，借道虞国攻打虢国，虞公应允，他劝谏不听。后三年，晋又向虞借道攻虢，他以"唇亡齿寒"劝谏，虞公仍不听，因而率族奔曹。三月后，晋灭虢，回师灭虞。　⑤干：求，取。意同"要"。　⑥乡党：犹乡里。《礼记·曲礼上》："故州、间、乡、党称其孝也。"

【译文】

万章问道："有的说，'百里奚以五张羊皮的价格把自己卖给了秦国饲养牲畜的人，去跟着他喂牛，借此来求取秦缪公的任用'。这是真的吗？"

孟子说："不，不是这样，这是好事者编造的。百里奚，虞国人。晋国人用垂棘出的玉璧与屈地产的良马贿赂虞公，借道虞国去攻打虢国。宫之奇谏阻，百里奚不谏阻。他知道虞公不会听从谏言而离去，到了秦国，此时年纪已经七十岁了。不曾知道通过喂牛去求取秦缪公的任用是污浊的，能称得上明智吗？不可以谏阻就不去谏阻，能称得上不明智吗？知道虞公将要灭亡而先离去，不能说不明智。被秦国举用时，知道缪公可与之有所作为而辅佐他，能说不明智吗？在秦为相而让他的君王显赫于天下，可流传于后世，不贤能做到这样吗？用自己出卖自己的手段去成全他的君主，乡里洁身自爱的人都不去做，而被称作贤者的人能去这样做吗？"

【一得】

臣下可以离开昏庸的君主，选择明智的君主，从而去实现自己的抱负，或躲避祸患。但是，此举一定不可采用不正当的手段。

见利忘害，图小利而失国、失家、失身，可谓利令智昏。遗憾的是，每天都有人重演着这样的悲剧。

第八章　或谓孔子于卫主痈疽

9.8　万章问曰："或谓孔子于卫主痈疽[①]，于齐主侍人瘠环[②]，有诸乎？"

　　孟子曰："否，不然也，好事者为之也。于卫主颜雠由③。弥子之妻与子路之妻④，兄弟也。弥子谓子路曰：'孔子主我，卫卿可得也。'子路以告。孔子曰：'有命。'孔子进以礼，退以义，得之不得曰'有命'。而主痈疽与侍人瘠环，是无义无命也。孔子不悦于鲁、卫，遭宋桓司马将要而杀之⑤，微服而过宋⑥。是时孔子当厄，主司城贞子⑦，为陈侯周臣⑧。吾闻观近臣，以其所为主；观远臣，以其所主。若孔子主痈疽与侍人瘠环，何以为孔子？"（《万章上》9.8）

【注释】

　　①卫：古国名。姬姓。始封之君为周武王弟康叔。有商都周围地区和殷民七族（今河南东北部），都朝歌（今河南淇县）。公元前660年被翟击败，迁到楚丘（今河南滑县东），从此沦为小国。公元前629年，又迁都帝丘（今河南濮阳西南）。公元前209年为秦所灭。　　主：主人。此处名词用作动词。"以……为主人"的意思，可译为"投奔"。　　痈疽（yōng jū 拥居）：卫灵公宠幸的宦官。《史记·孔子世家》记为"雍渠"。②瘠（jí 极）环：齐景公宠幸的侍从。　　③颜雠（chóu 仇）由：子路妻兄，善事亲。《史记·孔子世家》："孔子遂适卫，主于子路妻兄颜浊邹家。"颜浊邹即颜雠由。　　④弥子：即弥子瑕。卫灵公宠臣。其妻与子路妻为姐妹。颜雠由既是子路的妻兄，也是弥子的妻兄。《韩非子·说难》："昔者弥子瑕有宠于卫君。"　　⑤宋桓司马：宋国的司马桓魋（tuí 颓）。司马，官名。主管军政、车马等。《史记·孔子世家》："孔子去曹适宋，与弟子习礼大树下。宋司马桓魋欲杀孔子，拔其树。孔子去。弟子曰：'可以速矣。'孔子曰：'天生德于予，

桓魋其如予何！'"　　要（yāo夭）：拦截，拦路。同"邀"。⑥微服：为隐藏自己的身份而改穿平民的服装。　　⑦司城贞子：司城，官名。即司空，主管工程、制造等。春秋宋国设置，本名司空，因武公名司空，遂改司空为司城。郑、曹、陈等国也曾设置。贞子，人名。官司城。赵《注》："司城贞子，宋卿也。"《史记·孔子世家》："孔子遂至陈，主于司城贞子家。"其人究竟是陈国人还是宋国人？从下句"为陈侯周臣"来看，应是陈国人。　　⑧陈侯周：即陈湣公。陈国的国君，名周。或曰名越。陈怀公子。陈怀公四年（前502），怀公被迫朝吴，被吴拘留，卒于吴。陈乃立其为君。公元前501年至公元前479年在位。在位期间，正值吴王夫差称霸，吴、楚交恶。陈处于吴、楚之间，事楚，吴攻；事吴，楚伐，只得周旋于吴楚之间。公元前479年，楚惠王伐陈，杀湣公，灭陈。《史记·陈杞世家》："湣公六年（前496），孔子适陈。"《左传·哀公三年》："夏五月辛卯，司铎火。……孔子在陈，闻火，曰：'其桓、僖乎！'"哀公三年，即公元前492年，陈湣公十年。《史记·孔子世家》："陈湣公使使问仲尼。""孔子居陈三岁，会晋楚争强，更伐陈，及吴侵陈，陈常被寇。……于是孔子去陈。"从以上记载可知，孔子在陈时，陈国的国君为陈湣公。至于《左传》《史记·陈杞世家》所载时间有异，《孟子》《陈杞世家》所载名字不同，则有待考证。

【译文】

万章问道："有的说，'孔子在卫国投奔痈疽，在齐国投奔侍人瘠环'。有这么回事吗？"

孟子说："不，不是这么回事，是好事者编造的。在卫国是投奔了颜雠由。弥子的妻子与子路的妻子是姐妹，弥子对子路说：'孔子如果投奔我，卫国卿的位置唾手可得。'子路把这话告诉了孔子。孔子说：'这由天命决定。'孔子进取依据礼，退避依据义，得志与不得志，都说'这由天命决定'。而投奔痈疽与侍人瘠环，就是无视礼义与天命了。孔子不喜欢在鲁国、卫国，又遇上宋国的司马桓魋准备拦路杀害他，只得换上百姓的服装走过宋国。这时候，孔子正处在危难之中，才投奔了司城贞子，做了陈侯周的臣属。我听说，观察朝内的臣属，看他接纳什么样的人；观察外来的臣属，看他投奔在什么人的门下。如果孔子投奔痈疽与侍人瘠环，怎么能称得上孔子呢？"

【一得】

物以类聚，人以群分。从一个人结交的人中，往往可以看到这个人的身影。故不论是接纳什么人，还是投奔什么人，都不可不慎。

第九章　孔子在陈曰

9.9　万章问曰："孔子在陈曰：'盍归乎来！吾党之士狂简，进取，不忘其初^①。'孔子在陈，何思鲁之狂士？"

孟子曰："孔子'不得中道而与之，必也狂獧乎！狂者进取，獧者有所不为也^②'。孔子岂不欲中道哉？不可必得，故思其次也。"

"敢问何如斯可谓狂矣？"

曰：“如琴张、曾皙、牧皮者^③，孔子之所谓狂矣。”

“何以谓之狂也？”

曰：“其志嘐嘐然^④，曰：‘古之人，古之人。’夷考其行^⑤，而不掩焉者也^⑥。狂者又不可得，欲得不屑不絜之士而与之^⑦，是獧也，是又其次也。孔子曰：‘过我门而不入我室，我不憾焉者，其惟乡原乎！乡原，德之贼也^⑧。’”

曰：“何如斯可谓之乡原矣？”

曰：“‘何以是嘐嘐也？言不顾行，行不顾言，则曰：古之人，古之人。行何为踽踽凉凉^⑨？生斯世也，为斯世也，善斯可矣。’阉然媚于世也者^⑩，是乡原也。”

万子曰：“一乡皆称原人焉，无所往而不为原人，孔子以为德之贼，何哉？”

曰：“非之无举也，刺之无刺也，同乎流俗，合乎污世，居之似忠信，行之似廉洁，众皆悦之，自以为是，而不可与入尧舜之道，故曰‘德之贼’也。孔子曰：‘恶似而非者。恶莠，恐其乱苗也；恶佞，恐其乱义也；恶利口，恐其乱信也；恶郑声，恐其乱乐也；恶紫，恐其乱朱也；恶乡原，恐其乱德也^⑪。’君子反经而已矣^⑫。经正，则庶民兴；庶民兴，斯无邪慝矣^⑬。”

（《尽心下》14.37）

【注释】

①“孔子在陈曰”句：见《论语·公冶长》：“子在陈曰：‘归与！归与！吾党之小子狂简，斐然成章，不知所以裁之。’”与此处所述大同小异。　　盍（hé 何）：何不。副词。　　狂简：

狂放简慢。狂，志大激进；简，孤傲怠慢。　②"不得中道而与之"句：见《论语·子路》："子曰：'不得中行而与之，必也狂狷乎！狂者进取，狷者有所不为也。'"中道，《论语》作"中行"。狂獧，《论语》作"狂狷"。　狂獧（juàn 倦）：违背中道的两个极端。狂，志大而激进，囿于古人而不知变通；獧，孤傲而怠慢，轻视古人而不受约束。与"狂简"同义。《说文》："獧，疾跳也。"段玉裁《注》："獧、狷古今字。今《论语》作'狷'、《孟子》作'獧'是也。"由此可知，獧，同"狷"。由"疾跳"，可引申为不受约束。　③琴张：生平不详。在先秦著作中仅两见，一是《左传·昭公二十年》："琴张闻宗鲁死，将往吊之。仲尼曰：'齐豹之盗，而孟絷之贼，女何吊焉？君子不食奸，不受乱，不为利疚于回，不以回待人，不盖不义，不犯非礼。'"宗鲁死于卫国齐豹杀公孟之乱。时宗鲁为公孟骖乘，虽事先齐豹已告其将杀公孟，而仍因护公孟而死。二是《庄子·大宗师》："子桑户、孟子反、子琴张三人相与友，曰：'孰能相与于无相与，相为于无相为？孰能登天游雾，挠挑无极，相忘以生，无所终穷？'三人相视而笑，莫逆于心，遂相与为友。莫然有间，而子桑户死，未葬，孔子闻之，使子贡往侍事焉。或编曲，或鼓琴，相和而歌曰：'嗟来桑户乎！嗟来桑户乎！而已反其真，而我犹为人猗！'子贡趋而进曰：'敢问临尸而歌，礼乎？'二人相视而笑曰：'是恶知礼意。'"由此可见琴张之"狂"。　曾皙（xī 西）：曾参的父亲。父子同从学于孔子。见《仁义　孝悌》3.12②。牧皮：人名。不可详考。　④嘐（xiāo 消）嘐然：志大言狂的样子。　⑤夷：语气助词。无义。　⑥掩：遮蔽，遮盖。此处指行动不能与言语相合。　⑦不屑不絜（xié 协）：孤傲不羁。不屑，表示轻视，不屑于效法古人；不絜，不受约束，不按规矩行事。絜，本义为用绳围量，引申为按规则行事。注絜为"洁"，不妥。　　⑧"孔子曰：'过我门而不入我室……'"句：此句只有"乡原，德之贼也"见《论语·阳货》。　　乡原（yuàn 愿）：乡里伪善欺世的老好人。原，通"愿"。诚实，善良。《论语》作"乡愿"。《书·皋陶谟》："愿而恭。"　　贼：残害者。　　⑨踽（jǔ 举）踽凉凉：孤独冷漠。踽踽，孤独貌；凉凉，冷清的样子。形容人孤傲不羁，我行我素，不入流俗。　　⑩阉然：像被阉割的宦官逢迎主子一样。阉，去势的男子，指宦官。　　⑪"孔子曰：'恶似而非者……'"句：见《论语·阳货》："子曰：'恶紫之夺朱也，恶郑声之乱雅乐也，恶利口之覆邦家者。'"虽字句与此处所引有异，但意思相同。　　莠（yǒu 友）：根、茎、叶、穗似谷，与谷混生在一起而不结实的植物。　　佞（nìng）：花言巧语，阿谀奉承。　　利口：能言善辩。　　郑声：古代郑地的俗乐。《论语·卫灵公》："颜渊问为邦。子曰：'……放郑声，远佞人。郑声淫，佞人殆。'"　　⑫反经：返回常道。反，同"返"。经，常道。常行的道理、准则。　　⑬邪慝（tè 特）：邪恶。慝，恶。

【译文】

万章问道："孔子在陈国时说：'为什么不回去呢！我相处的那些读书人虽然狂放简慢，但是进取时不忘他们的初衷。'孔子身在陈国，为什么思念鲁国的狂放之士？"

孟子说："孔子'不能得到力行中道的人而与之相处，只得求取狂放的人与简慢的人了。狂放的人追求进取，简慢的人有的事不做'。孔子难道不想与行中道的人共处吗？不能一定得到，所以思念那些比他差的。"

"大胆地问，什么样的人可以称得上狂呢？"

答："比如琴张、曾皙、牧皮之类人，孔子称之为狂。"

"为什么称之为狂呢？"

答："他的志向好像很大的样子，总是说'古代的人，古代的人'。一旦考察他的行动，就不能和他的言语相合了。狂放的人又不可得到，只得寻求不屑于效法古人、不愿意循规蹈矩的人而与之相处了。这种人被称为简慢，是又次一等的。孔子说：'路过我的家门而不进入我家，我不感到遗憾的，那只有乡里的老好人吧！乡里的老好人，是道德的残害者。'"

问："什么样的人叫作乡里的老好人呢？"

答："这种人认为：'为什么要那样志大言狂呢？说了不顾及行动，行动又不顾及怎么说的，口口声声"古代的人，古代的人"。处世为人为什么要那样孤独冷漠呢？生在这个世上，就要袒护这个世道，顺应它就可以了。'像被阉割的宦官逢迎主子一样谄媚于世的人，就是乡里的老好人。"

万子说："整个乡里都称他为老好人，走到哪里没有不称他为老好人的，孔子认为是道德的残害者，为什么呢？"

孟子说："指责他举不出什么过错，讽刺他没有什么值得讽刺的，与流俗混同，与污世相合，居心好像忠信，行事好像廉洁，大家都喜欢他，自己认为正确，但是与尧舜之道格格不入，所以说是'道德的残害者'。孔子说：'厌恶那些好像是而其实不是的东西。厌恶莠草，怕它混乱了禾苗；厌恶花言巧语，怕它混乱了仁义；厌恶能言善辩，怕它混乱了忠信；厌恶郑国的俗调，怕它混乱了雅乐；厌恶紫色，怕它混乱了朱红；厌恶乡里的老好人，怕他混乱了道德。'君子回归常道就可以了。常道不被歪曲，老百姓就会奋发向上；老百姓奋发向上，就没有邪恶了。"

【一得】

中道而行，是人们的追求，也是处世为人的最高境界，但能做到的人并不多。不能因为别人不能力行中道而拒绝与其交往。"君子和而不同"，大概也包含这层意思。固守传统而不知变通，与无视传统而我行我素，是背离中道的两个极端，都是有害的，但也都是可纠正的，因为他们都有美好的愿望。但貌似公允的伪善者，危害更大。因为他具有欺骗性，其本质是与丑恶同流合污。

【疑难】

◎不屑不絜

赵《注》："屑，絜也。不絜，污秽也。既不能得狂者，欲得有介之人，能耻贱污行不絜者，则可与言矣。"

朱《注》："狂，有志者也；獧，有守者也。有志者能进于道，有守者不失其身。屑，絜也。"

杨《注》未注。《译文》："这种狂放之人如果又不可以得到，便想和不屑于做坏事的人来交友。"

此句之难解在一"絜"字。赵《注》、朱《注》"屑，絜也"，不妥。屑、絜并非同义。赵《注》"不絜"为"污秽"，引申为"污行"，读"絜"为"洁"；朱《注》、杨《译文》袭之，亦不妥。

孟子称"不屑不絜之士"是"獧也"。故理解"不屑不絜"离不开"狂獧"。而分析"狂獧"又离不开"中道"。狂獧，是违背中道的两个极端。狂者，志大言狂，言行不合；獧者，孤傲怠慢，不受约束。狂者，言必称古人，唯古人是从；獧者，轻视古人，也不去效法古人，而"能耻贱污行不絜者""有守者""不屑于做坏事的人"，似乎不能和"狂"与"中道"产生明显的对比关系。

不屑，是轻视。轻视的是什么？是狂者仰慕的古人。"踽踽凉凉"，是孤独冷漠，是目空一切的表现。

絜，应读为 xié（协）。用绳围量的意思。《庄子·人间世》："匠石之齐，至于曲辕，见栎（lì 利）社树，其大蔽数千牛，絜之百围。"《释文》："絜……约束也。"可引申为按规矩行事，接受约束。《礼记·大学》："上老老而民兴孝，上长长而民兴弟，上恤孤而民不倍，是以君子有絜矩之道也。"絜矩，即依道而行，按规矩去做。不絜，就是不受约束，不守常道，不按规矩去做。

据此，"不屑不絜"应解为：不屑于效法古人，不受常规的约束。简言之，即孤傲不羁。这与"獧者有所不为"并不矛盾，与"行何为踽踽凉凉"正相吻合，也与言必称古人的狂者构成了背离中道的两个极端。

第十章　仲尼不为已甚者

9.10　孟子曰："仲尼不为已甚者①。"（《离娄下》8.10）

【注释】

①已甚：过分，太甚。说话做事超过了适当的分寸或限度。已，太，过。《论语·泰伯》："人而不仁，疾之已甚，乱也。"

【译文】

孟子说："仲尼不做过分的事情。"

【一得】

比如炒花生米，炒欠了，虽然不好吃，但还可以再炒；炒过了，煳了，就不能吃了，只能扔掉。最佳状态是恰到火候，不欠不过，则又香又酥。做事何不如此？

第十一章　孔子之去鲁

9.11　孟子曰："孔子之去鲁^①，曰'迟迟吾行也'，去父母国之道也。去齐，接淅而行^②，去他国之道也。"（《尽心下》14.17）

【注释】

①孔子之去鲁：本章与本篇《伯夷，目不视恶色》章（《圣贤》9.2）中的一段内容基本相同。该章曰："孔子之去齐，接淅而行。去鲁，曰'迟迟吾行也'，去父母国之道也。"本章仅颠倒了去齐、去鲁的顺序，并多了"去他国之道也"句。　②接淅：见《圣贤》9.2⑧，以及该章【疑难】。

【译文】

孟子说："孔子离开鲁国，说'我要慢慢地走'，这是离开父母国家的道路啊！离开齐国，迅速而不停地行走，这是离开他国的道路啊！"

【一得】

一个人要有热爱家乡、热爱祖国的情怀。人的一举一动，无不展示着自己的内心世界。

第十二章　君子之厄于陈蔡之间

9.12　孟子曰："君子之厄于陈蔡之间①，无上下之交也。"（《尽心下》14.18）

【注释】

①君子之厄于陈蔡之间：孔子在陈国与蔡国之间遭遇了危难。《论语·卫灵公》："在陈绝粮，从者病，莫能兴。子路愠见曰：'君子亦有穷乎？'子曰：'君子固穷，小人穷斯滥矣。'"《史记·孔子世家》："孔子迁于蔡三岁，吴伐陈。楚救陈，军于城父。闻孔子在陈蔡之间，楚使人聘孔子。孔子将往拜礼，陈蔡大夫谋曰：'孔子贤者，所刺讥皆中诸侯之疾。今者久留陈蔡之间，诸大夫所设行皆非仲尼之意。今楚，大国也，来聘孔子。孔子用于楚，则陈蔡用事大夫危矣。'于是乃相与发徒役围孔子于野。不得行，绝粮。从者病，莫能兴。孔子讲诵弦歌不衰。"上述即此事。君子即孔子。

【译文】

孟子说："孔子在陈国与蔡国之间遭遇了危难，是因为与这两国的君臣没有交往。"

【一得】

孤立，容易遭受危难。

第十三章　稽大不理于口

9.13　貉稽曰[①]："稽大不理于口[②]。"

孟子曰："无伤也。士憎兹多口。《诗》云：'忧心悄悄，愠于群小[③]。'孔子也。'肆不殄厥愠，亦不殒厥问[④]。'文王也。"（《尽心下》14.19）

【注释】

①貉稽：貉，姓；稽，名。生平与里籍不详。　②理：顺，顺应。　③"《诗》云"句：见《诗·邶风·柏舟》。　悄（qiǎo 巧）悄：忧愁貌。　愠（yùn 运）：怨恨，恼怒。　④"肆不殄（tiǎn 舔）厥愠"句：见《诗·大雅·绵》。　肆：连词。虽，虽然。殄：断绝，灭绝。《书·毕命》："利口惟贤，余风未殄。"厥：代词。其。前句之"厥"指代别人，后句之"厥"指代自己。殒（yǔn 允）：死亡。此处指损毁。　问：声誉。通"闻"。《诗·大雅·文王》："宣昭义问。"

【译文】

貉稽说："我很不能顺应别人的议论。"

　　孟子说："这没有什么关系。士人憎恶那些多嘴多舌的人。《诗》中说：'忧心忡忡不得安，一群小人把我怨。'孔子就是这样的。'虽未消除别人怨，自己声誉也未减。'文王就是这样的。"

【一得】

　　你不可能管住别人的嘴，但可以把握自己的心。

第十四章　王者之迹熄而《诗》亡

　　9.14　孟子曰："王者之迹熄而《诗》亡[①]，《诗》亡然后《春秋》作[②]。晋之《乘》[③]，楚之《梼杌》[④]，鲁之《春秋》，一也。其事则齐桓、晋文[⑤]，其文则史。孔子曰：'其义则丘窃取之矣[⑥]。'"（《离娄下》8.21）

【注释】

　　①熄：火灭。引申为息止，消亡。　　《诗》：我国最早的诗歌总集。先秦称为《诗》，汉尊为经典，始称《诗经》。共收西周初年至春秋中叶的民歌和朝庙乐章311篇。内《小雅》有笙诗6篇，有目无诗，实际存数为305篇。全书分为风、小雅、大雅、颂四体。汉代传诗者有齐（源于辕固）、鲁（源于申培）、韩（源于韩婴）、毛［源于毛亨、毛苌（cháng 长）］四家。其中齐、鲁、韩三家所传为汉初流行的今文诗，毛公所传的是

稍后晚出的古文诗。齐诗、鲁诗先后亡于魏和西晋。韩诗仅存外传。东汉马融、郑玄分别为毛诗作《注》《笺》，毛诗遂盛行于世，流传至今，今称《诗经》皆指毛诗。　　亡（wú 无）：通"无"。《诗·邶风·谷风》："何有何亡，黾勉求之。"②《春秋》：见《知言　养气》5.2 ⑬。　　③《乘》（shèng 胜）：春秋时晋史书名。赵《注》："乘者，兴于田赋乘马之事，因以为名。"　　④《梼杌》（táo wù 桃勿）：春秋时楚史书名。⑤齐桓：即齐桓公（？—前 643），春秋时齐国君。襄公之弟。公元前 685—前 643 年在位。姜姓，名小白。襄公当政，齐国内乱，他离齐至莒。襄公被杀，归国即位。任管仲为相，国力富强。尊周王室，攘夷狄，九合诸侯，一匡天下，成为春秋五霸之首。　　晋文：即晋文公（？—前 628），春秋时晋国君。名重耳，献公之子。公元前 636—前 628 年在位。献公宠骊姬，杀太子申生，重耳奔翟。流亡十九年，得秦穆公帮助归国为君。用狐偃、赵衰、贾佗、先轸（zhěn 诊）等为辅，尊周室，平王子带之乱，迎接周襄王复位。城濮之战，救宋破楚，大会诸侯，成为霸主。　　⑥窃：谦指自己，私下，暗暗地。《论语·述而》："述而不作，信而好古，窃比于我老彭。"

【译文】

孟子说："圣王的踪迹不见了，而《诗》就消失了；《诗》消失了，然后就有了《春秋》的著述。晋国的《乘》，楚国的《梼杌》，鲁国的《春秋》，都是一类著作。它们所记载的事情，无非是齐桓公、晋文公称霸之类；它们所用的文辞，无非是史书的文辞。孔子说：'它们的大义我孔丘已经私下里领会了。'"

【一得】

诗歌、史书，都是特定历史时期的宝贵文化遗产。后人要透过文字，领会其中的大义。

【疑难】

◎其义则丘窃取之矣

赵《注》："孔子自谓窃取之，以为素王也。孔子人臣，不受君命，私作之，故言窃，亦圣人之谦辞。"

杨《译文》："《诗》三百篇上寓褒善贬恶的大义，我在《春秋》上便借用了。"

赵《注》、杨《译文》均不妥。

此句是接着"晋之《乘》，楚之《梼杌》，鲁之《春秋》，一也。其事则齐桓、晋文，其文则史"说的，"其义则丘窃取之矣"之"其义"，是上述史书之义，"窃取之"的是《春秋》之类史书的大义。可今译为：它们的大义我孔丘已经私下里领会了。

第十五章　曾子居武城

9.15　曾子居武城①，有越寇。或曰："寇至，盍去诸？"曰："无寓人于我室，毁伤其薪木。"寇退，则曰："修我墙屋，我将反。"寇退，曾子反。左右曰："待先生如此其忠且敬也。寇至，则先去以为民望；寇退，则反，殆于不可。"沈犹行曰②："是非汝所知也。昔沈犹有负刍之祸③，从先生者七十人，未有与焉。”

子思居于卫④，有齐寇。或曰：“寇至，盍去诸？”子思曰：
“如伋去，君谁与守？”

孟子曰：“曾子、子思同道。曾子，师也，父兄也；子思，
臣也，微也⑤。曾子、子思易地则皆然。”（《离娄下》8.31）

【注释】

①曾子：见《仁义　孝悌》3.12②₁。　　武城：春秋时鲁邑。
《论语·雍也》：“子游为武城宰。”故城在今山东平邑南故
县城。　　②沈犹行：沈犹，姓；行，名。赵《注》：“沈犹
行，曾子弟子也。”　　③负刍（chú 除）：背草。负，背负；
刍，喂牲口的草。此处指务农的劳动者。　　④子思：见《行
止》6.16⑨₂。　　⑤微：地位低下。

【译文】

曾子居住在武城，有越国的敌寇入侵。有人说：“敌寇来
了，何不离开这个地方？”曾子说：“不要让别人住到我家里，
不要毁伤家里的树木。”敌寇退去，曾子便说：“修修我的院
墙和房屋，我准备回去。”敌寇退去，曾子返回。侍奉在左右
的弟子说：“这里的官吏对待先生如此忠诚且恭敬，敌寇来了，
却率先离去，成为百姓追随的榜样；敌寇退去，便返回，这样
做大概不合适吧？”沈犹行说：“这不是你们所能知道的。过
去沈犹氏家里发生了被贫苦百姓哄抢的祸患，跟随先生的七十
人，没有一个参与的。”

子思居住在卫国，有齐国的敌寇入侵。有人说：“何不离
开这个地方？”子思说：“如果我孔伋离去，国君和谁一起守

孟子说："曾子、子思奉行的是同一个准则。曾子，是老师，如同父兄；子思，是臣属，地位低下。曾子、子思互换了位置也会都一样。"

【一得】

一个人，要摆清自己的位置，要做与位置相适应的事情。该作为的，不可不作为；不该作为的，不可乱作为。居心于仁，由义而行，是其准则。

【疑难】

◎负刍之祸

赵《注》："往者先生尝从门徒七十人，舍吾沈犹氏，时有作乱者曰负刍，来攻沈犹氏，先生率弟子去之，不与其难。"

朱《注》："言曾子尝舍于沈犹氏，时有负刍者作乱，来攻沈犹氏，曾子率其弟子去之，不与其难。"

杨《注》从赵、朱《注》。《译文》："从前先生住在我那里，有个名叫负刍的作乱，跟随先生的七十个人也都早早走开了。"

赵、朱《注》，杨《译文》大同小异。

此句之难解在"负刍"。赵《注》为"作乱者曰负刍"，朱《注》为"负刍者作乱"。是人名？还是负刍的人？都难以确指。可存疑。

但从对全句的解释来看，赵、朱《注》，杨《译文》，都存在让人费解的地方。其一，曾子与七十个门徒都住在沈犹氏家里，不大可能。小邑之户，很难容得下七十多人吃住。况且，原文中没有"舍吾沈犹氏"，也没说"从前先生住在我那里"。其二，发生了"负刍之祸"，"先生率弟子去之，不与其难"，或"跟随先生的七十个人也都早早走开了"，这不合情理。曾子遇越寇而离开，可以理解。而曾子与七十个弟子住在房东家里，房东有了祸患，都"去之"，或"早早走开了"，是何道理？房东坏？为什么住在他家里？负刍坏？为什么不制止？同居一室，见死不救，遇祸而逃，仁何在？义何在？人格何在？拙著认为，这种情况是不可能的。

是否存在这样一种可能：跟随曾子的七十人，多数是武城当地人，虽从学于曾子，但吃住在自己家里。负刍之祸是贫苦百姓对沈犹氏家的哄抢，或抢掠，而从学于曾子的七十人，一个都没有趁火打劫。"负刍"，可解作背草，泛指贫苦百姓。"之祸"，可解作对沈犹氏家的哄抢，或抢掠。"不与焉"，可解作不参与抢掠，不趁火打劫。不知此解有无道理，能否作为一说？

第十六章　人之有德慧术知者

9.16　孟子曰："人之有德慧术知者[①]，恒存乎疢疾[②]。独孤臣孽子[③]，其操心也危[④]，其虑患也深，故达[⑤]。"（《尽心上》13.18）

【注释】

①德慧术知：德行，智慧，才干，见识。　②疢（chèn 衬）疾：久病，顽疾缠身。疢，热病。泛指病。《诗·小雅·小弁（biàn 变）》："心之忧矣，疢如疾首。"　③孤臣孽子：

失宠无援的臣下，非嫡妻所生的庶子。　④操心：用心，费心。操，持；用。　危：戒惧，畏惧。　⑤达：亨通显达。

【译文】

孟子说："人中那些有德行、智慧、才干、见识的，往往遭遇过如同久病一样的祸患。独有失势无援的孤臣，庶出乏爱的孽子，他们用心常存戒惧，他们思虑深怀忧患，所以能够亨通显达。"

【一得】

人无压力轻飘飘，水无压力不喷流。重压之下，方有爆发。祸患不仅是苦难和压力，而且是机遇、挑战和动力，它能让人性得到充分的展现和张扬。聪明的人会把它转化为一笔宝贵的精神财富。

第十七章　舜发于畎亩之中

9.17　孟子曰："舜发于畎亩之中，傅说举于版筑之间①，胶鬲举于鱼盐之中②，管夷吾举于士③，孙叔敖举于海④，百里奚举于市⑤。故天将降大任于是人也，必先苦其心志，劳其筋骨，饿其体肤，空乏其身，行拂乱其所为⑥，所以动心忍性⑦，曾益其所不能⑧。人恒过，然后能改；困于心，衡于虑⑨，而后作；征于色⑩，发于声，而后喻⑪。入则无法家拂士⑫，

出则无敌国外患者，国恒亡。然后知生于忧患而死于安乐也。"（《告子下》12.15）

【注释】

①傅说（yuè 悦）：殷相，名说。相传曾筑墙于傅岩之野，殷高宗武丁访得，举用为相，助武丁使殷中兴。因得说于傅岩，武丁命为傅氏。故名傅说。　版筑：古时筑土墙，用两版相夹，中间填满泥土，夯实取版，遂成一版高的墙。层层叠压，即成一堵墙。版，通"板"。　②胶鬲（gé 格，又读 lì 隶）：殷周时人，原为殷王纣臣，遭纣之乱，隐遁为商。周文王从鱼盐商贩中访得，举用为臣。　③管夷吾：即管仲。名夷吾，字仲。见《行止》6.8⑩。　士：主管刑狱的官。此处指刑官审押的囚犯。管仲原为齐公子纠傅，鲍叔牙为公子小白傅。齐襄公死，鲍叔牙陪公子小白由莒回齐，管仲陪公子纠由鲁回齐，争夺君位。途中，管仲射杀公子小白，中带钩。小白佯死，抢先回齐即位，即齐桓公。后公子纠被杀，管仲被囚。因鲍叔牙力荐，齐桓公赦免管仲，由囚犯举用为相。　④孙叔敖：春秋时楚国期思（今河南淮滨东南）人，蒍（wěi 伟）氏，名敖，字孙叔。楚庄王时官令尹，曾开凿芍陂（què bēi 却杯，古代淮水流域水利工程，在今安徽寿县南）灌田万顷。因期思位于楚国僻远，近淮、海，故称"举于海"。　⑤百里奚：见《行止》6.16⑪₂。　⑥拂乱：违背，搅乱，不遂。拂，逆，违背。《诗·大雅·皇矣》："四方以无拂。"　⑦动心忍性：震撼心灵，克制性情。动心，是对心的锤炼，通过刺激、震撼，使未发或已发而未成熟的品质之心、思维之心萌生、觉醒、觉悟，使之扩充、成熟、坚强、智慧、高尚。忍性，是对性情的磨砺，通过忍耐、克制，使任意发泄的情绪、急躁、暴烈、贪婪等秉

性得到纠正，使之回归理性，适中有度。　　⑧曾（zēng增）益：增长，增加。曾，通"增"。　　⑨衡：通"横"。此处引申为堵塞。　　⑩征：迹象。《荀子·富国》："观国之强弱贫富有征。"此处用如动词，即迹象流露。　　⑪喻：明白，知道。自己明白、知道了事理，而不是让别人明白、知道自己。　　⑫法家拂（bì弼）士：恪守法度的世臣，犯颜直谏的宰辅。拂，矫正。通"弼"。《荀子·臣道》："有能抗君之命，窃君之重，反君之事，以安国之危，除君之辱，功伐足以成国之大利，谓之拂。"

【译文】

　　孟子说："舜发迹于农田耕作之中，傅说举用于筑墙工役之间，胶鬲举用于鱼盐商贩之中，管夷吾举用于刑官审押的囚犯，孙叔敖举用于偏远的海滨，百里奚举用于市场中自卖的奴仆。所以，上天将要把重大的责任降临给这个人，一定先痛苦他的心志，疲劳他的筋骨，饥饿他的体腹，穷乏他的身躯，让他做事总是不遂自己的意愿，以此来震撼他的心灵，克制他的性情，增长他不具备的才能。人多次犯错，教训沉痛，然后才能改过自新；困惑于内心，阻塞于思虑，然后才能振作有为；流露于脸色，吐发于声音，然后才能明白事理。内无坚守法度的世臣与犯颜直谏的宰辅，外无敌对国家侵吞的威胁，国家往往灭亡。由此可知，生往往因逼迫于忧患，死往往因沉溺于安乐。"

【一得】

　　不要抱怨自己身处卑微，不要抱怨自己时运不济，不要抱怨自己时时有人作对，不要抱怨自己又穷、又苦、又累……这些都是淬炼真金的烈火，磨砺宝剑的砥石，造就豪杰的沙场，是人生难得的挑战与机遇。富裕的生活，优越的条件，往往衰退人的意志，弱化人的生存能力。

【疑难】

◎动心忍性

赵《注》："所以惊动其心，坚忍其性，使不违仁。"

朱《注》："动心忍性，谓竦（sǒng 悚）动其心，坚忍其性也。然所谓性，亦指气禀食色而言耳。"

杨《注》，未注"动心"，"忍性"引赵《注》。《译文》："这样，便可以震动他的心意，坚韧他的性情。"

"动心"，赵、朱《注》，杨《译文》大同小异，基本正确。虽说不出什么不妥，但失之过简。"忍性"，赵《注》为"坚忍其性"，朱《注》承其说，又加上了"然所谓性，亦指气禀食色而言耳"。杨《译文》为"坚韧他的性情"。将"忍"解释为"坚忍"或"坚韧"，从字面上讲太勉强。此"忍"与"坚"关系不大，也非"韧"义，故不妥。"性"，赵《注》是当作了人的本性——善性，将心性合一，这从"使不违仁"中可知。朱《注》在此基础上，又增加了"然所谓性，亦指气禀食色而言耳"，这就不妥了。这就让所言之性，除人之所以为人的本性外，又增加了与禽兽共有的食色之类本性。如果人性、动物性都去"坚忍"或"坚韧"，恐非圣贤所为。

动心忍性，是说"苦其心志，劳其筋骨，饿其体肤，空乏其身，行拂乱其所为"所起到的作用。动心之"动"，是刺激、震撼，是对心的锤炼，是促使心成熟的历程；动心之"心"，既是思维之心，又是品质之心，是潜在之心、未发之心，或已发而未成熟之心，通过"动"去呼唤它，让其萌生、觉醒、觉悟，使之扩充、成熟、坚强、高尚，最终由"动心"达到"不动心"

的境界。

忍性之"忍",是忍耐、克制;忍性之"性"是指人的性情,它虽出自人性,但主要是指由人性所表现出来的"情",即性格、情绪,如情感的喜怒哀乐,行事的轻重缓急等。当然,也不排除食色之类。此性,通过忍,使之不任意发泄,不感情用事,达到泰然自若,适中有度。

动心忍性,都是对人心性的锤炼、磨砺。动,是唤醒增长其所不能;忍,是克制纠正其所过为。一扬一抑,相辅相成,让心性趋于健康、成熟、完美。简言之,即震撼他的心灵,克制他的性情。

◎征于色,发于声,而后喻

赵《注》:"征验见于颜色,若屈原憔悴,渔父见而怪之。发于声而后喻,若宁戚商歌,桓公异之。"

朱《注》:"不能烛于几微,故必事理暴著,以至验于人之色,发于人之声,然后能警悟而通晓也。"

杨《注》未注。《译文》:"表现在脸色上,吐发在言语中,才能被人了解。"

赵《注》、杨《译文》基本相同。说声、色都是出于自身,有道理;而说让别人去"怪之""异之",或"被人了解",则不妥。

朱《注》说声、色是别人的,通过看别人的脸色,听别人的声音,然后自己"警悟""通晓"。自己警悟、通晓,有道理,而因为通过看别人的脸色、听别人的声音所致,则不妥。

"征于色,发于声,而后喻",是接着"困于心,衡于虑,而后作"说的,是说的人的内心由困惑到醒悟的过程。通过内心的长期困惑与反复思虑,最终把困惑自己的问题彻底想通了,就自然而然地流露于声色,即由愁眉苦脸、唉声叹气,到笑逐颜开、连声叫好，就像读书人读到会心处拍案叫绝一样。因为只有流露于声色，才能说明内心真正通透了。

故"征于色，发于声，而后喻"，是自己流露于脸色，吐发于声音，然后才能明白事理。是自我内心变化的外在表现，而不是看别人的脸色、听别人的斥责，让别人去了解。征，不是"征验"，也不是"验"，而是迹象，迹象的流露。

第十八章　由尧舜至于汤

9.18　孟子曰："由尧舜至于汤，五百有余岁，若禹、皋陶，则见而知之；若汤，则闻而知之。由汤至于文王，五百有余岁，若伊尹、莱朱[①]，则见而知之；若文王，则闻而知之。由文王至于孔子，五百有余岁，若太公望[②]、散宜生[③]，则见而知之；若孔子，则闻而知之。由孔子而来至于今，百有余岁，去圣人之世若此其未远也，近圣人之居若此其甚也[④]，然而无有乎尔，则亦无有乎尔？"（《尽心下》14.38）

【注释】

①莱朱：商汤之贤臣，又名仲虺（huǐ悔）。《左传·定公元年》："薛宰曰：'薛之皇祖奚仲，居薛以为夏车正。奚仲迁于邳。仲虺居薛，以为汤左相。'"　②太公望：周初东夷人。姜姓，吕氏，名尚，字子牙，号太公望。俗称姜太公、姜子牙。相传曾穷困，年老时垂钓于渭滨，周文王出猎相遇，

与语大悦，说："自吾先君太公曰：'当有圣人适周，周以兴。'子真是邪？吾太公望子久矣。"故号之曰"太公望"。同载而归，立为师。辅文王伐崇、密须、犬夷，大作丰邑。天下三分，其二归周，太公之谋居多。武王即位，尊为师尚父。又佐武王灭殷。周朝建立，封于齐，为齐国始祖。因善用兵，多奇计，故后世言兵者皆宗太公。　③散（sǎn 伞）宜生：周初人。相传受学于太公望，后与太公望、南宫括、泰颠、闳夭（hóng yāo 弘妖）等同佐周文王。文王被纣王囚禁，他们献美女珍宝于纣，使文王获释。后助武王伐纣灭商。散宜生之名，唐代孔颖达疏《书·君奭》以"散"为氏；《大戴礼记·帝系》《汉书·古今人表》都以"散宜"为复姓。清乾隆中叶出土西周青铜器"散氏盘"（现藏台北故宫博物院），铭文记述了矢人将田地移付于散氏的契约，可知西周确有以"散"为氏者。　④近圣人之居若此其甚也：孟子邹国人，孔子生活在鲁国。邹鲁毗邻，山水相连。鲁国故都曲阜距邹国故城今邹城市纪王城仅 30 多公里。孟母林所在地、相传孟子诞生地凫村，距曲阜仅 10 公里。《左传·哀公七年》："鲁击柝闻于邾。"因此，孟子这句话的意思是：距圣人的居住地像这样的最近。

【译文】

孟子说："由尧舜到汤，经历了五百多年，像禹、皋陶，是通过亲眼目睹而了解尧舜之道的；像汤，是通过耳听传闻而了解尧舜之道的。由汤到文王，经历了五百多年，像伊尹、莱朱，是通过亲眼目睹而了解汤之道的；像文王，是通过耳听传闻而了解汤之道的。由文王到孔子，经历了五百多年，像太公望、散宜生，是通过亲眼目睹而了解文王之道的；像孔子，是通过耳听传闻而了解文王之道的。由孔子以来至于当今，经历了一百多年，离圣人生活的年代像这样的不久，距圣人的居住地像这样的最近，然而没有了解孔子之道的，就真没有了解孔子之道的吗？"

【一得】

五千年的中华文明，是一代一代人创造的，一代一代人传承的。没有传承，就不可能有创新；没有创新，也不可能有传承。有志中华儿女，应当以"舍我其谁"的精神，担当起中华文明的传承、创新的重任，让中华文明的薪火愈燃愈烈，生生不息。

第十篇　君　子

第一章　君子所以异于人者

10.1　孟子曰："君子所以异于人者，以其存心也①。君子以仁存心，以礼存心。仁者爱人，有礼者敬人。爱人者，人恒爱之；敬人者，人恒敬之。有人于此，其待我以横逆②，则君子必自反也③：我必不仁也，必无礼也，此物奚宜至哉④？其自反而仁矣，自反而有礼矣，其横逆由是也⑤，君子必自反也：我必不忠。自反而忠矣，其横逆由是也，君子曰：'此亦妄人也已矣⑥。如此，则与禽兽奚择哉⑦？于禽兽又何难焉⑧？'是故君子有终身之忧，无一朝之患也。乃若所忧则有之⑨：舜，人也；我，亦人也。舜为法于天下⑩，可传于后世，我由未免为乡人也，是则可忧也。忧之如何？如舜而已矣。若夫君子所患则亡矣⑪。非仁无为也，非礼无行也。如有一朝之患，则君子不患矣。"（《离娄下》8.28）

【注释】

①存心：保存了本心。孟子认为，人人皆有恻隐、羞恶、恭敬、是非之心，分别是仁、义、礼、智之端，或直接称为仁、义、礼、智。这是每个人本来就有的，与生俱来的。只不过有的人保存了下来，并扩而充之，有的人却丢失了。 ②横逆：蛮横无理。 ③自反：自我反省，反躬自问。 ④物：事物。《列子·黄帝》："凡有貌象声色者，皆物也。"引申为事件之称。《吕氏春秋·先识》："去苛令三十九物。"高诱《注》："物，事。"此处指"事"。 ⑤由是：仍然那样。由，通"犹"。仍然。《荀子·荣辱》："是故三代虽亡，治法犹存。"《孟子》中多处"由"作"犹"用，如《梁惠王上》："民归之，由水之就下。"《尽心上》："见且由不得亟，而况得而臣之乎？"前者"好像"义，后者"尚且"义，与此处取义不同。是，代词。那样，横逆的样子。 ⑥妄人：无知妄为的人。 ⑦奚择：有什么区别。奚，疑问代词。何，什么。择，区别。《梁惠王上》："王若隐其无罪而就死地，则牛羊何择焉？" ⑧难（nàn）：诘责，责备，计较。 ⑨乃若：这样。乃，助词。无义。若，代词。如此，这样。《梁惠王上》："以若所为，求若所欲，犹缘木而求鱼也。"此"乃若"与《告子上》"乃若其情，则可以为善矣"之"乃若"不同。那一个"乃若"是发语词。可译为"从""就"。 ⑩为法：作为榜样。法，榜样，楷模，效法的对象。 ⑪患：忧虑，担心。《论语·季

氏》：“不患寡而患不均。”此患不同于“一朝之患”的“患”，那个患是指“祸患”。末句“则君子不患矣”之“患”，同此。

【译文】

孟子说：“君子所用来不同于一般人的地方，在于他保存了本心。君子把仁保存在心里，把礼保存在心里。有仁心的人爱别人，有礼的人敬别人。爱别人的人，别人常常爱他；敬别人的人，别人常常敬他。有一个人在这里，他对待我蛮横无理。君子一定自我反省：我一定有不仁的地方，一定有无礼的地方，这种事为什么偏偏冲着我来呢？他自我反省的结果是自己仁，自我反省的结果是自己有礼，那人仍然那样蛮横无理，君子一定自我反省：我一定有不忠的地方。自我反省的结果是自己忠，那人还是那样蛮横无理，君子会说：‘这只是个狂妄无知的人罢了。像这种行为，与禽兽又有什么区别呢？对于禽兽又有什么可计较的呢？’因此，君子有终身的忧虑，而没有突如其来的祸患。像这样的忧虑是有的：舜，是人；我，也是人。舜做了天下人的榜样，可以流传于后世，而我只不过是个乡里人，这是值得忧虑的。忧虑它应该怎么办呢？像舜那样就可以了。如果这样，君子的担心就没有了。不仁的事不去做，非礼的事不去行。如果有突如其来的祸患，那么君子也不担心是自己修养不够造成的了。”

【一得】

人人都愿意得到关爱，人人都愿意受到尊敬，人人都盼望一生平安。保持一颗永恒的爱心，坚持关爱他人、尊敬他人，坚持不懈地做好事，快乐、平安会伴随你终生，人们也会誉你为君子。

第二章　君子有三乐

10.2　孟子曰："君子有三乐，而王天下不与存焉^①。父母俱存，兄弟无故^②，一乐也；仰不愧于天，俯不怍于人^③，二乐也；得天下英才而教育之，三乐也。君子有三乐，而王天下不与存焉。"（《尽心上》13.20）

【注释】

①王天下不与（yú 余）存焉：用王道平治天下不在其中。王，王道，即仁义之道。用如动词，用王道平治。与，语气助词，无义。存，存在，在。焉，代词，指代三乐之中。　②故：事故，灾难。《易·系辞下》："又明于忧患与故。"《国语·郑语》："王室多故，余惧及焉，其何所可以逃死？"　③怍（zuò 坐）：惭愧，内疚。《庄子·让王》："行修于内者，无位而不怍。"

【译文】

孟子说："君子有三种快乐，而用王道平治天下不在其中。父母都健在，兄弟无灾难，这是第一种快乐；仰面反思而对天不感到惭愧，低头自问而对人不感到内疚，这是第二种快乐；得到天下的优秀人才而去教育培养他们，这是第三种快乐。君子有三种快乐，而用王道平治天下不在其中。"

【一得】

君子快乐。仁义礼智存于心，孝悌忠信施于行；享天伦之乐，浓手足之情；顺应天命，和谐众生；与天下英才相伴，尽心竭力，无怨无悔，君子岂能不乐？平治天下，君子亦乐，但此非人人可为，亦非求即可得。故君子只力求自己可以掌控之快乐，而不妄想自己不可以掌控之快乐。

第三章　广土众民

10.3　孟子曰："广土众民，君子欲之，所乐不存焉；中天下而立，定四海之民，君子乐之，所性不存焉。君子所性①，虽大行不加焉②，虽穷居不损焉，分定故也③。君子所性，仁义礼智根于心。其生色也睟然④，见于面⑤，盎于背⑥，施于四体，四体不言而喻。"（《尽心上》13.21）

【注释】

①所：助词。相当于"之""的"。　②大行：得志而显达。《公孙丑上》："以文王之德，百年而后崩，犹未洽于天下；武王、周公继之，然后大行。"此"大行"，意为普遍推行，与本文有小异。　③分（fèn 奋）定故也：天分决定的缘故。分，天分，素质。故，原因，缘故。　④生色也睟（suì 碎）然：生发出来的气质清纯文雅。色，神采，气质。睟然，清纯文雅的样子。　⑤见（xiàn 现）："现"的本字。

出现，显露。 ⑥盎（àng）：洋溢。本为古代一种大腹敛口之盆，此处取其水满溢出貌。

【译文】

孟子说："广阔的土地，众多的百姓，这是君子想要得到的，但是他的快乐不在这里面；立于天下的中央，安定四海的百姓，这是君子的快乐，但是他的本性不在这里面。君子的本性，即使得志显达也不增加，即使穷困退隐也不减损，这是天分决定了的缘故。君子的本性，仁义礼智根植于心中，它生发出来的气质清纯、文雅，显露在颜面，洋溢在肩背，展现在手足四体，四体不说话，但别人一看就知道了。"

【一得】

王侯不见得是君子，君子不一定做王侯。君子的本性，仁义礼智根于心，孝悌忠信见于行。穷达不可损益，贫富不可动摇。存养于内，洋溢于外。

第四章 言近而指远者

10.4 孟子曰："言近而指远者①，善言也；守约而施博者②，善道也。君子之言也，不下带而道存焉③；君子之守，修其身而天下平。人病舍其田而芸人之田④：所求于人者重，而所以自任者轻。"（《尽心下》14.32）

【注释】

①指：通"旨"。《诗·小雅·鱼丽》："物其旨矣。"《荀子·大略》引《诗》作"物其指矣"。《诗》中之"旨"为美好义，此处之旨为意义、意思。《易·系辞下》："其旨远，其辞文，其言曲而中。"　②守约而施博：秉持简易而施惠广博。守，秉持，操持；约，简单，简易。《荀子·不苟》："（君子）总天下之要，治海内之众，若使一人。故操弥约而事弥大。"　③不下带：朱《注》："古人视不下于带，则带之上，乃目前常见至近处也。"带，腰带。此处指不脱离近身、自身。　④芸（yún 云）：除草。通"耘"。《论语·微子》："植其杖而芸。"

【译文】

孟子说："言语浅近而意义深远的，是善言；秉持简易而施惠广博的，是善道。君子的言语，不离开近身而道在其中；君子的秉持，修养自己的身心而促使天下太平。有些人的毛病，在于丢弃自己的田地而去别人的田地里除草——求取于别人的重大，而从自身求取的轻微。"

【一得】

君子务实。不说空话、假话、大话，不做徒劳无益的事情。善于用简易的办法而取得丰厚的效益。君子凡事从自身做起，责求于己，而不责求于人。

第五章　君子行法

10.5　孟子曰："尧舜，性者也[1]；汤武，反之也[2]。动容周旋中礼者[3]，盛德之至也。哭死而哀，非为生者也；经德不回[4]，非以干禄也[5]；言语必信，非以正行也。君子行法[6]，以俟命而已矣[7]。"（《尽心下》14.33）

【注释】

①性者：出自本性的圣王。他的仁德，是本性的自然流露。　②反之：回归本性的圣王。他的仁德，是出自本性的返回。反，同"返"。之，指代本性。　③动容周旋：言谈举止，音容笑貌，待人接物。动容，举止仪容；周旋，应酬，打交道。　④经德不回：遵德而行，不谋邪僻。经，修养，遵循。回，邪僻。《诗·小雅·鼓钟》："淑人君子，其德不回。"另有一解：违背。《诗·大雅·常武》："徐方不回，王曰还归。"亦通。　⑤干禄：谋求爵禄。干，求取。《书·大禹谟》："罔违道以干百姓之誉。"禄，官吏的俸禄，也指代官位。《论语·为政》："子张学干禄。""言寡尤，行寡悔，禄在其中矣。"⑥行法：依照法度而行。法，法度，规矩。　⑦俟（sì 四）命：等待天命。俟，等待。通"竢"。《诗·邶风·静女》："静女其姝，俟我于城隅。"

【译文】

孟子说："尧舜的仁德，出自本性的自然；汤武的仁德，出自本性的回归。言谈举止，待人接物，无不合乎礼仪的，是道德品质非常高尚的表现。哭吊死者凄切哀伤，不是为了给活着的人看的；遵德而行，不谋邪僻，不是用来求取爵禄的；说话一定讲信用，不是为了表示行为端正。君子依照法度去做，以此等待天命罢了。"

【一得】

君子修身养性，施行仁德，不是为了给别人看的，也不是为了什么特定目的，而是自觉行为，自我需要，自我完善，自我享受。

第六章　君子之于物也

10.6　孟子曰："君子之于物也，爱之而弗仁；于民也，仁之而弗亲。亲亲而仁民，仁民而爱物。"（《尽心上》13.45）

【译文】

孟子说："君子对于万物，爱护它而不施以仁德；对于百姓，施以仁德而不亲爱。亲爱父母，从而推及施行仁德于百姓；施行仁德于百姓，从而推及爱护万物。"

【一得】

君子充满爱心，但爱有差等。没有区别，就不可能有真正的爱，就不可能把有限的爱献给最需要的对象，献给无限的需求。

第七章　君子不亮

10.7　孟子曰："君子不亮[①]，恶乎执[②]。"（《告子下》12.12）

【注释】

①亮："谅"的假借字，同"谅"。《说文》："谅，信也。"段玉裁《注》："经传或假亮为谅。"此亮，同《论语·卫灵公》"子曰'君子贞而不谅'"之"谅"，是只知守信而不知变通的意思。　②恶（wù务）：讨厌、厌恶。执：本义为拘捕罪人。此处引申为拘泥，固执。

【译文】

孟子说："君子不谅，是厌恶谅——只知守信而不知变通。"

【一得】

一切事物，包括人在内，变是绝对的，不变是相对的。信，是言行一致，不改初衷，贵在不变。若能在变中求不变，岂不是信之熟者？

【疑难】

◎君子不亮，恶乎执

赵《注》："亮，信也。《易》曰：'君子履信思顺。'若为君子之道，舍信将安执之？"

朱《注》："亮，信也。与谅同。恶乎执，言凡事苟且，无所执持也。"

杨《注》："亮——同'谅'，信也。《论语》'岂若匹夫匹妇之为谅也''君子贞而不谅'，皆谓小信。《孟子》此'亮'字则指一般的诚信。两人所指实有不同，不可混而为一。"《译文》："君子不讲诚信，如何能有操守？"

此句之疑难，在于对"亮"的理解。赵《注》"信也"，朱、杨《注》袭之。杨又《注》："《论语》'岂若匹夫匹妇之为谅也''君子贞而不谅'，皆谓小信。《孟子》此'亮'字则指一般的诚信。两人所指实有不同，不可混而为一。"《译文》："讲诚信。"这些解释与译文，都值得商榷。

亮，训为"信也"，与"谅"同，无误。亮，为"谅"的假借字。段玉裁《说文解字注》"谅"字下注曰："经传或假亮为谅。"又在"亮"字下注曰："孟子曰：'君子不亮，恶乎执'，此假亮为谅也。"《说文》："谅，信也。"

但是，"谅"不是仅此一解。"谅"在《论语》中三见。一是见《季氏》："孔子曰：'益者三友，损者三友。友直，友谅，友多闻，益矣……'"此"谅"，同《说文》所解，应是"信也"。二是见《卫灵公》："子曰：'君子贞而不谅。'"意思是，君子言行一致，而不固执地守信。贞，言行一致。贾谊《新书·道术》："言行抱一谓之贞。"实际上就是信。谅，本为信，但孔子此处说的是固执的信，即守信而不知变通。何异孙《十一经问对》："谅者，信而不通之谓也。"这是"谅"的另一解。三是见《宪问》："子贡曰：'管仲非仁者与？桓公杀公子纠，不能死，又相之。'子曰：'管仲相桓公，霸诸侯，一匡天下，民到于今受其赐。微管仲，吾其被发左衽矣。岂若匹夫匹妇之为谅也，自经于沟渎而莫之知也？'"此语的背景是，管仲、召忽同为齐公子纠之傅，为争夺君位，桓公小白杀了公子纠，召忽自杀，而管仲不死，还做了桓公的相，辅佐桓公称霸诸侯。子贡就此发问，对管仲的仁提出质疑。孔子认为，管仲是非常意义的仁、信，而召忽只是普通男女的仁、信。管仲难道要像普通男女那样守信而不知变通，在山沟中自杀而没有人知道吗？"匹夫匹妇之为谅"，同于"君子贞而不谅"之"谅"，也是守信而不知变通的意思。

据此，"君子不亮"之"亮"，应同于"君子贞而不谅"之"谅"，也同于"匹夫匹妇之为谅"之"谅"。是守信而不知变通的意思，而不是通常意义的"信"。非杨《注》所言："《孟子》此'亮'字则指一般的诚信。两人所指实有不同，不可混而为一。"也不可译为"讲诚信"。"恶乎执"之"恶"，应当是厌恶的意思，读 wù（务）；而不是疑问代词。"执"，应当是固执的意思。由本义拘捕罪人，引申为固执，不知变通；而不是引申为操守、执持。"乎"，是介词，相当于"于"。故本句应当今译为：君子不谅，是厌恶谅——只知守信而不知变通。

孟子对"信"有多处论述。如《离娄下》："大人者，言不必信，行不必果，惟义所在。"《尽心下》："尽信《书》，则不如无《书》。"这些论述，和本句所述是一个意思。都与孔子"君子贞而不谅"的观念相通，是对孔子"信"思想的继承与弘扬。"恶乎执"，是解释了为什么"君子贞而不谅"；"大人者，言不必信，行不必果，惟义所在"，是说了怎么"贞而不谅"。

第八章　不素餐兮

10.8　公孙丑曰："《诗》曰：'不素餐兮^①！'君子之不耕而食，何也？"

孟子曰："君子居是国也，其君用之，则安富尊荣；其子弟从之，则孝弟忠信。'不素餐兮！'孰大于是？"（《尽心上》13.32）

【注释】

①不素餐兮：见《诗·魏风·伐檀》。意思是，不能白吃闲饭啊。素，本义是没有纹饰、染色的丝织品，如绢、帛之类。此处引申为"白"。

【译文】

公孙丑问道："《诗》中说：'不能白吃闲饭啊！'君子不种庄稼就吃饭，这是为什么呢？"

孟子说："君子居住在这个国家，如果他的国君重用他，就安富尊荣；如果他的子弟跟随他，就孝悌忠信。'不能白吃闲饭啊！'还有什么比这贡献更大？"

【一得】

君子执政，国泰民安；君子在野，家和邻睦；所到之处，风清气正。如此担当，理应受到社会的尊重与厚待。

第九章　待文王而后兴者

10.9　孟子曰："待文王而后兴者^①，凡民也。若夫豪杰之士，虽无文王犹兴。"（《尽心上》13.10）

【注释】

① 兴：奋起、进取。

【译文】

孟子说："等待文王出现然后才奋起进取的，是平凡的人。如果是豪杰之士，即使没有文王，仍然奋起进取。"

【一得】

"我要干"与"要我干"，是才俊与平庸者的重要区别之一。

第十章　附之以韩魏之家

10.10　孟子曰："附之以韩魏之家^①，如其自视欿然^②，则过人远矣。"（《尽心上》13.11）

【注释】

①附（fù 负）：增加，附加。　　韩魏之家：韩氏、魏氏的财富。春秋时，晋国的韩氏、魏氏都是六卿中的巨富，拥有大量的采地食邑。故以韩魏之家指巨额财富。家，卿大夫的采地食邑。《周礼·夏官·序官》："家司马各使其臣。"郑玄《注》："家，卿大夫采地。"　　②欿（kǎn 坎）："坎"的假借字，同"坎"。本为地面低陷，此处引申为缺陷。《说文》："欿，欲得也。"段玉裁《注》："《孟子》假欿为坎，谓视盈若虚也。"

【译文】

孟子说："把春秋时晋国韩氏、魏氏的财富附加在身上，如果他还自认为有缺陷，那么就超过一般人很远了。"

【一得】

知道有道德修养，是人与禽兽的区别。知道精神财富与物质财富同等重要，是杰出的人与一般人的区别。

第十一章　无为其所不为

10.11　孟子曰："无为其所不为，无欲其所不欲，如此而已矣。"（《尽心上》13.17）

【译文】

孟子说："不做我本来不愿意做的事情，不追求我本来不愿意追求的东西。这样，就可以了。"

【一得】

一个人要有底线。失去了底线，就失去了人性、人格，甚而失去了自由；保住了底线，就保住了人格、人性，可以成为高尚的人。

【疑难】

◎无为其所不为，无欲其所不欲

赵《注》："无使人为己所不欲为者，无使人欲己之所不欲者。"

朱《注》："李氏曰：'有所不为不欲，人皆有是心也。至于私意一萌，而不能以礼义制之，则为所不为、欲所不欲者多矣。能反是心，则所谓扩充其羞恶之心者，而义不可胜用矣，故曰如此而已矣。'"

杨《注》先引赵《注》，然后说："增字为释，恐非孟子本意。"《译文》："不干那我所不干的事，不要那我所不要之物。"

本句的难点在于，"无为""无欲"的主体是谁？"所不为""所不欲"的主体是谁？"所不为""所不欲"的是什么？

赵《注》，不好懂。似乎是解释为自己对别人的要求。但本句只涉及自己，没涉及别人，故增加"使人"二字是画蛇添足，由此也产生了对本句的误解。杨《注》对赵《注》的批评是对的。但杨《译文》同样没有达到让今人明白的目的。"不干那我所不干的事，不要那我所不要之物"，从字面上看无误。但"不干的事""不要之物"还需要界定一下。否则，仍不能表达出孟子的本意，也容易产生"为所欲为"的感觉。

朱《注》引"李氏曰"，靠近了本意。他说"有所不为不欲，人皆有是心也"，是正确的。说"为所不为，欲所不欲"是"至于私意一萌，而不能以礼义制之"造成的，只有以礼义制之，然后"能反是心"，这也有道理。但似乎偏离了孟子所言，孟子不是说做错了再改，而是说坚持住不做。

孟子所言，是做人的基本要求与行为准则。"无为""无欲"的主体是自己；"其"，是指代自己。"所不为""所不欲"，是自己的本心——人皆有之的羞恶之心所致。他是说，做人只要能保持住自己的本心，就可以了。故本句应今译为："不做自己本来不愿意做的事情，不追求自己本来不愿意追求的东西。"本来不愿意，是本心、初心，是人的本心、初心，它的前提是人。正如《告子上》所说"乡为身死而不受，今为宫室之美为之"，"身死而不受"的是"所不为"，是本心；"为宫室之美为之"，是为了"所不为"，是失去了本心。失去了本心，就失去了人格。此语听来简易，但做起来谈何容易？比如，屈从权贵，行贿受贿，贪污腐败等，都不是人的本心、初心。若能保持羞恶之心，不为、不欲，不就不失去做人的资格了吗？

第十二章　天下有道

10.12　孟子曰："天下有道，以道殉身[①]；天下无道，以身殉道[②]。未闻以道殉乎人者也[③]。"（《尽心上》13.42）

【注释】

① 以道殉身：用道义来伴随自身。道，人们公认并通行的规则、准则。为阅读方便，也可解作"道义"。殉，本为以人从葬。此处仍保留了以"此"从"彼"之义。可引申为伴随、同化，是"道"与"身"密不可分的结合。在天下有道的前提下，君子应当把道义作为自己的行为准则，用道义来同化自己。朱《注》"身出则道在必行"，颠倒了"道在"与"身出"的关系，应改为"道在则身出必行"。 ② 以身殉道：用自身来陪伴道义。此"殉"，可引申为陪伴、成全。在天下无道的前提下，君子应当以坚守道义为己任，不惜牺牲自身，来成全、伸张道义。此句是以身从道，上一句是以道从身，合而言之，是说不论在什么情况下，君子都与道融为一体，都不会分离。 ③ 以道殉乎人：用牺牲道来屈从别人。此"殉"，可引申为迎合、屈从。人，指不讲道义的人。并不仅限于"王侯"。屈从了无道之人，或只从人不从道，道义就不存在了，君子也就不成其为君子了。

【译文】

孟子说："天下有道义，用道义来伴随自身；天下没有道义，用自身来陪伴道义。没听说过用牺牲道义来屈从别人的。"

【一得】

君子从道不从人；小人从人不从道。

第十三章　一乡之善士

10.13　孟子谓万章曰："一乡之善士①，斯友一乡之善士②；一国之善士，斯友一国之善士；天下之善士，斯友天下之善士。以友天下之善士为未足，又尚论古之人③。颂其诗④，读其书，不知其人，可乎？是以论其世也。是尚友也⑤。"（《万章下》10.8）

【注释】

①善士：有德行、才能和声望的人。犹贤良。　②斯：连词。犹则，乃。　友：《说文》："同志为友。"此处用如动词，结交……为朋友。《论语·学而》："无友不如己者。"　③尚论：向上追溯讨论。尚，通"上"。　④颂：通"诵"。　⑤尚友：向上追溯结交古人为朋友。

【译文】

孟子对万章说："闻名一乡的贤良，则结交闻名一乡的贤良为朋友；闻名一国的贤良，则结交闻名一国的贤良为朋友；闻名天下的贤良，则结交闻名天下的贤良为朋友。认为结交闻名天下的贤良为朋友还不满足，又向上追溯讨论古时候的人。诵他的诗，读他的书，不知道他的为人，可以吗？于是讨论他所处的时代。这就是向上追溯结交古人为朋友。"

【一得】

一个朋友一个伴，一个朋友一本书，一个朋友一条路。广交朋友，交好朋友。不论古今中外，不论贫富贵贱，只讲品行学识。

第十四章　敢问友

10.14　万章问曰："敢问友？"

孟子曰："不挟长①，不挟贵，不挟兄弟而友。友也者，友其德也，不可以有挟也。孟献子②，百乘之家也③，有友五人焉：乐正裘、牧仲④，其三人则予忘之矣。献子之与此五人者友也，无献子之家者也。此五人者，亦有献子之家，则不与之友矣。非惟百乘之家为然也，虽小国之君亦有之。费惠公曰⑤：'吾于子思，则师之矣；吾于颜般⑥，则友之矣；王顺、长息则事我者也⑦。'非惟小国之君为然也，虽大国之君亦有之。晋平公之于亥唐也⑧，入云则入，坐云则坐，食云则食；虽蔬食菜羹⑨，未尝不饱，盖不敢不饱也。然终于此而已矣。弗与共天位也⑩，弗与治天职也，弗与食天禄也。士之尊贤者也，非王公之尊贤也。舜尚见帝⑪，帝馆甥于贰室⑫，亦飨舜⑬，迭为宾主⑭，是天子而友匹夫也。用下敬上，谓之贵贵⑮；用上敬下，谓之尊贤。贵贵，尊贤，其义一也。"（《万章下》10.3）

【注释】

①挟（xié 胁）：倚仗，自恃。　　②孟献子：《春秋》记为"仲孙蔑"，《左传》记为"孟献子"。鲁桓公之子庆父的曾孙。鲁世袭执政卿"三桓"（即鲁桓公的三个儿子，鲁庄公的三个弟弟庆父、叔牙、季友之后）之一。仲孙，是依庄公兄弟排序为氏，庆父为仲（老二）；孟孙，是依"三桓"排序为氏，庆父为孟（老大）。蔑，是他的名字；献子，是他的谥号。鲁文公十五年（前612）始见于《左传》。历文、宣、成、襄四公，任执政卿约58年。在位期间，礼贤下士，敬重公室。仁爱之名"闻于国"，诸侯之中"有令闻"。朝聘于周，王以为有礼，厚贿之。屡次参加诸侯会盟，不辱使命。周旋于齐、晋、宋、楚等国之间，以拥戴晋国盟主地位，而维护鲁国的利益。卒于鲁襄公十九年（前554）。事迹、言论详见《春秋左传》，另见《国语》《礼记》等。　　③百乘（shèng 圣）之家：出赋百辆兵车的封地。乘，通"甸"。古代征赋划分田地区域的单位。九夫为井，四井为邑，四邑为丘，四丘为甸。甸方八里。每甸出兵车一辆。家，卿大夫的采地，即封地。封地的租入，作为卿大夫的俸禄。也作"采邑""食邑"。　　④乐正裘、牧仲：赵《注》："乐正裘、牧仲其五人者，皆贤人无位者也。"生平不可详考。　　⑤费（bì必）惠公：战国初期费国国君。鲁季孙氏之后。生平不详。费，春秋鲁地，在今山东南部费县西北。鲁僖公元年（前659），因庄公弟季友拥僖公即位有功，"公赐季友汶阳之田及费"（《左传·僖公元年》），费成为季孙氏的封邑。此后，季孙氏长期把持朝政，并与同为"三桓"的孟孙氏、叔孙氏对鲁国两次进行了瓜分。《左传·襄公十一年》："正月，作三军，三分公室而各有其一。"《左传·昭公五年》："四分公室，季氏择二，

二子各一。皆尽征之而贡于公。"《史记·鲁周公世家》："定公立……史墨对曰：'……政在季氏，于今四君矣。'""悼公之时，三桓胜，鲁如小侯，卑于三桓之家。"至春秋末，季孙氏已拥有了以费为都邑的大片土地，并聚敛了鲁国的大部分财富。于是独立为费国，僭越称公。战国末，楚顷襄王十八年（前281），有楚人向顷襄王以射雁喻天下大势："故秦、魏、燕、赵者，鶀（qí 其，小雁）雁也；齐、鲁、韩、卫者，青首（小凫，有青首者）也；驺（邹）、费、郯、邳者，罗鸗（lóng 龙，小野鸟）也。外其余则不足射者。……若夫泗上十二诸侯，左萦而右拂之，可一旦而尽也。"（《史记·楚世家》）由此可见，至战国末期，费已闻名天下，与周边的邹、郯、邳等小国并列。这与孟子所言，费惠公为"小国之君"，是相吻合的。公元前250年前后，楚国吞并了鲁国及周边小国，费也应在其中。

⑥颜般：生平不详。待考。　⑦王顺：生平不详。待考。　长息：见《尧舜》8.14⑤₁。　⑧晋平公（？—前532）：春秋晋国君。名彪。悼公之子。公元前557年至公元前532年在位。在位期间，"其朝多君子""有赵孟以为大夫，有伯瑕以为佐，有史赵、师旷而咨度焉，有叔向、女齐以师保其君"（《左传·襄公三十年》）。晋仍为诸侯盟主，曾伐楚、齐、燕等大国以报旧怨；执邾、莒等小国之君以息纷争。多次主持诸侯国会盟。晚年，"厚赋为台池而不恤政，政在私门""六卿强，公室卑"（《史记·晋世家》）。　亥唐：赵《注》："亥唐，晋贤人也，隐居陋巷者。平公尝往造之，亥唐言入，平公乃入，言坐乃坐，言食乃食也。"　⑨蔬食：粗糙的食物。蔬，本作"疏"，汉魏间始加"艹"作"蔬"。蔬食，同"疏食"。《论语·述而》："饭疏食饮水，曲肱而枕之。乐亦在其中矣。"《礼记·杂记下》："疏食不足祭也。"孔颖达《疏》："疏，粗之食。"

⑩天位：上天赐与的爵位。位前加"天"，是说"位"非私有，而是上天所予。实际上是指世袭的爵位。以下"天职""天禄"之"天"，同义。　⑪尚见：拜见，谒见。在下位者去见在上位者。尚，通"上"。　⑫馆甥：让女婿居住。馆，本为客舍。此处用如动词，止宿、居住。甥，赵《注》："礼谓妻父曰外舅，谓我舅者吾谓之甥。尧以女妻舜，是谓舜甥。"　贰室：赵《注》："副宫也。"　⑬飨（xiǎng 响）：宴请宾客。《诗·小雅·彤弓》："钟鼓既设，一朝飨之。"　⑭迭：更替，轮流。　⑮贵贵：尊重高贵。前一个"贵"用如动词，尊重。

【译文】

万章问道："冒昧地问，如何结交朋友？"

孟子说："不倚仗年长，不倚仗尊贵，不倚仗兄弟的势力而去结交朋友。所谓结交朋友，是结交他的德行，不可以有所倚仗。孟献子，是拥有出赋百辆兵车封地的世卿，他有五位朋友，一个是乐正裘，一个是牧仲，其余的三个人我忘记了他们的名字。献子与这五个人结交为朋友，没有考虑到自己是拥有出赋百乘封地的世卿。这五个人，如果也考虑到献子是拥有出赋百乘封地的世卿，就不会和他结交为朋友了。不仅拥有出赋百辆兵车封地的世卿是这样，即使是小国的君主也有这样的。费惠公说：'我对于子思，就把他作为老师；我对于颜般，就把他当作朋友；王顺、长息则是侍奉我的。'不仅小国的君主是这样的，即使是大国的君主也有这样的。晋平公对待亥唐，亥唐让进家就进家，让坐下就坐下，让吃饭就吃饭；虽然是粗饭菜汤，没有不吃饱的，是不敢不吃饱啊。然而，仅仅做到这样罢了。不与他共享爵位，不与他共治政事，不与他共食俸禄。这是士人的尊贤，不是王公的尊贤。舜谒见帝尧，帝尧让他的这位女婿住在副宫，也宴请舜，轮流作为宾主，这是天子与普通人结交为朋友。以下敬上，称之为尊重高贵；以上敬下，称之为尊敬贤者。尊重高贵，尊敬贤者，它的道理是一样的。"

【一得】

交朋友的基础是互相信任，互相欣赏。是以心相交，以共同的志向、价值观念、道德观念相交。如果以利益相结交，那不是交朋友，而是搞交易，做生意。在上位者、富贵者，与在下位者、贫贱者交朋友，切不可居高临下。在下位者、贫贱者，尽量不要与在上位者、富贵者交朋友。

【疑难】

◎百乘之家

赵《注》："有百乘之赋。"

朱《注》：未注。

杨《注》，未注。《译文》："孟献子是位具有一百辆车马的大夫。"

赵《注》、杨《译文》都有不妥之处。

百乘之家，既不是仅指"赋"，也不是仅指"车马"，而是指出赋百辆兵车的封地。赋，以兵车（乘）计量；兵车（乘），是赋的计量单位。古人以出兵车（乘）的多少，代表赋税的多少，代表封地的大小。在农耕社会，土地是财富的主要标志。

乘，通"甸"。都读 shèng（盛）。古代征赋划分田地区域的单位。《周礼·地官·小司徒》："九夫为井，四井为邑，四邑为丘，四丘为甸。"郑玄《注》："甸之言乘也，读如衷甸（两马一辕的卿车，即中乘）之甸，甸方八里。"汉代刘熙《释名·释州国》："四丘为甸。甸，乘也，出兵车一乘也。"《礼记·郊特牲》："唯社，丘乘共粢盛。"郑玄《注》："丘，十六井也；四丘六十四井曰甸，或谓之乘。乘者，以于车赋，出长毂（兵车）一乘。"

家，不是指家庭、家族，也不是指世家，而是指卿大夫的采地。也作"采邑""食邑"。即封地。封地的租入，作为卿大夫的俸禄。《周礼·夏官·序官》："家司马各使其臣。"郑玄《注》："家，卿大夫采地。"《汉书·刑法志》："一同百里，提封万井，除山川沈斥，城池邑居，园圃术路，三千六百井，定出赋六千四百井，戎马四百匹，兵车百乘。此卿大夫采地之大者也，是谓百乘之家。"六千四百井，即一千六百邑、四百丘、一百甸（乘）。

综上所述，百乘之家，即出赋百辆兵车的封地。如果把"孟献子，百乘之家也"译为白话，即为："孟献子，拥有出赋百辆兵车的封地。"也可译为："孟献子，是拥有出赋百辆兵车封地的世卿。"

第十五章　逢蒙学射于羿

10.15　逢蒙学射于羿[①]，尽羿之道，思天下惟羿为愈己[②]，于是杀羿。孟子曰："是亦羿有罪焉。"

公明仪曰[③]："宜若无罪焉[④]。"

曰："薄乎云尔[⑤]，恶得无罪？郑人使子濯孺子侵卫[⑥]，卫使庾公之斯追之⑦。子濯孺子曰：'今日我疾作，不可以执弓，吾死矣夫！'问其仆曰：'追我者谁也？'其仆曰：'庾公之斯也。'曰：'吾生矣。'其仆曰：'庾公之斯，卫之善射者也；夫子曰吾生，何谓也？'曰：'庾公之斯学射于尹公之他⑧，尹公之他学射于我。夫尹公之他，端人也⑨，其取友必端矣。'庾公之斯至，曰：'夫子何为不执弓？'曰：'今日我疾作，不可以执弓。'曰：'小人学射于尹公之他，尹公之他学射于夫子，我不忍以夫子之道反害夫子。虽然，今日之事，君事也，我不敢废。'抽矢，叩轮，去其金⑩，发乘矢而后反⑪。"（《离娄下》8.24）

【注释】

①逢（páng 庞）蒙：古代善射者。羿的弟子。一说是羿的家臣。《荀子·王霸》："羿、蠭（fēng 风，'蜂'的本字）门者，善服射者也。"杨倞《注》："蠭门，即逢蒙，学射于羿。"《吕氏春秋·具备》："今有羿、蠭蒙、繁弱于此而无弦，则必不能中也。"高诱《注》："羿，夏之诸侯，有穷之君也。善射，百发百中。蠭蒙，羿弟子也，亦能百中。"《史记·龟策列传》："羿名善射，不如雄渠、蠭门。"裴骃《集解》："《淮南子》曰：'射者重以逢门子之巧。'刘歆《七略》有《蠭门射法》也。"上述"蠭门""蠭蒙""逢门子"都是指的"逢蒙"。焦循《孟子正义》："盖蒙、门一音之转，蒙即门。"　羿（yì 易）：又称"后羿""夷羿"。夏代东夷人，有穷国的君主，善于射箭。《左传·襄公四年》："魏绛曰：'……《夏训》有之曰：'有穷后羿。'公曰：'后羿何如？'对曰：'昔有

夏之方衰也，后羿自鉏（chú 锄）迁于穷石，因夏民以代夏政。恃其射也，不修民事，而淫于原兽。……羿犹不悛（quān 圈），将归自田，家众杀而亨（pēng，通"烹"）之。'"杜预《注》："有穷，国名。后，君也。羿，有穷君之号。"孔颖达《正义》："羿居穷石之地，故以穷为国号，以有配之，犹言有周、有夏也。"由此可知，羿曾取代夏政，因恃其射，淫于狩猎，不理民事，被家众所杀。此言只说杀羿者为"家众"，而未确指为"逢蒙"。　②愈：胜过，超过。通"逾"。《论语·公冶长》："子谓子贡曰：'女与回也孰愈？'"《孟子·告子下》："白圭曰：'丹之治水也，愈于禹。'"　③公明仪：见《知言　养气》5.2⑱。④宜若：好像。　⑤薄乎云尔：轻微罢了。薄，轻微。　⑥子濯（zhuó 浊）孺子：子濯，是他的字。孺，是他的姓。春秋鲁有孺悲。《论语·阳货》："孺悲欲见孔子，孔子辞以疾。"子，是古代对男子的尊称。如称孔子、老子、孟献子。姓后加"子"，称字而不称名，都表示对他的尊敬。赵《注》："孺子，郑大夫。"善射。生平待考。　⑦庾（yǔ 宇）公之斯：即庾斯。庾，姓；公，对男子尊称；之，语助词，无义；斯，名。赵《注》："庾公，卫大夫。"善射。生平待考。　⑧尹公之他：即尹他。尹，姓；他，名。"公""之"之义同"庾公之斯"。朱《注》："尹公他，亦卫人也。"善射。生平待考。　⑨端人：正直的人。端，正，直。　⑩金：金属箭头。省称"金"。　⑪乘（shèng 胜）矢：四箭。乘，古战车一乘四马，因此乘为四的代称。矢，箭。以竹为箭，以木为矢。《易·系辞下》："弦木为弧，剡（yǎn 掩）木为矢。"

【译文】

逢蒙向羿学习射箭，把羿的射技全部学到了手，想着天下只有羿能胜过自己，于是把羿杀了。孟子说：“这件事，羿也有过错。”

公明仪说：“好像没有什么过错吧。”

孟子说：“过错轻罢了。怎么能说没有过错呢？郑国人派子濯孺子去侵犯卫国，卫国派庚公之斯去追击他。子濯孺子说：‘今天我的病发作了，不能拉弓，我死定了！’问他的驾车人说：‘追击我的人是谁呀？’他的驾车人说：‘是庚公之斯。’说：‘我能活了。’他的驾车人说：‘庚公之斯，是卫国最好的射手；先生说自己能活了，是指什么呢？’说：‘庚公之斯的射术是向尹公之他学的，尹公之他的射术是向我学的。那个尹公之他，是个正直的人，他结交的朋友也一定正直。’庚公之斯追上了，说：‘先生为什么不拉弓？’答：‘今天我的病发作了，不能拉弓。’庚公之斯说：‘小人的射术是向尹公之他学的，尹公之他的射术是向先生您学的。我不忍心用先生教的本领反而去加害先生。尽管这样，今天的事情，是国君委派的公事，我不敢废弃。’抽出箭来，在车轮上猛扣，敲掉箭头，连发四箭，然后返回。”

【一得】

不看其人看其友。在君子身边，聚集的往往是君子；在小人身边，聚集的往往是小人。与小人相交，可能丢掉一条命；与君子相交，可能捡回一条命。

第十六章　君子所过者化

10.16　孟子曰："霸者之民驩虞如也^①；王者之民皞皞如也^②。杀之而不怨，利之而不庸^③，民日迁善而不知为之者。夫君子所过者化，所存者神，上下与天地同流，岂曰小补之哉？"（《尽心上》13.13）

【注释】

① 驩虞（huān yú 欢娱）：欢乐愉快。驩，通"欢"；虞，通"娱"。　② 皞（hào 浩）皞：广大自得貌。皞，通"昊"。像天一样广大无际。形容身心的满足无所不在。　③ 庸：功劳。《国语·晋语七》："无功庸者，不敢居高位。"此处用作动词，酬谢有功劳的人。《左传·僖公二十四年》："庸勋，亲亲，昵近，尊贤，德之大者也。"

【译文】

孟子说："称霸者治理下的百姓欢乐愉快，称王者治理下的百姓悠然自得。杀了他也不抱怨，给了他好处也不酬谢。百姓每天都在向善的方向发展，而不知是谁让他这样的。君子所经过的地方人们受到感化，所留下的影响如神而不泯灭，上下与天地共同运行，这难道说是小小的补益吗？"

【一得】

本章尽管开始说的是王霸之别，但这仅是铺垫，而最终说的是君子在王道政治中的作用。这个君子，主要是指以孔子、孟子为代表的圣贤。当然，上至圣王君子，下至一般君子，也不排除在外。君子是精神文明的创造者、示范者、引领者、传播者。精神文明的高低有无，不仅是王道与霸道的区别，更是人类社会发展进步的重要标志。

第十一篇 正 君

第一章 民为贵

11.1 孟子曰："民为贵，社稷次之[1]，君为轻。是故得乎丘民而为天子[2]，得乎天子为诸侯，得乎诸侯为大夫。诸侯危社稷，则变置。牺牲既成[3]，粢盛既洁[4]，祭祀以时，然而旱干水溢，则变置社稷。"（《尽心下》14.14）

【注释】

[1] 社稷：其义有三：一是土、谷之神。《周礼·春官·大宗伯》："以血祭祭社稷、五祀、五岳。"郑玄《注》："社稷，土、谷之神，有德者配食焉。"《白虎通义·社稷》："人非土不立，

非谷不食。土地广博，不可遍敬也；五谷众多，不可一一而祭也。故封土立社，示有土也；稷，五谷之长，故立稷而祭之也。"二是祭祀土、谷之神的场所。《白虎通义·社稷》："《春秋文义》曰：天子之社稷广五丈，诸侯半之。"三是国家的代称。《礼记·曲礼》："国君死社稷。"又《檀弓下》："能执干戈以卫社稷。"本章出现三次"社稷"，其义不同。"社稷次之""诸侯危社稷"之"社稷"，是代指国家；"则变置社稷"之"社稷"，是指祭祀土、谷之神的场所。　②丘民：众民，百姓。丘，古代划分田地、区域的单位。《周礼·地官·小司徒》："九夫为井，四井为邑，四邑为丘。"此处指人们生产、生活的田地、区域。丘民，指生活在广大土地上的民众。　③牺牲：古时祭祀用牲的通称。色纯为"牺"。《周礼·地官·牧人》："凡祭祀，共（通'供'）其牺牲。"　④粢盛（zī chéng 资成）：祭品，指盛在祭器内的谷物。《左传·桓公六年》："粢盛丰备。"杜预《注》："黍稷曰粢，在器曰盛。"

【译文】

孟子说："人民为贵，国家次之，君主为轻。所以，得到人民的拥护才能做天子，得到天子的信任才能做诸侯，得到诸侯的信任才能做大夫。诸侯危害了国家，就要另立新君。供祭的牛羊已经肥壮，黍粟已经洁净，祭祀也按时举行，然而仍旧旱涝成灾，那么，就要另设土神谷神的祭坛。"

【一得】

世俗观念中，官贵民贱，或官重民轻，更何况君与民相比较呢？

孟子言民贵而不言民重，言君轻而不言君贱，实际上贵中有重，轻中有贱，言贵是实，言轻是给君留了面子。社稷是国家的代称，国家中包含着人民、土地、庄稼和君主。可以设想，没有民，何以有国家？没有国家，何以有君主？反之，没有了君主，照样有国家；没有了国家，照样有老百姓。没有老百姓，你去当谁的君主？谁贵谁贱，谁重谁轻，显而易见。

由此可见，君主要明白自己在国家中的地位，人民也要知道自己在国家中的地位，君民都要厘清相互之间的关系。这样，才能各得其所，长治久安。

【疑难】

◎社稷

社稷，在本章中出现了三次，其义有别，若不区分，将造成误解。

"社稷次之"之"社稷"，赵《注》未注。朱《注》："社，土地；稷，谷神。建国则立坛壝（wěi 伟，又读 wéi 围，祭坛四周的矮土墙）以祀之。"杨《注》未注，《译文》："土谷之神为次。"此社稷，是指代国家。民、君都是国家的组成部分，故可比较。民、君都是人，若解社稷为土谷之神，人与神怎么可相比较？故杨《译文》不妥。

"诸侯危社稷"之"社稷"，赵《注》未注。朱《注》："诸侯无道，将使社稷为人所灭。"杨《注》未注，《译文》："诸侯危害国家。"此"社稷"，也是指代国家。朱《注》不明确。杨《译文》为妥。

"则变置社稷"之"社稷"，赵《注》："则毁社稷而更置也。"朱《注》："则毁其坛壝而更置之。"杨《注》未注，《译文》："那就改立土谷之神。"此"社稷"，为祭祀土神、谷神的场所。赵《注》不明确，朱《注》为妥。杨《译文》不妥。

祭祀的场所可以毁了另建，土、谷之神如何毁了改立？土神、谷神该毁的是谁？另立的又是谁？神岂可另立？自古只有人敬神，没听说过人惩罚神。发生了旱涝灾害，人认为没有敬好神，为了不发生旱涝灾害，故为神另建更好的坛墙。本句是说，作为祭祀场所的"社稷"，是可以另设的。

第二章　惟大人为能格君心之非

11.2　孟子曰："人不足与适也①，政不足间也②，惟大人为能格君心之非③。君仁，莫不仁；君义，莫不义；君正，莫不正。一正君而国定矣。"（《离娄上》7.20）

【注释】

①适（zhé 哲）：谴责，惩罚。通"谪"。《诗·商颂·殷武》："岁事来辟，勿予祸适，稼穑（sè 涩）匪解。"　　②间（jiàn 建）：参与，干预。《左传·庄公十年》："肉食者谋之，又何间焉！"　　③格：纠正。《书·囧（jiǒng 窘）命》："绳愆纠谬，格其非心。"《论语·为政》："有耻且格。"

【译文】

孟子说："人身不足以去谴责他，政事不足以去干预它，只有大人才能纠正君主心中的过失。君主仁，没有人不仁；君主义，没有人不义；君主正，没有人不正。一旦君主端正了，国家就安定了。"

【一得】

国君掌握着国家的最高权力，掌握着国家的所有资源。他的一举一动、一言一行，直接影响着官风、民风。国君指导思想的正确与否，直接关系着国家的盛衰存亡。国君是人，是人就会产生错误与过失。只有德高才著、大公无私的人，才敢纠正国君的错误与过失；而只有一心为民、心胸宽阔的国君，才能勇于改正自己的错误与过失。端正君主，要端正根本；心端正了，一切都会端正。

【疑难】

◎人不足与适也，政不足间也

赵《注》："适，过也。""间，非。""时皆小人居位，不足过责也；政教不足复非訧（yóu 尤）。"

朱《注》，引赵《注》。又说："言人君用人之非，不足过谪；行政之失，不足非间。"

杨《注》引赵《注》。《译文》："那些当政的小人不值得去谴责，他们的政治也不值得去非议。"

此句之难，在于对"人""政""适""间"的理解。人，赵《注》"时皆小人居位"；杨《注》《译文》同；朱《注》"人君用人之非"，皆不妥。此人，不是指"小人"，也不是"人君用人之非"，而是指君主，君主的"人身"，以区别于下句所言"格君心之非"之"人心"。政，赵《注》、朱《注》都没明确指出谁施之政；杨《译文》为"他们的政治"，即"当政的小人"的政治，亦不妥。此"政"，指政事，即由君主施行、国家的所有政事。适，赵《注》为"过"，朱、杨《注》袭之，虽有其义，但不能让人一目了然。朱、杨《注》明确了同"谪"，较赵《注》有进步。适，义为谴责，惩罚。通"谪"。《诗·商颂·殷武》："岁事来辟，勿予祸适。"间，赵《注》为"非"，朱、杨《注》袭之，亦不妥。此"间"，应为参与、干预义。《左传·庄公十年》："肉食者谋之，又何间焉！"杜预《注》："间，犹与也。"据此，此句可今译为："人身不足以去谴责他，政事不足以去干预它。"这与接下来的"惟大人为能格君心之非"是一致的。是说仅谴责其人、干预政事是不够的，不足以、也达不到正君的根本目的。只有把君主心中的过失纠正了，才能使君主身正，才能使君主施政得当。

第三章　君仁莫不仁

11.3　孟子曰："君仁，莫不仁；君义，莫不义。"（《离娄下》8.5）

【译文】

孟子说："君主仁，没有人不仁；君主义，没有人不义。"

【一得】

君主，是社会风气的引领者。君主的一言一行，一举一动，无不影响着官风、民风。

第四章　孟子见梁惠王

11.4　孟子见梁惠王^①。王曰："叟^②！不远千里而来，亦将有以利吾国乎？"

孟子对曰："王！何必曰利？亦有仁义而已矣^③。王曰：'何以利吾国？'大夫曰：'何以利吾家？'士庶人曰：'何以利吾身？'上下交征利而国危矣^④。万乘之国^⑤，弑其君者^⑥，必千乘之家^⑦；千乘之国，弑其君者，必百乘之家。万取千焉，千取百焉，不为不多矣。苟为后义而先利，不夺不餍^⑧。未有仁而遗其亲者也，未有义而后其君者也。王亦曰仁义而已矣，何必曰利？"（《梁惠王上》1.1）

【注释】

① 梁惠王：即魏惠王。其先毕公高，本与周同姓。武王封高于毕，又为毕姓。高苗裔曰毕万，事晋献公有功，封于魏，为魏氏。世为大夫，至魏文侯时为诸侯。惠王为战国时魏武侯子，文侯孙，魏国第三任国君。名䓨（yīng 英），惠为其谥号。公元前369年至公元前318年在位。周显王七年（前362）自安邑迁都大梁，故又称梁惠王。他即位初期的二十多年内，魏国在战国诸雄中最为强大，因此第一个自封为王。后东败于齐，西丧地于秦，南辱于楚，国势渐衰。孟子约于公元前319年至公元前318年游历梁国。《孟子》中记有孟子与梁惠王六次对话。

②叟：对老年人的称呼。　③亦：只要。　④交征利：都争相谋取私利。交，都，争相。征，取。利，私利。　⑤万乘（shèng 圣）之国：拥有供养万辆兵车赋税土地的国家。乘，犹"辆"。古代以供养兵车赋税土地的多少来衡量国家的大小及实力。周制，天子地方千里，出兵车万乘；诸侯地方百里，出兵车千乘。故以万乘称天子。战国时，诸侯国相互兼并，自称为王，大者亦称万乘，小者则称千乘。　⑥弑：封建社会称臣杀君、子杀父为"弑"。　⑦千乘之家：拥有提供千辆兵车赋税土地的卿大夫。家，卿大夫的采地食邑。也指卿大夫或其世家。　⑧餍（yàn 艳）：饱，引申为满足。

【译文】

孟子见梁惠王。惠王说："老人家！你不顾千里遥远而来，也有什么办法对我的国家有利吗？"

孟子答道："王！为什么一定要说利呢？只要有仁义就行了。王如果说：'怎么可以对我的国家有利？'大夫说：'怎么可以对我的封邑有利？'士子及百姓说：'怎么可以对我自身有利？'上上下下都争相谋取私利，那么国家就危险了。在拥有供养一万辆兵车赋税土地的国家里，杀掉那个国君的，一定是拥有提供一千辆兵车赋税土地的世家；在拥有供养一千辆兵车赋税土地的国家里，杀掉那个国君的，一定是拥有提供一百辆兵车赋税土地的世家。万中取千，千中取百，这不能说是不多了。但是，如果后公义而先私利，那不把国土全部夺去，是不会满足的。从来没有讲仁的人遗弃他的父母的，也没有讲义的人怠慢他的君主的。王只要讲仁义就可以了，为什么一定要讲利呢？"

【一得】

居仁由义是做人立国之本，自私自利是害人害己之源。梁惠王所言之利，可能是"利益"之利，也可能是"利于"之利，但都是利"吾国"，"吾国"利。所顾及的只是一己之私，一国之利。在孟子看来，这正是他兵败国衰的根源。如果以仁义立身、立国，当然会关爱百姓，珍惜万物，和睦邻邦。那么，祸国殃民的战争、内乱都不会发生，进而则会民富国强，长治久安，天下归附。

第五章　王立于沼上

11.5　孟子见梁惠王。王立于沼上①，顾鸿雁麋鹿②，曰："贤者亦乐此乎？"

孟子对曰："贤者而后乐此，不贤者虽有此，不乐也。《诗》云③：'经始灵台④，经之营之，庶民攻之⑤，不日成之。经始勿亟，庶民子来。王在灵囿，麀鹿攸伏⑥，麀鹿濯濯⑦，白鸟鹤鹤⑧。王在灵沼，於牣鱼跃⑨。'文王以民力为台为沼。而民欢乐之，谓其台曰'灵台'，谓其沼曰'灵沼'，乐其有麋鹿鱼鳖。古之人与民偕乐，故能乐也。《汤誓》曰⑩：'时日害丧⑪，予及女偕亡⑫。'民欲与之偕亡，虽有台池鸟兽，岂能独乐哉？"（《梁惠王上》1.2）

【注释】

①沼：水池，沼泽。此处指有水面的园囿。　②麋鹿：鹿的一种。角似鹿非鹿，头似马非马，身似驴非驴，蹄似牛非牛，俗称"四不像"。　③"《诗》云"句：见《诗·大雅·灵台》。④灵台：西周文王所建之台。《诗·大雅·灵台》毛亨《传》曰："神之精明者称灵，四方而高曰台。"　⑤攻：建筑，施工。　⑥麀（yōu优）鹿攸（yōu优）伏：麀鹿，牝（pìn聘）鹿。即母鹿。古称禽兽之公母，飞曰雄雌，走曰牡牝。攸伏，自由自在地卧伏在那里。攸，水流貌。流水顺其性，故有自得义。《说文》："攸，行水也。"又，作语气助词，无义。亦通。《书·洪范》："予攸好德。"《诗·大雅·文王有声》："四方攸同。"赵《注》"安其所而伏"，释攸为"处所"义。朱、杨《注》袭之，不妥。　⑦濯濯：朱《注》："肥泽貌。"　⑧鹤鹤：朱《注》："洁白貌。"同"翯翯"。《诗·大雅·灵台》作"翯翯"。　⑨於牣（wū rèn屋认）：於，语气助词，无义。牣，满，满池。《文选》司马相如《子虚赋》："充牣其中，不可胜记。"张铣（xiǎn显）《注》："充满于山泽之中。"　⑩"《汤誓》曰"句：见《书·汤誓》。⑪时日害（hé河）丧：这个太阳啊什么时候落下。时，此，这个。指示代词。《书·无逸》："自时厥后，亦罔或克寿。"日，比作夏桀。害，何，何时。通"曷"。《书·汤誓》作"时日曷丧"。《诗·周南·葛覃》："害浣害否，归宁父母。"　⑫女（rǔ）：你。通"汝"。《诗·魏风·硕鼠》："三岁贯女，莫我肯顾。"

【译文】

孟子见梁惠王。惠王站在池沼之上，看着鸿雁麋鹿，说：

"有贤德的人也对这些感到快乐吗？"

孟子回答说："有贤德的人，先拥有贤德，然后才对这些感到快乐；没有贤德的人，即使拥有这些，也不会感到快乐。《诗》中说：'筹建灵台，巧妙安排。百姓献力，功成好快。劝慰莫急，如子无急。王游灵囿，牝鹿自在；牝鹿肥泽，鹤鹭洁白。王观灵沼，鱼跃满哉！'文王用百姓的力量筑台掘沼，而百姓乐此不疲，称其台曰'灵台'，称其沼曰'灵沼'，快乐地看到这里有麋鹿鱼鳖。古时的人与百姓共同快乐，所以能快乐。《汤誓》中说：'这个太阳啊什么时候落下，我要与你共同灭亡！'百姓想要与你共同灭亡，即使有台池鸟兽，怎么能独自快乐呢？"

【一得】

统治者的享乐，是建立在老百姓安居乐业基础上的。如果老百姓饥寒交迫，而统治者还在那里花天酒地，则是逼民造反，自取灭亡。

第六章　寡人之于国也

11.6　梁惠王曰："寡人之于国也，尽心焉耳矣。河内凶①，则移其民于河东②，移其粟于河内。河东凶亦然。察邻国之政，无如寡人之用心者。邻国之民不加少，寡人之民不加多，何也？"

孟子对曰："王好战，请以战喻。填然鼓之③，兵刃既接，弃甲曳兵而走④，或百步而后止，或五十步而后止。以五十步笑百步，则何如？”

曰：“不可。直不百步耳⑤，是亦走也。”

曰：“王如知此，则无望民之多于邻国也。

“不违农时，谷不可胜食也⑥；数罟不入洿池⑦，鱼鳖不可胜食也；斧斤以时入山林⑧，材木不可胜用也。谷与鱼鳖不可胜食，材木不可胜用，是使民养生丧死无憾也。养生丧死无憾，王道之始也。

“五亩之宅，树之以桑，五十者可以衣帛矣⑨；鸡豚狗彘之畜⑩，无失其时，七十者可以食肉矣；百亩之田，勿夺其时，数口之家可以无饥矣；谨庠序之教⑪，申之以孝悌之义⑫，颁白者不负戴于道路矣⑬。七十者衣帛食肉，黎民不饥不寒⑭，然而不王者⑮，未之有也。

“狗彘食人食而不知检⑯，涂有饿莩而不知发⑰；人死，则曰：‘非我也，岁也。’是何异于刺人而杀之，曰：‘非我也，兵也。’王无罪岁，斯天下之民至焉。”（《梁惠王上》1.3）

【注释】

①河内：今河南境内黄河以北地区，即济源、沁阳、博爱等县市一带。《史记·晋世家》："当此时晋强，西有河西，与秦接境，北边翟，东至河内。"　　凶：饥荒。《墨子·七患》："三谷不收谓之凶。"　　②河东：今山西西南部。黄河流经山西，由北而南，故称山西境内黄河以东的地区为河东。③填然：象声词。指战鼓声。《荀子·议兵》："闻鼓声而进，闻金声而退。"《楚辞·九歌·山鬼》："雷填填兮雨冥冥，猿啾啾兮又夜鸣。"此处指雷声。　　④曳（yè）兵：拖着兵

器。曳，拖，拉着。《礼记·檀弓上》："孔子蚤作，负手曳杖，消摇于门。"兵，兵器。《荀子·议兵》："古之兵，戈、矛、弓、矢而已矣。" 走：逃跑。古指疾趋，即跑。《释名·释姿容》："徐行曰步……疾行曰趋……疾趋曰走。"《左传·昭公七年》："三命而俯，循墙而走。"杜预《注》："言不敢安行。"

⑤直：副词。只，仅仅。 ⑥胜（shēng）：尽。 ⑦数罟（cù gǔ 促古）：细密的渔网。数，细密。罟，网的通称。《易·系辞下》："作结绳而为网罟，以佃以渔。"《释文》："取兽曰罔，取鱼曰罟。" 洿（wū）池：池塘。洿，同"污"。低洼地。 ⑧斧斤：斧子。砍伐树木的工具。《说文》："斤，斫（zhuó 浊，砍削）木斧也。"段玉裁《注》："凡用斫物者皆曰斧，斫木之斧则谓之斤。"《墨子·备穴》："为斤斧锯凿钁（qú 渠）。" ⑨衣（yì义）帛：穿丝绵衣。衣，穿。帛，丝织物的总称。因《西伯善养老者》章（13.11）有"五十非帛不煖"句，故《孟子》所言"帛"，是指丝绵。 ⑩鸡豚狗彘（zhì 治）：泛指家禽家畜。豚，小猪。彘，猪。 ⑪庠（xiáng 祥）序：古代的乡学。也泛指学校。《滕文公上》："设为庠序学校以教之……夏曰校，殷曰序，周曰庠。" ⑫申：反复讲述。 ⑬颁白：须发花白。颁，通"斑"。 负戴：肩背头顶着重物。戴，用头顶着。《庄子·让王》："于是夫负妻戴，携子以入于海，终身不反也。"古时东夷族有用头顶着携带物品的习俗。今朝鲜族仍保留着这一习惯。 ⑭黎民：众民，百姓。《诗·大雅·云汉》："周有黎民，靡有孑遗。"郑玄《注》："黎，众也。" ⑮王（wàng 旺）：称王天下，成就王业。《公孙丑上》："以德行仁者王，王不待大。" ⑯食（sì 饲）人食（shí 时）：喂人吃的食物。食，以食与人或畜。亦作"饲""飤"（同饲）。《史记·淮阴侯列传》："汉王

遇我甚厚，载我以其车，衣我以其衣，食我以其食。"后一个"食"为食物。　　检：制止，限制。　　⑰涂：道路。《周礼·夏官·司险》："设国之五沟五涂。"郑玄《注》："五涂，径、畛（zhěn诊）、涂、道、路也。"古塗、途字并作涂。　　饿莩（piǎo 瞟）：饿死的人的尸体。莩，饿死。通"殍"。　　发：打开，开仓赈济。

【译文】

梁惠王说："我对于我的国家，已经非常尽心治理了。河内闹灾荒，就把那里的百姓迁移到河东，把河东的粮食调拨到河内。河东闹灾荒，也是这样。看看邻国的治理，没有像我这样用心的。然而，邻国的百姓却没有减少，我的百姓却没有增加，这是为什么呢？"

孟子回答道："王喜好打仗，请用打仗来作个比喻。战鼓咚咚一响，两军兵刃相接，败者丢盔弃甲拖着兵器逃跑，有的跑了百步停了下来，有的跑了五十步停了下来。那个逃跑了五十步的去取笑逃跑了一百步的，可以吗？"

王说："不可。只不过没有百步罢了，这也是逃跑啊！"

孟子说："王如果知道这个道理，就不要指望你的百姓多于邻国了。

"不耽误农时，粮食就吃不完了；不用细网去池塘里捕鱼，鱼鳖就吃不完了；按时节去山林砍伐树木，材木就用不完了。粮食与鱼鳖吃不完，木材用不完，这就让老百姓养生丧死没有什么遗憾了。养生丧死没有什么遗憾，这就是王道的起点。

"五亩的宅院，栽上桑树，五十岁的老人就可以穿上丝绵了；鸡、猪和狗之类家畜家禽不错过时机地饲养繁殖，七十岁的老人就可以吃上肉了；百亩的农田，不用劳役去争夺它的耕种时节，数口的家庭就不会挨饿了；慎重地办好乡校教育，反复讲述孝敬父母、尊从兄长的道理，须发花白的老人就不会背负、头顶着重物走在路上了。七十岁的老人穿丝绵吃肉食，老百姓不饥不寒，这样还不能称王天下的，是没有的。

"给猪狗喂人吃的东西而不知道制止，路上有饿死的人的尸体而不知道开仓救济；人死了，却说'不能怪我，是天灾造成的'。这有什么不同于刺杀了人却说'不是我杀的，是兵器'？王如果不把罪责推脱到天灾上，那么天下的百姓就会来投奔你了。"

【一得】

平日里只顾个人享乐浮华，出了问题却怨天怨地，拆了东墙补西墙，这只能使国家一步步走向衰落。明智的国君，应当时刻把人民放在心里，抓好生产，保护资源，让老百姓吃饱穿暖；同时注重教化，树立以尊老爱幼、兄友弟恭为基础的良好社会风气。这样，才能国家强盛，天下归服。

第七章　寡人愿安承教

11.7　梁惠王曰："寡人愿安承教。"

孟子对曰："杀人以梃与刃①，有以异乎？"

曰："无以异也。"

"以刃与政，有以异乎？"

曰："无以异也。"

曰："庖有肥肉②，厩有肥马，民有饥色，野有饿莩，此率兽而食人也③。兽相食，且人恶之；为民父母，行政，不免于率兽而食人，恶在其为民父母也？仲尼曰：'始作俑者④，其无后乎？'为其象人而用之也。如之何其使斯民饥而死也⑤？"（《梁惠王上》1.4）

【注释】

①梃（tǐng 挺）与刃：木棒与刀子。梃，棍棒。刃，刀。②庖（páo 袍）：厨房。　③率兽而食人：率领着野兽去吃人。率，统领，率领。　④俑（yǒng 勇）：像人的木偶或陶偶，古代用来殉葬。　⑤如之何其：怎么能。疑问代词。"如何"的加重语气句式。"之""其"都是语气助词，起加重疑问语气的作用，无义。此句式《论语》中多见，如《先进》："子曰：'有父兄在，如之何其闻斯行之？'"《微子》："（子路曰）君臣之义，如之何其废之？"又见《礼记·檀弓上》："子柳曰：'如之何其粥人之母以葬其母也？'"

【译文】

梁惠王说："我愿意安心地听取您的教诲。"

孟子对他说："杀人用木棒与刀子，有什么不同吗？"

王说："没有什么不同。"

"用刀子与政治，有什么不同吗？"

王说："没有什么不同。"

孟子说："厨房里有肥肉，栏厩里有肥马，老百姓有饥饿的脸色，田野里有饿死的人的尸体，这是率领着野兽去吃人啊！野兽互相残食，尚且人人憎恶；作为老百姓的父母，施行政治，不能避免率领野兽去吃人，怎么能称得上是老百姓的父母呢？

仲尼说：'最初制作人俑的，他没有后代吗？'是因为像人而用它殉葬。（用人俑殉葬都不可以，）怎么能让那些老百姓饥饿而死呢？"

【一得】

施行暴政，无异于率领虎狼去吃人。

第八章　晋国，天下莫强焉

11.8　梁惠王曰："晋国①，天下莫强焉，叟之所知也。及寡人之身，东败于齐②，长子死焉；西丧地于秦七百里③；南辱于楚④。寡人耻之，愿比死者壹洒之⑤，如之何则可？"

孟子对曰："地方百里而可以王。王如施仁政于民，省刑罚，薄税敛，深耕易耨⑥；壮者以暇日修其孝悌忠信，入以事其父兄，出以事其长上，可使制梃以挞秦楚之坚甲利兵矣⑦。

"彼夺其民时，使不得耕耨以养其父母。父母冻饿，兄弟妻子离散。彼陷溺其民⑧，王往而征之，夫谁与王敌⑨？故曰：'仁者无敌。'王请勿疑！"（《梁惠王上》1.5）

【注释】

①晋国：西周初，成王封其弟叔虞于唐，叔虞子燮改唐为晋，称晋侯。春秋中期，晋文公称霸诸侯。春秋末期，公室日衰。公元前550年，晋国的旁支公族与异姓贵族韩、赵、魏、智伯、

中行氏、范氏六家，打败了旧公族栾氏，随后又灭了旧公族祁氏、羊舌氏，分其领地以为县。史称"六卿分晋"。从此，"六卿强，公室卑""晋益弱，六卿皆大"（《史记·晋世家》）。公元前493年，赵、韩、魏又打败了范氏、中行氏，与智伯共分其地以为邑。公元前453年，赵、韩、魏共杀智伯，尽并其地。之后，赵、韩、魏灭晋，"三家分晋"，各自成为诸侯，称为"三晋"。因魏国由晋分出，其地理位置又居晋国腹地，故自称为"晋国"。魏的始封君为毕万。公元前661年，毕万从晋献公征伐有功，受封于魏（今山西芮城北）为大夫。后世袭，以魏为氏。或为卿，执国政。战国初期，与韩、赵三家分晋，为诸侯。魏文侯（《史记》曰名"都"；《世本》曰名"斯"）是魏国的开国君主，公元前445年至公元前396年在位。他礼贤下士，唯才是举。拜孔门弟子卜子夏为师，任李悝（kuī 亏）、翟璜为相，乐羊、吴起等为将，率先变法，推行法制，尽地力，平丰歉，发展经济，奖励耕战，开疆拓土。据《史记·魏世家》记载："（魏文侯）六年，城少梁（今陕西韩城南）。十三年，使子击围繁、庞，出其民。十六年，伐秦，筑临晋元里（今陕西大荔）。十七年，伐中山（今河北定州、唐县一带），使子击守之……西攻秦，至郑而还，筑雒阴、合阳（今陕西合阳）。""三十二年，伐郑。城酸枣（今河南延津北）。败秦于注（今河南汝州境内）。"《史记·孙子吴起列传》："魏文侯以（吴起）为将，击秦，拔五城。"文侯在位50年卒，子击立，为武侯。"（魏武侯）七年，伐齐，至桑丘（今河北保定徐水区西南）。……使吴起伐齐，至灵丘（今河北蔚县）。""十五年，败赵北蔺。"《正义》："在石州，赵之西北（今山西吕梁离石区）。属赵，故云赵北蔺也。""十六年，伐楚，取鲁阳（今河南鲁山）。"（《史记·魏世家》）武侯在位 26 年卒，子罃立，为惠王。惠王迁都大梁（今河南开封），因而魏也称"梁"。自魏文侯至梁惠王初年，魏称霸诸侯，强盛了近百年。故梁惠王说："晋国，天下莫强焉。"　②东败于齐：据《史记·魏世家》记载："（惠王）三十年，魏伐赵，赵告急齐。齐宣王用孙子计，救赵击魏。魏遂大兴师，使庞涓将，而令太子申为上将军。……太子果与齐人战，败于马陵。齐虏魏太子申，杀将军涓，军遂大破。"《索引》曰："按：《纪年》二十八年，与齐田朌（bān 班，即田婴）战于马陵。"《纪年》对此事的记载较《史记》早两年，应以《纪年》为准。即此事发生在梁惠王二十八年，周显王二十七年，公元前 342 年。

③西丧地于秦：据《史记·秦本纪》记载：孝公"二十二年，卫鞅击魏，虏魏公子卬（áng 昂）"。"（惠文君）六年，魏纳阴晋……七年，公子卬与魏战，虏其将龙贾，斩首八万。八年，魏纳河西地。九年，渡河，取汾阴、皮氏。与魏王会应。围焦，降之。十年，张仪相秦，魏纳上郡十五县。"西丧地于秦七百里，是魏与秦连年发生战争的结果。时间约在梁惠王三十一年至梁惠王后元七年，即周显王三十年至四十一年，公元前 339 年至公元前 328 年。　④南辱于楚：据《史记·楚世家》记载："（怀王）六年，楚使柱国昭阳将兵而攻魏，破之于襄陵，得八邑。"楚怀王六年，即梁惠王后元十二年，周显王四十六年，公元前 323 年。　⑤比：介词。替，为。　壹洒（xǐ 洗）之：——洗雪仇恨。壹，同"一"。都，全，——。统括之词。洒，洗雪。通"洗"。之，指代仇恨、耻辱。　⑥深耕易耨（nòu）：深耕土地，勤锄杂草。易，容易。引申为勤，经常。耨，锄草。　⑦制梃（tǐng 挺）：拿起自制棍棒。犹"揭竿而起"。　挞（tà 踏）：打。用棍棒等打人。　⑧陷溺：推进陷阱与深渊。陷，陷阱；溺，落水。　⑨敌：抵抗，为敌。

【译文】

梁惠王说："晋国，天下没有比它强大的，这是您所知道的。到了我这一代，东面被齐国打败，长子死在了那里；西面丧失给了秦国七百里土地；南面被楚国欺辱。我对此感到羞耻，想为死者——报仇雪恨，怎么办才可以做到呢？"

孟子回答说："有百里见方的土地就可以称王天下。王如果对于老百姓施行仁政，省用刑罚，薄收税敛，深耕土地，勤锄杂草；壮年人用闲暇的时日修习他孝悌忠信的品德，进家用来事奉他的父母兄弟，外出用来事奉他的尊长上级，这样，他就会拿起自制的棍棒，去挞伐秦国、楚国具有坚固盔甲、锋利兵器的军队了。

"那些敌国争夺百姓的农时，使他们不能耕种来养活他们的父母。父母受冻挨饿，兄弟妻子逃离失散。他们把老百姓推进陷阱和深渊，王去征伐他们，谁会与王为敌？所以说：'仁爱的人，没有什么人能够抵抗！'王请不要怀疑。"

【一得】

谁与老百姓同呼吸共命运，老百姓就与谁同生死共患难。

第九章　孟子见梁襄王

11.9　孟子见梁襄王[①]，出，语人曰："望之不似人君，就之而不见所畏焉[②]。卒然问曰[③]：'天下恶乎定？'

"吾对曰：'定于一。'

"'孰能一之？'

"对曰：'不嗜杀人者能一之④。'

"'孰能与之⑤？'

"对曰：'天下莫不与也。王知夫苗乎？七八月之间旱⑥，则苗槁矣⑦。天油然作云，沛然下雨，则苗浡然兴之矣⑧。其如是，孰能御之？今夫天下之人牧⑨，未有不嗜杀人者也。如有不嗜杀人者，则天下之民皆引领而望之矣⑩。诚如是也，民归之，由水之就下⑪，沛然谁能御之？'"（《梁惠王上》1.6）

【注释】

①梁襄王（？—前296）：梁惠王之子。《史记·魏世家》曰名"赫"，《世本》曰名"嗣"。战国时期魏国第四任国君。公元前318年至公元前296年在位。在位期间，仍屡败于秦、楚，只得割地求和。　②就：接近。　③卒（cù促）然：突然，忽然。同"猝然"。卒，通"猝"。　④嗜（shì是）：喜好。喜好而成习惯。　⑤与（yǔ宇）：跟随，归服。《国语·齐语》："桓公知天下诸侯多与己也，故又大施忠焉。"　⑥七八月之间旱：即夏历五六月之间旱。此处是说的周历。周历以夏历的十一月为正月，故周历的七八月就是夏历的五六月。今农历就是用的夏历。在今孟子故里及周边地区，有古谚曰："有钱难买五月旱，六月连阴吃饱饭。"这是说，五月少雨，六月多雨。五月禾苗刚刚长起，草也同时丛生，天旱可以尽快锄草，如果锄不尽杂草，待六月多雨时地会荒芜。至七八月庄稼已到了结籽成熟的阶段。　⑦槁（gǎo搞）：干枯，枯萎。　⑧浡

（bó 勃）然：兴起貌。浡，通"勃"。　⑨人牧：古指人君。牧，本义是牧养牲畜。引申为统治养护百姓，或作官名。《逸周书·命训》："古之明王，奉此六者以牧万民，民用而不失。"《礼记·曲礼下》："九州之长，入天子之国，曰牧。"⑩引领：伸长脖子。引，伸长。《易·系辞上》："引而伸之。"领，颈项。即脖子。　⑪由：犹如，好像。通"犹"。

【译文】

　　孟子去见梁襄王，出来后，告诉人说："看上去不像个人君，接近了也感觉不到有什么可敬畏的地方。他猛然间问道：'天下怎样才会安定？'

　　"我回答说：'安定在于统一。'

　　"'谁能统一天下呢？'

　　"我回答说：'不喜好杀人的能统一天下。'

　　"'谁会归服他呢？'

　　"我回答说：'天下没有不会归服的。王知道禾苗生长的规律吗？五六月之间天气干旱，禾苗就要枯萎了。这时，天忽然乌云密布，下起了滂沱大雨，禾苗就会蓬勃地生长起来。像这样，谁能阻挡它生长？当今天下的人君，没有不喜好杀人的。如果有不喜好杀人的，那么天下的老百姓都会伸长脖子去盼望他。果真像这样，老百姓归服他，就像水向低处流一样，汹涌澎湃，谁能抵挡得了呢？'"

【一得】

　　梁惠王、襄王时的魏国，东有齐，西有秦，南有楚，北有赵，一个个人多地广，兵强马壮。而自己没有后方，没有友邦，四面树敌。若继续与四邻争霸，只有死路一条。孟子为其提出的讲仁义、施仁政、求民心、行王道的治国方略，看似遥不可及，但确是唯一正确的求生之路。梁襄王之所以提出"天下恶乎定"的问题，说明他已精疲力尽，想得到喘息的机会。

"定于一"，岂止是挽救魏国的良策大略，也是挽救各诸侯国并天下苍生的良策大略。分裂，引发战争，相互残杀，生灵涂炭；统一，战争停止，天下安定，民得休养生息。这就是孟子反对霸道，主张王道、王天下的根本原因。

古往今来，分裂带来的苦难、流血，数不胜数。分裂，没有赢家。只有统一，国家才能强盛，人民才能幸福。而统一的领导者，只有有仁义之心者才能担当。若狭隘自私，为一己之欲，而不顾百姓的死活，即便用暴力夺得了天下，也会覆灭于百姓的棍棒之中。亡秦就是前车之鉴。而汉则因"不嗜杀人"灭秦取而代之。

第十章　文王之囿方七十里

11.10　齐宣王问曰①："文王之囿方七十里②，有诸？"

孟子对曰："于传有之③。"

曰："若是其大乎？"

曰："民犹以为小也。"

曰："寡人之囿方四十里，民犹以为大，何也？"

曰："文王之囿方七十里，刍荛者往焉④，雉兔者往焉⑤，与民同之。民以为小，不亦宜乎？臣始至于境，问国之大禁，然后敢入。臣闻郊关之内有囿方四十里^⑥，杀其麋鹿者如杀人之罪，则是方四十里为阱于国中^⑦。民以为大，不亦宜乎？"（《梁惠王下》2.2）

【注释】

①齐宣王（？—前301）：战国中期齐国国君。妫（guī 归）姓，田氏，名辟彊（bì qiáng 必强；彊，通"强"）。齐威王之子。公元前319年至公元前301年在位。在位期间，正是齐国强盛之际。喜文学游说之士，如驺衍、淳于髡、田骈、接予、慎到、环渊之徒76人，皆赐相应等级的府第，为上大夫，不任实职而只管议论。使齐稷下学士复盛，达数百千人。齐宣王二年（前318），孟子至齐，被授予卿位。《孟子》中记孟子与齐宣王直接答问13章，另有孟子与"王"间接答问多章。孟子力劝宣王施行仁政，以仁德统一天下。当时，齐虽已称"王"，但仅是诸侯国自封之王，而非天下之王。宣王只有称霸诸侯之心，而无统一天下之志。他联楚抗秦，与楚、韩、赵、魏、燕合纵攻秦。因楚背齐合秦，又联韩、魏而攻楚。后又与秦、韩、魏共攻楚。公元前318年，燕王哙把燕国的王位让给了相国子之。之后，将军市被、太子平等起兵攻子之，被子之杀死。齐宣王六年（前314），宣王趁燕国内乱，派匡章率兵攻燕。仅50天就攻下了燕国国都，进而占领了燕国，并施暴于燕国人民。此时，孟子力劝宣王，赶快发出命令，遣回俘虏，停止掠夺燕国的重器，再与燕国的民众协商，择立一位新君，然后从燕撤退。宣王没有听孟子的劝告，导致赵国另立了公子职为燕王，并组织民众反抗齐军。在赵、韩、魏等国共谋救燕的胁迫下，齐军不得不撤出燕国。事后，齐宣王说："吾甚惭于孟子。"

（《公孙丑下》）因宣王不听劝告，不行仁政，宣王八年（前312），孟子非常遗憾地离开了齐国，结束了他六年的游齐生涯。二十多年后，燕派上将军乐毅与秦、楚、三晋合谋伐齐，入齐都临淄，占领了除莒、即墨以外的全部城池。齐湣王逃亡，被楚国杀害。后虽有田单复国，但从此一蹶不振，走向衰亡。至于齐魏马陵之战，《史记·田敬仲完世家》记载为发生在宣王二年（前318），有误。实际上发生在齐威王十四年至十五年（前343—前342）。《史记》记齐威王、湣王事与宣王事有混淆，据《竹书纪年》可以纠正。关于孟子在齐的年代及当时齐国发生的大事，详见拙著《孟子大略》"孟子周游列国年代考"（泰山出版社2007年版）。　　②囿（yòu 又）：有围墙的园地。用于饲养禽兽，狩猎游玩。　　③传（zhuàn 撰）：史书，古籍。　　④刍荛（chú ráo 除饶）：割草曰刍，打柴曰荛。刍荛者，即割草打柴的人。《诗·大雅·板》："先民有言，询于刍荛。"　　⑤雉（zhì 质）兔：雉，山鸡；兔，野兔。雉兔者，即猎取山鸡野兔的人。　　⑥郊关：国都远郊的关门。《说文》："郊，距国百里为郊。"《说文解字注》："关……《周礼》注曰：'关，界上之门。'"　　⑦阱（jǐng 井）：捕猎野兽用的陷坑。

【译文】

齐宣王问道："周文王的苑囿方圆七十里，有这么回事吗？"

孟子回答说："在史书中有这样的记载。"

接着问："像这样，是不是太大了呢？"

答："老百姓还认为太小了呢！"

又问："我的苑囿方圆四十里，老百姓还认为太大，这是为什么呢？"

答："文王的范围方圆七十里，割草打柴的可以到那里去，猎取山鸡野兔的可以到那里去，与老百姓共同享用它。老百姓认为太小，不也很合适吗？臣开始进入齐国国境，先打听国家的重大禁忌，然后才敢进入。臣听说国都远郊的关门之内有方圆四十里的范围，杀死那里的麋鹿与杀人同罪，这就是在国中做了方圆四十里的陷阱。老百姓认为太大，不也很合适吗？"

【一得】

君与民同心，民才可能与君同心；君与民异心，民怎么可能与君同心？

第十一章 齐宣王见孟子于雪宫

11.11 齐宣王见孟子于雪宫①。王曰："贤者亦有此乐乎？"

孟子对曰："有。人不得，则非其上矣。不得而非其上者，非也；为民上而不与民同乐者，亦非也。乐民之乐者，民亦乐其乐；忧民之忧者，民亦忧其忧。乐以天下，忧以天下，然而不王者，未之有也。

"昔者齐景公问于晏子曰②：'吾欲观于转附、朝儛③，遵海而南，放于琅邪④，吾何修而可以比于先王观也？'

"晏子对曰：'善哉问也！天子适诸侯曰巡狩。巡狩者，巡所守也。诸侯朝于天子曰述职。述职者，述所职也。无非事者。春省耕而补不足⑤，秋省敛而助不给。夏谚曰：吾王不游，吾何以休？吾王不豫⑥，吾何以助？一游一豫，为诸侯度。今也不然：师行而粮食⑦，饥者弗食，劳者弗息。睊睊胥谗⑧，民乃作慝⑨。方命虐民⑩，饮食若流。流连荒亡，为诸侯忧。从流下而忘反谓之流，从流上而忘反谓之连，从兽无厌谓之荒，乐酒无厌谓之亡。先王无流连之乐，荒亡之行。惟君所行也。'

"景公说，大戒于国⑪，出舍于郊⑫。于是始兴发补不足。召大师曰⑬：'为我作君臣相说之乐⑭！'盖《徵招》《角招》是也⑮。其诗曰：'畜君何尤⑯？'畜君者，好君也。"（《梁惠王下》2.4）

【注释】

① 雪宫：战国时齐国的别墅宫室。故址在今山东淄博市临淄区东北。 ② 齐景公：见《取舍》篇7.6③。 晏子（？—前500）：即晏婴。春秋时齐国大夫。夷维（今山东高密）人。晏弱之子，字平仲。继其父为齐卿，历仕灵公、庄公、景公三世，以节俭力行重于齐。为齐相，食不重肉，妾不衣帛。进思尽忠，退思补过，忠义正直，名显诸侯。崔杼弑庄公，晏子伏庄公尸而痛哭，成礼然后去。崔杼以死相威胁，宁死不与其同流。司马迁在《史记·管晏列传》中说："假令晏子而在，余虽为之执鞭，所忻慕焉。" ③ 转附、朝儛（zhāo wǔ 招午）：赵《注》："转附、朝儛，皆山名也。"《史记·秦始皇本纪》："（秦始皇）二十八年，始皇东行郡县……于是乃并（bàng 傍，通"傍"）勃海以东，过黄、腄（chuí 垂，古腄县，治今山东烟台市福山区），穷成山，登之罘（fú 浮），立石颂秦德焉而去。南登琅邪，大乐之，留三月。""三十七年十月癸丑，

始皇出游。……並海上，北至琅邪。……而自以连弩候大鱼出射之。自琅邪北至荣成山，弗见，至之罘，见巨鱼，射杀一鱼。"由上述可知，秦始皇二十八年东巡，至齐境是按着齐景公所言路线走的；三十七年出游，是按齐景公所言路线逆行的。帝王所向往的山东半岛名山，唯有成山、之罘、琅邪，这里是观海的好去处。成山，亦称荣成山、成山角、成山头，在山东半岛最东端，其角伸入黄海，属今山东荣成。之罘，山名。也作"芝罘"。三面环海，一径南通，在今山东烟台北。转附、朝儛，应当是这两座山。　④琅邪（láng yá 狼牙）：山名。亦称"琅玡""琅琊"。在今山东东部青岛市黄岛区南境。面临黄海，下有港湾。　⑤省（xǐng 醒）：察看，视察。　⑥豫：游览，观光。　⑦粮食：古时旅途中即食的食物曰粮，即干粮；止宿时待加工的食物曰食，即谷米。《周礼·地官·廪人》："凡邦有会同师役之事，则治其粮与其食。"郑玄《注》："行道曰粮，谓糒（bèi 备，熟食）也；止居曰食，谓米也。"此处之"粮食"，是名词使动用法，指筹治转运熟食与谷米。　⑧睊（juàn 绢）睊胥谗：人人侧目相视，个个口出怨言。睊睊，侧目相视，表示愤恨的神态。胥，皆，都；谗，怨言。　⑨慝（tè 特）：邪恶。　⑩方命：违抗天命。方，违抗。《书·尧典》："方命圮（pǐ 匹）族。"　⑪大戒：充分准备。戒，准备。　⑫舍（shè 社）：住宿，止宿。《庄子·山木》："夫子出于山，舍于故人之家。"　⑬大（tài 太）师：古代乐官之长。《周礼·春官·大师》："大师掌六律六同，以合阴阳之声。"大，通"太"。《荀子·乐论》："使夷俗邪音不敢乱雅，太师之事也。"⑭相说（yuè 悦）之乐（yuè 悦）：同乐的乐章。说，快乐，同"悦"。乐，乐章，歌曲。　⑮《徵招（zhǐ sháo 旨勺）》《角招（jué sháo 决勺）》：古乐章名。徵、角皆为五声之一。

《周礼·春官·大师》："皆文之以五声：宫、商、角、徵、羽。"招，乐名。通"韶"。《史记·五帝本纪》："于是禹乃兴《九招》之乐。"《索隐》："招，音韶。即舜乐《箫韶》。九成，故曰《九招》。"用舜乐，咏新诗，故仍名曰"招"。依"徵"声歌出，便称《徵招》；依"角"声歌出，便称《角招》。

⑯畜（xù序）君何尤：让君上兴起有什么过错。畜，兴起。通"慉"。《诗·小雅·蓼莪（lù é 路俄）》："拊（fǔ府）我畜我，长我育我。"郑玄《笺》："畜，起也。"《诗·邶（bèi备）风·谷风》："不我能慉，反以我为仇。"毛《传》："慉，兴也。"兴与起同义。尤，过错。《诗·小雅·四月》："废为残贼，莫知其尤。"郑玄《笺》："尤，过也。"

【译文】

齐宣王在雪宫会见孟子。王说："贤人也有这种快乐吗？"

孟子回答说："有。人得不到这种快乐，就会非议他的君上。得不到就非议君上，是不对的；作为百姓的君上不与百姓同享快乐，也是不对的。把老百姓的快乐当作自己的快乐，老百姓也把他的快乐当作自己的快乐；把老百姓的忧愁当作自己的忧愁，老百姓也把他的忧愁当作自己的忧愁。把天下的快乐当作自己的快乐，把天下的忧愁当作自己的忧愁，这样还不能称王天下，是没有的。

"过去齐景公问晏子说：'我想游览转附、朝儛，然后沿着海边向南，再到琅邪。我怎么调整才能与先王的游历相近呢？'

"晏子回答说：'问得太好了！天子到诸侯那里去叫巡狩。巡狩的意思，是巡视他们所守护的疆土。诸侯去朝见天子叫述职。述职的意思，是报告他们所承担的职责。没有不是履行公务的。春天视察耕种，而补助种子、农具的不足；秋天视察收获，而补助口粮、储备的欠缺。夏朝的谚语说：我的君王不游览，我的身子怎得安？我的君王不观光，我的困难谁来帮？一游览，一观光，都是诸侯好榜样。当今就不是这样了。君上的队伍一行动，就要筹运干粮与谷米。弄得挨饿的没有饭吃，劳累的得不到休息。人人侧目相视，个个口出怨言。老百姓都快要做出邪恶的事情了。违抗天命而虐待百姓，大吃大喝像流水一样。流连忘返，荒亡无度，让诸侯为之担忧。游乐顺流而下忘记了返回叫作流，逆流而上忘记了返回叫作连，打猎没有厌倦叫作荒，嗜酒没有节制叫作亡。先世圣王没有流连的快乐，没有荒亡的行为。君上您自己选择怎么去做吧！'

"景公非常高兴，在国都内做了充分的准备，走出城门到郊外住了下来。于是开始发放赈济粮米，补助贫困百姓生活的不足。又召来乐官之长太师说：'为我创作君臣同乐的歌曲！'这就是《徵招》《角招》。那歌词中说：'让君主兴起有什么过错？'让君主兴起，是喜爱君主啊！"

【一得】

明君，应当把天下的快乐作为自己的快乐，把天下的忧愁作为自己的忧愁。

【疑难】

◎畜君何尤

赵《注》："言臣说君谓之好君。何尤者，无过也。"

朱《注》："尤，过也。言晏子能畜止其君之欲，宜为君主所尤，然其心则何过哉？孟子释之，以为臣能畜止其君之欲，乃是爱其君者也。"

杨《注》未注。《译文》："这样喜爱国君有什么不对的呢？"

漏译了"畜君者，好君也"。

此句之疑难，在一"畜"字。赵《注》为"说"，即悦；朱《注》为"畜止"；杨《译文》为"喜爱"，同赵《注》。虽然都能自圆其说，但均有牵强之处。说、喜爱，与下句"好君也"之"好"相重复，不合情理。畜止，以止释畜，不合本义。

畜，通"慉（xù）"。《诗·小雅·蓼莪（lù é 路俄）》："拊（fǔ府）我畜我，长我育我。"郑玄《笺》："畜，起也。"《诗·邶（bèi备）风·谷风》："不我能慉，反以我为仇。"毛《传》："慉，兴也。"《说文》："慉，起也。从心，畜声。"畜含起、兴之义，故可解为"兴起"。畜君，就是兴起君，也就是使君兴起。尤，过错。《诗·小雅·四月》："废为残贼，莫知其尤。"郑玄《笺》："尤，过也。"

据上所述，"畜君何尤"，可今译为：让君主兴起有什么过错？这与下句"畜君者，好君也"正相吻合。使君主兴起，而不让其堕落，正是臣下喜爱君主的具体表现。好，是喜爱之心；畜，是喜爱之行。

第十二章　为巨室

11.12　孟子见齐宣王，曰："为巨室，则必使工师求大木①。工师得大木，则王喜，以为能胜其任也。匠人斫而小之②，则王怒，以为不胜其任矣。夫人幼而学之，壮而欲行之，王曰，'姑舍女所学而从我③'，则何如？今有璞玉于此④，虽万镒⑤，必使玉人雕琢之。至于治国家，则曰，

'姑舍女所学而从我'，则何以异于教玉人雕琢玉哉？"（《梁惠王下》2.9）

【注释】

①工师：古代主管百工的官吏。　②斲（zhuó 浊）：砍削。　③姑：姑且，暂且。　女（rǔ 汝）：你。通"汝"。④璞（pú 菩）玉：未经雕琢加工的玉。　⑤万镒（yì义）：价值黄金万镒。指贵重。镒，古重量单位。通作"溢"。20两为1镒。《汉书·食货志下》："秦兼天下，币为二等：黄金以溢为名，上币；铜钱质如周钱，文曰'半两'，重如其文。"颜师古《注》："孟康曰：'二十两为溢也。'师古曰：'改周一斤之制，更以溢为金之名数也。'"黄金，即铜。《书·舜典》："金作赎刑。"孔安国《传》："金，黄金。误而入刑，出金以赎罪。"孔颖达《疏》："此《传》黄金，《吕刑》黄铁，皆是今之铜也。"

【译文】

孟子见齐宣王，说："要建造一座大房屋，就一定让工师去寻求高大的木材。工师寻得了高大的木材，王就高兴，认为工师能胜任他的职责。木匠砍削而让大木材变小了，王就大怒，认为木匠不能胜任他的职责。一个人从小开始学习专业知识，长大了就要实践运用，王说'姑且丢掉你所学的而服从我'，怎么样？如果有一块没有加工雕琢的璞玉在这里，虽然价值黄金万镒，也一定要让玉匠去雕琢它。一提到治理国家，就说'姑且丢掉你所学的而服从我'，这与教玉匠雕琢璞玉有什么不同呢？"

【一得】

"官多大，学问多大。"这种世俗观念，荒唐而又流行。

既害人，又害事。治国理政，是一门大学问。身居高位，不见得具备治国理政的知识。专业的事情，还是让精通专业的人去做，不要指手画脚。

第十三章　孟子之平陆

11.13　孟子之平陆①，谓其大夫曰："子之持戟之士②，一日而三失伍，则去之否乎？"

曰："不待三。"

"然则子之失伍也亦多矣。凶年饥岁，子之民，老羸转于沟壑③，壮者散而之四方者，几千人矣。"

曰："此非距心之所得为也④。"

曰："今有受人之牛羊而为之牧之者，则必为之求牧与刍矣⑤。求牧与刍而不得，则反诸其人乎？抑亦立而视其死与？"

曰："此则距心之罪也。"

他日，见于王，曰："王之为都者⑥，臣知五人焉。知其罪者，惟孔距心。"为王诵之⑦。

王曰："此则寡人之罪也。"（《公孙丑下》4.4）

【注释】

①平陆：古厥国。战国齐邑，故地在今山东汶上北。
②持戟（jǐ己）之士：拿戟的士兵。戟，古兵器名。合戈矛为

一体，可以直刺和横击。　③老嬴（léi 雷）：老弱病残。嬴，瘦弱，疲病。　④距心：即孔距心。姓孔，名距心。齐平陆大夫。生平不详。　⑤牧与刍（chú 除）：牧场与草料。牧，与前句"牧之者"之"牧"有别。前句之"牧"为"牧养"；此句之"牧"为"牧场"。　⑥为都者：担任都长官的大夫。为，担任。《论语·雍也》："子游为武城宰。"都，古代行政区划名。《周礼·地官·小司徒》："乃经土地而井牧其田野，九夫为井，四井为邑，四邑为丘，四丘为甸，四甸为县，四县为都，以任地事而令贡赋。"又，《管子·度地》："故百家为里，里十为术，术十为州，州十为都，都十为霸国。"此"都"，应是齐王直辖的行政区，其长官为大夫。　⑦诵：叙述，述说。

【译文】

孟子到平陆去，对那里的地方长官说："你的拿戟的士兵，一天三次掉离队伍，那么，是开除他呢，还是不开除他？"

回答说："不等到三次（就开除他了）。"

"像这样，你的失职也很多了。灾荒年月，你的老百姓，老弱病死被扔到山沟里的，年轻力壮逃荒到四面八方的，有几千人吧！"

回答说："这不是我距心所能管得了的。"

孟子接着说："如果有接受了别人的牛羊而为别人牧养的，就一定要为牛羊寻找牧场与草料。寻找不到牧场和草料，是交还给委托你的人呢，还是站在那里眼巴巴地看着牛羊饿死呢？"

回答说："这就是距心的过错了。"

过了些日子，孟子见到了齐王，说："王的那些担任都邑长官的大夫，臣了解的有五个人。知道自己过错的，只有孔距心。"接着，向齐王叙述了与他们交谈的具体情况。

齐王说："这就是我的过错啊！"

【一得】

在其位，就要尽其责；不能尽其责，就不要恋其位。

第十四章　王顾左右而言他

11.14　孟子谓齐宣王曰："王之臣有托其妻子于其友而之楚游者，比其反也①，则冻馁其妻子，则如之何？"

王曰："弃之。"

曰："士师不能治士②，则如之何？"

王曰："已之③。"

曰："四境之内不治，则如之何？"

王顾左右而言他。(《梁惠王下》2.6)

【注释】

①比：介词。等到。《左传·庄公十二年》："陈人使妇人饮之酒，而以犀革裹之。比及宋，手足皆见。"　②士师不能治士：主管刑狱的官员不能治理刑狱。士师，刑狱官。《周礼》秋官属官有士师，主察狱讼之事。治士，治理刑狱。士，这里指"狱"，监狱的别名。汉代蔡邕《独断·四代狱之别名》："唐虞曰士官。《史记》曰皋陶为理，《尚书》曰皋陶作士。

夏曰均台,周曰囹圄,汉曰狱。"此处指代刑狱。 ③已之:撤换他。已,去。《论语·公冶长》:"令尹子文三仕为令尹,无喜色;三已之,无愠(yùn运)色。"

【译文】

孟子对齐宣王说:"王的臣下有把妻子儿女托付给他的朋友而去楚国游历的,等到他返回了,他的妻子儿女正在受冻挨饿,应当怎么办?"

王说:"与他断绝朋友关系。"

孟子说:"刑狱官不能治理刑狱,应当怎么办?"

齐宣王说:"撤换他。"

孟子说:"国家疆域之内得不到治理,应当怎么办?"

王左看看,右望望,把话题扯到了一边去。

【一得】

一国之君,应当把国家治理好。否则,不仅会丢掉君位,严重者还会亡国杀身。

【疑难】

◎士师不能治士

赵《注》:"士师,狱官吏也。不能治狱,当如之何。"

朱《注》:"士师,狱官也。其属有乡士遂士之官,士师皆当治之。"

杨《注》:"士师,古代的司法官,《周礼》有士师,其下有'乡士''遂士'等属官。孟子的'不能治士'的'士'可能指'乡士''遂士'而言,因为据《孟子》'为士师则可以杀之'(4.8),也以'士师'为司法官也。"《译文》:"假若管刑罚的长官不能管理他的下级，那应该怎么办呢？"

此句不应成为疑难。问题出在对"治士"之"士"的理解上。赵《注》为"狱"，正确。朱《注》为士师"其属有乡士遂士之官"，就值得商榷了。杨《注》袭朱《注》，《译文》称"他的下级"，这说明杨译注均与朱《注》同，并且杨《注》所说"孟子的'不能治士'的'士'可能指'乡士''遂士'而言，因为据《孟子》'为士师则可以杀之'（4.8），也以'士师'为司法官也"，前言不搭后语。立论是"'士'可能指'乡士''遂士'而言"，根据是"因为据《孟子》'为士师则可以杀之'（4.8），也以'士师'为司法官也"。《孟子》以"士师"为司法官，怎么能证明"'士'可能指'乡士''遂士'"呢？

"不能治士"之"士"，不是指乡士、遂士，而是指刑狱。士，虽有多解，但此处应解作"狱"，是监狱的别名。汉代蔡邕《独断·四代狱之别名》："唐虞曰士官。《史记》曰皋陶为理，《尚书》曰皋陶作士。夏曰均台，周曰囹圄，汉曰狱。"士师为狱官，主察狱讼之事。"士师不能治士"，即"士师不能治狱"。此解，顺理成章。而解为士师不能治其下属乡士、遂士，译为士师"不能管理他的下级"，则脱离了《孟子》的本义。士师的主要职责是治狱，而不是治乡士、遂士。且不说士师与乡士、遂士之间有无垂直领导关系。此士师，应是广义的士师，是泛指狱官，而不是狭义的某个朝代、某个地方的士师，而乡士、遂士则可能含义窄一些。

综上所述，"士师不能治士"，应解为"刑狱官不能治理刑狱"。

第十五章　君之视臣如手足

11.15　孟子告齐宣王曰："君之视臣如手足，则臣视君如腹心；君之视臣如犬马，则臣视君如国人①；君之视臣如土芥②，则臣视君如寇仇③。"

王曰："礼，为旧君有服④，何如斯可为服矣？"

曰："谏行言听，膏泽下于民⑤；有故而去，则君使人导之出疆，又先于其往所；去三年不反，然后收其田里⑥。此之谓三有礼焉。如此，则为之服矣。今也为臣，谏则不行，言则不听，膏泽不下于民；有故而去，则君搏执之⑦，又极之于其所往⑧；去之日，遂收其田里。此之谓寇仇。寇仇，何服之有？"

（《离娄下》8.3）

【注释】

①国人：居住在国都城内的人。《周礼·地官·泉府》："国人郊人从其有司。"贾公彦《疏》："国人者，谓住在国城之内，即六乡之民也。"此处指同住一城的陌生人。故译文作"路人"。　②土芥（jiè 介）：泥土野草。比喻轻贱而可以任意践踏。西汉扬雄《方言》："芥，草也。自关而西或曰草，或曰芥。"　③寇仇：仇敌，敌寇仇人。　④服：服孝，旧时按照丧礼的规定穿戴一定的丧服。　⑤膏泽：脂膏水泽，皆为滋润养生之物。此处比喻恩惠、恩泽。　⑥田里：田地

与住宅。《周礼·地官·遂人》："致甿（méng 萌，同'氓'）以田里，安甿以乐昏（hūn 昏，'昏''婚'的本字）。"　⑦搏执：拘捕，抓捕。搏，捕捉。《周礼·夏官·环人》："搏谍贼。"执，拘捕。《左传·襄公十九年》："执邾悼公，以其伐我故。"　⑧极：惩罚；杀。通"殛"（jí 疾）。《诗·小雅·菀（wǎn 晚）柳》："俾予靖之，后予极焉。"郑玄《笺》："极，诛也。"

【译文】

孟子告诉齐宣王说："君看待臣如手足，臣就会看待君如腹心；君看待臣如犬马，臣就会看待君如路人；君看待臣如泥草，臣就会看待君如仇敌。"

王说："按照礼的要求，臣要为旧君服孝，怎么做才能让臣服孝呢？"

孟子说："进谏，闻过必改；献言，言听计从；由此而产生的恩泽能惠及百姓。有缘由离去，君就派人护送离开国界，又事先到他去的地方作出安排。走了三年不返回，然后收回赐他的田地和住宅。这叫作三有礼。这样，就可以让臣下为旧君服孝了。现在做臣的，进谏闻过不改，献言拒绝听从，恩泽不能惠及百姓。有缘由离去，君就派人去抓捕他，又追到他去的地方杀害他。离去的那天，就收回赐他的田地和住宅。这就叫作仇敌。对待仇敌，怎么能服孝呢？"

【一得】

君臣关系如何，直接关系到国家的兴衰存亡，不可不慎重处理。君主善待臣下，臣下会效忠君主；君主轻贱臣下，臣下怎么可能效忠君主呢？君主握有生杀予夺的大权，而臣下也往往握有军政司法等实权。如果貌合神离，矛盾激化，什么事情都可能发生。更危险的是，重压之下，忠直之臣可能被罢、被杀或离去，而善于伪装的奸佞之徒便会乘虚而入，得宠于君前。昏君配奸佞，坏事做尽，最终导致国破君亡。秦二世胡亥与赵高，便是前车之鉴。

【疑难】

◎极

赵《注》："极者，恶而困之也。"

朱《注》："极，穷也。穷之于其所往之国，如晋锢栾盈也。"

杨《注》："《说文》：'极，穷也。'《论语·尧曰篇》：'四海困穷。'包咸《注》云：'困，极也。'则'极'有'困穷'之义。这'极'字是使动用法。"《译文》："他去到一个地方，还想方设法使他穷困万分。"

极，赵《注》为"困"，朱《注》为"穷"，杨《注》合而言之为"困穷"，虽勉强说得过去，但与《孟子》本义仍有距离。

不贤的君主，对于有故而离去的臣下，先是抓捕。抓捕的目的，或是不让他离去，或是惩罚，惩罚之极便是杀害。若抓捕不到，让臣下逃到了外国，便会穷追不舍，直至杀之而后快。这样的例子在春秋战国恐不止一二。追到国外，不会仅仅使他穷困。况且，仅仅使之穷困，还不可能使臣下产生"寇仇"之恨。"寇仇"之恨，一般少不了杀戮。只有被杀被害，才能激起深仇大恨。故此"极"应是杀害之义。

再者，《诗·小雅·菀（wǎn 晚）柳》有"俾予靖之，后予极焉"之句，郑玄《笺》"极，诛也"。这说明，极，通"殛"。含惩罚、诛杀之义。与本文之"极"同义。

第十六章　无罪而杀士

11.16　孟子曰："无罪而杀士^①，则大夫可以去；无罪而戮民^②，则士可以徙。"（《离娄下》8.4）

【注释】

①　士：指下级官吏。古时诸侯置上士、中士、下士之官，其位次于大夫。《礼记·王制》："诸侯之上大夫卿、下大夫、上士、中士、下士凡五等。"　②　戮（lù路）民：杀戮士民。戮，杀，惩罚。民，士民，没有做官的读书人。《穀梁传·成公元年》："古者有四民：有士民，有商民，有农民，有工民。"范甯《注》："（士民）学习道艺者。"学习道艺者，做了官为士，没做官为民，其地位高于庶民，即一般百姓。故士和士民可视为同类，与大夫和士的关系相似。

【译文】

孟子说："没有什么罪过而杀士，那么大夫就可以离去；没有什么罪过而戮民，那么士就可以迁徙。"

【一得】

暴君滥杀无辜，臣民有权自我保护。

第十七章　齐宣王问卿

11.17　齐宣王问卿^①。孟子曰："王何卿之问也？"

王曰："卿不同乎？"

曰："不同。有贵戚之卿，有异姓之卿。"

王曰："请问贵戚之卿。"

曰："君有大过则谏；反覆之而不听，则易位。"

王勃然变乎色。

曰："王勿异也。王问臣，臣不敢不以正对^②。"

王色定，然后请问异姓之卿。

曰："君有过则谏；反覆之而不听，则去。"（《万章下》10.9）

【注释】

①卿：官爵名。西周至战国王室及诸侯国爵制，公以下、大夫以上为卿，后分上、中、下三等。卿或为相，或担任重要官职，辅佐国君执掌国政和统领军队。贵戚之卿，与国君同姓，同为开国君主的后裔。异姓之卿，与国君不同姓氏，没有血缘关系。②正：直。与偏斜相对。《书·说命上》："惟木从绳则正。"

【译文】

齐宣王问卿有什么权利。孟子说："王问的是什么卿呢？"

王说："卿不同吗？"

孟子说："不同。有同宗的贵戚之卿，有不同宗的外姓之卿。"

王说："请问同宗的贵戚之卿。"

孟子说："君有大的过错就劝谏；反复劝谏而不听从，就更换君位。"

王勃然变了脸色。

孟子说："王不要惊异。王问臣，臣不敢不以直言相对。"

王的神色慢慢安定了下来，然后又问不同宗的外姓之卿。

孟子说："君有过错就劝谏；反复劝谏而不听从，就离去。"

【一得】

国君犯有大过，直接关系着国家的生死存亡。如若反复劝谏而不改，国家将非衰即亡。国家衰亡，君位何在？统治集团何在？卿相大夫何在？为了挽救国家的命运，更换新君，是救国、救君、救臣民的措施。可惜的是，没有制度的保证，没有坚定执行制度的人，没有哪位国君能轻易让别人"易位"，也没有多少贵戚之卿能大公无私地易君之位。

【疑难】

◎正

赵《注》："臣不敢不以其正义对。"

朱《注》未注。

杨《注》："正——《论语·述而篇》：'正唯弟子不能学也。'郑玄《注》云：鲁读'正'为'诚'，此处亦当读为'诚'。"《译文》："我不敢不拿老实话答复。"

正，赵《注》为"正义"，有蛇足之嫌。杨《注》为"诚"，虽能自圆其说，但非《孟子》本义。况且，在他的《论语译注》

中，译"正唯弟子不能学也"为"这正是我们学不到的"，也未袭郑玄读"正"为"诚"。

正，直也。与偏斜相对。《书·说命上》："惟木从绳则正。"正又与"直"常连用，为"正直"。《论语·宪问》："晋文公谲（jué绝）而不正，齐桓公正而不谲。"故"臣不敢不以正对"之"正"，应解为"直""直言"。本句应译为："臣不敢不以直言相对。"

第十八章　汤放桀

11.18　齐宣王问曰："汤放桀[①]，武王伐纣[②]，有诸？"

孟子对曰："于传有之[③]。"

曰："臣弑其君，可乎？"

曰："贼仁者谓之'贼'[④]，贼义者谓之'残'[⑤]。残贼之人谓之'一夫'[⑥]。闻诛一夫纣矣，未闻弑君也。"（《梁惠王下》2.8）

【注释】

①汤放桀：桀，夏朝的末代君主。在位暴虐荒淫，不务德而武伤百姓，诸侯叛离。公元前 1600 年，成汤率兵伐桀，战于鸣条（在今山西运城市盐湖区北；一说在今河南封丘东）之野。桀兵败出奔，死于南巢（今安徽巢湖市西南）。夏遂灭亡，商朝建立，成汤为开国君主。　②武王伐纣：纣，商朝的末

代君主。在位好酒淫乐，暴敛酷刑，囚杀忠良，民心离散。公元前1046年，周文王之子周武王联合西南各族，率兵伐纣。大战于牧野（今河南淇县西南）。商军临阵倒戈，武王大胜。纣兵败自焚而死。商遂亡，周朝建立，武王为开国君主。　③传（zhuàn转）：史书，古籍。　④贼：败坏，伤害。"谓之贼"之"贼"，指危害社会的坏人。　⑤残：凶恶。此处指凶恶的人。　⑥一夫：独夫。指众叛亲离的暴君。

【译文】

齐宣王问道："商汤流放夏桀，周武王讨伐商纣，有这么回事吗？"

孟子回答说："在史书上有这样的记载。"

王说："臣下杀害他的君主，可以吗？"

孟子说："败坏仁的人被称作'贼'，败坏义的人被称作'残'，残贼一类的人被称作'独夫'。只听说过诛杀了独夫商纣，没听说过臣下杀害君主。"

【一得】

君主残仁害义，暴虐无道，就沦为独夫民贼。独夫民贼，臣民有权讨伐并取而代之。

第十九章　邹与鲁閧

11.19　邹与鲁閧①。穆公问曰②："吾有司死者三十三人，而民莫之死也。诛之，则不可胜诛；不诛，则疾视其长上之死而不救。如之何则可也？"

孟子对曰："凶年饥岁，君之民老弱转乎沟壑，壮者散而之四方者，几千人矣；而君之仓廪实，府库充，有司莫以告，是上慢而残下也。曾子曰：'戒之戒之！出乎尔者，反乎尔者也。'夫民今而后得反之也。君无尤焉！君行仁政，斯民亲其上，死其长矣。"（《梁惠王下》2.12）

【注释】

①鬨（hòng 讧）：争斗，冲突。此处指流血冲突。②穆公：即邹穆公。战国中期邹国国君，与孟子同时代。曹姓。生卒年月、在位时间及名字均不可详考。在位初期疏于治理国政，致使外欺民怨。后听孟子指教，施行仁政，邹国大治。汉代贾谊《新书》、刘向《新序》等都记载了他的事迹。《新书》称："（邹穆公）食不众味，衣不杂采，自刻以广民，亲贤以定国，亲民如子。邹国之治，路不拾遗，臣下顺从，若手之投心。故以邹子之细，鲁、卫不敢轻，齐、楚不能胁。邹穆公死，邹之百姓若失慈父，行哭三月。四境之邻于邹者，士民乡方而道哭，抱手而忧行。"

【译文】

邹国与鲁国发生了流血冲突。邹穆公问道："我的职官死了三十三人，而老百姓却没有一个为救援他们而死的。惩罚他们，不能惩罚尽；不惩罚，他们眼巴巴地看着自己的长官牺牲而不去援救，怎么办才合适呢？"

孟子回答说："灾荒年月，君的百姓老弱者饿死被丢进山沟，年轻力壮者逃离到四面八方的，有几千人了；而君的粮仓里装满了谷米，库房里存满了财物，职官也不把这些情况向您如实报告，这是在上位的怠慢而残害下民啊！曾子说：'当心啊当心！从你这里做出的，还要返回到你这里来。'如今，百姓把官吏对他们的作为返回了官吏。君不要再责怪他们了！君只要施行仁政，老百姓就会亲爱他们的上级，以死报效他们的尊长了。"

【一得】

善出善入，恶往恶来。王侯庶民，概莫能外。

第十二篇

仁 政

第一章　离娄之明

12.1　孟子曰："离娄之明[①]，公输子之巧[②]，不以规矩，不能成方员；师旷之聪[③]，不以六律[④]，不能正五音[⑤]；尧舜之道，不以仁政，不能平治天下。今有仁心仁闻而民不被其泽，不可法于后世者，不行先王之道也。故曰：徒善不足以为政[⑥]，徒法不能以自行[⑦]。《诗》云：'不愆不忘，率由旧章[⑧]。'遵先王之法而过者，未之有也。

"圣人既竭目力焉，继之以规矩准绳，以为方员平直，不可胜用也；既竭耳力焉，继之以六律，正五音，不可胜用也；既竭心思焉，继之以不忍人之政，而仁覆天下矣。故曰，为高必因丘陵⑨，为下必因川泽；为政不因先王之道，可谓智乎？

"是以惟仁者宜在高位。不仁而在高位，是播其恶于众也。上无道揆也⑩，下无法守也，朝不信道⑪，工不信度，君子犯义，小人犯刑，国之所存者幸也。故曰：城郭不完⑫，兵甲不多，非国之灾也；田野不辟⑬，货财不聚，非国之害也。上无礼，下无学，贼民兴，丧无日矣。《诗》曰：'天之方蹶，无然泄泄⑭。'泄泄犹沓沓也⑮。事君无义，进退无礼，言则非先王之道者，犹沓沓也。故曰，责难于君谓之恭，陈善闭邪谓之敬，吾君不能谓之贼。"（《离娄上》7.1）

【注释】

① 离娄：人名。亦作"离朱"。古之明目者，相传为黄帝时人，黄帝亡其玄珠，使其索之。《慎子》："离朱之明，察秋毫之末于百步之外。"又见于《庄子》《列子》《韩非子》《淮南子》等书。　② 公输子：我国古代著名工匠。姓公输，名般，亦作班、盘。春秋末期鲁国人，故又称鲁班。曾创造攻城的云梯和刨、钻等工具。历代木工都尊他为祖师。其事迹散见于《礼记·檀弓》《战国策·宋策》《墨子·公输》等。　③ 师旷：春秋晚期晋国乐师。字子野。生而目盲，善辨声乐。《左传·襄公十四年》："师旷侍于晋侯。"此晋侯为晋悼公。其事迹散见于《逸周书·太子晋解》《国语·晋语八》等。　④ 六律：律，定音器。相传黄帝时伶伦截竹为管，以管的长短，分别声音的高低清浊，乐器的音调都以它为准则。乐律有十二，阴阳各六，阳为律，阴为吕。六律，即黄钟、太蔟（còu凑）、姑洗、蕤（ruí）宾、夷则、无射（yì艺）。六吕，即大吕、夹钟、仲（小）吕、林（函）钟、南吕、应钟。　⑤ 五音：古乐五声音阶的

五个阶名：宫、商、角（jué决）、徵（zhǐ止）、羽。也称五声。《书·益稷》："予欲闻六律、五声、八音。"　⑥徒：副词。仅，仅仅。　⑦法：法令、制度、规章等行为规范的总称。也可称法制、法度、法则。下文"遵先王之法而过者"之"法"与此同。上文"不可法于后世者"之"法"，是效法，与此"法"含义不同。　⑧"《诗》云"句：见《诗·大雅·假乐》。　愆：溢出常态之外。此处意为走样，修正。　率由：遵循。　⑨因：凭借，依据。　⑩揆（kuí魁）：揣度，筹度。　⑪信：信从，遵循。　⑫完：完备。城郭不完，或指有城无郭，或指城墙断断续续，或指残垣断壁。　⑬辟（pì譬）：开垦。司马相如《上林赋》："地可垦辟。"　⑭"《诗》曰"句：见《诗·大雅·板》。　蹶（jué决）：倾覆。　泄（yì艺）泄：语多貌。泄，"詍"的假借字。段玉裁《说文解字注》："泄……《诗·大雅》传曰：'泄泄犹沓沓也。'此谓假泄为'詍'也。"《说文解字》："詍，多言也。《诗》曰：'无然詍詍。'"段《注》："（詍）与口部'呭'音义皆同。"《说文解字》："呭，多言也。"段《注》："《孟子》《毛传》皆曰'泄泄'，犹沓沓也。曰部云，沓，语多沓沓也。言部又云，詍，多言也，引《诗》'无然詍詍'。"简言之，泄，通"詍""呭"，音义皆同，都指多言多语。　⑮沓（tà挞）沓：语多貌。同"誻誻"。《荀子·正名》："故愚者之言，芴（忽）然而粗，啧然而不类，誻誻然而沸。"杨倞（liàng亮，又读jìng静）注："誻誻，多言也。"《说文解字注》："誻，与曰部'沓'字音义皆同。"《说文解字》："沓，语多沓沓也。"此处引申为胡言乱语。

【译文】

孟子说："尽管有离娄明察秋毫的视力，鲁班巧夺天工的技艺，如果不凭借圆规和曲尺，也做不成方形和圆形；尽管有师旷辨析入微的听觉，如果不凭借六律，也不能校正五音；尽管有尧舜孝悌仁爱的善道，如果不凭借仁政，也不能平治天下。当今君王有仁心、仁名而老百姓却没有蒙受到他的恩泽，不可被后世效法的，是因为不施行先王的法度。所以说，仅仅有善心，不足以管理政事；仅仅有法度，法度不能自行实施。《诗》中说：'不走样，不遗忘，遵循先王旧规章。'遵循先王的法度而产生过错的，是没有的。

"圣人已经竭尽了眼力，同时借助圆规、曲尺、水准器、绳墨，以此做成方圆平直，那么方圆平直就用不完了；已经竭尽了听力，同时借助六律，以此校正五音，那么五音就用不完了；已经竭尽了心思，同时借助不忍人的政治，那么仁爱就覆被天下了。所以说，筑高一定要凭借丘陵，掘深一定要凭借川泽；治国理政不凭借先王的法度，能称得上明智吗？

"因此，只有仁者才适宜处在高位。不仁而处在高位，是撒播他的丑恶给与民众啊！在上位的没有善道揣度，在下位的没有法制遵守；朝廷不信从法度，工匠不信从度量，君子违背道义，小人触犯刑律，国家还能存在的，那是太侥幸了。所以说，城郭不完备，兵甲不充足，不是国家的灾难；田野不开垦，货财不聚敛，不是国家的危害；在上位的没有礼义，在下位的没有教化，沦为盗贼的百姓越来越多，离国家灭亡就没有几天了。《诗》中说：'上天正在倾覆，莫要多言多语。'多言多语，如同胡言乱语。事君不讲义，进退不循礼，说话便诋毁先王法度的，如同胡言乱语。所以说，责求君主去施行他能施行但自认为有困难的仁政，叫作恭；陈述善道，闭塞邪念，叫作敬；认为君主不能施行仁政，叫作贼。"

【一得】

不论做什么事情，都要有个准则。没有准则，将一事无成。治国理政的准则，就是法律制度。单凭美好的愿望、善良的心肠，没有法制的约束，是治理不好国家的。法律制度的制定，要借鉴前人成功的经验，要符合国情民意。有了法律制度，还要有执行法律制度的人。有法不依，执法不严，法律制度便是一堆废纸。

所谓仁政，就是国君以不忍看到百姓受苦落难的仁心，继承先王治理国家的理念与准则，建立健全以爱人为宗旨的法律制度，同时选用德才兼备的官吏去贯彻落实，举国上下共同遵守，从而让仁爱覆被天下。国君有无仁德义行，辅臣有无秉公执法之举，且有无犯颜直谏之胆识，是仁政能否施行的关键。

第二章　滕文公问为国

12.2　滕文公问为国。

孟子曰："民事不可缓也。《诗》云：'昼尔于茅，宵尔索绹；亟其乘屋，其始播百谷[①]。'民之为道也，有恒产者有恒心[②]，无恒产者无恒心。苟无恒心，放辟邪侈[③]，无不为已。及陷乎罪，然后从而刑之，是罔民也[④]。焉有仁人在位罔民而可为也？是故贤君必恭俭礼下，取于民有制。阳虎曰[⑤]：'为富不仁矣，为仁不富矣。'

"夏后氏五十而贡⑥，殷人七十而助，周人百亩而彻，其实皆什一也⑦。彻者，彻也⑧；助者，藉也⑨。龙子曰⑩：'治地莫善于助，莫不善于贡。'贡者，挍数岁之中以为常⑪。乐岁，粒米狼戾⑫，多取之而不为虐，则寡取之；凶年，粪其田而不足⑬，则必取盈焉。为民父母，使民盻盻然⑭，将终岁勤动，不得以养其父母，又称贷而益之⑮，使老稚转乎沟壑，恶在其为民父母也？夫世禄，滕固行之矣⑯。《诗》云：'雨我公田，遂及我私⑰。'惟助为有公田。由此观之，虽周亦助也。

"设为庠序学校以教之⑱。庠者，养也⑲；校者，教也⑳；序者，射也㉑。夏曰校，殷曰序，周曰庠；学则三代共之，皆所以明人伦也㉒。人伦明于上，小民亲于下。有王者起，必来取法，是为王者师也。

"《诗》云：'周虽旧邦，其命惟新㉓。'文王之谓也。子力行之，亦以新子之国！"

使毕战问井地㉔。

孟子曰："子之君将行仁政，选择而使子，子必勉之！夫仁政，必自经界始㉕。经界不正，井地不钧㉖，谷禄不平，是故暴君污吏必慢其经界㉗。经界既正，分田制禄可坐而定也。

"夫滕，壤地褊小㉘，将为君子焉㉙，将为野人焉㉚。无君子，莫治野人；无野人，莫养君子。请野九一而助，国中什一使自赋。卿以下必有圭田㉛，圭田五十亩；余夫二十五亩㉜。死徙无出乡，乡田同井，出入相友，守望相助，疾病相扶持，则百姓亲睦。方里而井，井九百亩，其中为公田。八家皆私百亩，同养公田。公事毕，然后敢治私事，所以别野人也。此其大略也㉝；若夫

润泽之^㉞，则在君与子矣。"（《滕文公上》5.3）

【注释】

①"《诗》云"句：见《诗·豳（bīn 宾）风·七月》。 索绹（táo 淘）：搓绳索，绞制绳子。索，粗绳。此处用如动词，搓，捻，绞，制作绳索。绹，绳索。 乘屋：修缮房屋。乘，登上，登上房屋去修缮。 ②恒产：稳定长久的产业。恒，稳定，长久。 恒心：稳定持久的心志。 ③放辟邪侈：放纵邪念恶行。放辟，放纵，开启；邪侈，邪恶，不羁。 ④罔（wǎng 网）民：陷害人民。罔，捕鸟兽鱼类的工具。同"网"。此处引申为张网捕捉。 ⑤阳虎：即"阳货"。见《行止》6.6③阳货。 ⑥夏后氏：即夏代。见《尧舜》8.19⑭₃夏后。 ⑦什（shí 十）一：于十分中取其一分。什，同"十"。 ⑧彻者，彻也：彻的意思，是贡法、助法通用。彻，通。《庄子·外物》："目彻为明，耳彻为聪。" ⑨藉（jiè 借）：借助，借助民力耕种公田。同"借"。 ⑩龙子：赵《注》："龙子，古贤人也。"⑪挍（jiào 叫）：核算，校对。同"校"。 ⑫粒米狼戾（lì利）：粮食撒得遍地都是。粒米，粮食颗粒；狼戾，横竖杂乱。犹"狼藉"。 ⑬粪：肥料。此处用作动词，养，施肥料。⑭盻（xì 细）盻然：怒目相视的样子。 ⑮称（chēng 撑）贷：举债，借贷。称，举。《书·牧誓》："称尔戈。" ⑯固：本来，原来。《告子上》："仁义礼智，非由外铄我也，我固有之也，弗思耳矣。" ⑰"《诗》云"句：见《诗·小雅·大田》。 ⑱庠（xiáng 祥）序学校：夏商周三代教育机构的称谓。 ⑲庠者，养也：庠的意思，是敬养老人。即教人孝养父母，尊敬老人。 ⑳校者，教也：校的意思，是教习礼义。 ㉑序者，射也：序的意思，是习试射艺。射为古代六

艺之一。《礼记·射义》："是故古者天子，以射选诸侯、卿、大夫、士。射者，男子之事也。" ㉒人伦：中国古代指人与人之间的关系及其应当遵守的行为准则。《滕文公上》："圣人有忧之，使契为司徒，教以人伦：父子有亲，君臣有义，夫妇有别，长幼有叙，朋友有信。" ㉓"《诗》云"句：见《诗·大雅·文王》。 旧邦：旧国，历史长久的国家。邦，国。《书·尧典》："百姓昭明，协和万邦。" 其命惟新：他的使命是创新。其，指代周；命，使命，天命。惟，是。《书·益稷》："万邦黎献，共惟帝臣。"新，创新，更新。使动用法。 ㉔毕战：赵《注》："毕战，滕臣也。" 井地：又称"井田"。相传古代殷周时期的一种土地制度。以方九百亩的土地为一里，划分为九区，其中部为公田，其余八家均私田百亩，同养公田。因形如井字，故名。 ㉕经界：划分田地界限。经，划分界限。《周礼·天官·冢宰》："体国经野。"又《地官·司市》："以次叙分地而经市。" ㉖钧：平均，均衡。通"均"。 ㉗慢：怠慢，轻忽，故意拖延。《商君书·垦令》："上不费粟，民不慢农，则草必垦矣。" ㉘褊（biǎn 匾）小：狭小。 ㉙将为君子焉：又有官吏生活在这里。将，副词。且，又。与下句"将为野人焉"之"将"叠用，强调二者并列或对待。《诗·小雅·谷风》："将安将乐，女转弃予。"为，有，表示存在。《韩非子·内储说下·六微》："犀首与张寿为怨。"《孟子·滕文公上》："夷子怃（wǔ）然为间，曰：'命之矣。'"君子，此处指统治者，各级官吏。焉，犹言"于此"，在这里。《左传·隐公元年》："制，岩邑也，虢（guó 国）叔死焉。" ㉚野人：居住在乡间野地的人，在田野耕种的农夫。 ㉛圭田：古代卿以下的官员供祭祀用的田地，不征赋税。《礼记·王制》："夫圭田无征。" ㉜余夫：官府中卿以下官员之外的小吏。

㉝大略：大概，大要。　　㉞润泽：改进，完善。

【译文】

滕文公问怎么治理国家。

孟子说："老百姓的事情不可放松。《诗》中说：'白天割茅草，夜晚搓绳索；赶紧修房屋，莫误播五谷。'老百姓的生存规律是：有稳定产业的就有稳定的心志，没有稳定产业的就没有稳定的心志。如果没有稳定的心志，就会放纵邪念恶行，没有做不出来的事情。等到沦为罪犯，然后用刑罚去惩罚他，那是陷害老百姓。哪有仁爱的人在上位而做陷害老百姓的事情呢？所以贤明的君主一定要恭敬谦谨，礼待下民，对老百姓的索取要有限度。阳虎说：'要富有就不能仁爱，要仁爱就不能富有。'

"夏代每家授田五十亩，地税实行贡法；殷代每家授田七十亩，地税实行助法；周代每家授田一百亩，地税实行彻法。其实都是十分取一的税率。彻的意思，是贡法、助法通用；助的意思，是借助民力耕种公田。龙子说：'管理土地没有比助法再好的了，没有比贡法再不好的了。'贡的意思，是核算数年收成的平均数作为征税的常数。丰收年景，粮食撒得满地都是，多征收一点不能算暴虐，却少征收；灾荒年景，连肥田的本钱都不够，却一定要征收足额常数。作为老百姓的父母，让老百姓怒目相视，用一年到头的辛勤劳动，却不能用来养活自己的父母，还要举债借贷补足地税，使老幼饿死弃尸山沟，这怎么能称得上老百姓的父母呢？卿大夫世代享受俸禄，滕国本来实行着。《诗》中说：'雨先下到我公田，然后再下到我私田。'只有助法才有公田。由此看来，即使在周代也实行助法。

"设立庠序学校去教育民众。庠的意思，是敬养老人；校的意思，是教习礼义；序的意思，是习试射艺。夏代称校，殷代称序，周代称庠，用于学习是三代共同的。都是用来明达人伦，即明达人与人之间的关系及其行为准则。人伦得到了上位者的明达，基层的民众就会亲近尊长。如果有行王道的兴起，就一定会来学习效法。这样就成为称王者的老师了。

"《诗》中说：'岐周虽古国，使命是创新。'这是说的文王。你要努力施行仁政，也用仁政来更新你的国家。"

滕文公派毕战询问有关井地的问题。

孟子说："你的国君准备施行仁政，选择派你来问我，你一定要努力去做！施行仁政，一定要从划分田地界限开始。田地界限划分不正确，井地分配就不平均，谷米俸禄的制定就不公平，所以暴君污吏一定故意拖延划分田地界限。田地界限划分正确了，分配田地、制定俸禄就可以坐在那里确定了。

"滕国，土地面积狭小，又有官吏生活在这里，又有农夫生活在这里。没有官吏，就不能管理农夫；没有农夫，就不能供养官吏。请在远郊的土地采用九分取一的助法，在国的中心地带采用十分取一的自赋法。卿以下的官员一定要有供祭祀用的圭田，圭田五十亩；其余的小吏二十五亩。不论是死亡还是迁徙都不出乡，乡的田地同在一井，出入互相友爱，守望互相帮助，疾病互相扶持，那么老百姓就会亲近和睦。一里见方的土地划为一井，一井九百亩，其中部为公田，八家都各自有私田一百亩，共同耕作公田。公事做完，然后才敢做私事，以此来区别农夫的职责。这是井地的大概情况，至于如何联系滕国的实际去改进完善，那就要靠你的国君和你了。"

【一得】

井田制，只是一种传说，故孟子也只能说个"大略"。它可能实行于一时一地，但不可能实行于一国一代。因为只有在广袤的平原沃土，才可能划出井田，在山区丘陵则不可能划出井田。再者，人口是不断发展变化的。一个人从出生到老死在变，一个家庭的人口在不断增加或减少，每个家庭的人口也不可能等同。固定的井田，怎么能适应不断发展变化的人口呢？因此，数千年前的土地制度不可能、也没有必要去追溯它的详情。

井田制不可照搬，但孟子围绕井田制提出的一些治国理念还是非常可贵的。比如，民事不可缓，有恒产者有恒心，耕者有私田，合理制定税率，减轻耕者负担，仁政必自经界始，以及办好学校，注重教化，明达人伦，追求创新，润泽古制等等，都是行之有效、跨越时代的治国方略。

【疑难】

◎彻者，彻也

赵《注》："彻，犹人彻取物也。"

朱《注》："彻，通也，均也。"

杨《注》："《论语·颜渊篇》'盍彻乎'郑玄《注》云：'周法什一而税谓之彻；彻，通也。为天下之通法也。'译文取此义，不用赵岐《注》'彻，犹人彻取物也'之义。"《译文》："'彻'，是'通'的意思（，因为那是在不同情况的通盘计算下贯彻十分之一的税率）。"

此句之难，在于被解释者与解释者是相同的字词。

赵《注》"犹人彻取物也"，让人费解而不知其义。朱《注》"通也，均也"，虽道出了"彻"的本义，但未与税法相联系。杨《注》袭郑玄《论语注》，同朱《注》，但郑《注》"为天下之通法也"，似不能与上句"通也"相连贯。夏之贡法，殷之助法，难道不是天下通法？哪一部由国家颁布的法律不是天下通法？《译文》

"在不同情况的通盘计算下贯彻十分之一的税率"，与"贡者，校数岁之中以为常"，又有什么区别？故杨《译注》仍不能让人明白。

"彻者，彻也"，是用"彻"的本义去解释彻法。《说文》："彻，通也。"现代汉语中仍保留着这一含义，如彻夜、彻骨、彻底、彻头彻尾等，都含"通"义。在此句中，可引申为：一是贡法、助法通用；二是十分取一的税率通用其中。此说虽为推测，但不违《孟子》本义。不知能否备为一说？

◎余夫

赵《注》："余夫者，一家一人受田，其余老小尚有余力者，受二十五亩，半于圭田，谓之余夫也。"

朱《注》："程子曰：'一夫上父母，下妻子，以五口八口为率，受田百亩。如有弟，是余夫也。年十六，别受田二十五亩。俟其壮而有室，然后更受百亩之田。'愚按：此百亩常制之外，又有余夫之田，以厚野人也。"

杨《注》："此句承上圭田而言，恐不能和《周礼·遂人》'余夫亦如之'的'余夫'（一般农民家的余夫）一例看待。"《译文》："公卿以下的官吏一定有供祭祀的圭田，每家五十亩；如果他家还有剩余的劳动力，便每一劳动力再给二十五亩。"

赵《注》，朱《注》引"程子曰"，都不能与实际相结合。农耕社会，自然生育，一家人口不等，且在发展变化之中。一夫所系，除妻之外，上有父母、祖父母、叔、伯，下有儿子、孙子，中有兄、弟；叔、伯、儿子、孙子都不止一人。这些人中，哪些是受田者一家之内的成员，哪些是多余的"余夫"，不能以"尚有余力者"或"年十六"者去界定。一家如有几个余夫，以余夫受田二十五亩计算，受田少者二十五亩，多者将在百亩左右，地从何处来？他们怎么去种公田，纳不纳地税？这些都是疑难问题。

杨《注》认为，此处的余夫，不能和一般农民家的余夫一例看待，这是有道理的。但在《译文》中说余夫是"公卿以下的官吏""他家还有剩余的劳动力"，则又偏离了本义。因为圭田是给卿（而不是杨《译文》所说"公卿"，公是高于卿的爵位）以下官吏本人的，而不是给他一家人的，与他家有多少劳动力没有关系，因为这是祭祀用田，而不是养人纳税用田。况且，卿、大夫都有封地食邑，享有世禄。

余夫，是指特定人群之外的人。余，是剩余，多余；夫，是成年男子的统称。在不同的场合，所指的人不尽相同。在古代农耕社会，多数是指法定受田农夫之外的农夫。但在此处，语言环境是："卿以下必有圭田，圭田五十亩；余夫二十五亩。"此"余夫"应与卿、圭田、五十亩有关系。"卿以下"是指官员，但在官府中除官员外还有小吏，他们常年供职于官府，不去种田。故小吏是卿以下官员之外的人，可称为余夫。他们所受圭田，仅官员的一半，亦合情理。故拙著认为此处之余夫，是指卿以下官员之外的小吏，而不是受田农夫家中多余的劳动力，或公卿以下官吏家中的剩余劳动力。

第三章　仁则荣

12.3　孟子曰："仁则荣，不仁则辱。今恶辱而居不仁，是犹恶湿而居下也。如恶之，莫如贵德而尊士。贤者在位，能者在职；国家闲暇，及是时[①]，明其政刑。虽大国，必畏之矣。

《诗》云：'迨天之未阴雨，彻彼桑土，绸缪牖户。今此下民，或敢侮予②？'孔子曰：'为此诗者，其知道乎！能治其国家，谁敢侮之③？'今国家闲暇，及是时，般乐怠敖④，是自求祸也。祸福无不自己求之者。《诗》云：'永言配命，自求多福⑤。'《太甲》曰：'天作孽，犹可违；自作孽，不可活⑥。'此之谓也。"

（《公孙丑上》3.4）

【注释】

①及：趁，趁着。《左传·僖公二十二年》："彼众我寡，及其未既济也，请击之。" ②"《诗》云"句：见《诗·豳（bīn 宾）风·鸱鸮（chī xiāo 吃消）》。 迨（dài 代）：趁，趁着。 彻彼桑土（dù 杜）：剥取那桑树根的皮。彻，剥取。土，根。《释文》："土，音杜。……《韩诗》作杜，义同。《方言》云：东齐谓根曰杜。" 绸缪（móu 谋）牖（yǒu 友）户：捆绑门窗。绸缪，捆绑，紧密缠绕。牖，窗；户，门。《论语·雍也》："谁能出不由户？" ③"孔子曰"句：此句不见于《论语》。④般（pán 盘）乐怠敖（áo 遨）：淫乐无度，怠惰傲慢。般乐，作乐不止，享乐无度。般，本义为盘旋、旋转。此处引申为不止，无度。怠敖，怠惰傲慢。敖，通"傲"。《礼记·曲礼上》："敖不可长，欲不可从（zòng 纵）。" ⑤"《诗》云"句：见《诗·大雅·文王》。 永言配命：念念不忘配合天命。永言，念念不忘。配，合，配合；命，天命。 ⑥"《太甲》曰"句：《太甲》，是商初伊尹对商王太甲的训言。今见《尚书·商书》中有《太甲》上中下三篇，本句见中篇，为"天作孽犹可违，自作孽不可逭（huàn 患）"。与本句有"活""逭"之异。今见《尚书》为晋元帝时梅赜（zé 则）所献，后人认为是伪书。

但此句在晋代之前已被广泛引用。　　孽：灾害，罪恶。　　违：躲避。《国语·周语中》："虽吾王叔，未能违难。"

【译文】

　　孟子说："仁，就会获得荣耀；不仁，就会招受屈辱。如今厌恶屈辱却处在不仁的境地，这就像厌恶潮湿却居于低洼之处一样。如果厌恶屈辱，不如崇尚道德而尊重贤士。有贤德的人处在高位，有才能的人居于要职；国家没有战争灾难而得到休息的时候，趁着这个时机，严明其政令刑律。即使是大国，也一定会敬畏他。《诗》中说：'趁着没下雨，快把桑皮取，捆牢门与户。看你树下人，谁敢把我侮？'孔子说：'创作这首诗的人真明事理啊！能治理好自己的国家，谁还敢侮辱他？'如今国家没有战争灾难而得到休息的时候，君王趁着这个时机，淫乐无度，怠惰傲慢，那是自找祸害啊！祸害和幸福没有不是自己找来的。《诗》中说：'念念不忘配合天命，自己努力求得多福。'《太甲》中说：'上天降灾，还可躲避；自己作恶，不可存活。'说的就是这个意思。"

【一得】

　　喜好荣耀幸福，厌恶祸害屈辱，人之常情。荣辱祸福降临，人们往往对荣耀幸福沾沾自喜，而对祸害屈辱却怨天尤人。殊不知，荣辱祸福都是自己一手造就的。心存仁爱，乐善不倦，是获得荣耀幸福的唯一途径；根除邪念，杜绝恶行，是免遭祸害屈辱的不二法则。

第四章　三代之得天下也以仁

12.4　孟子曰："三代之得天下也以仁^①，其失天下也以不仁。国之所以废兴存亡者亦然。天子不仁，不保四海；诸侯不仁，不保社稷；卿大夫不仁，不保宗庙；士庶人不仁，不保四体^②。今恶死亡而乐不仁，是犹恶醉而强酒^③。"（《离娄上》7.3）

【注释】

①三代：夏、商、周三个朝代。　②四体：四肢，肢体。　③强（jiàng匠）酒：明明不能再喝酒，却偏要固执地去喝。强，同"犟"。

【译文】

孟子说："夏、商、周三代能取得天下是因为仁，其丧失天下是因为不仁。诸侯国之所以废兴存亡的原因也是这样。天子不仁，不能保有天下；诸侯不仁，不能保有国家；卿大夫不仁，不能保有宗庙；士人、平民不仁，不能保全肢体。如今厌恶死亡却沉溺于不仁，这好比厌恶喝醉而去犟着喝酒。"

【一得】

仁爱，能凝聚人心，一呼百应；暴虐，会失去人心，众叛亲离。不仁，始于害人，终于害己。

第五章　不仁者可与言哉

12.5　孟子曰："不仁者可与言哉？安其危而利其菑[①]，乐其所以亡者。不仁而可与言，则何亡国败家之有？有孺子歌曰[②]：'沧浪之水清兮[③]，可以濯我缨[④]；沧浪之水浊兮，可以濯我足。'孔子曰：'小子听之！清斯濯缨，浊斯濯足矣。自取之也[⑤]。'夫人必自侮，然后人侮之；家必自毁，而后人毁之；国必自伐，而后人伐之。《太甲》曰：'天作孽，犹可违；自作孽，不可活。'此之谓也[⑥]。"（《离娄上》7.8）

【注释】

①菑（zāi灾）：灾害。同"灾"。《诗·大雅·生民》："不坼（chè彻）不副，无菑无害。"　②孺子：儿童的通称。也泛指年幼者。　③沧浪：水名。古汉水下游的称谓。《书·禹贡》："嶓（bō波）冢导漾（yàng样），东流为汉，又东为沧浪之水；过三澨（shì是），至于大别，南入于江。"意思是，嶓冢山疏导漾水，向东流为汉水，又向东流为沧浪水；过三澨水，到了大别山，向南汇入长江。今汉江，即古汉水。在今武汉龟山东向南汇入长江，大别山在武汉东北约百公里左右。此沧浪，应是古汉水的下游，在今湖北境内。　④濯（zhuó卓）：洗。缨：系在颈上、下巴下的帽带。　⑤"孔子曰"句：此句不见于《论语》。　⑥"《太甲》曰"句：见《仁政》12.3⑥。

【译文】

孟子说："不仁的人可以和他交谈吗？把自己的危险当作安全，把自己的灾难当作吉利，乐于做导致自己灭亡的事情。不仁的人如果可以和他交谈，那怎么还会有亡国败家的事呢？有儿童唱道：'沧浪的水清啊，可以洗我的帽缨；沧浪的水浊啊，可以洗我的双脚。'孔子说：'后生们听着！水清就洗帽缨，水浊就洗双脚。那是由水自身决定的。'人一定自己做了招惹侮辱的事情，然后别人才去侮辱他；家一定自己产生了导致毁坏的裂痕，然后别人才去毁坏它；国一定自己制造了遭受讨伐的借口，然后别人才去讨伐它。《太甲》中说：'上天降灾，还可躲避；自己作恶，不可存活。'说的就是这个意思。"

【一得】

物的属性决定了它的用途与价值；人的德行决定了他的地位与命运。自己的表现，决定了别人对你的态度；别人对你的态度，随着你表现的变化而变化。

【疑难】

◎安其危而利其菑

赵《注》："言不仁之人，以其所以为危者反以为安。"

朱《注》："不知其为危菑而反以为安利也。"

杨《译文》："他们眼见别人的危险，无动于衷；利用别人的灾难来取利。"

赵《注》、朱《注》为是。杨《译文》不妥。"其危""其菑"，是不仁者自己的"危""菑"，而不是别人的。这与下句"乐其所以亡者"是连贯的，都是说的不仁者执迷不悟。故本句应当译为：把自己的危险当作安全，把自己的灾难当作吉利。

◎沧浪

赵《注》未注。

朱《注》："沧浪，水名。"

杨《注》："卢文弨《钟山札记》云：'仓浪，青色；在竹曰苍筤；在水曰沧浪。'按卢说是也。前人有以沧浪为水名者（或云，汉水之支流；或云即汉水），又有以为地名者（在湖北均县北），恐都不可靠。朱琦《小万卷斋文集》有《沧浪非地名辨》。"《译文》："沧浪的水清呀，可以洗我的帽缨；沧浪的水浊呀，可以洗我的两脚。"

沧浪，在本句中为水名。朱《注》为是，本不应产生疑义。杨《注》引卢文弨《钟山札记》认定为"青色"，而在《译文》中却疑似译为水名。若为"青色"，译文应是"青色的水清呀""青色的水浊呀"。青色的水，就是清水。水本无色，掺入了泥沙，便成为浊水；清水深了，便呈现出青色。青水，即清水。怎么能又清又浊呢？"青色的水清呀"是重话；"青色的水浊呀"是自相矛盾。只有江河里的水，随着季节的变化，或清或浊。

沧浪，本义是水名，是《书·禹贡》中对汉水下游的称谓："嶓（bō 波）冢导漾（yàng 样），东流为汉，又东为沧浪之水；过三澨（shì 是），至于大别，南入于江。"嶓冢，山名。在今陕西西南部宁强北，汉水发源于此（古有东、西汉水之称，此为东汉水，详不赘述）。导，疏导。漾，水名，汉水上源。汉，汉水。三澨，水名，亦名三参水，源出今湖北京山西，东流至汉川入汉水。大别，大别山，西北—东南走向，跨豫、鄂、皖三省边境，在武汉东北约百公里左右。江，长江。这段记述的意思是：嶓冢山疏导漾水，向东流为汉水，又向东流为沧浪水；过三澨水，到了大别山，向南汇入长江。今汉江（古称汉水），发源于陕西西南部，流经陕西南部，湖北西北部、中部，至武汉龟山东向南汇入长江。这与《禹贡》的记载基本相符。这说明，沧浪确是水名，是古时汉水下游的称谓，在今湖北境内。

至于沧浪或训为"青色"，或训为"地名"，都是实情。那是一词多用多解，并不与本文作为水名相矛盾。

第六章 不信仁贤

12.6 孟子曰："不信仁贤，则国空虚；无礼义，则上下乱；无政事，则财用不足。"（《尽心下》14.12）

【译文】

孟子说："不信用仁贤，国家就会空虚；不讲求礼义，上下就会混乱；不管理政事，财用就会不足。"

【一得】

治理国家，人才、礼义、政事缺一不可，而用好人才是重中之重。

第七章　仁言不如仁声

12.7　孟子曰："仁言不如仁声之入人深也，善政不如善教之得民也。善政，民畏之；善教，民爱之。善政得民财，善教得民心。"（《尽心上》13.14）

【译文】

孟子说："仁爱的言语不如仁爱的声誉深入人心，善于施政不如善于教化能得到人民的拥护。善于施政，人民畏惧他；善于教化，人民爱戴他。善于施政，得民财；善于教化，得民心。"

【一得】

治国理政，得民心为上。人民拥护，何愁缺财？只顾敛财，失去民心，财有何用？

第八章　道在迩而求诸远

12.8　孟子曰："道在迩而求诸远[①]，事在易而求诸难。人人亲其亲，长其长，而天下平。"（《离娄上》7.11）

【注释】

① 迩（ěr 尔）：近。

【译文】

孟子说："道在近处，却向远处寻求；事在易处，却向难处寻求。人人亲爱他的父母，尊从他的长上，天下就太平了。"

【一得】

追求天下太平，应从孝悌做起。

第九章　人有恒言

12.9　孟子曰："人有恒言^①，皆曰：'天下国家^②。'天下之本在国，国之本在家，家之本在身。"（《离娄上》7.5）

【注释】

① 恒言：经常讲的话。恒，经常。　② 天下国家：天下，指全中国，天子统治；国，指天子分封的诸侯国，诸侯统治；家，指诸侯委任的卿大夫的采地、食邑，卿大夫统治。此天下国家，不同于《大学》"治其国""齐其家"中的国、家，后者为一般意义的国、家。

【译文】

孟子说："人们有句经常讲的话，都说'天下国家'。天下的根本在诸侯国，诸侯国的根本在卿大夫的家，卿大夫家的根本在卿大夫自身。"

【一得】

天下由各诸侯国组成，诸侯国由卿大夫的家支撑，卿大夫身正才能保有封地食邑。诸侯国分裂独立，天子将失去天下，如秦、齐、楚、燕等国称王，而周王室不复存在；卿大夫分裂独立，诸侯将失去封国。如韩、赵、魏三家分晋，晋国不复存在。卿大夫身不保而失其家者则数不胜数。故护根固本，不可不慎。

第十章　诸侯之宝三

12.10　孟子曰："诸侯之宝三：土地，人民，政事。宝珠玉者，殃必及身。"（《尽心下》14.28）

【译文】

孟子说："诸侯的宝有三：土地，人民，政事。把珍珠美玉当作宝的，祸殃一定会降到他身上。"

【一得】

一国之君，把什么看重，把什么看轻，决定了他的国势和命运。一介草民，何不如此？

第十一章　有布缕之征

12.11　孟子曰："有布缕之征^①，粟米之征，力役之征。君子用其一，缓其二。用其二而民有殍^②，用其三而父子离。"（《尽心下》14.27）

【注释】

①布缕之征：征收布帛与丝线、麻线的赋税。布，丝、麻、棉等织物的通称。缕，丝线，麻线。征，征收……赋税。②殍（piǎo 瞟）：饿死的人。

【译文】

孟子说："有征收布帛与丝线、麻线的赋税，有征收粮食的赋税，有征发劳役的赋税。君子用其中的一项，缓用其中的两项。用其中的两项，老百姓就会有饿死的；三项全用，父子就会离散了。"

【一得】

重赋逼民死，轻税促民生。能薄勿厚，能缓莫急。

第十二章　戴盈之曰

12.12　戴盈之曰①："什一，去关市之征②，今兹未能③。请轻之，以待来年，然后已④，何如？"

孟子曰："今有人日攘其邻之鸡者⑤，或告之曰：'是非君子之道。'曰：'请损之⑥，月攘一鸡，以待来年，然后已。'如知其非义，斯速已矣，何待来年？"（《滕文公下》6.8）

【注释】

①戴盈之：赵《注》："宋大夫。"　②关市：关卡与市场。关，关卡。古设关于界上，以稽查行旅。市，市场。货物交易的场所。　③今兹：今年。《左传·僖公十六年》："今兹鲁多大丧，明年齐有乱。"　④已：停止。《诗·郑风·风雨》："风雨如晦，鸡鸣不已。"此处意为完全改正。⑤攘：偷，盗窃。《墨子·非攻上》："至攘人犬豕鸡豚者，其不义又甚入人园圃窃桃李。"　⑥损：减少，与"益"相对。《易·损》："损下益上，其道上行。"

【译文】

戴盈之说："土地采用十分抽一的税率，免去关卡、市场的赋税，今年还做不到。准备先减轻一点，等到明年，然后再完全改正，怎么样？"

孟子说："如果有个人，每天都偷他邻居家的鸡，有人劝告他说：'这不是君子的行为。'他说：'准备先减少一点，每个月偷一只鸡，等到明年，然后完全改正。'如果知道这种行为不合乎道义，那就赶快改正好了，为什么要等到明年呢？"

【一得】

赋税，以适中为好。少了，不够国家开支；多了，加重人民负担；过重，则无异于杀鸡取卵，谋财夺命。若横征暴敛，应立即停止。否则，人民将揭竿而起。

第十三章　古之为关也

12.13　孟子曰："古之为关也，将以御暴；今之为关也，将以为暴。"（《尽心下》14.8）

【译文】

孟子说："古时设置关隘，是准备用来防御强暴；如今设置关隘，是准备用来施行强暴。"

【一得】

关隘无言，设者有心。仁者保民平安，不仁者害民施暴。

第十四章　吾欲二十而取一

12.14　白圭曰①："吾欲二十而取一，何如？"

孟子曰："子之道，貉道也②。万室之国③，一人陶④，则可乎？"

曰："不可，器不足用也。"

曰："夫貉，五谷不生，惟黍生之⑤；无城郭、宫室、宗庙、祭祀之礼，无诸侯币帛饔飧⑥，无百官有司，故二十取一而足也。今居中国，去人伦，无君子，如之何其可也？陶以寡，且不可以为国，况无君子乎？欲轻之于尧舜之道者，大貉小貉也；欲重之于尧舜之道者，大桀小桀也。"（《告子下》12.10）

【注释】

①白圭：名丹，字圭（一作珪）。战国中期人，曾任梁惠王的大臣。善于修筑堤防，治理水患。主张减轻赋税。另有白圭，战国初期周人，与魏文侯同时，善于经商聚财。　②貉（mò陌）：古代泛指居于北方偏远地区的民族。通"貊"。　③万室：万家，万户。　④陶：烧制陶器。名词用如动词。　⑤黍（shǔ暑）：一年生草本植物，耐干旱，生命力强，生长期短。子实叫黍子，去壳后叫黄米，性黏，可食，为北方古时的主要谷物。⑥币帛饔飧（yōng sūn拥孙）：馈赠的礼物与宴请的吃喝。币帛，即缯（zēng增，丝织品的总称）帛。古时以缯帛为祭祀供品或

赠送宾客的礼物，称币帛。饔飧，熟食。早餐曰饔，晚餐曰飧。此处指宴请客人的美食、吃喝。

【译文】

白圭说：“我想把土地税率定为二十取一，怎么样？”

孟子说：“你的做法，是貉地的做法。拥有万户的国家，一个人烧制陶器，可以吗？”

白圭说：“不可以，陶器不够用的。”

孟子说：“貉地，五谷不能生长，只有黍能生长；没有城郭、宫室、宗庙、祭祀的礼仪，没有诸侯之间的馈赠礼物和宴请吃喝，没有大小官员和各级行政机构，所以二十取一就足够用的了。如今位居中原的国家，去掉做人的伦常，没有各级官吏，那怎么可以呢？做陶器的少了，尚且不可以成为正常国家，何况没有各级官吏呢？想比尧舜的税率还要轻的，那是貉地的做法，只不过有大貉小貉的区别罢了；想比尧舜的税率还要重的，那是夏桀的做法，只不过有大桀小桀的区别罢了。”

【一得】

恪守中道，不走极端。过分，害人害事；欠缺，同样害人害事。

第十五章　丹之治水也

12.15　白圭曰：“丹之治水也[①]，愈于禹[②]。”

孟子曰：“子过矣。禹之治水，水之道也。是故禹以四海为壑。今吾子以邻国为壑^③。水逆行谓之洚水^④。洚水者，洪水也，仁人之所恶也。吾子过矣。"（《告子下》12.11）

【注释】

①丹：白圭的名。圭为字。　②愈：胜过，超过。③吾子：对人相亲爱的称呼。《左传·僖公三十三年》："寡君闻吾子将步师出于敝邑。"此处可译为"我的朋友"。　④洚（jiàng匠，又读 hóng 洪）水：洪水。

【译文】

白圭说："我白丹治水的方法超过大禹。"

孟子说："您错了。大禹治水，是顺着水性疏导。所以大禹把四海作为沟壑。如今，我的朋友您把邻国作为沟壑。水逆向奔流称为洚水。洚水，就是洪水啊，那是仁爱的人所厌恶的。我的朋友，您错了。"

【一得】

做事要遵循客观规律。违背客观规律，不仅事情做不成、做不好，而且会害人害己。探索、遵循客观规律，既需要智慧，又需要爱心。

第十六章　子产听郑国之政

12.16　子产听郑国之政^①，以其乘舆济人于溱、洧^②。孟子曰："惠而不知为政。岁十一月^③，徒杠成^④；十二月，舆梁成^⑤，民未病涉也^⑥。君子平其政^⑦，行辟人可也^⑧，焉得人人而济之？故为政者，每人而悦之，日亦不足矣^⑨。"（《离娄下》8.2）

【注释】

①子产：见《尧舜》8.15⑬。　　郑国：姬姓，公元前806年，周宣王封其弟友（桓公）于郑（今陕西渭南市华州区东）。其后犬戎杀周幽王，桓公亦被杀，其子武公与晋文侯定平王于东都，武公迁居东都畿内，先后灭郐（kuài 快）和东虢（guó 国），建立郑国，都新郑（今河南新郑）。郑武公、庄公相继为周平王的卿士。郑国曾是春秋初年的强国。后渐衰弱，摇摆于晋、楚之间。公元前375年，为韩所灭。　　②溱、洧（zhēn wěi 真伪）：水名。溱，源出河南新密东北的圣水峪，东南流会洧水，为双洎（jì 季）河，东流入贾鲁河。洧，即今双洎河。发源于河南登封东阳城山，东流至新郑，会溱水为双洎河，入于贾鲁河。《诗·郑风·溱洧》"溱与洧，方涣涣兮""溱与洧，浏其清矣"即此。　　③岁十一月：年内的十一月。此十一月为周历，夏历为九月。下句"十二月"也是周历，夏历为十月。九月、十月，汛期已过，河水平稳，秋收完毕，已至农闲，正是修桥的时机。　　④徒杠（gāng 刚）：可步行通过的木桥。杠，桥。《说文·木部》"桥"段玉裁注："凡独木者曰杠，骈木者曰桥。"⑤舆梁：可通车的桥。舆，车。梁，桥梁。　　⑥病涉：苦于涉水。病，苦。《广雅·释诂》："病，苦也。"　　⑦平其政：治理好国政。平，治理，有序。《公羊传·隐公元年》："公将平国而反之桓。"　　⑧行辟（pì 屁）人：出行时让路

人避让。辟，开，打开。《左传·宣公二年》："寝门辟矣。"此处为开路，鸣锣开道，让路人避让。　　⑨ 日：每天，天天。《论语·学而》："吾日三省吾身。"《史记·田单列传》："田单兵日益多，乘胜，燕日败亡，卒至河上。"

【译文】

子产执掌郑国的国政，用他乘坐的马车帮助行人渡过溱水、洧水。

孟子说："这是施恩惠而不知理国政。年内的十一月（周历；夏历九月），把步行的木桥修好；十二月（周历；夏历十月），把通车的大桥建成，老百姓就没有蹚凉水过河之苦了。君子治理好国政，出行时让路人避让都可以，怎么需要一个一个去帮助他们呢？所以，执掌国政的人如果去让一个一个人得到欢心，即便天天去做也忙不过来啊！"

【一得】

背一个人过河；修一座桥让众人过河，都是善事。背人，是普通人的善举；修桥，是执政者的善政。普通人背人，不要去修桥；执政者修桥，不要去背人。

第十七章　为政不难

12.17　孟子曰："为政不难，不得罪于巨室①。巨室之所慕，一国慕之；一国之所慕，天下慕之。故沛然德教溢乎四海。"

（《离娄上》7.6）

【注释】

①巨室：世袭的卿大夫大家。室，同"家"。卿大夫称家。

【译文】

孟子说："治国理政并不困难，只要让世卿大家心悦诚服而不产生怨恨就可以了。世卿大家所仰慕的，一国都会仰慕；一国仰慕的，天下都会仰慕。所以，影响巨大的道德教化会充盈于四海。"

【一得】

国君修德重教，积恩而不累怨，才能让世卿大家心悦诚服。世卿大家的趋向，影响着一国的趋向，进而影响天下的趋向。

【疑难】

◎不得罪于巨室

赵《注》："巨室，大家也。谓贤卿大夫之家，人所则效者。言不难者，但不使巨室罪之，则善也。"

朱《注》："巨室，世臣大家也。得罪，谓身不正而取怨怒也。"

杨《注》：引赵《注》。《译文》："只要不得罪那些有影响的贤明的卿大夫就行了。"

此句之疑难，在于对"巨室"的理解。赵《注》、杨《译文》皆不妥，朱《注》为当。

春秋、战国之际，所称国者，为诸侯封国；所称家者，为卿大夫之家。"国之本在家。"（《离娄上》）在诸侯国内，卿大夫支撑着诸侯国的存在。卿大夫虽为诸侯所封赐，反过来，卿大夫也可左右诸侯的命运。若卿大夫与诸侯同心，国则稳定、强盛；若卿大夫与诸侯离德，国则衰弱、败亡，或为卿大夫所取代。如，鲁国的"巨室"孟孙、叔孙、季孙"三桓"之家，先后三分公室、四分公室，直至把鲁国变成了空壳，以至让昭公失国，流亡齐、晋。为首的季氏，几乎没出几个好人。晋国的韩、赵、魏、智伯、中行、范氏六卿分晋，继之韩、赵、魏灭了智伯、中行、范氏，又三家分晋；齐国的崔杼弑庄公、田氏代齐，都是"巨室"所为。其实，贤者可得罪，不贤者不可得罪。得罪了贤者，贤者可以礼相待；得罪了不贤者，不贤者会无所不用其极。如果有个"贤卿大夫之家"，国君应当重用他，而不应仅仅不得罪于他。治国理政的根本，还在国君自身。只有国君正，才能使卿大夫心悦诚服、不生怨恨。故本章的宗旨，还是让国君注重修德、教化，让卿大夫与自己同心，而不是让"贤卿大夫之家"影响国家风气。据此，"巨室"是指广义的卿大夫之家，而不是个别的"贤卿大夫之家"。

孟子这话说得似乎轻松，其实非常沉重。

第十八章　周室班爵禄也

12.18　北宫锜问曰①："周室班爵禄也②，如之何？"

孟子曰："其详不可得闻也，诸侯恶其害己也，而皆去其籍③；然而轲也尝闻其略也。天子一位④，公一位，侯一位，伯一位，子、男同一位⑤，凡五等也。君一位，卿一位，大夫一位，上士一位，中士一位，下士一位⑥，凡六等。天子之制⑦，地方千里，公、侯皆方百里，伯七十里，子、男五十里，凡四等。不能五十里，不达于天子⑧，附于诸侯，曰附庸⑨。天子之卿受地视侯⑩，大夫受地视伯，元士受地视子、男。大国地方百里，君十卿禄，卿禄四大夫，大夫倍上士，上士倍中士，中士倍下士，下士与庶人在官者同禄，禄足以代其耕也。次国地方七十里，君十卿禄，卿禄三大夫，大夫倍上士，上士倍中士，中士倍下士，下士与庶人在官者同禄，禄足以代其耕也。小国地方五十里，君十卿禄，卿禄二大夫，大夫倍上士，上士倍中士，中士倍下士，下士与庶人在官者同禄，禄足以代其耕也。耕者之所获，一夫百亩。百亩之粪⑪，上农夫食九人⑫，上次食八人，中食七人，中次食六人，下食五人。庶人在官者，其禄以是为差。"（《万章下》10.2）

【注释】

①北宫锜（qí 其）：北宫，姓；锜，名。赵《注》："卫人。"从孟子与他答问自称"轲"来看，似与孟子同年，或年长于孟子。　②班爵禄：序列爵位、俸禄。班，依序排列，规定等级。　③籍：典籍，文献。　④天子：周王朝的最高统治者。古以君主秉承天意治理天下之民，故称天子。《礼记·曲礼下》："君天下曰天子。"　位：位次，等级。　⑤公、侯、伯、子、男：王室设置的爵位名。《礼记·王制》："王者之制禄爵，公、侯、伯、子、男凡五等。"与孟子所言稍有不同。　⑥君、卿、大夫、士：古爵位名。君，古代各级据有土地的统治者的统称。此处指诸侯国的国君，又称公。卿，公或诸侯国国君以下、

大夫以上的爵位，西周至战国王室与诸侯国皆置。大夫，侯或卿以下、士以上的爵位，王室与诸侯国皆置。士，大夫以下，最低一级的爵位。分上、中、下三等，天子之士称元士。　⑦制：管辖。此处意为直接管辖。　⑧达：上达，隶属。　⑨附庸：附属于诸侯的小国封君。　⑩视：比照。　⑪粪：肥，肥沃。此处指百亩田的肥瘠不同。　⑫上农夫：耕种上等土地的农夫。

【译文】

北宫锜问道："周王室序列爵位、俸禄的规定，是怎样的？"

孟子说："它的详细情况不可得到了解，诸侯们厌恶它对自己不利，因而都毁掉了相关的典籍，不过我孟轲也曾经听说过它的大概情况。在朝廷，天子一个位次，公一个位次，侯一个位次，伯一个位次，子、男同一个位次，总共五个等级。在诸侯国，君一个位次，卿一个位次，大夫一个位次，上士一个位次，中士一个位次，下士一个位次，总共六个等级。天子直接管辖的土地，千里见方，公、侯皆百里见方，伯七十里见方，子、男五十里见方，总共四个等级。达不到五十里见方，不能隶属天子，附属于诸侯，称为附庸。天子的卿封地比照侯，大夫封地比照伯，元士封地比照子、男。

"大国封地百里见方，君的俸禄十倍于卿，卿的俸禄四倍于大夫，大夫一倍于上士，上士一倍于中士，中士一倍于下士，下士与平民在官府任职享同等俸禄，俸禄足以代替他耕种所得。次国封地七十里见方，君的俸禄十倍于卿，卿的俸禄三倍于大夫，大夫一倍于上士，上士一倍于中士，中士一倍于下士，下士与平民在官府任职享同等俸禄，俸禄足以代替他耕种所得。小国封地五十里见方，君的俸禄十倍于卿，卿的俸禄二倍于大夫，大夫一倍于上士，上士一倍于中士，中士一倍于下士，下士与平民在官府任职享同等俸禄，俸禄足以代替他耕种所得。耕种者所得，一夫受地百亩，百亩土地的肥瘠不同，耕种上等土地的农夫供养九人，上次供养八人，中供养七人，中次供养六人，下供养五人。平民在官府任职的，他们的俸禄以此规定差等。"

【一得】

人们追求平等，但事实上人与人之间不平等。不平等是绝对的，平等是相对的。不平等是自然现象，并不可怕。可怕的是不合理的不平等。制定相关制度的目的，是保护合理的不平等，抑制不合理的不平等，从不平等中求取相对平等。

【疑难】

◎百亩之粪，上农夫食九人

赵《注》："百亩之田，加之以粪，是为上农夫。其所得谷，足以食九口。"

朱《注》："一夫一妇，佃田百亩。加之以粪，粪多而力勤者为上农，其所收可供九人。"

杨《注》："粪——段玉裁《说文解字注》云：'凡粪田多用所除之秽为之，故曰粪。'"《译文》："百亩田地的施肥耕种，上等的农夫可以养活九个人。"

此句之疑难，在于对"粪"的理解。赵《注》为"加之以粪"；朱《注》为"加之以粪，粪多而力勤"；杨《注》引《说文解字注》称"粪田"，《译文》为"施肥耕种"，诸说虽有小异，但都解释为"粪田""施肥"。此说欠酌。

粪，有多层含义。《说文》："粪，弃除也。"段玉裁《注》：

"古谓除秽曰粪，今人直谓秽曰粪，此古义今义之别也。凡粪田多用所除之秽为之，故曰粪。"此处指"弃除"，引申为"所除之秽。"《左传·僖公二十八年》："荣季曰：'死而利国，犹或为之，况琼玉乎？是粪土也。'"此处指粪便、污秽之类。《孟子·滕文公上》："凶年，粪其田而不足。"《礼记·月令》："（季夏之月）可以粪田畴。"此两处是指为田施肥。

　　"百亩之粪"中的"粪"，是田之粪，而不是粪其田。粪其田，是为田施肥；田之粪，是田的肥力。故此"粪"，应是粪便、污秽之类，引申之，为肥、肥料、肥力，是指田的肥沃程度，而不是为田施肥。

　　对"粪"的解释，直接影响着对"上农夫"的理解。"粪其田"，是指农夫种田的能力；"田之粪"，是指田的肥力。百亩之田，供养几人，是依农夫的种田能力去定呢？还是依田的肥力去定呢？受田的"一夫"，是一户之主，其实是指一户。一夫虽可根据强壮、能力分为多等，但人的身体状况是不断发展变化的，故不宜以农夫的能力作为百亩之田供养人口多少的依据。况且种田是全家人的劳动。而田的肥力是基本稳定的，可分为多等而基本不会改变。故田的肥力可作为百亩之田供养人口多少的依据。因此，"上农夫"是指种上等田的农夫。此句应译为："百亩田地的肥瘠不同，种上等田的农夫供养九人。"

第一章 齐桓晋文之事

13.1 齐宣王问曰："齐桓、晋文之事可得闻乎^①？

孟子对曰："仲尼之徒无道桓文之事者，是以后世无传焉，臣未之闻也。无以^②，则王乎^③？"

曰："德何如则可以王矣？"

曰："保民而王，莫之能御也。"

曰："若寡人者，可以保民乎哉？"

曰："可。"

曰："何由知吾可也？"

曰："臣闻之胡龁曰^④，王坐于堂上，有牵牛而过堂下者，王见之，曰：'牛何之？'对曰：'将以衅钟⑤。'王曰：'舍之！吾不忍其觳觫⑥，若无罪而就死地。'对曰：'然则废衅钟与？'曰：'何可废也？以羊易之！'不识有诸？"

曰："有之。"

曰："是心足以王矣。百姓皆以王为爱也⑦，臣固知王之不忍也。"

王曰："然，诚有百姓者。齐国虽褊小⑧，吾何爱一牛？即不忍其觳觫，若无罪而就死地，故以羊易之也。"

曰："王无异于百姓之以王为爱也。以小易大，彼恶知之？王若隐其无罪而就死地⑨，则牛羊何择焉？"

王笑曰："是诚何心哉！我非爱其财而易之以羊也，宜乎百姓之谓我爱也。"

曰："无伤也，是乃仁术也⑩，见牛未见羊也。君子之于禽兽也，见其生，不忍见其死；闻其声，不忍食其肉。是以君子远庖厨也⑪。"

王说曰："《诗》云：'他人有心，予忖度之⑫。'夫子之谓也。夫我乃行之，反而求之，不得吾心。夫子言之，于我心有戚戚焉⑬。此心之所以合于王者，何也？"

曰："有复于王者曰：'吾力足以举百钧⑭，而不足以举一羽；明足以察秋毫之末，而不见舆薪⑮。'则王许之乎？"

曰："否！"

"今恩足以及禽兽，而功不至于百姓者，独何与⑯？然则一羽之不举⑰，为不用力焉；舆薪之不见，为不用明焉；百姓之不见保，为不用恩焉。故王之不王，不为也，非不能也。"

曰："不为者与不能者之形，何以异？"

曰："挟太山以超北海^⑱，语人曰'我不能'，是诚不能也。为长者折枝^⑲，语人曰'我不能'，是不为也，非不能也。故王之不王，非挟太山以超北海之类也；王之不王，是折枝之类也。

"老吾老^⑳，以及人之老；幼吾幼，以及人之幼，天下可运于掌^㉑。《诗》云：'刑于寡妻，至于兄弟，以御于家邦^㉒。'言举斯心加诸彼而已。故推恩足以保四海，不推恩无以保妻子。古之人所以大过人者，无他焉，善推其所为而已矣。今恩足以及禽兽，而功不至于百姓者，独何与？

"权^㉓，然后知轻重；度^㉔，然后知长短。物皆然，心为甚。王请度之！

"抑王兴甲兵^㉕，危士臣，构怨于诸侯，然后快于心与？"

王曰："否，吾何快于是？将以求吾所大欲也。"

曰："王之所大欲，可得闻与？"

王笑而不言。

曰："为肥甘不足于口与？轻煖不足于体与^㉖？抑为采色不足视于目与^㉗？声音不足听于耳与？便嬖不足使令于前与^㉘？王之诸臣皆足以供之，而王岂为是哉？"

曰："否，吾不为是也。"

曰："然则王之所大欲可知已，欲辟土地，朝秦楚^㉙，莅中国而抚四夷也^㉚。以若所为^㉛，求若所欲，犹缘木而求鱼也^㉜。"

王曰："若是其甚与？"

曰："殆有甚焉^㉝。缘木求鱼，虽不得鱼，无后灾。以若所为，求若所欲，尽心力而为之，后必有灾。"

曰："可得闻与？"

曰："邹人与楚人战，则王以为孰胜？"

曰："楚人胜。"

曰："然则小固不可以敌大，寡固不可以敌众，弱固不可以敌强。海内之地，方千里者九，齐集有其一^㉞。以一服八，何以异于邹敌楚哉？盖亦反其本矣。

"今王发政施仁，使天下仕者皆欲立于王之朝，耕者皆欲耕于王之野，商贾皆欲藏于王之市，行旅皆欲出于王之涂^㉟，天下之欲疾其君者皆欲赴愬于王^㊱。其若是，孰能御之？"

王曰："吾惛^㊲，不能进于是矣。愿夫子辅吾志，明以教我。我虽不敏，请尝试之。"

曰："无恒产而有恒心者，惟士为能。若民，则无恒产，因无恒心。苟无恒心，放辟邪侈^㊳，无不为已。及陷于罪，然后从而刑之，是罔民也^㊴。焉有仁人在位，罔民而可为也？是故明君制民之产，必使仰足以事父母，俯足以畜妻子^㊵，乐岁终身饱^㊶，凶年免于死亡；然后驱而之善，故民之从之也轻。

"今也制民之产，仰不足以事父母，俯不足以畜妻子；乐岁终身苦，凶年不免于死亡。此惟救死而恐不赡^㊷，奚暇治礼义哉？

"王欲行之，则盍反其本矣^㊸。五亩之宅，树之以桑，五十者可以衣帛矣^㊹。鸡豚狗彘之畜，无失其时，七十者可以食肉矣。百亩之田，勿夺其时，八口之家可以无饥矣。谨庠序之教，申之以孝悌之义，颁白者不负戴于道路矣^㊺。老者衣帛食肉，黎民

不饥不寒，然而不王者，未之有也。"（《梁惠王上》1.7）

【注释】

①齐桓、晋文之事：齐桓公、晋文公的事迹。齐桓，即齐国的国君齐桓公，名小白；晋文，即晋国的国君晋文公，名重耳。他们在春秋时期先后称霸诸侯。详见《圣贤》9.14⑤。②无以：没有依据。以，因由，缘故。《诗·邶（bèi备）风·旄（máo毛）丘》："何其久也？必有以也。"此处义为"依据"。③王：以仁德称王天下。王，称王。作动词。④胡龁（hé河）：赵《注》："胡龁，王左右近臣也。"⑤衅钟：新钟铸成，用牲血涂之祭祀。衅，同"釁"。《史记·高祖本纪》："祭蚩尤于沛庭，而衅鼓旗，帜皆赤。"裴骃《集解》："应劭曰：'衅，祭也。杀牲以血涂鼓曰衅。'"《说文》："釁，血祭也。"⑥觳觫（hú sù胡素）：吓得发抖的样子。⑦爱：吝啬。《老子》："甚爱必大费，多藏必厚亡。"⑧褊（biǎn扁）小：狭小。⑨隐：怜悯。⑩仁术：仁爱之心的策略表现。术，策略，变通。⑪庖（páo袍）厨：厨房。庖，既指厨房，又指厨师。《诗·小雅·车攻》："大庖不盈。"《庄子·养生主》："良庖岁更刀。"⑫"《诗》云"句：见《诗·小雅·巧言》。忖度（cǔn duó）：揣测，估量。⑬戚戚：感悟貌。⑭百钧：三千斤。钧，古代重量单位。《汉书·律历志》："三十斤为钧，四钧为石。"⑮舆薪：车载之柴。⑯独何与：唯有什么呢？独，唯有，只有。⑰然则：如此看来。连词。表示"既然这样，那么……"⑱挟太山以超北海：用胳臂挟着泰山去跨越北海。挟，夹持。太山，即"泰山"。太，通"泰"。北海，即今渤海。均在齐国边境。⑲折枝：弯腰。枝，通"肢"。《荀子·儒效》："行礼要节而安之，若生四枝。"

四枝，即"四肢"。此处指肢体，弯下肢体为长者效劳。如捡东西、背东西、搀扶之类。因捡东西老人不便弯腰下蹲，而年轻人易为，故译文取此。　⑳老吾老：孝敬我家的老人。前一个"老"为动词"孝敬"，后一个"老"为名词"老人"。下文"幼吾幼"，即疼爱我家的小孩。幼，前为动词，后为名词。　㉑天下可运于掌：治理天下可以像在掌中转动玩物一样。运，转动。比喻容易。　㉒"《诗》云"句：见《诗·大雅·思齐》）。　刑于寡妻：为妻子做出榜样。刑，通"型"。模范，榜样。寡妻，嫡妻。　以御于家邦：以此来治理家国。御，治理，统治。《书·大禹谟》："御众以宽。"家，大夫的采地称"家"。邦，同"国"。诸侯的封地称"国"。　㉓权：本为称锤。此处为称量，称一称。　㉔度（duó夺）：量，测量。下句"王请度之"之"度"，义为掂量，揣度。　㉕抑：难道。副词。加强反问的语气。下段"抑为采色不足视于目与"之"抑"，连词。表示选择，相当于"或"。　㉖轻煖（nuǎn暖）：轻巧暖和的衣服。煖，同"暖"。　㉗采色：绚丽多彩的颜色。采，同"彩"。　㉘便嬖（pián bì骈毕）：善于阿谀奉迎、受到宠幸的近臣。　㉙朝秦楚：让秦国、楚国臣服朝拜。朝，使……朝拜。　㉚莅中国：莅临天下中央。中国，天下之中。上古时代，我国华夏族建国于黄河流域一带，以为居天下之中，故称中国，而把周围我国其他地区称为四方、四夷。　㉛若：如此，这样。代词。下句"若是其甚与"之"若"，是副词，像。　㉜缘木而求鱼：爬到树上去捉鱼。缘，攀援。　㉝殆（dài代）：大概；恐怕。《尽心下》："国人皆以为夫子将复为发棠，殆不可复。"《史记·赵世家》："吾尝见一子于路，殆君之子也。"　㉞集：聚集，总合。《礼记·月令》："（仲秋之月）四方来集，远乡皆至。"　㉟涂：道路。通

"途"。《论语·阳货》:"孔子时其亡也,而往拜之,遇诸涂。"　　㊱疾:怨恨。《书·君陈》:"尔无忿疾于顽。"　　愬(sù诉):告诉,控诉。同"诉"。《诗·邶风·柏舟》:"薄言往愬,逢彼之怒。"　　㊲惽(hūn昏):头脑不清醒。　　㊳放辟(pì屁)邪侈(chǐ耻):放纵邪念恶行。放、侈,都是放任、恣纵的意思;辟、邪,都是偏、不正的意思。辟,通"僻"。邪,邪恶,与"恶"相伴。　　㊴罔(wǎng网)民:陷害人民。罔,捕鸟兽鱼类的工具。同"网"。此处引申为张网捕捉。　　㊵畜(xù序):养活。　　㊶终身:常年,一年到头。　　㊷赡:足,够。　　㊸盍(hé河):何不。副词。　　㊹衣(yì艺):穿。　　㊺颁(bān班)白:须发花白。颁,通"斑"。

【译文】

齐宣王问道:"齐桓公、晋文公的事迹可以讲给我听听吗?"

孟子回答道:"仲尼的门徒没有讲述齐桓公、晋文公事迹的,所以后世也没有人传授它,臣没有听说过。讲那没有依据,就说说用仁德称王天下的王道,可以吗?"

王说:"有什么样的德行才可以称王天下呢?"

孟子说:"由爱护百姓而称王天下,没有谁能抵御得了的。"

王说:"像我这样,可以爱护百姓吗?"

孟子说:"可以。"

王问:"从哪里知道我可以呢?"

孟子说:"臣听胡龁说,王坐在朝堂之上,有牵牛而从堂下走过的,王看见了,问:'牵牛干什么去?'那人回答:'准备杀了衅钟。'王说:'放了它吧!我不忍心看到它吓得发抖的样子,如此没有罪过而去赴死。'那人说:'那么废除衅钟吗?'王说:'怎么可以废除呢?用羊去替换它!'不知有这么回事吗?"

王说:"有这么回事。"

孟子说:"有这种心就足以称王天下了。百姓都认为王是吝啬,臣本来就知道王是于心不忍。"

王说:"是的,确实有这样认为的百姓。齐国虽然狭小,我怎么能舍不得一头牛呢?就是不忍心看到它吓得发抖的样子,如此没有罪过而去赴死,所以用羊去替换了它。"

孟子说:"王不要怪怨百姓认为王吝啬。用小羊替换大牛,他们怎么能知道其中的缘故呢?王如果怜悯它没有罪过而去赴死,那么牛和羊又有什么区别呢?"

王笑着说:"这究竟是什么心情呢?我不是爱牛值钱而用羊去替换它。我这样做,理应让百姓认为我吝啬。"

孟子说:"没有什么妨碍。这是仁爱之心的变通表现,您只看见了牛而没有看见羊。君子对待禽兽,看见它生,不忍心看见它死;听到它哀叫,不忍心吃它的肉。所以君子远离庖厨。"

王高兴地说:"《诗》中说:'别人有心思,我能揣摸出。'先生您正是这样啊!我做过的事情,反过来思考它,却想不出是什么用心。先生您这么一说,让我心中恍然大悟。这种心能与王道相契合的原因,是什么呢?"

孟子说:"有个向王报告的人说:'我的臂力足以举起三千斤,而不足以举起一片羽毛;眼力足以看到秋天毫毛的末端,而看不见一车烧柴。'王能应允他吗?"

王说:"不能。"

孟子紧接着说:"如今恩德足以泽及禽兽,而功效却达不到百姓的原因,唯有什么呢?如此看来,一片羽毛不能举起,是因为不用臂力;一车烧柴不能看见,是因为不用眼力;老百姓得不到爱护,是因为不用恩德。所以王不用仁德去统一天下,是不去做啊,而不是不能做到。"

王说："不去做与不能做到的情形，有什么不同？"

孟子说："用胳臂挟着泰山去跨越北海，对人说'我不能'，是确实不能做到。为老人弯腰捡起东西，对人说'我不能'，是不去做，不是不能做到。所以王不用仁德去统一天下，不是挟着泰山去跨越北海之类；王不用仁德去统一天下，是不为老人弯腰捡东西之类。

"孝敬我家的老人，将此心推及别人家的老人；疼爱我家的孩子，将此心推及别人家的孩子，治理天下就可以像在手里转动玩物一样。《诗》中说：'为妻做榜样，推广至兄弟，以此治家邦。'说的就是把对待自己家人的爱心施加到别人身上罢了。所以推及恩德足以安定天下，不推及恩德连妻子儿女也保护不了。古时的人远远超过当今人的地方，没有别的，只是善于推及自身的所作所为罢了。如今恩德足以泽及禽兽，而功效却达不到百姓的原因，唯有什么呢？

"称一称，然后才能知道轻重；量一量，然后才能知道长短。物品都是这样，人心更是如此。王请掂量它一下。

"难道王只有出兵打仗，死伤将士，与诸侯结下怨恨，然后心里才快乐吗？"

王说："不是。我怎么能以这些为快乐呢？我准备追求我的大愿望。"

孟子说："王的大愿望，可以说给我听听吗？"

王笑而不答。

孟子说："为了肥甜的美食不能满足口腹吗？轻暖的衣服不能满足身体吗？或者为了绚丽的色彩不能满足观赏吗？优雅的音乐不能满足倾听吗？温顺的侍从不能满足使唤吗？王的那些臣属都充足地为您提供了这些，而王难道还是为了这些吗？"

王说："不，我不是为了这些。"

孟子说："那么，王所追求的大愿望我可以知道了，是想开疆拓土，让秦国、楚国臣服朝拜，莅临天下之中而安抚四夷。然而以您这样的作为，去求取您这样的愿望，就好比爬到树上去捉鱼一样。"

王说："像这样严重吗？"

孟子说："大概比这还严重。爬到树上去捉鱼，虽然捉不到鱼，但是没有后患。以您这样的作为，去求取您这样的愿望，又竭尽心力去做，而后一定会有祸患。"

王说："能详细说给我听吗？"

孟子说："邹国人与楚国人打仗，那么王认为谁会取胜？"

王说："楚人取胜。"

孟子说："如此看来，小本来不可以敌大，寡本来不可以敌众，弱本来不可以敌强。海内的土地，千里见方的有九个，齐国总合才占其中之一。以一去征服八，与邹国抵挡楚国有什么不同？还是返回到根本上来吧！

"现在王发布政令，施行仁德，使天下想做官的都愿意任职于王的朝廷；种田的都愿意耕种在王的田野，做生意的都愿意把货物聚集到王的市场，旅行的都愿意出入在王的道路，天下怨恨他君主的都愿意到王这里控诉。如果是这样，什么力量能够阻挡得了呢？"

王说："我头脑有点不清醒，一时不能达到这个境界。愿先生辅佐我树立志向，用明白的道理教导我。我虽然不聪明，但请尝试一下。"

孟子说："没有稳定的产业而有稳定的心志的，只有士能做到。如果是一般百姓，则没有稳定的产业，就没有稳定的心志。如果没有稳定的心志，就会放纵邪念恶行，没有做不出来的事情。等到犯了罪，然后用刑罚去惩罚他，那是陷害百姓啊！

哪有仁爱的人在上位而可以去做陷害百姓的事情呢？所以贤明的君主用制度规定人民的产业，一定使他们上足以孝敬父母，下足以养活妻子儿女，丰收年景常年吃得饱，灾荒岁月也能不被饿死。在这个基础上，督促他们去做善良的人、有益的事，这样百姓就会非常轻易地服从了。

"如今用制度规定人民的产业，使他们上不能孝敬父母，下不能养活妻子儿女，丰收年景常年劳苦，灾荒年月不能避免饿死。这是只求活命还唯恐做不到，哪里还顾得上去修习礼义呢？

"王如果想用仁德统一天下，何不返回到根本上来呢？五亩的宅院，栽上桑树，五十岁的人就可以穿上丝绵了。鸡、狗、猪之类家禽家畜，不错过它们繁育饲养的时节，七十岁的人就可以吃上肉食了。一百亩的农田，不耽误它的农时，八口的家庭就可以不挨饿了。认真地办好学校的教育，反复讲述孝悌的道理，头发花白的老人就不用头顶肩扛重物走在路上了。老人穿丝绵吃肉食，百姓不挨饿不受冻，这样不能称王天下的，还没有过。"

【一得】

王道，是用仁爱之心去统一、治理天下的政治方略。

尧舜奉行的是王道。行王道者，有爱心，把自己爱父母、子女、兄弟之心，推广到治国理政，推广到天下人。他们虽然也使用武力，但那是为了遏止邪恶，保护善良。他们的最终目的，是让天下人都过上好日子。

齐桓、晋文奉行的是霸道。行霸道者，没有爱心，不把别人当作人，全凭武力、刑罚征服别人。他们也讲"仁义"，但那只是幌子。他们的最终目的，是为了一己、一家、一国之私利，而不顾天下之大局。

行不行王道，不是能不能的问题，而是为不为的问题。不论国家大小，国力强弱，在上位者都可以把自己的仁爱之心推及百姓，让百姓得到实惠，进而推及天下。不去推及恩德，不是不能推及，而是自我舍弃了这一可贵的本能。

【疑难】

◎无以

赵《注》："既不论三皇、五帝，殊无所问，则尚当问王道耳。"

朱《注》："以、已通用。无以，必欲言之而不止也。"

杨《注》："以——同'已'。'无以'犹言'不得已'。"《译文》："王如果定要我说。"

赵《注》"殊无所问"，意为孟子评论齐宣王所问。不妥。应当是孟子自己说自己的意向。

朱《注》"以、已通用"，确有先例。但在此处"以"并不需要通"已"。杨《注》袭朱《注》，不论朱《注》"必欲言之而不止也"，还是杨《注》"不得已"，《译文》"王如果定要我说"，虽然都说得过去，但感觉勉强、生硬。此语是孟子自圆其说，为自己不讲霸道而讲王道找出理由，并不是在宣王强求之下所言。宣王并未强求，亦未施压，何来"必欲言之""不得已""定要我说"？这有强加于人之嫌。

齐宣王问孟子"齐桓、晋文之事"，孟子回答"仲尼之徒无道""后世无传""臣未之闻"，合而言之，是没有依据。是以"没有依据"推辞讲"霸道"而想转而讲"王道"。因此，"无以"应解为"没有依据"。这样，理由充分，话语委婉，承上启下自然。

《说文》："以，用也。"可引申为可用、可依、可据。"无以"，古文中并不多见。但"有以"却见于《诗》。《邶风·旄丘》："何其久也？必有以也。"意思是，为何这么久不回还呢？必定有缘故在其中。此"以"，是"缘故"义，也可以理解为"依据"。据上述，本句中的"无以"之"以"，可以引申为"依据"。这样，顺理成章。

◎衅钟

赵《注》："新铸钟，杀牲以血涂其衅郄，因以祭之，曰衅。"

朱《注》："衅钟，新铸钟成，而杀牲取血以涂其衅郄也。"

杨《注》："衅钟——衅（xìn），王夫之《孟子稗（bài拜）疏》云：'衅，祭名，血祭也。凡落成之祭曰衅。'这是古代的一种礼节仪式，当国家的一件新的重要器物以至宗庙开始使用的时候，便要宰杀一件活物来祭它。"《译文》："准备宰了祭钟。"

赵、朱、杨《注》，对"新铸钟"没有分歧，对"杀牲"没有分歧。但是，赵、朱《注》言"取血"，而杨《注》不言。赵、朱《注》言"涂其衅郄"，杨《注》不言。赵、杨《注》言"祭"，而朱《注》不言。由此可见，对于"衅钟"的解释，还存在疑难。

正确解释"衅钟"的关键，在于对"衅"的理解。赵《注》"以血涂其衅郄"，朱《注》袭之，皆不妥。衅，含"间隙"义。郄，同"隙"。衅郄，即"缝隙"。用牲血涂新铸钟的缝隙，是修补。补救铸造中的缺陷，是工匠之事，而非主人之事。再者，修补铜器，只能用同类金属，而不能用牲血。若牲血可修补铸钟，一概涂之，缝隙堵上了，钟上的文字、纹饰岂不变得一塌糊涂？所以，此说不合实际。

王夫之解释"衅"为"血祭"，是正确的。但杨《注》在引文后接着说"便要宰杀一件活物来祭它"，则又背离了王夫之《稗疏》。"血祭"，与通常意义的"祭"有区别。"血祭"，是祭"物"之神灵；"祭"，是祭"人"之神灵。"血祭"用"血"

洒在器物之上；"祭"用牛、羊、猪之类牲牢，供于神灵之前。当然，也有称"祭"为"血祭"者，但这并不影响它们之间的区别。

衅，同"釁"。《说文》："釁，血祭也。"《史记·高祖本纪》："祭蚩尤于沛庭，而衅鼓旗。"裴骃《集解》："应劭曰：'衅，祭也。杀牲以血涂鼓曰衅。'"《周礼·春官·宗伯》："以血祭祭社稷、五祀、五岳。"贾公彦《疏》："血祭……先荐血以歆神。"由上述可知，衅，是杀牲取血，涂于所祭之物祭祀。衅钟，则是用牲血涂于新钟祭祀。涂血，是祭祀程序，而非修补工艺。

◎折枝

赵《注》："折枝，案摩折手节解罢枝也。少者耻见役，故不为耳，非不能也。"

朱《注》："为长者折枝，以长者之命，折草木之枝，言不难也。"

杨《注》："折枝——古来有三种解释：甲，折取树枝；乙，弯腰行礼；丙，按摩瘙痒。译文取第一义。"《译文》："替老年人折取树枝。"

正确理解"折枝"，还是要回到现实中来。赵《注》"案摩折手节解罢枝也"，应当是一种近医疗行为，一般人不具备这种技能。再者，老年人多骨质疏松，身体任何部位都不宜去"折"，去"摩"。故此说不妥。

朱《注》"以长者之命，折草木之枝"，问题在于"折草木之枝"去干什么？"草"枝，一般折了没有用处；"木"枝，最大的用途是作拐棍。作拐棍的树枝需要一定的长度和支撑力，细了、短了、弯了都不可用。从树上取根可用的拐棍，一般需要刀斧之类工具，折有难度，并非轻易可为。既非轻易可为，又非常见之事，故此说亦不妥。杨《译文》"替老人折取树枝"
基本同朱《注》。

折枝，应当是"折身""弯腰"。枝，通"肢"。《荀子·儒
效》："行礼要节而安之，若生四枝。"四枝，即"四肢"。"折
枝"之"枝"指肢体，折枝即弯下肢体为长者效劳。如捡东西、
背东西、搀扶之类。因捡东西老人不便弯腰下蹲，而年轻人易为，
故译文取此。

简言之，折枝，既不是折老人之肢，也不是折草木之枝，
而是折自身之肢。是弯腰为老人做些自己轻而易举而老人做起
来有困难的事情。

第二章　庄暴见孟子

13.2　庄暴见孟子[①]，曰："暴见于王[②]，王语暴以好乐[③]，
暴未有以对也。"曰："好乐何如？"

孟子曰："王之好乐甚[④]，则齐国其庶几乎[⑤]！"

他日，见于王，曰："王尝语庄子以好乐，有诸？"

王变乎色，曰："寡人非能好先王之乐也，直好世俗之乐
耳[⑥]。"

曰："王之好乐甚，则齐其庶几乎！今之乐由古之乐也[⑦]。"

曰："可得闻与？"

曰："独乐乐[⑧]，与人乐乐，孰乐？"

曰："不若与人。"

曰："与少乐乐，与众乐乐，孰乐？"

曰："不若与众。"

"臣请为王言乐。今王鼓乐于此，百姓闻王钟鼓之声，管籥之音⑨，举疾首蹙頞而相告曰⑩：'吾王之好鼓乐，夫何使我至于此极也⑪？父子不相见，兄弟妻子离散。'今王田猎于此⑫，百姓闻王车马之音，见羽旄之美⑬，举疾首蹙頞而相告曰：'吾王之好田猎，夫何使我至于此极也？父子不相见，兄弟妻子离散。'此无他，不与民同乐也。

"今王鼓乐于此，百姓闻王钟鼓之声，管籥之音，举欣欣然有喜色而相告曰⑭：'吾王庶几无疾病与，何以能鼓乐也？'今王田猎于此，百姓闻王车马之音，见羽旄之美，举欣欣然有喜色而相告曰：'吾王庶几无疾病与，何以能田猎也？'此无他，与民同乐也。今王与百姓同乐，则王矣。"（《梁惠王下》2.1）

【注释】

①庄暴：赵《注》："庄暴，齐臣也。"下段"庄子"，即是孟子对庄暴的敬称。　②王：即齐王，齐宣王。　③好乐（hào lè）：喜欢娱乐。　④甚：达到最高境界。　⑤庶几（jī机）：副词，表示差不多。"其庶几"之"其"，助动词。表示应当，理所当然。末段"吾王庶几无疾病与"之"庶几"，副词，也许。表示推测。　⑥直：仅，仅仅。　⑦由：犹如。通"犹"。《梁惠王上》："民归之，由水之就下。"　⑧乐乐（lè lè）：享受娱乐。前一个"乐"作动词，乐于，享受。后一个"乐"，娱乐。下句"孰乐（lè）"之"乐"，指快乐。下段"为王言乐（lè）"之"乐"，指娱乐。"鼓乐（yuè）"之

"乐"，指音乐。　　⑨管籥（yuè 悦）：竹制乐器名，笙、箫、笛之类。籥，同"龠"。　　⑩举疾首蹙頞（cù è 促饿）：都挠头皱眉。表示头痛怨恨。举，皆，都。疾首，头痛，烦恼。蹙頞，紧皱眉头。頞，鼻梁。　　⑪极：顶点。这里指痛苦不堪。　　⑫田猎：打猎，狩猎。　　⑬羽旄（máo 毛）：羽旗。用雉羽和旄牛尾装饰的仪仗。　　⑭欣欣然：兴高采烈。高兴的样子。

【译文】

庄暴去见孟子，说："暴被王召见，王告诉我说，他喜欢娱乐，我一时不知如何对答是好。"稍停，又说："喜欢娱乐，怎么样？"

孟子说："王喜欢娱乐，如果达到最高境界，那么齐国就应当差不多大治了！"

过了些日子，孟子被齐王召见，对王说："王曾经告诉庄子您喜欢娱乐，有这么回事吗？"

齐王变了脸色，说："寡人不能喜欢先王的娱乐，仅能喜欢世俗的娱乐罢了。"

孟子说："王喜欢娱乐，如果达到最高境界，那么齐国就应当差不多大治了！当今的娱乐犹如古时的娱乐。"

王说："可以说给我听听吗？"

孟子说："独自享受娱乐，与别人一起享受娱乐，哪一个更快乐呢？"

王说："不如与别人一起。"

孟子说："与少数人享受娱乐，与众多人享受娱乐，哪一个更快乐？"

王说："不如与众人一起。"

"臣请允许为王讲讲娱乐。如今王的鼓乐在这里奏起，百姓听到王钟鼓的响声，管籥的音律，都挠头皱眉地相互转告说：'咱们的王喜好鼓乐，为什么弄得我们痛苦不堪呢？父子不能相见，兄弟妻子离散。'如今王在这里狩猎，百姓听到王车马的响声，看见羽旗的华美，都挠头皱眉地相互转告说：'咱们的王喜好狩猎，为什么弄得我们痛苦不堪呢？父子不能相见，兄弟妻子离散。'这没有别的原因，是不能与民同乐啊！

"如今王的鼓乐在这里奏起，百姓听到王钟鼓的响声，管籥的音律，都兴高采烈地相互转告说：'咱们的王也许没有疾病吧，不然怎么能欣赏鼓乐呢？'如今王在这里狩猎，百姓听到王车马的响声，看见羽旗的华美，都兴高采烈地相互转告说：'咱们的王也许没有疾病吧，不然怎么能外出狩猎呢？'这没有别的原因，是能与民同乐啊！如今王与百姓同乐，就可以称王天下了。"

【一得】

追求快乐，人之常情。如果君主把自己的快乐建立在百姓的痛苦之上，百姓痛苦，自己也不会得到真正的快乐；如果自己能为百姓带来快乐，百姓快乐，自己也会乐在其中。独自享乐，怨声载道；与民同乐，天下归服。

【疑难】

◎好乐

赵《注》、朱《注》皆未注。

杨《注》："乐——历来注释家都把这'乐'字解为'音乐'。但也有人主张（如宋人陈善的《扪虱新话》）把它解为'快乐'，因为下文孟子讲到'田猎'，是一种娱乐，也不与'音乐'相干。

但我们细推全文，'鼓乐'连言，认为原意仍是'音乐'的'乐'，孟子以后又讲到田猎，不过是由'独乐''众乐'而引申出来的又一比方罢了。"《译文》："王告诉我，他爱好音乐。"

本章全文共有27个"乐"字，"好乐"之"乐"，是第一个，又是最关键的一个，对它的理解，关系到大部分"乐"字的读音与解释，更关系到全章的文意，故不可不仔细斟酌。

在本篇本章之后的两章，齐宣王曾讲："寡人有疾，寡人好勇。""寡人有疾，寡人好货。""寡人有疾，寡人好色。"孟子回答："今王亦一怒而安天下之民，民惟恐王之不好勇也。""王如好货，与百姓同之，于王何有？""王如好色，与百姓同之，于王何有？"这些都是本章的继续，也可以帮助理解本章。

本章"好乐"之"乐"，说白了，是"玩乐"之"乐"；说文明点，是"娱乐"之"乐"。与上述"好勇""好货""好色"都是不良嗜好，都是齐宣王拿来戏弄、为难臣下的问题，而不是文雅的"音乐"之"乐"。不然，庄暴不会无言以对而去请教孟子。

"好乐"解释为"爱好音乐"，有以下之弊：一是它有"演奏音乐"与"欣赏音乐"之别，易生歧义。演奏音乐，是一项技能、专长，可以陶冶情操，自娱而乐人，不会扰民，无可厚非；欣赏音乐，是享受娱乐，太"好"了会扰民。二是它与"田猎"不可相提并论，即便把欣赏音乐作为娱乐，也没有必要扯上"田猎"，有强加于人之嫌。三是它与结尾"与民同乐"不相吻合，老百姓不会理会国君"爱好音乐"。

若将"好乐"之"乐"解释为"娱乐"，既可以与"好货""好色"之类相提并论，也可以说明庄暴为什么"未有以对"，又可以将"爱好音乐""鼓乐""田猎"等涵盖其中，还可以和"与民同乐"前后呼应，全文一以贯之。所以，还是将"好乐"之"乐"读为 lè，解释为"娱乐"为宜。

第三章　交邻国有道乎

13.3　齐宣王问曰："交邻国有道乎？"

孟子对曰："有。惟仁者为能以大事小，是故汤事葛[①]，文王事混夷[②]。惟智者为能以小事大，故大王事獯鬻[③]，句践事吴[④]。以大事小者，乐天者也；以小事大者，畏天者也。乐天者保天下，畏天者保其国。《诗》云：'畏天之威，于时保之[⑤]。'"

王曰："大哉言矣！寡人有疾，寡人好勇。"

对曰："王请无好小勇。夫抚剑疾视曰：'彼恶敢当我哉！'此匹夫之勇，敌一人者也。王请大之！

"《诗》云：'王赫斯怒，爰整其旅，以遏徂莒，以笃周祜，以对于天下[⑥]。'此文王之勇也。文王一怒而安天下之民。

"《书》曰：'天降下民，作之君，作之师。惟曰其助上帝宠之。四方有罪无罪惟我在，天下曷敢有越厥志[⑦]？'一人衡行于天下[⑧]，武王耻之，此武王之勇也。而武王亦一怒而安天下之民。今王亦一怒而安天下之民，民惟恐王之不好勇也。"

（《梁惠王下》2.3）

【注释】

①葛：古国名。在今河南宁陵北。夏时诸侯有葛伯。《滕文公下》："汤居亳，与葛为邻。"此章对汤与葛伯的交往有较详细的记载。　②混夷：殷周时我国西北部少数民族部落。《诗·大雅·绵》："混夷駾（tuì 退）矣，维其喙（huì 汇）矣。"说的就是文王与混夷之间的关系。阮元《校勘记》："《音义》、石经作'混夷'。闽、监、毛三本作'昆'，非也。"③大（tài 太）王：即周的先祖古公亶（dǎn 胆）父。大，通"太"（古时"太"多写作"大"）。太王是周人对古公亶父追尊的谥号。他是古代周族领袖。传为后稷第十二代孙。周文王祖父。原居豳（bīn 宾，今陕西旬邑一带），因戎、狄族侵逼，迁于岐山下的周原（今陕西岐山北）。在那里重建城郭，设置官吏，垦荒种田，使周逐渐强盛。《史记·周本纪》："追尊古公为太王，公季为王季，盖王瑞自太王兴。"　獯鬻（xūn yù 勋玉）：我国古代北方的民族。《史记·周本纪》记作"薰育"。又称"猃狁（xiǎn yǔn 险允）"。战国后称匈奴。　④句（gōu 沟）践（？—前 465）：句，也作"勾"。春秋时越国国君。姒姓，又称菼（tǎn 坦）执。越王允常之子。公元前 497—前 465 年在位。曾被吴王夫差战败，困于会稽，屈膝求和。后卧薪尝胆，发愤图强，任用范蠡、文种等人，十年生聚，十年教训，终于灭掉吴国。继而在徐州（今山东滕州南）大会诸侯，成为霸主。　吴：古国名。亦称"句吴""攻吴"。姬姓。始祖是周太王之子太伯、仲雍，有今江苏、上海大部和安徽、浙江的一部分，初都蕃离（亦作"梅里"，今江苏无锡市锡山区东南），后徙都吴（今江苏苏州）。春秋后期，国力始强。公元前 506 年，吴王阖闾（hé lú 河驴）一度攻破楚国。传到其子夫差时，又大败越国，

迫使越王勾践屈服求和，并北上与晋争霸。公元前473年为越所灭。　　⑤"《诗》云"句：见《诗·周颂·我将》。　　时：时常，时时。　　⑥"《诗》云"句：见《诗·大雅·皇矣》，"以遏徂莒"作"以按徂旅"。　　王赫斯怒：文王勃然大怒。赫，勃然。气得满脸通红的样子。斯，语气助词，无义。　　徂莒（cú jǔ 殂举）：来犯之敌。徂，往，到。《诗·豳风·东山》："我徂东山，慆（tāo 滔）慆不归。"又《大雅·桑柔》："自西徂东，靡所定处。"莒，同"旅"。敌军。《说文》："莒，齐谓芋为莒。从艸，吕声。"段玉裁《注》："又，按《孟子》'以遏徂莒'，《毛诗》作'徂旅'，知莒从吕声，本读如吕。"由此可知，莒为"旅"的同音假借字。　　以笃周祜（hù 户）：以厚实周朝的福禄。笃，厚实。《诗·唐风·椒聊》："彼其之子，硕大且笃。"祜，福。《诗·小雅·信南山》："曾孙寿考，受天之祜。"　　⑦"《书》曰"句：《尚书》逸文。今传《书·泰誓》："天佑下民，作之君，作之师。惟其克相上帝，宠绥四方。有罪无罪，予曷敢有越厥志？"与本文相似而有异，可能是拟本文而伪作。　　上帝：上天，天帝。《诗·大雅·荡》："荡荡上帝，下民之辟。"　　厥：其。指代上天。《左传·成公十三年》："亦悔于厥心，用集我文公。"　　⑧衡行：即横行。衡，通"横"。《诗·齐风·南山》："蓺（yì 艺）麻如之何？衡从其亩。"

【译文】

齐宣王问道："与邻国交往有什么规则吗？"

孟子回答说："有。只有仁者才能以大事小，所以商汤能侍奉葛伯，文王能侍奉混夷。只有智者才能以小事大，所以太王能侍奉獯鬻，勾践能侍奉吴王。以大事小者，是顺应天命；

以小事大者，是敬畏天命。顺应天命者能保有天下，敬畏天命者能保全他的国家。《诗》中说：'敬畏上天之威严，时刻保护周江山。'"

王说："太大气了！您的说法。可惜寡人有个毛病，寡人好勇。"

对答说："王请您不要喜欢小勇。若抚剑怒视说：'他怎么敢抵挡我呢！'这是匹夫之勇，只能抵挡一个人罢了。王，请您扩大它！

"《诗》中说：'我王勃然大怒，于是整顿军旅。遏止来犯敌军，厚实周朝福禄，回应天下仰慕。'这是文王之勇，文王一怒而安天下的百姓。

"《书》中说：'上天降生百姓，为他们设置君，为他们设置师，君、师的责任就是帮助上天护佑百姓。四方有罪无罪都由我来判罚，天下怎么敢有人逾越上天的意志！'商纣一人横行于天下，武王为此而感到羞耻，这是武王之勇。武王也是一怒而安定天下的百姓。如今王也一怒而安定天下的百姓，百姓惟恐王不好勇呢！"

【一得】

邻国相处，仁智为主。无仁，不能和睦友好；无智，不能趋利避害。发生争斗，不可避免。有血性，更要有理性。丧失了理性的争斗，害人害己，非伤即亡。只有大仁大智者，才能为了正义、为了天下安危而争斗。不斗则已，斗则必胜。

【疑难】

◎于时保之

赵《注》："于是时故能安其太平之道也。"

朱《注》："时，是也。"

杨《注》未注。《译文》："所以得到安定。"

此句之疑难，在于对"时"的理解。赵《注》为"是时"，虽然加了个"是"，但还是理解为"时"，这是对的。但加"是"不妥。朱《注》"时，是也"，与"于"连读即为"于是"；杨《译文》"所以"，近于"于是"，都是连词。训"时"为"是"，是承袭了《毛诗·我将》郑玄《笺》："于，於。时，是也。早夜敬天，於是得安文王之道。"此说不妥。

《我将》，是一首祭祀上天、配祭文王的乐歌，全文才有44个字："我将我享，维羊维牛。维天其右之。仪式刑文王之典，日靖四方。伊嘏（gǔ古，又读jiǎ甲）文王，既右飨之。我其夙夜，畏天之威，于时保之。"本文所引是末句，但省略了"我其夙夜"。我，是主语，是说我要怎么去做。前后是连续的，没有间断，也不存在因果关系，故不需要用"于是"连接。

此"时"，应解为名词，时间的"时"；"于"，应解为介词"在"。二者组成副词"于时"，应为在时、应时、时刻的意思。全句可今译为："我从早到晚不怠慢，敬畏上天之威严，时刻保护周江山。"这样，诗气前后一贯，也与前句孟子所言"畏天者保其国"相呼应。

◎王赫斯怒

赵《注》："言王赫然斯怒。"

朱《注》："赫，赫然怒貌。"

杨《注》："赫斯——犹言'赫然'，表态副词，描写发怒时的情貌。"《译文》："我王勃然一生气。"

此句之疑难，在于对"赫"与"斯"的理解。赵《注》"赫"为"赫然"，朱《注》承之，等于没注。皆未注"斯"。杨《注》将赫、斯连读，称"犹言'赫然'"，亦不妥。

"赫"的本义是赤色鲜明，从二赤。又引申为显赫、盛大。此处既含"极红"义，又含"极大"义。是描述气愤的样子：满脸通红，满腔怒火。可缩解为"勃然"。"斯"，语气助词，无义。应下读为"斯怒"，不应上读为"赫斯"。简言之，本句义为：文王大怒。可今译为："文王勃然大怒。"这样，符合本义。

◎以遏徂莒

赵《注》："以遏止往伐莒者。"

朱《注》："遏，《诗》作'按'，止也。徂，往也。莒，《诗》作'旅'。徂旅，谓密人侵阮徂共之众也。"

杨《注》："遏，止也。徂，往也。莒，国名。"《译文》："阻止侵略莒国的敌人。"

此句的疑难在于对"莒"的理解。赵《注》意为国名，杨《注》《译文》袭之，皆不妥。朱《注》依《诗》作"旅"，"谓密人侵阮徂共之众也"，正确。但有未尽之言。

以遏徂莒，在今传《诗》中作"以按徂旅"。完整的诗句是："密人不恭，敢距大邦，侵阮徂共。王赫斯怒，爰整其旅，以按徂旅，以笃周祜，以对于天下。"由此可见，"王赫斯怒"的前提是："密人不恭，敢距大邦，侵阮徂共。"王对此发怒，于是整顿军旅，前去遏止。"以遏徂莒"与"密人不恭，敢距大邦，侵阮徂共"之间有因果关系。遏止的是"徂莒"，是侵阮徂共的密人，而不会是另外国家的军队，也不会是"侵略莒国的敌人"。若依赵、杨《注》，会出现有前因无后果、有后果无前因的问题，故"莒"不是国名或地名。

莒，《说文》："齐谓芋为莒。从艸，吕声。"段玉裁《注》："又，按《孟子》'以遏徂莒'，《毛诗》作'徂旅'，知莒从吕声，本读如吕。"由此可知，莒为"旅"的同音假借字。莒，同"旅",都是指的军旅、军队。在本句中是指密人侵略阮、共两国的军队。据此,本句应解为:遏止密人侵略阮、共的军队。简言之,遏止来犯敌军。今译同此。

第四章　王政可得闻与

13.4　齐宣王问曰:"人皆谓我毁明堂①,毁诸?已乎?"

孟子对曰:"夫明堂者,王者之堂也。王欲行王政,则勿毁之矣。"

王曰:"王政可得闻与?"

对曰:"昔者文王之治岐也,耕者九一,仕者世禄,关市讥而不征②,泽梁无禁③,罪人不孥④。老而无妻曰鳏⑤,老而无夫曰寡,老而无子曰独,幼而无父曰孤。此四者,天下之穷民而无告者。文王发政施仁,必先斯四者。《诗》云:'哿矣富人,哀此茕独⑥。'"

王曰:"善哉言乎!"

曰:"王如善之,则何为不行?"

王曰:"寡人有疾,寡人好货⑦。"

对曰:"昔者公刘好货⑧,《诗》云:'乃积乃仓,乃裹糇粮,于橐于囊,思戢用光。弓矢斯张,干戈戚扬,爰方启行⑨。'故居者有积仓,行者有裹囊也,然后可以爰方启行。王如好货,与百姓同之,于王何有?"

王曰："寡人有疾，寡人好色⑩。"

对曰："昔者太王好色，爱厥妃⑪。《诗》云：'古公亶父，来朝走马，率西水浒，至于岐下，爰及姜女，聿来胥宇⑫。'当是时也，内无怨女⑬，外无旷夫⑭。王如好色，与百姓同之，于王何有？"（《梁惠王下》2.5）

【注释】

①明堂：赵《注》："谓泰山下明堂，本周天子东巡狩朝诸侯之处也。齐侵地而得有之，人劝宣王，诸侯不用明堂可毁坏，故疑而问之孟子：当毁之乎？"从孟子回答可知，明堂为称王天下者所居，非齐国故有殿堂。　②讥：稽查，察问。　③泽梁：池泽河湖中便于捕鱼的地方。　④孥（nú 奴）：妻子儿女。不孥，指不牵连妻子儿女。　⑤鳏（guān 关）：鳏夫。无妻或丧妻的年老男人。　⑥"《诗》云"句：见《诗·小雅·正月》。　哿（gě 舸）：表示称许之词。可，可以。　茕（qióng 穷）独：茕，无兄弟；独，无子。谓孤独，没有依靠。也指孤独无靠的人。《书·洪范》："无虐茕独，而畏高明。"　⑦货：财货。泛指钱财与物质财富。　⑧公刘：古代周部族的祖先，相传为后稷的曾孙。为人忠诚敦厚，勤勉务实，后人以"笃公刘"称之。原世居于邰（tái 台，今陕西武功西）。继承祖业，勤于农耕。收粮满仓，与民共享。后因夏人侵扰，为避祸患，率领部族，带足干粮，拿起武器，迁往豳（bīn 宾，今陕西旬邑西南）地。在豳，踏遍山川河泽，选择要地，重建都邑；寻找平原，开垦良田；探溯水势，筑堤凿渠，大力发展农耕生产。致百姓安居，五谷丰收，周边民众竞相投奔，为周部族之后的发展奠定了基础。《诗·大雅·公刘》歌颂了他的美德和功绩。　⑨"《诗》

云"句：见《诗·大雅·公刘》。　　糇（hóu 喉）粮：干的熟食。糇，《诗》作"餱"。《孟子音义》作"糇"。《说文》有"餱"而无"糇"，食部："餱，干食也。"　　橐（tuó 驮）：盛物的口袋。《诗·大雅·公刘》："于橐于囊。"毛《传》："小曰橐，大曰囊。"　　思戢（jí 及）用光：谋划收敛退让，以图来日富强。思，思考，谋划。戢，《说文》："藏兵也。"引申为收敛。《诗·小雅·鸳鸯》："鸳鸯在梁，戢其左翼。"《左传·襄公二十四年》："兵不戢，必取其族。"用，以。介词。《诗·小雅·小旻》："谋夫孔多，是用不集。"《滕文公上》："吾闻用夏变夷者，未闻变于夷者也。"光，大。《书·顾命》："燮和天下，用答扬文武之光训。"此处之"用"为"以"；"光"为"大"。大，可引申为强大、富强。　　干戈戚扬：盾戈疾速飞举。干，盾。古代作战护身御敌的挡牌。《说文》："盾，瞂（fá 伐）也。所以扞身蔽目。"段玉裁《注》："用扞身，故谓之干。毛《传》：干，扞也。用蔽目，故字从目。"扞（hàn 旱），即"捍"。是捍的异体字。《方言》卷九："盾，自关而东或谓之瞂，或谓之干。"戈，古代兵器。青铜制，横刃，似戟，平头，装有长柄，用以横击、钩杀，盛行于商至战国时期。因为干、戈为古代战争常用的防御和进攻武器，故也用为兵器的通称。戚扬，疾速飞举。动词。而非名词斧钺。戚，《说文》："戉也。"引申为快，迅速；疾，疾速。《周礼·考工记·序官》："凡察车之道，欲其朴属而微至。……不微至，无以为戚速也。"意思是，如果车轮不是很圆，而着地少，就不能疾速。此处"戚"读 cù（促），通"促"。本句中应训为"疾"，即迅速猛烈的意思。扬，《说文》："飞举也。"戚扬，即疾扬，即疾速飞举。　　⑩色：美女，女色。《论语·子罕》："吾未见好德如好色者也。"　　⑪厥妃：他的妻。厥，其。代词。《书·禹贡》:"厥土惟白壤。"《左传·成公十三年》:"亦悔于厥心,用集我文公。"此处指太王。妃,配偶,妻。后专指皇帝的妾,地位次于皇后。又指太子、王、侯的妻。　⑫"《诗》云"句:见《诗·大雅·绵》。　古公亶(dǎn胆)父:即太王。见《王道》13.3 ③。　率西水浒:沿水边西去。率,循,沿着。水浒,水边。　爰及姜女:携带着姜女。爰,语首助词,无义。姜女,毛《传》云:"太姜也。"即太王的妃,姜氏女。　聿(yù玉)来胥(xū虚)宇:去察看新居。聿,语首助词,无义。胥,相,察看。宇,本义为屋檐。引申为房屋,居室。毛《传》云:"胥,相也。宇,居也。"　⑬怨女:已到婚龄而不能及时婚配的女子。　⑭旷夫:成年而无妻的男子。旷,空缺。

【译文】

齐宣王问道:"人们都劝我毁掉明堂,是毁掉呢?还是不毁呢?"

孟子回答说:"明堂,是以仁德称王天下者的殿堂。王要想施行王政,就不要毁掉它。"

王说:"王政,可以说给我听听吗?"

答道:"过去周文王治理岐周,种田的实行九分取一的地税,做官的世袭俸禄,关隘、市场只稽查而不征税,水塘、湖泊不禁止百姓捕鱼,惩罚犯罪者而不株连他的妻子儿女。老了没有妻子称作鳏,老了没有丈夫称作寡,老了没有儿女称作独,年幼没有父亲称作孤。这四种人,是天下最困苦而没有依靠的人。文王发布命令施行仁政,一定首先想到这四种人。《诗》中说:'可以了富人,可怜可怜这些孤苦伶仃的人吧!'"

王说:"太好了!您说得。"

说:"王如果认为说得好,那为什么不去施行呢?"

王说："寡人有个毛病，寡人喜好财货。"

对答说："过去公刘喜好财货，《诗》中说：'积满囷，储满仓，备好熟食与干粮，小袋大袋都装满，谋划收敛与退让，以图来日更富强。弓箭满张，盾矛疾扬，于是启程迁远方。'所以留居者有粮食满仓，出行者有干粮满囊，然后可以启程迁远方。王如果喜好财货，与百姓共同享有，这对于实行王政有什么妨碍呢？"

王说："寡人有个毛病，寡人喜好美色。"

对答说："过去太王喜好美色，宠爱他的妻。《诗》中说：'古公亶父，早起乘马，沿水西去。来到岐下，携带姜女，同看新家。'在那个时候，内无没有丈夫的女子，外无没有妻子的男人。王如果喜好美色，与百姓共同享有，那对于施行王政又有什么妨碍呢？"

【一得】

人非财货不能存活，非婚配不能繁衍。有财货独享，有美女独占，那无异于禽兽。而人，自己生存，也让别人生存；自己婚配，也让别人婚配。好财货而让天下人都过好日子，好美色而让天下有情人都成眷属，哪有天下人不拥护的道理呢？

【疑难】

◎思戢用光

赵《注》："思安民，故用有宠光也。"

朱《注》："戢，安集也。言思安集其民人，以光大其国家也。"

杨《注》："思，语词，无义。戢（jí），这里意义同于'辑'，和也，安也。光，发扬光大之意。"《译文》："人民安集，国威发扬。"

赵《注》之"宠光",朱《注》之"安集",都不好懂。杨《注》《译文》基本袭赵、朱,只是对"思"的解释有异,亦不妥。赵、朱、杨《注》均未表达出此句的本义。

要正确理解此句,还是要回到《诗》中去。"思戢用光"之前,是"乃积乃仓,乃裹糇粮,于橐于囊";之后,是"弓矢斯张,干戈戚扬,爰方启行"。为什么要积仓?为什么要裹粮?为什么要张扬弓矢干戈?为什么要启行?"思戢用光"作了回答。它不是一般意义的安民强国,而是特殊情况下的战略退让。

《诗·大雅·公刘》,毛《传》云:"公刘居于邰(tái台),而遭夏人乱,迫逐公刘;公刘乃辟中国之难,遂平西戎,而迁其民,邑于豳(bīn宾)焉。"这是说,公刘为避夏人之扰,不得不离开邰地,而迁往豳邑。了解了这个背景,就可知本句和迁徙的原因与目的有关。

"思戢用光",应当这样解释:思,思考、思虑、谋划;戢,是收敛。《说文》:"戢,藏兵也。从戈,咠声。《诗》曰:'载戢干戈。'"引申为收敛。《诗·小雅·鸳鸯》:"鸳鸯在梁,戢其左翼。"《左传·襄公二十四年》:"兵不戢,必取其族。"思戢,可解为谋划收敛。用,介词。以。《诗·小雅·小旻》:"谋夫孔多,是用不集。"《孟子·滕文公上》:"吾闻用夏变夷者,未闻变于夷者也。"光,大。《书·顾命》:"燮和天下,用答扬文武之光训。"此处之"用"为"以";"光"为"大"。用光,可解为"以大",以图来日强大。合而言之,"思戢用光"可解为:谋划收敛退让,以图来日富强。如此,可以承上,可以启下,合于《诗》之本义。

至于今传《诗·大雅·公刘》戢为"辑",亦不影响此解。戢,通"辑"。都含聚集义。不论是聚,还是集,都需收敛,都含"收敛"义。此正赵《注》、朱《注》之不妥,同样可正《诗·大雅·公刘》本句毛《传》、郑玄《笺》之不妥，因为赵《注》、朱《注》承袭了毛《传》、郑《笺》。毛《传》："思戢用光，言民相与和睦，以显于时也。"郑玄《笺》："思在和其民人，用光大其道，为今子孙之基。"

◎干戈戚扬

赵《注》："戚，斧。扬，钺也。"

朱《注》："戚，斧也。扬，钺也。"

杨《注》："干戈戚扬——都是战具。干，据历代注家说，是保卫自己用的挡刀箭之牌（盾），杨树达则以为是刺人之兵器，说详《积微居小学述林·释干》。戈是古代用以钩挽敌人并啄刺敌人的兵器。戚，斧一类的东西，锋刃较狭。扬，大斧。这句没有动词，因为是诗歌，故句法与平常语言不同。"

干戈，赵、朱《注》皆未注。杨《注》"干""杨树达则以为是刺人之兵器"，可惜没转述依据，不便信从。故只得依传统说法略作解释。干，盾。古代作战护身御敌的挡牌。《说文解字注》："盾，瞂（fá伐）也。（段玉裁《注》：经典谓之干。）所以扞（hàn捍）身蔽目。（段注：用扞身，故谓之干。毛《传》曰：干，扞也。用蔽目，故字从目。）从目，象形。"这是说，因为用来捍身，所以称为"干"（gān甘）。捍，是干的引申义。《方言》卷九："盾，自关而东或谓之瞂，或谓之干；关西谓之盾。"《书·牧誓》："称尔戈，比尔干。"称，举；比，并列。戈，古代兵器。青铜制，横刃，似戟，平头，装有长柄，用以横击、钩杀，盛行于商至战国时期。因为干、戈为古代战争常用的防御和进攻武器，故也用为兵器的通称。《礼记·檀弓下》："能执干戈以卫社稷。"又引申指战争。在本句中泛指兵器。

戚扬，赵、朱、杨《注》为斧、为钺、为大斧，都是误解，其根源来自《诗·大雅·公刘》毛《传》："戚，斧也。扬，戉也。"

《说文》："戚，戉也。从戉，尗声。"戚的本义虽然是兵器，但在古文中罕见有用此义者，而多见用其引申义，如表示情感的悲哀、不安、亲近等，还有形容速度的疾、疾速。《周礼·考工记·序官》："凡察车之道，欲其朴属而微至。……不微至，无以为戚速也。"意思是，如果车轮不是很圆，而着地少，就不能疾速。此处"戚"读 cù（促），通"促"。可训为"疾"。本句中应取此引申义，训为"疾"，即迅速、猛烈的意思。《说文》"扬"："飞举也。从手，易声。"除《诗》毛《传》称"扬"为"戉"外，罕见有此解者，在古文中也罕见有此用法。故"扬"在本句中应取其本义，解为"飞举"。是动词。而非杨《注》所言"这句没有动词"。戚、扬合而言之，仍为动词，即"疾速飞举"。"干戈戚扬"，即干戈疾速飞举。

与此句并列的前句"弓矢斯张"，应解为弓矢满张。"斯"，皆，尽。《书·金縢（téng 疼）》："周公居东二年，则罪人斯得。"孔颖达《疏》："二年之间，罪人皆得。"此处可引申为"满"。不同于"王赫斯怒"之"斯"，为语气助词。"弓矢斯张，干戈戚扬"，可今译为：弓箭满张，盾戈疾扬。这样，既合本义，又避免了弓、矢、斧、钺等一堆兵器的罗列。《诗》，本来是优美的。

第五章　所谓故国者

13.5　孟子见齐宣王，曰："所谓故国者①，非谓有乔木之谓也②，有世臣之谓也③。王无亲臣矣，昔者所进，今日不知其亡也^④。"

王曰："吾何以识其不才而舍之？"

曰："国君进贤，如不得已，将使卑逾尊，疏逾戚^⑤，可不慎与？左右皆曰贤，未可也；诸大夫皆曰贤，未可也；国人皆曰贤^⑥，然后察之，见贤焉，然后用之。左右皆曰不可，勿听；诸大夫皆曰不可，勿听；国人皆曰不可，然后察之，见不可焉，然后去之。左右皆曰可杀，勿听；诸大夫皆曰可杀，勿听；国人皆曰可杀，然后察之，见可杀焉，然后杀之。故曰，国人杀之也。如此，然后可以为民父母。"（《梁惠王下》2.7）

【注释】

①故国：古国，历史悠久的国家。　②乔木：高大而枝叶茂盛的树木。《诗·周南·汉广》："南有乔木，不可休思。"　③世臣：辅佐多代君主或世代辅佐君主的贤臣。　④亡：逃跑，逃亡。《汉书·韩信传》："何（萧何）闻信亡，不及以闻，自追之。"《左传·僖公二十四年》："晋侯赏从亡者。"　⑤戚：亲近。　⑥国人：全国的人。应区别于居住在都城之内人之"国人"。国君用人，须从全国的角度去考虑。

【译文】

孟子见齐宣王，说："所谓古老的国家，不是说有高大树木的意思，而是说有累世辅佐的贤臣。王身边没有亲近的大臣了，过去任用的，今天不知道逃跑到哪里去了。"

王说："我怎么才能识别他没有才干而不任用他呢？"

答道："国君任用贤能，如果不得已，将打破常规，破格提拔，让卑贱的超过尊贵的，疏远的超过亲近的，能不慎重吗？左右近臣都说贤能，不认可；诸位大夫都说贤能，不认可；全国人都说贤能，然后去考察他，发现确实贤能，然后任用他。左右近臣都说不胜任，不要听；诸位大夫都说不胜任，不要听；全国人都说不胜任，然后去考察他，发现确实不胜任，然后罢免他。左右近臣都说该杀，不要听；诸位大夫都说该杀，不要听；全国人都说该杀，然后去考察他，发现确实该杀，然后杀了他。因此说，是全国人民杀了他。这样，然后可以做百姓的父母。"

【一得】

对人的处理要慎之又慎，而对官员的处理更要慎之又慎。国家官员管理着国家大事，他们的作为直接关系着国家、人民的生死存亡。每个官员都是一个风向标，他昭示着国君的用人标准、施政导向。为国为民着想，必选德才兼备之人，必能广开言路，注重民意，注重考察，任人唯贤；只顾一己之私，必选阿谀奉迎之徒，必然一个人说了算，偏听偏信，任人唯亲。以个人的好恶决定官员的生杀予夺，既害了官员，又害了国家、人民，最终还是害了国君自己。选贤任能，光靠国君的开明是不够的，还要有制度作保证。

孟子所言，虽然不同于当今的民主，但确是民主决策，其中已有民主的萌芽，是对专制的否定与取代。

第六章　夫子当路于齐

13.6　公孙丑问曰："夫子当路于齐^①，管仲、晏子之功^②，可复许乎^③？"

孟子曰："子诚齐人也，知管仲、晏子而已矣。或问乎曾西曰^④：'吾子与子路孰贤^⑤？'曾西蹴然曰^⑥：'吾先子之所畏也^⑦。'曰：'然则吾子与管仲孰贤？'曾西艴然不悦^⑧，曰：'尔何曾比予于管仲^⑨？管仲得君如彼其专也，行乎国政如彼其久也，功烈如彼其卑也^⑩。尔何曾比予于是？'"曰："管仲，曾西之所不为也，而子为我愿之乎？"

曰："管仲以其君霸，晏子以其君显。管仲、晏子犹不足为与？"

曰："以齐王，由反手也^⑪。"

曰："若是，则弟子之惑滋甚^⑫。且以文王之德，百年而后崩^⑬，犹未洽于天下^⑭；武王、周公继之，然后大行^⑮。今言王若易然，则文王不足法与？"

曰："文王何可当也^⑯？由汤至于武丁^⑰，贤圣之君六七作^⑱。天下归殷久矣，久则难变也。武丁朝诸侯，有天下，犹运之掌也。纣之去武丁未久也，其故家遗俗^⑲，流风善政，犹有存者；又有微子、微仲、王子比干、箕子、胶鬲^⑳，皆贤人也，相与辅相之，故久而后失之也。尺地，莫非其有也；一民，莫非其臣也；然而文王犹方百里起，是以难也。齐人有言曰：'虽有智慧，不如乘势；虽有镃基^㉑，不如待时。'今时则易然也：夏后、殷、周之盛，地未有过千里者也，而齐有其地矣；鸡鸣狗吠相闻，而达乎四境，而齐有其民矣。地不改辟矣^㉒，民不改聚矣，行仁政而王，莫之能御也。且王者之不作，未有疏于此时者也；民之憔悴于虐政^㉓，未有甚于此时者也。饥者易为食，渴者易为饮。孔子曰：'德之流行，速于置邮而传命^㉔。'当今之时，万乘之国行仁政，民之悦之，犹解倒悬也^㉕。故事半古之人，功必倍之，惟此时为然。"（《公孙丑上》3.1）

【注释】

①当路：执掌国政。当，担当、主持。路，道。引申为国政。　②管仲：见《行止》6.8⑩。　晏子：见《正君》11.11②₂。　③许：认可。引申为建立。　④曾西：赵《注》、朱《注》皆曰："曾西，曾子之孙。"也有的人说是曾子之子。待考。　⑤吾子：相亲爱之称。　子路：见《行止》6.6⑥。⑥蹴（cù促）然：惊愕、恭敬的样子。　⑦先子：先人，祖先。也指已故的祖父或父亲。此处指曾子。　⑧艴（fú伏，又读bó勃）然：生气的样子。　⑨何曾（zēng增）：何能，怎么能。副词。犹"何乃"。《史记·蒙恬传》："此其兄弟遇诛，不亦宜乎！何乃罪地脉哉？"何，疑问代词。怎么。曾，语气助词。乃，无义。《诗·卫风·河广》："谁谓河广？曾不容刀。谁谓宋远？曾不崇朝。"《战国策·赵策四》："老臣病足，曾不能疾走。"　⑩功烈：功劳，业绩。《左传·襄公十九年》："铭其功烈，以示子孙。"　⑪由：犹如，好像。通"犹"。⑫滋甚：益，愈加，更加。　⑬崩：帝王死称崩。　⑭治：

润泽。《书·大禹谟》："好生之德，洽于民心。"　⑮大行：流行，普遍推行。　⑯当：相比，相当。《礼记·王制》："次国之上卿，位当大国之中，中当其下，下当其上大夫。"　⑰武丁（？—前1192）：商代国君。名昭。盘庚弟小乙之子。公元前1250—公元前1192年在位。殷自盘庚死后，国势衰落。武丁即位，用傅说为相，勤修政事，又趋强盛。先后对北、西、东、南周边的少数民族部落用兵，巩固了殷商的统治。死后尊为高宗。　⑱作：出现，涌现。　⑲故家：故族世家。　⑳微子：即微子启。见《性善》2.1 ⑥$_1$。　微仲：微子之弟，名衍。殷之良臣。《吕氏春秋·当务》："纣之同母三人，其长曰微子启，其次曰仲衍，其次曰受德。受德，乃纣也。纣之母生微子启与仲衍也，其时尚犹为妾；已而为妻而生纣。"　王子比干：见《性善》2.1 ⑥$_2$。　箕（jī 机）子：商纣王叔父。一说庶兄。名胥余。封国于箕（今山西太谷东），故称箕子。见纣王淫乱暴虐，屡次劝谏，纣王不听，将其囚禁。周武王灭商后被释放，归镐（hào 浩）京。今传《尚书》有《洪范》篇，相传箕子为武王而作。　胶鬲：见《圣贤》9.17 ②。　㉑镃（zī 资）基：古代的锄头之类的农具。　㉒改：变更，改正。此处引申为重新。　㉓憔悴：瘦弱萎靡貌。此处指被折磨而困苦的样子。　㉔"孔子曰"句：此句不见《论语》。　置邮：驿站。古时传递文书、政令，接力式进行，约五十里置一接点，或曰置，或曰邮，后称驿站，供替换车马、御手之用。《韩非子·难势》："夫良马固车，五十里而一置，使中手御之，追速致远，可以及也，而千里可日致也。"　㉕倒悬：人头向下脚向上地被倒挂。比喻处境极度困苦危急。

【译文】

公孙丑问道："老师您如果能在齐执掌国政，管仲、晏子的功业，可以再次建立吗？"

孟子说："你真是个齐人呀，只知道管仲、晏子罢了。有人问曾西说：'您与子路谁贤？'曾西惊愕地说：'那是我先辈所敬畏的人。'又问：'那么您与管仲谁贤？'曾西马上满脸不高兴，说：'你怎么能拿我与管仲相比呢？管仲得到君主的信任是那样的专一不二，执掌国政的时间是那样的长久不断，取得的功绩却是那样的微不足道，你怎么能拿我与他相比呢？'"又说："管仲，曾西都不愿意做的人，而你认为我愿意去做吗？"

问："管仲让他的君主称霸诸侯，晏子让他的君主名扬诸侯。管仲、晏子还不足以去做吗？"

答："以齐国的条件称王天下，好比反手掌一样容易。"

问："如果是这样，那么弟子就更加疑惑了。以文王的仁德，活了近百年才去世，还没能润泽于天下；武王、周公继承了他的事业，然后才使仁政在天下普遍推行。如今说称王天下那样容易，那么文王也不足以效法吗？"

答："文王，怎么能相比呢？由商汤至高宗武丁，贤圣的君王涌现了六七任。天下归服殷商的年代已经很久了，年代久了就很难改变。武丁让诸侯来朝拜，统治天下，好比在手掌里运转玩物一样。纣王离武丁的年代并不很久，殷商的故族遗俗，流风善政，仍然有保存下来的；又有微子、微仲、王子比干、箕子、胶鬲，都是贤人呀，共同来辅佐他，所以过了很久之后才失去国家。一尺土地，没有不是他拥有的；一个百姓，没有不是他臣属的；然而文王仍然在方百里的土地上兴起，所以是很艰难的。齐人有句俗话说：'虽有智慧，不如乘势；虽有农具，不如待时。'当今的时势已经变得这样的有利：夏、商、周强盛时，天子直辖的土地也没有超过千里见方，而齐有这么多土地；鸡叫狗咬的声音都能相互听到，从都城一直达到四周的边境，而齐有这么多的民众。土地不需要重新开辟了，民众不需要重新聚集了，施行仁政而称王天下，没有谁能抵御得了的。况且，圣王不出现的时间，没有比现在间隔得更久了，百姓遭受虐政的困苦，没有比现在更严重的了。饿了的人容易选择食物，渴了的人容易选择饮水。孔子说：'仁德的流行，快于驿站传达命令。'当今的时势，拥有万乘兵车的国家施行仁政，百姓对他的喜悦，好比倒悬的人被松解一样啊。所以用力只有古人的一半，而功绩却一定是古人的一倍，只有这个时候才能这样。"

【一得】

一个人要有大格局，要把自己的潜能扩充到最大限度。如果有造福天下的机遇，为什么要局限于一国一地呢？

时、势，合而言之时势。或曰机遇，或曰命运，是人做事的客观条件。时势，无时无刻不在发展变化，而最佳状态往往在一瞬间。时势，对每一个人都是公平开放的。有心人，会等待它，创造它，抓住它，利用它，从而与自己的主观努力相结合，做成自己想做的事情。无心人，即便再好的时势摆在他面前，他也视而不见，总是怨天尤人，最终一事无成。能否充分利用时势，是成功者与无为者之间的差别。

【疑难】

◎何曾

赵《注》："何曾，犹何乃也。"

朱《注》："曾，并音增。""曾之言则也。"

杨《注》："曾——副词。乃也，竟也。"《译文》："你为什么竟拿我跟管仲相比？"

赵、朱、杨《注》都不能让读者直接明白"何曾"的含义。何乃、何则、何竟，都需要再注释。"何曾"，是一个词，可以分别去分析每个字的含义，但不宜分为两个词去注释。朱《注》"并音增"，是说"曾"有两个读音，不能让人知道在此处应读什么；"曾之言则也"，"则"有多种含义，不能让人知道在此是什么含义。杨《注》："乃也，竟也。""乃"与"竟"不可并列为同义。"乃"有多种含义，但罕见表示"竟"义。《译文》："你为什么竟拿我跟管仲相比？"将"何"译为"为什么"，将"曾"译为"竟"。"何"是代词"什么""怎么"；"为什么"是副词，是询问原因或目的。"竟"表示居然，出乎意料。"为什么竟"，虽然也是疑问，但把两个副词连在一起，既使语气过重，也偏离了"何曾"的本义。

何曾，赵《注》为"何乃"是妥当的。何乃，副词。何能，怎么能。《史记·蒙恬传》："此其兄弟遇诛，不亦宜乎！何乃罪地脉哉？"曾，乃。《诗·卫风·河广》："谁谓河广？曾不容刀。谁谓宋远？曾不崇朝。"《战国策·赵策四》："老臣病足，曾不能疾走。"《说文》段玉裁《注》"曾"："按，曾之言乃也。《诗》'曾是不意''曾是在位''曾是在服''曾是莫听'；《论语》'曾是以为孝乎''曾谓泰山不如林放乎'；《孟子》'尔何曾比予于管仲'，皆训为乃，则合语气。赵注《孟子》曰'何曾，犹何乃也'，是也。……盖曾字古训乃，子登切。后世用为曾经之义，读才登切。此今义今音，非古义古音也。"

综上所述，何曾，副词。犹"何乃"。何能，怎么能。何，疑问代词。怎么。曾，音 zēng（增），语气助词。乃，无义。"尔何曾比予于管仲？"可今译为："你怎么能拿我与管仲相比呢？"
另外，现代汉语中亦有"何曾"一词，是用反问的语气表示未曾。
曾，音céng（层）。曾经。应与本文中的"何曾"相区别。

第七章　以力假仁者霸

13.7　孟子曰："以力假仁者霸[①]，霸必有大国；以德行
仁者王，王不待大，汤以七十里，文王以百里。以力服人者，
非心服也，力不赡也[②]；以德服人者，中心悦而诚服也，如
七十子之服孔子也。《诗》云：'自西自东，自南自北，无思
不服[③]。'此之谓也。"（《公孙丑上》3.3）

【注释】

①假：借，租赁。自己本来没有，空打某种旗号。　②赡：
充足。《墨子·节葬下》："亦有力不足，财不赡，智不智，
然后已矣。"　③"《诗》云"句：见《诗·大雅·文王有声》。
思：语气助词。无义。《诗·小雅·桑扈》："兕觥（sì gōng 四公）
其觩（qiú 求），旨酒思柔。"《大雅·下武》："永言孝思，
孝思维则。"《周南·汉广》："汉之广矣，不可泳思。"

【译文】

孟子说："凭借暴力而打着仁义旗号的，可以称霸诸侯，
而推行霸道一定要拥有大国；凭借仁德而施行仁政的，可以称
王天下，而施行王道不一定要等到国家强大。商汤当初只有方

圆七十里的土地，周文王当初只有方圆一百里的土地。凭借暴力征服别人的，别人不是从内心归服，而是因为自己的力量无法抗拒；凭借仁德征服别人的，别人是从内心喜欢，而真诚地归服，好比七十子服膺孔子。《诗》中说：'自西自东，自南自北，无不诚服。'说的就是这个意思。"

【一得】

王道靠德，而力在其中；霸道靠力，而德为幌子。王道利人，霸道为己；王道让人心服，霸道逼人口服。

第八章　五霸者，三王之罪人也

13.8　孟子曰："五霸者①，三王之罪人也②；今之诸侯，五霸之罪人也；今之大夫，今之诸侯之罪人也。

"天子适诸侯曰巡狩③，诸侯朝于天子曰述职。春省耕而补不足，秋省敛而助不给。入其疆，土地辟，田野治，养老尊贤，俊杰在位，则有庆④。庆以地。入其疆，土地荒芜，遗老失贤，掊克在位⑤，则有让⑥。一不朝，则贬其爵；再不朝，则削其地；三不朝，则六师移之⑦。是故天子讨而不伐⑧，诸侯伐而不讨。五霸者，搂诸侯以伐诸侯者也⑨。故曰，五霸者，三王之罪人也。

"五霸，桓公为盛⑩。葵丘之会诸侯⑪，束牲载书而不歃血⑫。初命曰⑬，诛不孝，无易树子⑭，无以妾为妻。再命曰，尊贤育才，以彰有德。三命曰，敬老慈幼，无忘宾旅。四命曰，士无世官，官事无摄^⑮，取士必得，无专杀大夫^⑯。五命曰，无曲防^⑰，无遏籴^⑱，无有封而不告^⑲。曰，凡我同盟之人，既盟之后，言归于好。今之诸侯，皆犯此五禁。故曰，今之诸侯，五霸之罪人也。

"长君之恶其罪小^⑳，逢君之恶其罪大^㉑。今之大夫皆逢君之恶，故曰，今之大夫，今之诸侯之罪人也。"（《告子下》12.7）

【注释】

①五霸：见《尧舜》8.5③。　②三王：夏禹、商汤、周文王、武王。因文王、武王先后共同完成了周王朝的建立，故不可缺一。实际上是夏、商、周三代的开国君王。　③适：往，至。　④庆：奖赏。《礼记·月令》："（孟春之月）行庆施惠。"⑤掊（póu抔）克：横征暴敛。此处指横征暴敛的人。掊，搜刮，聚敛。又作"掊尅""掊刻"。　⑥让：惩罚。　⑦移：改立。　⑧讨：治理。《说文》："讨，治也。从言、寸。"伐：攻击，攻打。《说文》："伐，击也。从人，持戈。一曰败也。"⑨搂（lóu楼）：拉拢，挟持。　⑩桓公：即齐桓公。详见《圣贤》9.14⑤₁。　⑪葵丘：古地名。春秋宋地。在今河南民权县东北。《左传·僖公九年》："秋，齐侯（桓公）盟诸侯于葵丘。"⑫束牲载（zǎi）书：陈置捆着的牺牲，宣读盟书，加于牲上。束牲，捆绑用于供奉的牲畜。载书，即盟书。此处用如动词，盟誓，宣读盟书，将盟书加于牲上。　歃（shà霎）血：古时结盟，表示信誓的一种仪式。取牺牲之血，含于口中，或涂于口旁。歃，饮，微吸。　⑬命：盟约，誓词。《论语·宪问》："为命，裨谌（bì chén庇臣）草创之，世叔讨论之，行人子羽修饰之，

东里子产润色之。"邢昺（bǐng 丙）《疏》："命，谓政命，盟会之辞也。" ⑭树子：古时诸侯已立为世子的嫡长子。同"太子"。 ⑮摄：代理。《左传·隐公元年》："春王周正月，不书即位，摄也。" ⑯专：独断，擅自。⑰曲防：滥设堤防。曲，不正，与直相对。引申为滥。指独占水源，或导水淹没邻国。 ⑱遏籴（dí 迪）：阻止购买粮食。遏，阻止，禁止。籴，购买粮食。指禁止遭受灾荒的邻国人入境购粮。 ⑲封：封赐。指诸侯把土地或爵位赐给臣子。《墨子·尚贤中》："裂地以封之。" ⑳长君之恶：助长君主的恶行。长，顺从，帮助。 ㉑逢君之恶：逢迎君主的恶行。逢，迎合，怂恿。

【译文】

孟子说："五霸，是三王的罪人；当今的诸侯，是五霸的罪人；当今的大夫，是当今诸侯的罪人。

"天子到诸侯那里去视察，称作巡狩；诸侯到天子那里去朝见，称作述职。春天检查耕种而补充种子的不足，秋天查看收获而补助口粮的欠缺。进入了他的疆界，土地得到开辟，田野得到治理，养老尊贤，俊杰在位，就有奖赏。赏赐给土地。进入了他的疆界，土地荒芜，遗老失贤，善于搜刮民财的人在位，就有惩罚。一次不朝见，就贬降他的爵位；再次不朝见，就削减他的土地；三次不朝见，就派军队去改立他。所以天子治理而不征伐，诸侯则征伐而不治理。五霸，拉拢一部分诸侯去攻打另外的诸侯。所以说，五霸，是三王的罪人。

"五霸，齐桓公最为强盛。在葵丘会盟诸侯，陈置捆绑的牲畜，宣读盟约，加于牲上，而不杀牲歃血。第一条誓词说，责罚不孝，不更换已立的太子，不立妾为妻。第二条誓词说，尊贤育才，以此表彰有德行的人。第三条誓词说，敬老慈幼，不怠慢宾客和行旅。第四条誓词说，士不得有世袭的官职，官事不得代理，取士一定要符合条件，不准擅自杀害大夫。第五条誓词说，不乱设堤防，不阻止购买粮食，不得有所封赐而不报告。又说，凡是我们结为同盟的人，已经订立盟约之后，一律重新和好。当今的诸侯都违犯了这五条禁令。所以说，当今的诸侯，是五霸的罪人。

"助长君主的恶行，他的罪过还小；逢迎君主的恶行，他的罪过更大。当今的大夫都逢迎君主的恶行。所以说，当今的大夫，是当今诸侯的罪人。"

【一得】

三王为天下人谋利，而凭借仁德；五霸为一国谋利，而凭借暴力，但还打着仁义的幌子；当今诸侯亦为一国谋利，而凭借暴力，但连仁义的幌子也不要了；当今大夫为一己之利而助长、怂恿当今诸侯施暴。五霸犯禁于三王，当今诸侯又犯禁于五霸，当今大夫又坑害了当今诸侯，故各自应承担相应的罪责。

【疑难】

◎讨 伐

赵《注》："讨者，上讨下也。伐者，敌国相征伐也。"

朱《注》："讨者，出命以讨其罪，而使方伯连帅帅诸侯以伐之也。伐者，奉天子之命，声其罪而伐之也。"

杨《注》未注。《译文》："所以天子的用武力是'讨'，不是'伐'；诸侯则是'伐'，不是'讨'。"

赵《注》、朱《注》、杨《译文》的共同问题，是没有解释"讨""伐"的本义，误解为都是使用武力，而只是因武力使用者的身份不同，界定天子是"讨"，诸侯是"伐"。朱《注》称"伐者，奉天子之命"，不妥。因为诸侯之间的"伐"，根本无视天子之命。

讨，《说文》："治也。从言、寸。"言，语言，文字；寸，尺寸，法度。这是说，"讨"的本义是治，治理，是使用语言、法度，而不涉及武力。《左传·宣公十二年》："楚自克庸以来，其君无日不讨国人，而训之于民生之不易。……在军无日不讨军实，而申儆之于胜之不可保。"其引申义有声讨而并用武力，如征讨，讨伐。《书·皋陶谟》："天讨有罪，五刑五用哉。"本文之"讨"，仍应训为"治""治理"。"六师移之"，乃是以武力为后盾的治理。其多重含义有：出自天子，依照礼制，实施治理，以武力为后盾，而非直接诉诸武力。

伐，《说文》："击也。从人、持戈。一曰败也。"伐的本义，是击，是杀，是砍削。《书·牧誓》："夫子勖（xù 序）哉！不愆（qiān 千）于四伐五伐、六伐七伐，乃止齐焉。"《诗·召南·甘棠》："蔽芾（fèi 肺）甘棠，勿翦勿伐。"本文之"伐"，应依其本义训为攻打、攻击、攻伐，是以武力相加。故与以治理为主旨的"讨"，有本质的区别。虽然有讨、伐并用为"讨伐"，但其中仍保留其各自的含义。当然，无天子之命，诸侯擅自用兵，也是其含义之一。

简言之，讨，应训为"治理"；伐，应训为"攻打"。讨，凭借仁德，是王者之举；伐，凭借暴力，是霸者之行。

◎束牲载书

赵《注》："束缚其牲，但加载书。"

朱《注》："按《春秋传》僖公九年：'葵丘之会，陈牲而不杀，读书加于牲上，壹明天子之禁。'"

杨《注》："载书——古代盟约谓之载书，但此'载书'

不是一个词。'载'是动词，加也。'书'即指盟辞。即《穀梁传》僖公九年所云'葵丘之盟，陈牲而不杀，读书，加于牲上'者也。"《译文》："捆绑了牺牲，把盟约放在它身上。"

此句之疑难，在于对"载书"的理解。赵《注》仅在"载书"之前加了"但加"；朱《注》仅引了《春秋传》"读书加于牲上"，都不能让人明白什么是"载书"。杨《注》"古代盟约谓之载书"是正确的。但又说"但此'载书'不是一个词。'载'是动词，加也。'书'即指盟辞"，却值得斟酌。

载书，即盟书。是用文字记载的盟约。载，读 zǎi（宰）。记录，记载。《书·禹贡》："冀州既载。"又《洛诰》："丕视功载。"孔安国《传》："视群臣有功者记载之。"书，文书，盟约。

载书，多见于《左传》。《左传·襄公九年》："冬十月，诸侯伐郑。……十一月己亥，同盟于戏。郑服也。将盟……晋士庄子为载书，曰：'自今日既盟之后，郑国而不唯晋命是听，而或有异志者，有如此盟！'（郑）公子騑（fēi 非）趋进，曰：'……自今日既盟之后，郑国而不唯有礼与强可以庇民者是从，而敢有异志者，亦如之！'荀偃曰：'改载书！'……乃盟而还。""十二月癸亥……楚子伐郑。子驷将及楚平，子孔、子蟜（jiǎo 角）曰：'与大国盟，口血未干而背之，可乎？'子驷、子展曰：'吾盟固云'唯强是从'，今楚师至，晋不我救，则楚强矣。盟誓之言，岂敢背之？……'乃及楚平。"

《左传·襄公十年》："子孔当国，为载书，以位序听政辟。大夫、诸司、门子弗顺，将诛之。子产止之，请为之焚书。……乃焚书于仓门之外，众而后定。"

《左传·襄公十一年》："秋七月，同盟于亳。范宣子曰：'不慎，必失诸侯。诸侯道敝而无成，能无贰乎？'乃盟。载书曰：

'凡我同盟，毋蕴年，毋雍利，毋保奸，毋留慝，救灾患，恤祸乱，同好恶，奖王室。或间兹命，司慎司盟、名山名川、群神群祀、先王先公、七姓十二国之祖，明神殛（jí 极）之！俾失其民，队（zhuì 坠）命亡氏，蹯（bó 勃）其国家！'"

由上文"载书"连年四见可知，它是一个常用的固定名词，即"盟书"。杨《注》将其分为"载""书"二词，不妥。训"载"为"加"，亦不妥。杨《注》所据，为《穀梁传·僖公九年》所云："葵丘之盟，陈牲而不杀，读书，加于牲上。""读书"，应是宣读盟书；"加于牲上"，应是把盟书放在牲上埋入坑坎。它是两个程序。杨《译文》"把盟约放在它身上"，则遗漏了"读书"。结盟是一个过程，有集会、议盟、订盟、书盟、盟誓等，都是围绕"载书"而运作。古人用语简洁，"载书"本为名词，但可用如动词，如书写载书、宣读载书、掩埋载书、收存载书等，如废其记载、宣读重要程序，而仅留"把盟书放在它身上"，是不能较概括地表述结盟活动的。

据上所述，"束牲载书"应理解为：陈置捆绑着的牺牲，宣读盟书，加于牲上。

第九章　桀纣之失天下也

13.9 孟子曰："桀纣之失天下也[1]，失其民也；失其民者，失其心也。得天下有道：得其民，斯得天下矣；得其民有道：得其心，斯得民矣；得其心有道：所欲与之聚之，所恶勿施尔也。民之归仁也，犹水之就下，兽之走圹也[2]。故为渊驱鱼者[3]，獭也^④；为丛殴爵者^⑤，鹯也^⑥；为汤武殴民者^⑦，桀与纣也。今天下之君有好仁者，则诸侯皆为之殴矣。虽欲无王，不可得已。今之欲王者，犹七年之病求三年之艾也^⑧。苟为不畜^⑨，终身不得。苟不志于仁，终身忧辱，以陷于死亡。《诗》云：'其何能淑？载胥及溺。'此之谓也^⑩。"（《离娄上》7.9）

【注释】

① 桀纣：夏桀与商纣王。都是末代亡国之君。　② 圹（kuàng 矿）：圹野，空阔的原野。通"旷"。《诗·小雅·何草不黄》："匪兕匪虎，率彼旷野。"　③ 殴（qū 驱）：古"驱"字。　④ 獭（tǎ 塔）：即水獭。半水栖兽类，身如小狗。栖息水边，多昼伏夜出，善游泳，吃鱼、虾、蟹等。　⑤ 爵（què 却）：通"雀"。爵、雀，古今字。　⑥ 鹯（zhān 毡）：一种似鹰的猛禽。又名"晨风"。《左传·文公十八年》："如鹰鹯之逐鸟雀也。"⑦ 汤武：即商汤与周武王。汤灭夏桀，武王灭纣，他们都是开国君主。　⑧ 艾：草名。又名"艾蒿""蕲（qí 其）艾""冰台"。茎叶有香气，干后治成艾绒，可作灸用治病。　⑨ 畜（xù序）：积聚，储藏。通"蓄"。《穀梁传·庄公二十八年》："国无九年之畜曰不足，无六年之畜曰急。"　⑩ "《诗》云"句：见《诗·大雅·桑柔》。　淑：美，好。《诗·周南·关雎（jū居）》："窈窕（yǎo tiǎo）淑女，君子好逑（qiú 求）。"　载胥及溺：只有共同溺水亡。载，语气助词，无义。胥，皆，都，共同。及，去，达到。

【译文】

孟子说："夏桀、商纣之所以失去天下，是因为失去了他的人民；失去了他的人民的原因，是失去了人民的心。取得天下有法则：得到了天下的人民，就得到了天下；得到天下的人民有法则：得到了人民的心，就得到了人民；得到人民的心有法则：所想要的就给他们聚集起来，所厌恶的不要去施加罢了。人民归属仁德的趋势，就好像水向下流，野兽奔向旷野。所以为深渊驱赶鱼群的，是水獭；为丛林驱赶鸟雀的，是鹯鹰；为汤、武驱赶人民的，是桀与纣。当今天下的国君如果有喜好仁德的，那么诸侯都在为他驱赶人民。即使想不称王天下，也不能做到。当今想称王天下的，好比治疗七年的重病必须求取三年的陈艾一样。如果不做储备，终身也不会得到。如果不立志施行仁德，就会终身忧虑受辱，以致陷于死亡。《诗》中说：'这样怎么能变好？只有共同溺水亡。'说的就是这个意思。"

【一得】

得民心者得天下，失民心者失天下。没有人民的拥护与支持，你当谁的君，做谁的王？你为人民谋福利，除祸害，人民怎么会背离你？打天下时，把人民背在身上；坐天下时，却骑在人民头上，历代王朝无一不是这样兴起衰亡。

第十章　伯夷辟纣

13.10　孟子曰："伯夷辟纣①，居北海之滨，闻文王作②，兴曰③：'盍归乎来④？吾闻西伯善养老者⑤。'太公辟纣⑥，居东海之滨，闻文王作，兴曰：'盍归乎来？吾闻西伯善养老者。'二老者，天下之大老也，而归之，是天下之父归之也。天下之父归之，其子焉往？诸侯有行文王之政者，七年之内，必为政于天下矣。"（《离娄上》7.13）

【注释】

①伯夷：见《知言 养气》5.1㊶₁。 辟（bì 必）：躲避。通"避"。 ②作（zuò 坐）：兴起。《易·乾》："圣人作而万物睹。" ③兴（xìng 杏）：喜悦，高兴。 ④盍（hé 河）：何不。副词。 ⑤西伯：西方诸侯之长。即周文王。《史记·殷本纪》："西伯出而献洛西之地，以请除炮格之刑。纣乃许之，赐弓矢斧钺，使得征伐，为西伯。" 善：喜好，喜爱。《韩非子·八奸》："群臣百姓之所善，则君善之。" ⑥太公：即"太公望"。见《圣贤》9.18②。

【译文】

孟子说："伯夷躲避纣王，隐居在北海的海边上，听说文王兴起，高兴地说：'何不去投奔他呢？我听说文王喜爱奉养老人。'太公望躲避纣王，隐居在东海的海边上，听说文王兴起，高兴地说：'何不去投奔他呢？我听说西伯喜爱奉养老人。'这两位老人，是天下德高望重的老人，他们归服了谁，就象征着天下的父亲归服了谁。天下的父亲归服了他，他们的儿子还能到哪里去呢？如果诸侯有施行文王仁政的，七年之内，一定会执掌天下的政事。"

【一得】

老人不是包袱，而是财富。活了一辈子，尝遍了酸甜苦辣，

历尽了寒暑春秋，积累了丰富的人生经验与教训。他们愿意把自己的感悟告诉年轻人，留给后人。但很少有人耐心倾听。养老尊老，需要爱心，需要觉悟。它是社会进步的标志，是执政者品德与智慧的体现。

第十一章　所谓西伯善养老者

13.11　孟子曰："伯夷辟纣，居北海之滨，闻文王作，兴曰：'盍归乎来？吾闻西伯善养老者。'太公辟纣，居东海之滨，闻文王作，兴曰：'盍归乎来？吾闻西伯善养老者。'天下有善养老，则仁人以为己归矣。

"五亩之宅，树墙下以桑，匹妇蚕之，则老者足以衣帛矣。五母鸡，二母彘①，无失其时，老者足以无失肉矣。百亩之田，匹夫耕之，八口之家足以无饥矣。所谓西伯善养老者，制其田里②，教之树畜③，导其妻子使养其老。五十非帛不煖，七十非肉不饱。不煖不饱，谓之冻馁。文王之民无冻馁之老者，此之谓也。"（《尽心上》13.22）

【注释】

①彘（zhì 至）：猪。　②制：制度，政令。此处用如动词，订立制度，颁布政令，以保证百姓有田地、住宅。　③树畜（xù 序）：种植，饲养。

【译文】

孟子说："伯夷躲避纣王，隐居在北海的海边上，听说文王兴起，高兴地说：'何不去投奔他呢？我听说西伯喜爱奉养老人。'太公望躲避纣王，隐居在东海的海边上，听说文王兴起，高兴地说：'何不去投奔他呢？我听说西伯喜爱奉养老人。'天下有喜爱奉养老人的，那么仁人就会把他那里作为自己的归宿了。

"五亩的住宅，在院墙的周围种上桑树，让一位妇女去养蚕，那么老人就足以穿丝绵做的衣服了。养五只母鸡，两头母猪，不要错过喂养繁殖的时机，老人就足以不缺肉吃了。百亩的田地，让一位农夫去耕种它，八口之家就足以不挨饿了。所谓西伯喜爱奉养老人，就是他颁布政令分给农夫田地住宅，教给他种植饲养，引导他的妻子儿女让他们奉养自己家的老人。五十岁的老人不穿丝绵不暖，七十岁的老人不吃肉食不饱。不暖不饱，就叫作受冻挨饿。文王的百姓没有受冻挨饿的老人，说的就是这个意思。"

【一得】

养老，不是一句空话。既要有道德自觉，又要有物质保障。作为国家层面，领导人要率先垂范，要用制度去保证全民丰衣足食，这样养老才有物质基础。还要有养老的具体规定，保障老人的必要需求。同时，倡导全民尊老养老，形成良好的社会风气。这样，才能增强国家的凝聚力。

第十二章　不仁而得国者

13.12　孟子曰："不仁而得国者，有之矣；不仁而得天下者，未之有也。"（《尽心下》14.13）

【译文】

孟子说："不仁而能得到诸侯国的人，是有的；不仁而能称王天下的人，是没有的。"

【一得】

不仁之人，可以得势于一时一地，而不可得势于长久全局。

第十三章　以善服人者

13.13　孟子曰："以善服人者①，未有能服人者也；以善养人，然后能服天下。天下不心服而王者，未之有也。"（《离娄下》8.16）

【注释】

① 以善服人：用善言善行去征服别人。这种善是虚伪的。

表面上看，是为别人做好事，实际上是为自己谋征服，故不能服人。以善养人，则不同。是用善去滋养别人，是给予别人，而没有个人目的，故能让人心服。二者的区别在于，用心不同，一真一伪。此言类似于"由仁义行，非行仁义也"（《离娄下》8.19）。以善服人，可比"行仁义"；以善养人，可比"由仁义行"。

【译文】

孟子说："用善言善行去征服别人的，没有能征服别人的；用善言善行去滋养别人，然后能征服天下。天下不心服而能称王天下的，还没有过。"

【一得】

服人为己，养人为人；心知真伪，人不可欺。

第十四章　以佚道使民

13.14　孟子曰："以佚道使民^①，虽劳不怨。以生道杀民，虽死不怨杀者。"（《尽心上》13.12）

【注释】

①佚道：求取安逸的法则。佚，安逸。通"逸"。道，法则，道理。比如，欲除水患，须修水利；兴修水利，须服劳役；水利成功，人得平安。这就是"以佚道使民"。

【译文】

孟子说："按照求取安逸的法则去使役百姓，百姓虽然劳累，但不会抱怨；按照求取生存的法则去让百姓赴死，百姓虽然死亡，而不会抱怨让他赴死的人。"

【一得】

只要真心实意为百姓兴利除害，不论做出多大牺牲，百姓都会理解与支持。

第十五章　易其田畴

13.15　孟子曰："易其田畴①，薄其税敛，民可使富也。食之以时，用之以礼，财不可胜用也。民非水火不生活，昏暮叩人之门户求水火，无弗与者，至足矣。圣人治天下，使有菽粟如水火②。菽粟如水火，而民焉有不仁者乎？"（《尽心上》13.23）

【注释】

①易其田畴（chóu 筹）：轮耕农田。易，交换，轮换。轮换有两种：一是隔一年或两年耕种一次；二是每年轮种不同的庄稼，即不重茬，这样都能使庄稼增收。田畴，即熟耕的土地。此句的含义，实际上是科学种田的概括。赵、朱、杨《注》："易，治也。"虽可讲通，但缺少特定含义。　②菽（shū 叔）粟：

粮食的统称。菽，豆类的总称。粟，古时黍、稷、粱、秫的总称。今称谷子为粟，去壳后称小米。

【译文】

孟子说："轮耕农田，薄收税敛，老百姓就可以让他富起来了。吃食物按照时节，用钱财遵守礼制，财物就用不完了。百姓没有水火不能生活，然而，傍晚叩敲别人家的门户求借水火，却没有不给的，那是因为太充足了啊！圣人治理天下，会让收获的粮食像水火一样多。粮食像水火一样充足，而百姓怎么会有不仁爱的呢？"

【一得】

执政者的首要任务，是发展生产，减轻赋税，开源节流，让百姓丰衣足食。物质极大地丰富，是精神文明建设的基础。

第十六章　尊贤使能

13.16　孟子曰："尊贤使能，俊杰在位，则天下之士皆悦，而愿立于其朝矣；市，廛而不征^①，法而不廛，则天下之商皆悦，而愿藏于其市矣；关，讥而不征^②，则天下之旅皆悦，而愿出于其路矣；耕者，助而不税^③，则天下之农皆悦，而愿耕于其野矣；廛，无夫里之布^④，则天下之民皆悦，而愿为之氓矣^⑤。信能行此五者^⑥，则邻国之民仰之若父母矣。率其子弟，攻其父母，自有生民以来未有能济者也[7]。如此，则无敌于天下。无敌于天下者，天吏也[8]。然而不王者，未之有也。"（《公孙丑上》3.5）

【注释】

①廛（chán 缠）：本义为古时一家所居的住宅用地。引申为居、里、宅、庐、房、舍等居住场所。《说文》："廛，二亩半也。一家之居。从广里八土。"段玉裁《注》："里者，居也；八土，犹分土也；亦谓八夫同井也，以四字会意。"《公羊传·宣公十五年》何休《注》："一夫受田百亩，公田十亩，庐舍二亩半，凡为田一顷十二亩半。八家而九顷，共为一井。在田曰庐，在邑曰里。春秋出田，秋冬入保城郭。"《孟子·梁惠王上》"五亩之宅"，赵《注》："庐井、邑居，各二亩半以为宅。冬入保城二亩半，故为五亩也。"又称城邑内平民的房地。《荀子·王制》："顺州里，定廛宅。"杨倞《注》："廛，谓市内百姓之居；宅，谓邑内居也。"《周礼·地官·载师》："以廛里任国中之地。"孙诒（yí 仪）让《正义》："通言之，廛、里皆居宅之称。析言之，则庶人、农、工、商等所居谓之廛……士、大夫等所居谓之里。"还称官府所建供商人存储货物的房舍。《礼记·王制》："市，廛而不税。"郑玄《注》："廛，市物邸舍。税其舍不税其物。"本句中"廛而不征"之"廛"，即官府所建供商人存储货物的房舍。意为提供仓储，用作动词。下句"法而不廛"之"廛"，则是仓储之"廛"的引申义，即货物积压。再下句"廛，无夫里之布"之"廛"，则是广义的一家所居的宅基地。　②讥：稽查，察问。　③助而不税：即助而不贡。实行借助民力耕种公田的助法，而不实行按照常

数收取粮食的贡法。贡、助，分别是夏代和殷代的土地赋税制度。贡的意思，是核算数年收成的平均数作为征税的常数。丰收年也不多收，灾荒年也不少收。这样会丰收年粮食浪费，灾荒年农夫挨饿。助的意思，是借助民力耕种公田。大体同于孟子所讲的井田制：一里见方的土地划为一井，一井九百亩，其中部为公田，八家各自有私田一百亩，共同耕作公田。公事做完，然后才能做私事。这样，农夫的收入比较稳定，灾荒年不至不堪重负。孟子引用龙子的话说："治地莫善于助，莫不善于贡。"详见《滕文公上》第3章"滕文公问为国"。 ④夫里之布：占用住宅地的税费钱。古时用布帛作为货币，钱称"泉"。布，泉布，即钱。夫里之布，是夫布与里布的合称。夫布，力役钱，犹后世的雇役钱。《周礼·地官·闾师》："凡无职者出夫布。"无职者，即无常职的闲民。里布，相当于后世的地税。《周礼·地官·载师》："凡宅不毛者有里布。"宅不毛，即宅不种桑麻。⑤氓（méng 萌）：民，外来的移民。《滕文公上》："远方之人闻君行仁政，愿受一廛而为氓。" ⑥信：真，诚，确实。 ⑦济：成功，成就。《书·君陈》："必有忍，其乃有济。" ⑧天吏：上天（人民）委任的治理者。《说文》："吏，治人者也。"天，实际上是人民。《书·太誓》："天视自我民视，天听自我民听。"

【译文】

孟子说："尊重有贤德的人，使用有能力的人，德才兼备的杰出人才在职在位，那么天下的读书人都会高兴，而愿意在他的朝廷里任职；市场，提供摊位、仓储而不征税，依法收购滞销的货物而不使积压，那么天下的商人都会高兴，而愿意把货物聚集在他的市场；关卡，只稽查违禁而不征收税费，那么天下的行旅都会高兴，而愿意行走在他的道路上；种田的，实行助耕公田的助法，而不实行固定税率的税法，那么天下的农夫都会高兴，而愿意耕耘在他的田野里；城乡的宅基地，不征收夫布、里布之类力役钱与土地税，那么天下的百姓都会高兴，而愿意成为他的移民。如果真的能实行这五项政策，那么邻国的百姓仰慕他就会像仰慕父母一样。率领着他的子弟，去攻打他的父母，自有人类以来还没有能成功的。如此，就会无敌于天下。无敌于天下的人，就是上天（人民）委任的治理者。这样而不能称王天下的，还没有过。"

【一得】

孟子两千三百多年前提出的治国方略，以民为本，以爱人利人为宗旨，至今仍有前瞻性、可行性与强大的亲和力。如此大海一样的胸怀，泰山一样的气度，天一样的覆被，地一样的容纳，父母一样的心肠，谁人不向往？谁人可抵挡？如能行之，国家何愁不富强，天下何愁不归服。

第十四篇 仁者无敌

第一章 天时不如地利

14.1 孟子曰："天时不如地利[①]，地利不如人和[②]。三里之城，七里之郭[③]，环而攻之而不胜[④]。夫环而攻之，必有得天时者矣；然而不胜者，是天时不如地利也。城非不高也，池非不深也[⑤]，兵革非不坚利也[⑥]，米粟非不多也；委而去之[⑦]，是地利不如人和也。故曰：域民不以封疆之界[⑧]，固国不以山溪之险，威天下不以兵革之利。得道者多助，失道者寡助。寡助之至，亲戚畔之[⑨]；多助之至，天下顺之。以天下之所顺，攻亲戚之所畔，故君子有不战[⑩]，战必胜矣。"（《公孙丑下》4.1）

【注释】

①天时：有利于作战的时间。包括季节、天气、时机等。　地利：有利于作战的空间。包括地形、地势、地貌、环境等。　②人和：举国上下的同心同德，参战人员的协调一致。　③郭：外城。　④环而攻之：四面围攻。环，围绕，四面包围。　⑤池：城壕，即护城河。《礼记·礼运》："城郭沟池以为固。"　⑥兵革：兵，戈、矛、刀、箭等；革，盔、甲。泛指武器装备。《战国策·秦策》："兵革大强。"　⑦委：弃。《汉书·谷永传》："书陈于前，陛下委弃不纳。"　⑧域民：挽留居民。域，泛指某种范围。《汉书·陈汤传》："出百死，入绝域。"此处引申为限制、挽留。用如动词。　封疆之界：边疆的界墙。封疆，国界，边疆。《战国策·燕策三》："国之有封疆，犹家之有垣墙。"界，界桩，界墙，边界的标志。　⑨畔：背叛。通"叛"。《论语·阳货》："公山弗扰以费畔。"　⑩君子：圣王明君。君子，泛指统治者。《国语·鲁语上》："君子务治而小人务力。"又指有才德的人。此处应指有才德的国君。

【译文】

孟子说："天时不如地利，地利不如人和。三里周长的内城，七里周长的外郭，四面围攻而不能取胜。那么发起四面围攻，一定有得天时的优势；然而不能取胜，是因为天时不如地利。城墙不是不高，池壕不是不深，刀枪盔甲不是不坚利，粮食不是不充足，弃城而逃，是地利不如人和。所以说，挽留居民不能靠边疆的界墙，固守国土不能靠山河的险要，征服天下不能靠刀枪盔甲的坚利。占有道义就会多得帮助，丧失道义就会少得帮助。少得帮助达到极致，亲戚都会背叛他；多得帮助达到极致，天下人都会顺从他。用天下人顺从的力量，去攻打亲戚背叛的独夫，所以君子除非不战，战就一定胜利。"

【一得】

在战争中，起决定作用的是人，而不是物。一切有利时机、物质条件、武器装备，都要靠人去掌握、使用。人心的向背，决定战争的胜负。凭借某一方面的优势，可以得逞于一时，而不可以得势于长久。

第二章　春秋无义战

14.2　孟子曰："春秋无义战[①]。彼善于此，则有之矣。征者，上伐下也，敌国不相征也[②]。"（《尽心下》14.2）

【注释】

①春秋：时代名。因鲁国编年史《春秋》而得名。《春秋》记事，从鲁隐公元年至哀公十四年（前722—前481）共242年，称为春秋时代。今从周平王东迁至韩赵魏三家分晋（前770—前476）共295年，为春秋时代。春秋时代，周王室衰微，大国争霸，战争连绵不断。　②敌国：地位势力对等、相当的国家。敌，对等，相当。《战国策·秦策五》："四国之兵敌。"高诱《注》："强弱等也。"

【译文】

孟子说："春秋时期没有合乎道义的战争。那个国家比这个国家好一些，是存在的。征的意思，是在上位的讨伐在下位的，地位同等的国家不能相互征伐。"

【一得】

任何破坏统一、违背道义的战争，都应受到谴责。

第三章　我善为陈

14.3　孟子曰："有人曰：'我善为陈①，我善为战。'大罪也。国君好仁，天下无敌焉。南面而征，北夷怨；东面而征，西夷怨，曰：'奚为后我？'武王之伐殷也，革车三百两②，虎贲三千人③。王曰：'无畏！宁尔也，非敌百姓也。'若崩厥角稽首④。征之为言正也，各欲正己也，焉用战？"（《尽心下》14.4）

【注释】

①陈（zhèn 阵）：战阵。同"阵"。《论语·卫灵公》："卫灵公问陈于孔子。"　②革车：兵车。《礼记·明堂位》："是以封周公于曲阜，地方七百里，革车千乘。"　两（liàng 辆）：通"辆"。《诗·召南·鹊巢》："之子于归，百两御之。"③虎贲（bēn 锛）：古时指勇士。言勇猛如老虎扑食。《战

国策·楚策一》："秦地半天下，兵敌四国，被山带河，四塞以为固，虎贲之士百余万。" ④若崩厥角稽（qǐ启）首：好像畜兽被摧折其角一样，频频叩头至地。崩，坏，摧折；厥，代词"其"，指代畜兽；角，畜兽头上的角。稽首，跪拜礼。跪拜时叩头至地。《书·舜典》："禹拜稽首，让于稷契暨皋陶。"孔颖达《疏》："《周礼·太祝》：'辨九拜，一曰稽首。'稽首为敬之极，故为首至地。"

【译文】

孟子说："有人说：'我善于摆兵布阵，我善于指挥打仗。'这是犯大罪啊！国君喜好仁德，天下就没有能抵挡得了他的。向南而征，北夷抱怨；向东而征，西夷抱怨，说：'为什么把我们放在后面？'周武王讨伐殷纣，兵车三百辆，勇士三千人。王说：'不要害怕！是来保你安宁的，不是以百姓为敌的。'百姓好像畜兽被摧折其角一样，频频叩头至地。征的意思是正，各自想着端正自己，怎么还需要征伐呢？"

【一得】

战争，必然会流血牺牲，动辄死伤成千上万，还要耗尽大量的人力物力，并殃及平民百姓，使全社会不得安宁。为一己之私而挑起战争，危害国家、危害社会、危害人民，所以罪大恶极。如果有点爱心，有点利他之义，就会减少许多争端与流血。

【疑难】

◎若崩厥角稽首

赵《注》："百姓归周，若崩厥角，额角犀厥地，稽首拜命，亦以首至地也。"

朱《注》："于是商人稽首至地，如角之崩也。"

杨《注》："厥角——厥，同'蹶'，顿也。《说文》云：'顿，下首也。'角，额角。'厥角'之意即'顿首'。"《译文》："百姓便都把额角触地叩起头来，声响好像山陵倒塌一般。"

此句之难，在于对"若崩厥角"的理解。

赵《注》"额角犀厥地"，看不懂。

朱《注》"稽首至地"，稽首，即叩头至地，不知为何其后再加"至地"？"如角之崩也"，看不出对"崩""厥角"的解释。

杨《注》"'厥角'之意即'顿首'"，据此，本句可注为：若崩顿首稽首。顿首、稽首都是叩头至地，只是停留时间前者较后者短暂，不知为何如此重复？《译文》"额角触地叩起头来"，叩头用头——前额及地，用"额角"怎么叩头？又怎么至地？"声响好像山陵倒塌一般"，原文中一个"崩"字，怎么能引出"山陵倒塌"？再者，"头"与"地"都不是易发声之物，若让其碰撞发声，需头破血流；若"声响好像山陵倒塌一般"，即便脑浆迸裂也做不到。这种比喻，既偏离了原文，又严重违背现实。

"若崩厥角"，又见《书·泰誓中》："百姓懔懔，若崩厥角。"孔安国《传》："若崩摧其角。"孔颖达《疏》："以畜兽为喻，民之怖惧，若似畜兽崩摧其头角然。"以上注疏是正确的。析言之：若，好像。崩，坏，摧折。厥，代词"其"，即畜兽。角，畜兽头上的角。合而言之，即如同畜兽被摧折其角一样。这是对百姓恐惧跪地叩头的比喻。《泰誓》，是周武王伐纣时的誓言，此句描述了殷民的反应。

"稽首"，没有争议，只是在杨《注》中与"顿首"重复。它是古时的跪拜礼。行礼时，下跪头至地。《周礼·春官·太祝》："辨九拜，一曰稽首，二曰顿首……"郑玄《注》："稽首拜，头至地也；顿首拜，头叩地也。"贾公彦《疏》："二种拜俱头至地，但稽首至地多时，顿首至地则举，故以叩地言之，谓若以首叩物然。"

据上所述，"若崩厥角稽首"，可解释为：如同畜兽被摧折其角一样，频频叩头至地。

第四章　求也为季氏宰

14.4　孟子曰："求也为季氏宰①，无能改于其德，而赋粟倍他日②。孔子曰：'求非我徒也，小子鸣鼓而攻之可也③。'由此观之，君不行仁政而富之，皆弃于孔子者也，况于为之强战？争地以战，杀人盈野；争城以战，杀人盈城。此所谓率土地而食人肉④，罪不容于死。故善战者服上刑⑤，连诸侯者次之⑥，辟草莱、任土地者次之⑦。"（《离娄上》7.14）

【注释】

①求：即冉求（前522—前489），又称冉有。春秋末期鲁国人。冉氏，名求，字子有。孔子弟子，曾任鲁国权臣季孙氏的家臣。孔子评价他："求也，千室之邑，百乘之家，可使为之宰也，不知其仁也。"（《论语·公冶长》）在孔门弟子中，以擅长政事与季路齐名。　季氏宰：季孙氏的家臣。季氏，又称季孙氏。春秋后期鲁国专权的贵族。鲁桓公少子季友的后裔，在执政"三桓"孟孙氏、叔孙氏、季孙氏中势力最强。曾

三分公室获其一，又四分公室获其二，致公室日卑。鲁昭公兴兵伐之，不胜，出奔于齐，至死流亡于齐、晋之间。其后家臣阳虎擅权，季氏始衰。宰，春秋时卿大夫家中掌管家务的总管。又称家臣、家臣之长。　　②赋粟：田赋，税粮。按土地征收的土地税，以粮食计算。　　③"孔子曰"句：见《论语·先进》。原文是："季氏富于周公，而求也为之聚敛而附益之。子曰：'非吾徒也，小子鸣鼓而攻之，可也。'"　　④率土地而食人肉：沿着土地去吃人肉。率，循，沿着。《诗·大雅·绵》："率西水浒，至于岐下。"　　⑤服上刑：承当重刑。服，承当。上刑，重刑。　　⑥连诸侯：串联诸侯。即合纵连横。战国时，苏秦游说六国诸侯联合抗秦，称合纵；张仪游说六国共同事秦，称连衡或连横。《史记·孟子荀卿列传》："天下方务于合从（纵）连衡，以攻伐为贤。"　　⑦辟草莱、任土地：开垦荒地，依土地面积与肥瘠征税。辟，开辟，开垦。草莱，杂草。指荒芜未垦的土地。任，听凭，依照。《书·禹贡·序》："禹别九州，随山浚川，任土作贡。"任土地，即依照土地的具体情况制定田赋。《周礼·地官·载师》："掌任土之法。"郑玄《注》："任土者，任其力势所能生育，且以制贡赋也。"春秋末，鲁国实行"初税亩"，即按实际占有土地面积征税；战国中期，秦国商鞅变法，废井田，开阡陌（qiān mò 千末），奖励耕战，都是"辟草莱、任土地"之类，通过开垦荒地、增加土地税收，为战争做物质准备。

【译文】

孟子说："冉求担任季氏的家臣，没有能改变季氏的德行，而征收的税粮却比往年增加了一倍。孔子说：'冉求不是我的学生，弟子们可以鸣鼓而攻之！'由此看来，君主不行仁政而帮助他富裕都是孔子所鄙弃的，何况去为他拼命打仗呢？争地而战，杀人遍野；争城而战，杀人满城。这叫作沿着土地去吃人肉，其罪责处死都不能抵偿。所以善于作战的应该承当最重的刑罚，串联诸侯的罪次一等，开垦荒地、依地征税的再次一等。"

【一得】

助纣为虐，也应受到谴责与惩罚。

【疑难】

◎率土地而食人肉

赵《注》："此若率土地而食人肉也。"

朱《注》引林氏曰："况为土地之故而杀人，使其肝脑涂地，则是率土地而食人之肉。"

杨《注》未注。《译文》："这就是带领土地来吃人肉。"

此句之疑难，在于对"率"的理解。赵、朱、杨《注》皆未注。杨《译文》为"带领"，不妥。"土地"怎么"带领"？

在《梁惠王上》《滕文公下》均有"此率兽而食人也"句。在那里训"率"为"带领"，或"率领"，可以。而在本句中则不可类推。

率，《说文》："捕鸟毕也。"段玉裁《注》："毕者，田网也。所以捕鸟，亦名率。按此篆本义不行。凡'衛'，训'将衛'也；'達'，训'先导'也，皆不用本字，而用'率'，又或用'帅'。如《绵》，《传》云：'率，循也。'《北山》，《传》云：'率，循也。'其字皆当作'達'是也。又详'帅'下，《左传》'藻率'，服虔曰：'《礼》有率巾，即许书之帅也。'"

据此说，"率"的本义是捕鸟网。但此本义已不通行。将帅的"帅"，本字是"衛"；率导的"率"，本字是"達"。

衙、達、帅、率，古时同音，故多通用。后世"将衙"的"衙"废本字"衙"而用"帅"，为"将帅"，而"帅"的本义"佩巾"亦废。"達导"的"達"，废本字"達"而用"率"为"率导"，而"率"的本义"捕鸟网"亦废。"率"与"帅"，亦多通用。率，既有"将帅"的"帅"的含义，又有"率导"的"率"的含义。

"率土地而食人肉"之"率"，应是"率导"之义。即循，沿着。如《诗·大雅·绵》："率西水浒，至于岐下。"《诗·小雅·北山》："率土之滨，莫非王臣。"此句可解释为：沿着土地去吃人肉。这与"争地以战，杀人盈野；争城以战，杀人盈城"，也是相吻合的。

又，若依"率"的本义"捕鸟网"，引申为网罗、侵占，训"率"为"侵占"，也可将本句解释为：为了侵占土地而吃人肉。亦通。

◎任土地

赵《注》："辟草任土，不务修德而富国者。"

朱《注》："任土地，谓分土授民，使任耕稼之责，如李悝（kuī 亏）尽地力、商鞅开阡陌之类也。"

杨《注》引朱《注》，又说："开垦荒地这是好事，何以孟子反对呢？大概他认为诸侯之所以如此做，不是为人民，而是为私利。或者他认为当时人民之穷困，不是由于地力未尽，而是由于剥削太重，战争太多。王夫之《孟子稗（bài 败）疏》不得此解，便以为这两句是指按田亩科税而言，实误。"《译文》："（为了增加赋税使百姓）开垦草莱、尽地力的人。"

此句之疑难，在于对"任"的理解。赵《注》未注。朱《注》"使任耕稼之责""尽地力"。杨《注》袭朱《注》，亦解为"尽地力"。训"任"为"任……责""尽……力"，不妥。

任，在此处应训为听凭、依据。如《书·禹贡·序》："禹别九州，随山浚川，任土作贡。"《周礼·地官·载师》："掌任土之法。"郑玄《注》："任土者，任其力势所能生育，且以制贡赋也。"这是说，任土，即依据土地的具体情况制定田赋。"任土地"，若依《禹贡·序》，是省略了"作贡"。在此处是省略了"作赋"，而不是"尽地力"之意。开荒、尽地力，增加粮食产量，若不多收田赋，何过之有？正因为其最终目的不是富民，而是富国，为战争储备粮食；而"任土地"，正是通过增加田赋的方式搜刮民财，故遭孟子谴责。王夫之《孟子稗疏》所言，应当无误。

第五章　鲁欲使慎子为将军

14.5　鲁欲使慎子为将军①。孟子曰："不教民而用之，谓之殃民。殃民者，不容于尧舜之世。一战胜齐，遂有南阳②，然且不可。"

慎子勃然不悦曰："此则滑釐所不识也③。"

曰："吾明告子：天子之地方千里；不千里，不足以待诸侯。诸侯之地方百里；不百里，不足以守宗庙之典籍④。周公之封于鲁，为方百里也；地非不足，而俭于百里⑤。太公之封于齐也，亦为方百里也；地非不足也，而俭于百里。今鲁方百里者五⑥，子以为有王者作，则鲁在所损乎⑦？在所益乎？徒取诸彼以与此，然且仁者不为，况于杀人以求之乎？君子之事君也，务引其君以当道⑧，志于仁而已。"（《告子下》12.8）

【注释】

①慎子：赵《注》："慎子，善用兵者。"又，与孟子同时有赵国慎到，曾在齐国的稷下讲学。主张齐万物为首，循自然而立法，而法之行必须重势，把君主的权势看作法治的基础。有的注家认为慎到即此"慎子"，但缺乏依据。待考。②南阳：古地区名。相当今泰山以南、汶河以北一带。以在泰山之南，故名。春秋时属鲁，地近齐，后为齐所占。《公羊传·闵公二年》"桓公使高子将南阳之甲，立僖公而城鲁"，即此。战国时属齐。　③滑釐（lí 厘）：慎子的名。　④典籍：记载王命、典章制度的文书简策。　⑤俭：节约，不奢侈。此处引申为限，限制。因为封地要合于定制，不能因为土地充足就逾越定制。　⑥今鲁方百里者五：当今鲁国的土地有五个百里见方。除始封时百里见方的土地之外，都是侵吞周边邾国等邻国的土地。这大大僭越了周代的礼制规定。　⑦损：减少。与"益"增加相对。《易·损》："损下益上，其道上行。"　⑧当（dàng 档）道：正道。当，合适，恰当。《礼记·乐记》："古者，天地顺而四时当。"刘向《新序·杂事》："昔者魏武侯谋事而当。"

【译文】

鲁国准备任命慎子为将军。孟子说："不教导百姓就派他们去作战，这叫作祸害百姓。祸害百姓的，尧舜之世不能容忍。打一仗就能战胜齐国，从而占领了南阳，这样尚且不可。"

慎子很不高兴地说："这就是我滑釐所不能理解的了。"

孟子说："我明白地告诉你：天子的辖地千里见方；没有千里，不足以款待诸侯。诸侯的封地百里见方；没有百里，不足以守护宗庙的典籍。周公封于鲁，为百里见方；土地不是不充足，而限制于百里。太公封于齐，也为百里见方；土地不是不充足，而限制于百里。当今鲁国的土地有五个百里见方，你以为如果有王者兴起，那么鲁国的土地是在减少之列呢？还是在增加之列呢？白白地取之于那个而给予这个，这样仁者尚且都不去做，何况通过杀人去求取它呢？君子事奉君主，务必引导他的君主去行正道，志于仁爱罢了。"

【一得】

鲁国是从西部分封到东夷的宗主国。春秋期间国土增加了五倍，哪一寸不沾满了鲜血和泪水？这既有被掠夺者的，也有鲁国人民的。鲁与齐本在一个起跑线上，至春秋中期齐国成为诸侯霸主，而鲁国则沦为二流弱国。齐鲁交战，鲁败多胜少。鲁弱的根本原因是内部分裂，不行正道。若再和齐战，即便侥幸取得一胜，最终还是会被强齐打得一败涂地。不思过失，不自量力，铤而走险，拿着百姓生命当儿戏，这是孟子反对鲁国重用慎子穷兵黩武的根本原因。

第六章　今之事君者皆曰

14.6　孟子曰："今之事君者皆曰：'我能为君辟土地，充府库①。'今之所谓良臣，古之所谓民贼也。君不乡道②，不志于仁，而求富之，是富桀也。'我能为君约与国③，战必克。'今之所谓良臣，古之所谓民贼也。君不乡道，不志于仁，

而求为之强战，是辅桀也。由今之道，无变今之俗，虽与之天下，不能一朝居也。"（《告子下》12.9）

【注释】

①府库：官府储存钱财兵甲的屋舍。《礼记·曲礼下》："在府言府，在库言库。"郑玄《注》："府，谓宝藏货贿之处也。库，谓车马兵甲之处也。" ②乡（xiàng向）道：向往正道。乡，趋向，向往。通"向"。《国语·周语上》："阜其财求而利其器用，明利害之乡。" ③约与（yǔ羽）国：邀结盟国。约，邀结。与国，盟国。《战国策·齐策二》："韩齐为与国。"高诱《注》："相与为党与也，有患难相救助也。"

【译文】

孟子说："当今事奉君主的都说：'我能为君开辟土地，充实府库。'当今的所谓良臣，古时则称之为民贼。君主不向往正道，不立志为仁，而去谋求让他富有，那是富有夏桀。又说：'我能为君邀结盟国，逢战必胜。'当今的所谓良臣，古时则称之为民贼。君主不向往正道，不立志为仁，而去谋求为他强行作战，是辅助夏桀。沿着当今的道路，不改变当今的习俗，即使给了他整个天下，他也不能坐上一个早上。"

【一得】

不论是富国，还是强兵，都有一个目的。是为了造福天下？还是为了暴虐天下？造福天下，天下为之共存；暴虐天下，天下也会将他暴虐。

第七章　宋牼将之楚

14.7　宋牼将之楚^①，孟子遇于石丘^②。曰："先生将何之？"

曰："吾闻秦楚构兵^③，我将见楚王说而罢之^④。楚王不悦，我将见秦王说而罢之。二王我将有所遇焉^⑤。"

曰："轲也请无问其详，愿闻其指^⑥。说之将何如？"

曰："我将言其不利也。"

曰："先生之志则大矣，先生之号则不可。先生以利说秦楚之王，秦楚之王悦于利，以罢三军之师^⑦，是三军之士乐罢而悦于利也。为人臣者怀利以事其君，为人子者怀利以事其父，为人弟者怀利以事其兄，是君臣、父子、兄弟终去仁义^⑧，怀利以相接^⑨，然而不亡者，未之有也。先生以仁义说秦楚之王，秦楚之王悦于仁义，而罢三军之师，是三军之士乐罢而悦于仁义也。为人臣者怀仁义以事其君，为人子者怀仁义以事其父，为人弟者怀仁义以事其兄，是君臣、父子、兄弟去利，怀仁义以相接也，然而不王者，未之有也。何必曰利？"（《告子下》12.4）

【注释】

①宋牼（kēng 坑）：战国宋人，与孟子同时代的知名学者，约年长于孟子。《庄子·天下》《荀子·非十二子》作宋钘（jiān

尖，有古注称与"鋞"同音），《韩非子·显学》作宋荣。主张"接万物以别宥（yòu 又，拘泥；局限）为始"，即认识万物要从破除局限开始。"见侮不辱，救民之斗。禁攻寝兵，救世之战，以此周行天下。"（均见《庄子·天下》）　②石丘：地名。其址不详。　③构兵：交战。　④说（shuì 税）：劝说别人服从自己的意见。　⑤遇：投合。　⑥指：意向，意旨。通"旨"。　⑦三军：周制天子六军，诸侯大国三军。一军为 12500 人。后泛指军队。　⑧终：尽，完全。⑨接：相待。

【译文】

宋牼要到楚国去，孟子在石丘遇到了他，问道："先生要到哪里去？"

答道："我听说秦、楚两国交战，我打算去见楚王，劝说他停止交战。如果楚王不乐意这样做，我就去见秦王，劝说他停止交战。这两个王中，总会有一个与我投合。"

孟子说："我孟轲不想打听详细情况，只想听听你的意向。你将怎样去劝说呢？"

答道："我准备讲讲交战的不利。"

孟子说："先生的志向是宏大的，但先生的旗号是不可行的。先生以利劝说秦王、楚王，秦王、楚王因喜欢利而停止交战，这就使三军兵士乐于停战从而喜欢利了。做臣下的心怀私利去侍奉他的君主，做儿子的心怀私利去侍奉他的父亲，做弟弟的心怀私利去侍奉他的哥哥，这样一来，君臣、父子、兄弟之间就完全丢掉了仁义，心怀私利去相互对待，如此而不灭亡的，是没有的。先生如果用仁义去劝说秦王、楚王，秦王、楚王因喜欢仁义而停止交战，这就使三军兵士乐于停战从而喜欢仁义了。做臣下的心怀仁义去侍奉他的君主，做儿子的心怀仁义去侍奉他的父亲，做弟弟的心怀仁义去侍奉他的哥哥，这样一来，君臣、父子、兄弟之间就完全丢掉了私利，心怀仁义去相互对待，如此而不统一天下的，也是没有的。为什么一定要讲利呢？"

【一得】

一事当前，人与人之间交往，以什么心相待，直接影响到后果。孟子所说的仁义，是爱人，是公平，是正义；而利，是损人，是利己，是谋私。试想，人与人之间相互亲爱，相互帮助，与相互仇恨，相互坑害，其后果能一样吗？

第八章　不仁哉梁惠王也

14.8　孟子曰："不仁哉梁惠王也！仁者以其所爱及其所不爱，不仁者以其所不爱及其所爱。"

公孙丑曰："何谓也？"

"梁惠王以土地之故，糜烂其民而战之[①]。大败，将复之。恐不能胜，故驱其所爱子弟以殉之[②]，是之谓以其所不爱及其所爱也。"（《尽心下》14.1）

【注释】

① 糜（mí 迷）烂其民：牺牲他的百姓。糜烂，碎烂。此处指战伤战死，粉身碎骨。　② 殉（xùn 训）：送死。

【译文】

孟子说："不仁啊梁惠王！仁者把施予自己所爱者的恩惠推及自己所不爱的人，不仁者把加给自己所不爱者的祸害推及自己所爱的人。"

公孙丑问道："这话是什么意思呢？"

答道："梁惠王为了争夺土地，牺牲他的百姓去打仗。被打得大败，仍准备再战。恐怕不能取胜，所以驱使自己所爱的子弟也去送死。这就是把加给自己所不爱者的祸害推及自己所爱的人。"

【一得】

仁者推爱，不仁者推害。仁者将亲爱亲人之爱，推及他人、万物；不仁者将伤害他人之害，推及亲人、自身。

第九章　齐人伐燕，胜之

14.9　齐人伐燕[①]，胜之。宣王问曰："或谓寡人勿取，或谓寡人取之。以万乘之国伐万乘之国，五旬而举之，人力不至于此。不取，必有天殃。取之，何如？"

孟子对曰："取之而燕民悦，则取之。古之人有行之者，武王是也。取之而燕民不悦，则勿取。古之人有行之者，文王是也。以万乘之国伐万乘之国，箪食壶浆以迎王师[②]，岂有它哉？避水火也。如水益深[③]，如火益热，亦运而已矣[④]。"（《梁

惠王下》2.10）

【注释】

①齐人伐燕：齐国人攻打燕国。公元前318年（燕王哙三年），燕王哙把君位让给了燕相子之，子之南面行王事。过了三年，国大乱。将军市被、太子平起兵攻子之，子之反攻，将军市被、太子平死。构难数月，死者数万，众人恫恐。公元前314年（齐宣王六年），齐宣王趁燕国内乱，派兵向燕国进攻。燕士卒不战，城门不闭。齐军五十天就占领了燕国国都，遂杀子之，掠宝器，施暴于燕国人民。孟子曾劝宣王不要暴虐燕国人民，并赶快从燕国撤兵。宣王不听。结果遭到燕国的激烈反抗，韩、赵、魏、楚等国也合力救燕，并拥立公子职为新君昭王，迫使齐军不得不撤出燕国。因此，宣王说："吾甚惭于孟子。"（《公孙丑下》）孟子也因宣王不听劝谏，施暴邻国，不久便离开了齐国。至齐湣王时，燕昭王使乐毅联合赵、楚、韩、魏、燕之兵伐齐，败齐济西，湣王逃亡。乐毅率燕军独追击至临淄，尽取齐之国宝财物祭器输之燕。"乐毅留徇齐五岁，下齐七十余城，皆为郡县以属燕，唯独莒、即墨未服。"（《史记·乐毅列传》）此后，虽有田单复国，但齐一蹶不振，直至亡于秦。（详见《史记·田敬仲完世家》《史记·燕召公世家》《史记·乐毅列传》，《竹书纪年》《战国策·燕策》等。）　②箪（dān单）食壶浆：用竹筐端着饭食，用陶壶捧着米浆。箪，盛饭食的圆竹器。壶，盛水浆的陶壶。浆，用米熬的稀汤。　③益：副词。更，愈加。　④运：转动，轮换。《易·系辞上》："日月运行，一寒一暑。"

【译文】

　　齐国人攻打燕国，战胜了它。宣王问道："有的人劝寡人不要占领，有的人劝寡人占领它。以万乘兵车的国家去攻打万乘兵车的国家，五十天就打败了它，仅凭人力不能做到这样。不占领，一定会有上天降下的灾祸。占领它，怎么样？"

　　孟子回答说："占领了它而燕国人民喜欢，就占领它。古时的人有这样做的，周武王就是如此。占领了它而燕国人民不喜欢，就不要占领。古时的人有这样做的，周文王就是如此。以万乘兵车的国家去攻打万乘兵车的国家，百姓用竹筐端着饭食，用陶壶捧着米浆，去迎接大王的军队，难道还有别的原因吗？是躲避水深火热的苦难啊！如果水更加深，火更加热，也就是轮换了一个同样的暴君罢了。"

【一得】

　　攻守予夺，要依人心所向，要顺大势所趋。趁人之乱，掠人家园，自以为得计，殊不知自己为自己埋下了祸根。

【疑难】

◎齐人伐燕

　　齐国人攻打并占领燕国，是战国中期发生的重大历史事件，也是与孟子、孟子思想有关的重大历史事件。除《孟子》中的记载，还见于《史记》的《六国年表》《燕召公世家》《赵世家》《苏秦列传》等，又见《战国策·燕策一》《竹书纪年》等。秦灭六国，尽烧各诸侯国史书，独余《秦记》，又不载日月，文略不详。故战国史比较混乱，缺乏统一准确的文献记载。上述史籍各述此事，难免在相关时间、人物、事件上存有差异和矛盾。赵、朱、杨《注》对此事的注释，仅引一家之言，又过于简略。为正确理解本章及相关章节，故对此事件有争议的相关问题略作考述。

一、燕王哙让国子之在哪一年？

《六国年表》："（燕王哙五年）君让其臣子之国，顾为臣。"《燕召公世家》："燕哙三年……王因收印自三百石吏已上而效之子之。子之南面行王事。而哙老不听政，顾为臣，国事皆决于子之。"《战国策·燕策一》："（燕王哙三年）子之南面行王事。"此有燕王哙三年与五年之异。燕王哙让国后三年国大乱，燕王哙七年死于齐伐燕之时，若让国在燕王哙五年，中间无三年之隔。《燕召公世家》《战国策·燕策一》的记载较《六国年表》可靠。故应从燕王哙三年，即周慎靓（jìng 敬）王三年，齐宣王二年，公元前 318 年。

二、齐伐燕在哪一年，当时齐国的国君是宣王还是湣王？

《燕召公世家》："（子之）三年，国大乱，百姓恫恐。将军市被与太子平谋，将攻子之。诸将谓齐湣王曰：'因而赴之，破燕必矣。'……王因令章子将五都之兵，以因北地之众以伐燕。士卒不战，城门不闭，燕君哙死，齐大胜。"《战国策·燕一》："子之三年，燕国大乱……储子谓齐宣王：'因而仆之，破燕必矣！'"上述一个记为齐湣王，一个记为齐宣王。

《史记·田敬仲完世家》没有记载齐伐燕，《六国年表》也没直接记载齐伐燕，故不可从其中知道当时的齐王是谁。但《六国年表》记有："（燕王哙七年）君哙及太子、相子之皆死。"而与此年对应的齐国是齐湣王十年，但没有任何记载。《史记·燕召公世家》裴骃《集解》："骃案：《汲冢纪年》曰'齐人禽子之而醢其身也'。""徐广曰：'哙立七年而死。'"燕王哙、子之死于燕王哙七年是没有争议的，他们都是死于齐伐燕，这一年应是齐伐燕之年。按《六国年表》，燕王哙七年，为周赧（nǎn 腩）王元年。根据《竹书纪年》校正战国年代的结果，周赧王元年，为齐宣王六年，即公元前314年。这时齐国的国君是宣王。这也与《孟子》《战国策·燕策一》的记载相吻合。

杨《注》："齐人伐燕，胜之——事在齐宣王五年。"其理由可能是《战国策·燕策一》记载"子之三年，燕国大乱"。燕国大乱，"构难数月，死者数万"（《燕召公世家》），而齐军伐燕"五旬而举之"（《梁惠王下》）。齐军不可能在燕国刚一发生大乱时就去讨伐，而应在其乱得不可收拾的情况下才可能出兵，况且取胜的速度很快。尽管存在燕刚大乱齐即伐燕的可能，但还是把"子之三年"，即燕王哙六年，齐宣王五年，定为燕大乱的时间；把燕王哙、子之死的燕王哙七年，即齐宣王六年，定为齐伐燕的时间，更加符合情理。

三、太子平是死于攻子之，还是被立为燕昭王？

《六国年表》："（燕王哙七年）君哙及太子、相子之皆死。"赵武灵王十二年《集解》："徐广曰：'《纪年》云立燕公子职。'"

《燕召公世家》："燕子之亡二年，而燕人共立太子平，是为燕昭王。"司马贞《索隐》按："《纪年》又云子之杀公子平。"

《赵世家》："武灵王十一年（公元前315年，应为赵武灵王十二年，公元前314年。从《六国年表》），王召公子职于韩，立以为燕王，使乐池送之。"裴骃《集解》："徐广曰：'《纪年》亦云尔。'"司马贞《索隐》："《燕系家》无其事，盖是疏也。今此云'使乐池送之'，必是凭旧史为说。且《纪年》之书，其说又同。"

由上述可知，《六国年表》《竹书纪年》都说太子平在燕国内乱中死；而《燕召公世家》未言太子平在内乱中的下场。太子平攻子之，子之反攻太子平，子之胜，太子平不可能留下性命。《赵世家》《竹书纪年》都说赵武灵王立公子职为燕王。

若太子平不死，赵武灵王不可能立公子职。故太子平应在燕国内乱中丧命，而新立的燕昭王应是公子职，而非太子平。

第十章　齐人伐燕，取之

14.10　齐人伐燕，取之。诸侯将谋救燕。宣王曰："诸侯多谋伐寡人者，何以待之？"

孟子对曰："臣闻七十里为政于天下者，汤是也。未闻以千里畏人者也。《书》曰：'汤一征，自葛始。天下信之。东面而征，西夷怨；南面而征，北狄怨。曰，奚为后我①？'民望之，若大旱之望云霓也②。归市者不止③，耕者不变④，诛其君而吊其民⑤，若时雨降，民大悦。《书》曰：'徯我后，后来其苏⑥。'今燕虐其民，王往而征之，民以为将拯己于水火之中也，箪食壶浆以迎王师。若杀其父兄，系累其子弟⑦，毁其宗庙，迁其重器⑧，如之何其可也？天下固畏齐之强也，今又倍地而不行仁政⑨，是动天下之兵也。王速出令，反其旄倪⑩，止其重器，谋于燕众，置君而后去之，则犹可及止也。"（《梁惠王下》2.11）

【注释】

①"《书》曰"句：赵《注》："此二篇（指本句及下段所引'《书》曰：徯我后，后来其苏。'）皆《尚书》逸篇之文也。"

见今传《尚书·仲虺（huǐ 悔）之诰》。与本章所引略有差异："乃葛伯仇饷，初征自葛。东征西夷怨，南征北狄怨，曰：'奚独后予？'攸徂之民，室家相庆，曰：'徯予后，后来其苏。'"
②云霓：乌云与彩虹。指降雨。　　③归市：涌向集市。
④耕者不变：耕种农田的不变更时令。指该种的种，该收的收，该锄草的锄草，该施肥的施肥，不因兵来而躲避。　　⑤吊：安抚，慰问。　　⑥"《书》曰"句：出处同上。　　徯（xī 希）我后，后来其苏：等待我的圣王，圣王到来我们得以重生。徯，等待。《书·五子之歌》："徯于洛之汭（ruì 锐）。"后，天子，君主。《书·说命》："树后王君公，承以大夫师长。"《书·大禹谟》："后克艰厥后，臣克艰厥臣。"　　苏：苏醒，重生。指逃出苦难，得以休养生息。　　⑦系累：捆绑，拘禁。《墨子·天志下》："民之格者则劲拔之，不格者则系操而归。"　　⑧重器：宝器，贵重的青铜礼器。如钟、鼎、彝、尊之类。　　⑨倍地：土地增加了一倍。倍，照原数加等。　　⑩反：送回。同"返"。　　旄（mào 茂）倪：老幼的合称。旄，年老。通"耄"。《礼记·射义》："旄期称道不乱。"郑玄《注》："八十、九十曰旄。"《史记·春申君列传》："后制于李园，旄矣。"倪，小儿，儿童。通"儿（儿）"。《说文》："儿，孺子也。"

【译文】

齐国人攻打燕国，占领了它。其他诸侯国准备合谋援救燕国。宣王说："诸侯国中有多个谋划讨伐寡人的，用什么办法来对付他们呢？"

孟子回答说："臣听说有凭借七十里见方的土地而执政天下的，商汤就是这样。没听说拥有千里见方的土地而害怕别人的。《书》中说：'商汤的征伐，从葛国开始。天下人都信服他。向东征伐，西夷抱怨；向南征伐，北狄抱怨。说：怎么把我放在后面？'百姓盼望他，好像大旱之时盼望乌云彩虹一样。涌向集市的不停止脚步，耕种农田的不变更时令，诛杀他的暴君而抚慰他的百姓，像及时雨一样降临，百姓喜出望外。正如《书》中所说：'等待我的圣王，圣王到来我们得以重生。'如今燕国国君暴虐他的百姓，大王前往征伐他，百姓以为将把自己从水深火热中拯救出来，所以用竹筐端着饭食，用陶壶捧着米浆迎接大王的军队。如果杀害他们的父兄，捆绑拘禁他们的子弟，毁坏他们的宗庙，搬回他们的宝器，这样做怎么可以呢？天下本来就畏惧齐国的强大，如今又土地倍增而不行仁政，这是挑动天下的军队来攻打齐国啊！大王赶快发布命令，送回他们的老人和儿童，停止搬回他们的宝器，和燕国的民众协商，另立新君而后撤回，这样还来得及阻止诸侯出兵。"

【一得】

知过速改，既能减少受害者的伤害，又能减轻自己的罪责，是智者之举。若执迷不悟，一错再错，只能在罪恶的泥潭里越陷越深，直至不能自拔。

第十一章 沈同以其私问曰

14.11 沈同以其私问曰[①]："燕可伐与？"

孟子曰："可。子哙不得与人燕[②]，子之不得受燕于子哙[③]。有仕于此，而子悦之，不告于王而私与之吾子之禄爵；夫士也，亦无王命而私受之于子，则可乎？何以异于是？"

　　齐人伐燕。或问曰："劝齐伐燕，有诸？"

　　曰："未也。沈同问：'燕可伐与？'吾应之曰：'可。'彼然而伐之也。彼如曰：'孰可以伐之？'则将应之曰：'为天吏^④，则可以伐之。'今有杀人者，或问之曰：'人可杀与？'则将应之曰：'可。'彼如曰：'孰可以杀之？'则将应之曰：'为士师^⑤，则可以杀之。'今以燕伐燕，何为劝之哉？"（《公孙丑下》4.8）

【注释】

　　① 沈同：赵《注》："沈同，齐大臣。"其他不详。

② 子哙（kuài 快）：燕国国君，即燕王哙。燕易王之子，姬姓，名哙。公元前 320 年即位。燕王哙三年（前 318），与楚、三晋攻秦，不胜而还。燕相子之与苏秦、苏代兄弟联姻有交，人贵权重。鹿毛寿等人蛊惑燕王哙效法尧、禹，将君位虚让于子之，或子之不敢接受，或接受再由太子夺回君位，这样有让国之名而实不失国。燕王哙信以为真，居然将君位让与子之，子之南面行王事，而哙为臣不听政，国事皆决于子之。三年，国大乱，将军市被与太子平谋，攻子之；子之反攻太子平，将军市被、太子平死。齐趁燕内乱，出兵攻占燕国。燕王哙死。时在燕王哙七年（前 314）。　　③ 子之：燕王哙时燕相。身世不详。纵横家苏秦在燕，佩燕在内的六国相印，为纵约长。子之与其联姻交好。苏秦死，又与苏秦弟苏代联姻有交。《史记·燕召公世家》："苏秦之在燕，与其相子之为婚，而苏代与子之交。"《苏秦列传》："燕相子之与苏代婚，而欲得燕权，乃使苏代侍质子于齐。"由于苏秦兄弟在燕王前的游说，子之

人贵权重。在鹿毛寿等人的蛊惑下，燕王哙让国于子之，子之南面行王事，王哙为臣不听政，国事皆决于子之。三年，燕大乱。将军市被与太子平攻子之，子之反攻太子平。将军市被、太子平死。齐国趁燕内乱，攻占燕国，杀子之。《史记·燕召公世家》裴骃《集解》："骃案：'《汲冢纪年》曰：齐人禽子之而醢（hǎi 海）其身也。'"《汲冢纪年》，即《竹书纪年》。禽，即"擒"。醢，即把人杀死剁成肉酱。　④天吏：顺应天命的治理者。《说文》："吏，治人者也。"　⑤士师：刑狱官。

【译文】

沈同以他私人的名义问道："燕国可以讨伐吗？"

孟子说："可以。子哙不能把燕国让给别人，子之不能从子哙那里接受燕国。比如有个小吏在这里，而你喜欢他，不向王报告就私自把你的俸禄和官爵给了他；那个小吏呢，也没有得到王的任命就私下里从你那里接受了俸禄与官爵，这样可以吗？燕国发生的事变，与这有什么区别？"

齐国人攻打燕国。有的人问道："劝齐国讨伐燕国，有这么回事吗？"

孟子说："没有。沈同问过'燕国可以讨伐吗'？我回答说，'可以'。他们居然去攻打燕国了。他如果说，'谁可以去讨伐他'？就将回答他说，'作为顺应天命的治理者，就可以去讨伐他'。比如现在有个杀人的，有人问道，'此人可以杀掉吗'？就将回答说，'可以'。他如果说，'谁可以去处死他'？就将回答说，'作为刑狱官，就可以去处死他'。如今以与燕国同样暴虐的国家去讨伐燕国，为什么要劝他呢？"

【一得】

道义，是人们的共识、共行。不论是法律、制度，还是没有明文规定的行为规范，无不在道义的统领之中。遵道义者存，违道义者亡。得陇望蜀，窃取不属于自己的权力；沽名钓誉，拿国政当儿戏，无视道义，私相授受，岂能不受到惩罚？

第十二章　燕人畔

14.12　燕人畔[①]。王曰："吾甚惭于孟子。"

陈贾曰[②]："王无患焉。王自以为与周公孰仁且智[③]？"

王曰："恶！是何言也？"

曰："周公使管叔监殷[④]，管叔以殷畔。知而使之，是不仁也；不知而使之，是不智也。仁智，周公未之尽也，而况于王乎？贾请见而解之。"

见孟子，问曰："周公何人也？"

曰："古圣人也。"

曰："使管叔监殷，管叔以殷畔也，有诸？"

曰："然。"

曰："周公知其将畔而使之与？"

曰："不知也。"

"然则圣人且有过与？"

曰："周公，弟也；管叔，兄也。周公之过，不亦宜乎？

且古之君子，过则改之；今之君子，过则顺之。古之君子，其过也，如日月之食，民皆见之；及其更也，民皆仰之。今之君子，岂徒顺之，又从为之辞⑤。"（《公孙丑下》4.9）

【注释】

①畔：反叛。通"叛"。　②陈贾：赵《注》："齐大夫也。"　③周公：见《知言　养气》5.2⑨。　④管叔：周文王之子，武王之弟，周公之兄（一说周公之弟）。姬姓，名鲜。武王灭商后封于管（今河南郑州），故称"管叔"。与蔡叔二人相纣子武庚禄父，治殷遗民。武王卒，成王年幼，周公旦摄政。他与蔡叔等不服，声称周公为政不利于成王，乃携武庚及东夷人发动叛乱。周公东征，诛武庚，杀管叔，而放蔡叔。　⑤从：跟随，跟着。《论语·微子》："子路从而后。"辞：言词。《易·系辞下》："吉人之辞寡，躁人之辞多。"此处引申为"辩解"。

【译文】

燕国人反叛。王说："我对孟子感到非常惭愧。"

陈贾说："王不要为此而内疚。王自己认为与周公相比谁既仁又智？"

王说："嗳！这是什么话呢？"

陈贾说："周公让管叔去监管殷人，管叔却利用殷人叛乱。知道他这样还让他去，是不仁；不知道他这样而让他去，是不智。仁智，周公都不能完全做到，而何况对于王呢？我陈贾请求去见孟子而向他解释。"

陈贾见孟子，问道："周公是什么样的人呢？"

答："古代的圣人啊！"

问："他让管叔去监管殷人，管叔却利用殷人叛乱，有这么回事吗？"

答："是这样。"

问："周公知道他将要叛乱而让他去吗？"

答："不知道。"

"那么圣人也有过错吗？"

答："周公，是弟弟；管叔，是兄长。周公有这样的过错，不也应当吗？况且古时的君子，有过错就改正它；当今的君子，有过错却顺着它。古时的君子，他的过错，如同日月之蚀，百姓都看着它；等到他改正了，百姓都敬仰他。当今的君子，哪里只是顺着它，又跟着为它辩解。"

【一得】

没有不犯错误的人，不论是圣贤才俊，还是凡夫俗子。犯错误并不可怕，可怕的是不知错，不认错，不改错。君子闻过则喜，知错必改。如果知错不改，文过饰非，那就会在错误的道路上越滑越远。

第十三章　滕，间于齐楚

14.13　滕文公问曰："滕，小国也，间于齐楚①。事齐乎？事楚乎？"

孟子对曰："是谋非吾所能及也。无已，则有一焉：凿斯

池也, 筑斯城也, 与民守之, 效死而民弗去, 则是可为也。"(《梁惠王下》2.13)

【注释】

① 间于齐楚: 夹于齐、楚之间。间, 中间。滕国本来不与齐、楚交界。至战国中期, 齐国已吞并了滕国的东南邻邦薛国, 楚国的势力北上, 齐、楚在滕国周边拉锯式争战, 故滕国的日子很不好过。

【译文】

滕文公问道: "滕, 是个小国, 夹于齐、楚之间。是事奉齐国呢? 还是事奉楚国呢?"

孟子回答说: "这种谋划不是我所能参与的。不得已, 那么有一个对策: 凿深城壕, 筑牢城墙, 与百姓共同守卫它, 即便献出生命百姓也不离去, 这是可以做到的。"

【一得】

想得平安, 外求不如内求。求虎求狼, 不如求自己, 不如求自己的百姓。上下同心, 力行正道, 可以在道义上立于不败之地。

第十四章　齐人将筑薛

14.14　滕文公问曰: "齐人将筑薛①, 吾甚恐。如之何则可?"

孟子对曰: "昔者大王居邠②, 狄人侵之, 去之岐山之下居焉③。非择而取之，不得已也。苟为善，后世子孙必有王者矣。君子创业垂统④，为可继也。若夫成功，则天也。君如彼何哉？强为善而已矣⑤。"（《梁惠王下》2.14）

【注释】

①筑薛：整治薛的城池。齐威王三十五年（前322），威王封其少子田婴于薛（今山东滕州东南）。号薛公，谥靖郭君。此次筑薛，应在田婴封于薛之后十几年，约齐宣王十一年，公元前309年前后。薛本为诸侯小国，应有城池。此时可能年久失修或为战争破坏。田婴死后，其子田文继承其封爵，为薛公，谥孟尝君。　②大（tài 太）王居邠（bīn 彬）：太王居住在邠地。大王，即周太王古公亶父。大，同"太"。邠，同"豳"。故地在今陕西彬州。　③岐山：山名。在今陕西岐山县东北。相传周太王古公亶父自邠迁此山下建邑。《诗·大雅·绵》："古公亶父，来朝走马，率西水浒，至于岐下。"　④垂统：流传纲纪。垂，流传。《书·微子之命》："功加于时，德垂后裔。"《后汉书·崔骃传》："超千载而垂绩。"统，纲纪。《说文》："统，纪也。"段玉裁《注》："《淮南·泰族训》曰：'茧之性为丝，然非得女工煮以热汤而抽其统纪，则不能成丝。'按，此本义也。引申为凡纲纪之称。"　⑤强（qiǎng 襁）为善：勉力为善。强，勉力。竭尽全力，坚持而不停息。为善，说利于别人的话语，做利于别人的事。此处指为善政，即行王道，施仁政。

【译文】

滕文公问道："齐人将要整治薛的城池，我非常害怕，怎么办才好呢？"

孟子回答说："过去太王居住在邠地，狄人侵扰他，太王迁到岐山之下住在了那里。这不是经过选择而占取的地方，是不得已啊！如果为善，后世子孙一定会有成就王业的。君子创立基业，流传纲纪，是为了可以代代继承。如若成功，那还要有天命。君能把齐人怎么样呢？勉力为善罢了。"

【一得】

面对不可战胜的强敌，不要拿鸡蛋去碰石头。要先退一步，躲一下，留得青山在。退让，躲避，不是目的，而是为了蓄势待发。没有不变是时势。只要坚持，转机总会到来。坚持什么？坚持为善。蓄什么势？蓄善势。即便自己等不到胜利的那一天，后人也一定可以从中受益。

【疑难】

◎创业垂统

赵《注》："君子造业垂统。"

朱《注》："创，造。统，绪也。""然君子造基业于前，而垂统绪于后。"

杨《注》未注。《译文》："有德君子创立功业，传之子孙。"

此句并不太难理解。创业，至今沿用，不必多说。垂统，已罕见于当今语言，又易生歧义。恰恰是该注之言，而不得其解。赵《注》未注。朱《注》注而不详。杨《译文》不妥。统，非"子孙"。"传之子孙"，与下句"为可继也"的译文"正是为着一代一代地能够承继下去"重复。

垂统，与"创业"并列。垂，动词；统，名词，"垂统"为动宾结构。垂，流传。即遗留下来，传给后代。《书·微子之命》："功加于时，德垂后裔。"《后汉书·崔骃传》："超千载而垂绩。"统，《说文》："纪也。"段玉裁《注》："《淮南·泰族训》曰：'茧之性为丝，然非得女工煮以热汤而抽其统纪，则不能成丝。'按，此本义也。引申为凡纲纪之称。"纪，《说文》："别丝也。"段玉裁《注》："丝必有其首，别之是为纪。众丝皆得其首是为统，统与纪义互相足也。"由此可知，统的本义是缫丝时抽取的丝头、头绪。其引申义为"纲纪"。纲纪，即社会的秩序和国家的法纪。合而言之，垂统，即"流传纲纪"。这既合《孟子》本意，又与上下文皆相呼应。

第十五章　滕，竭力以事大国

14.15　滕文公问曰："滕，小国也。竭力以事大国，则不得免焉。如之何则可？"

孟子对曰："昔者大王居邠，狄人侵之。事之以皮币①，不得免焉；事之以犬马，不得免焉；事之以珠玉，不得免焉。乃属其耆老而告之曰②：'狄人之所欲者，吾土地也。吾闻之也：君子不以其所以养人者害人。二三子何患乎无君③？我将去之。'去邠，逾梁山④，邑于岐山之下居焉。邠人曰：'仁人也，不可失也。'从之者如归市。

"或曰：'世守也，非身之所能为也。效死勿去。'

"君请择于斯二者。"（《梁惠王下》2.15）

【注释】

①皮币：毛皮和缯（zēng 增）帛。币，本为缯帛，即丝织物。古时以束帛为祭祀或赠送宾客的礼物，曰"币"。后来称其他聘享的礼物，如车马玉帛等，亦曰"币"。此处指丝织品。缯、帛，都是古时丝织品的总称。　②属（zhǔ 嘱）：召集，会集。《国语·齐语》："兵车之属六，乘车之会三。"韦昭《注》："属亦会也。"　耆（qí 其）老：老人，长老。耆，六十岁以上的人。《礼记·曲礼上》："六十曰耆，指使。"又指受人尊重的老者。《礼记·檀弓上》："鲁哀公诔孔丘曰：'天不遗耆老，莫相予位焉。'"　③二三子：诸位，诸君。"二三君子"的省称。《左传·昭公十六年》："二三君子请皆赋，起（韩宣子）亦以知郑志。"　④梁山：山名。在今陕西乾县西北。

【译文】

滕文公问道："滕，是个小国。竭力去事奉大国，也不能免遭他们的侵凌。怎么办才好呢？"

孟子回答说："过去太王居住在邠地，狄人侵扰他。奉送给他皮帛，不能免遭侵扰；奉送给他犬马，不能免遭侵扰；奉送给他珠玉，不能免遭侵扰。于是召集长老而告诉他们说：'狄人想要得到的，是我们的土地。我听说过：君子不拿那些用来养人的东西去害人。父老乡亲们何必担忧没有君主呢？我将要离开这里。'于是离开了邠地，翻过梁山，在岐山下重建城邑，居住在了那里。邠人说：'那是个有仁德的人啊！不能失去他。'跟着走的像涌向集市一样。

"也有的人说：'这是世世代代守护的基业，不是自身所能决定舍弃的。即使献出生命也不能离去。'

"君请在这二者之间做个选择。"

【一得】

如果滕国的土地被侵吞，国君、族人与百姓皆死于守土，这难道是开国君主错叔绣所愿意看到的吗？

战国末期，滕国的近邻邹国，即孟子的故里，经与楚国协商，迁到了楚地，在今湖北黄冈、新洲一带，又建了一座邾城。秦末汉初为衡山王都。至今遗址犹存，那里的邹国后裔曹姓、朱姓人口比故地邹城还要多。

与任何养人的物质——土地、房屋、吃的、喝的、用的乃至金钱、财物相比，人最宝贵，生命最重要。任何物质丢了，都可以再找回来，而生命丢了，却永远不可复得。当生命与财物二者相冲突时，千万不可要财要物而不要命。

再者，无端地占有不属于自己的财物，同样是害了自己，是害了自己的道德生命。是失去了人格，失去了人的本心。发展到一定程度，同时会丢掉肉体生命。

请牢记古训："君子不以其所以养人者害人。"

第十六章　宋，小国也

14.16　万章问曰："宋，小国也。今将行王政，齐楚恶而伐之^①，则如之何？"

孟子曰："汤居亳，与葛为邻，葛伯放而不祀^②。汤使人问之曰：'何为不祀？'曰：'无以供牺牲也。'汤使遗之牛羊。葛伯食之，又不以祀。汤又使人问之曰：'何为不祀？'曰：'无以供粢盛也③。'汤使亳众往为之耕，老弱馈食④。葛伯率其民，要其有酒食黍稻者夺之⑤，不授者杀之。有童子以黍肉饷⑥，杀而夺之。《书》曰：'葛伯仇饷⑦。'此之谓也。为其杀是童子而征之，四海之内皆曰：'非富天下也⑧，为匹夫匹妇复雠也。''汤始征，自葛载⑨'，十一征而无敌于天下。东面而征，西夷怨；南面而征，北狄怨，曰：'奚为后我？'民之望之，若大旱之望雨也。归市者弗止，芸者不变⑩，诛其君，吊其民，如时雨降。民大悦。《书》曰：'徯我后⑪，后来其无罚。''有攸不惟臣⑫，东征，绥厥士女⑬。匪厥玄黄⑭，绍我周王见休⑮，惟臣附于大邑周⑯。'其君子实玄黄于匪以迎其君子⑰，其小人箪食壶浆以迎其小人，救民于水火之中，取其残而已矣。《太誓》曰⑱：'我武惟扬，侵于之疆⑲，则取于残，杀伐用张⑳，于汤有光㉑。'不行王政云尔；苟行王政，四海之内皆举首而望之，欲以为君；齐楚虽大，何畏焉？"(《滕文公下》6.5）

【注释】

①"宋，小国也"句：万章说宋是个小国，其实宋不是个小国。它辖地在今河南东部及山东、江苏、安徽之间。比滕、薛要大十倍左右。但也不是个大国，齐、楚又比它大七八倍左右。它南临楚，北近齐，西界魏，东与齐、楚交集。据《史记·宋微子世家》记载："（宋）辟公三年卒，子剔成立。剔成四十一年，剔成弟偃攻袭剔成，剔成败奔齐，偃自立为宋君。君偃十一年（齐宣王二年，公元前318年），自立为王。东败齐，取五城；南

败楚，取地三百里；西败魏军，乃与齐、魏为敌国。盛血以韦囊，县（悬）而射之，命曰'射天'。淫于酒、妇人。群臣谏者辄射之。于是诸侯皆曰桀宋，宋其复为纣所为，不可不诛。告齐伐宋。王偃立四十七年（应为四十三年，公元前286年），齐湣王与魏、楚伐宋，杀王偃，遂灭宋而三分其地。"这就是宋行"王政"的前前后后。当时的国君就是宋王偃。　②放：放荡，放纵。不守礼制。　③粢盛（zī chéng 资成）：祭品。指盛在祭器内的黍稷之类谷米。　④馈食：送饭。　⑤要（yāo腰）：拦截。"腰"的本字。通"邀"。　黍（shǔ暑）稻：黍米与稻米。泛指食物。黍，谷物名。子实叫黍子，碾成米叫黄米，性黏。　⑥饷（xiǎng响）：送，馈赠。同"馈食"之"馈"。　⑦"《书》曰"句：赵《注》："《书》，《尚书》遗篇也。"今传《尚书·仲虺之诰》有这样的记述："乃葛伯仇饷，初征自葛。东征西夷怨，南征北狄怨，曰：'奚独后予？'攸徂之民，室家相庆，曰：'徯我后，后来其苏。'"与本章所记大同小异。可能是后人据孟子所言补入《尚书》。　⑧富：使富，占有。用如动词。　⑨载（zài在）：始。《诗·豳风·七月》："春日载阳，有鸣仓庚。"　⑩芸（yún云）：锄草。通"耘"。《论语·微子》："植其杖而芸。"　⑪徯（xī西）我后：等待我的圣王。徯，等待。《书·五子之歌》："徯于洛之汭（ruì锐）。"后，古代天子和列国诸侯皆称后。⑫有攸不惟臣：此段"《书》曰"引文，赵《注》："从'有攸'以下，道周武王伐纣时也。皆《尚书》逸篇之文。"今传《尚书·武成》有类似此言："恭天成命，肆予东征，绥厥士女。惟其士女，篚厥玄黄，昭我周王。天休震动，用附我大邑周。"可能是后人据孟子所言补入《尚书》。本句的意思是，有的旧国不思臣服。攸，语助词，无义。《书·盘庚》："女不忧朕心之攸困。"又，

《洪范》："予攸好德。"惟，思，谋。《诗·大雅·生民》："载谋载惟，取萧祭脂。"郑玄《笺》："惟，思也。"又，《楚辞·九章·抽思》："数惟荪之多怒兮，伤余心之忧忧。"臣，用如动词。臣服，为臣。　⑬绥厥士女：安抚那里的男女百姓。绥，安抚，安。《诗·大雅·民劳》："惠此中国，以绥四方。"厥，代词。其。《书·禹贡》："厥土黑坟。"士女，成年男女。此处指普通男女百姓。　⑭匪厥玄黄：用筐箱端着彩色丝绸。匪，"筐"的本字。《说文》："匪，器似竹匧（qiè妾）。从匚，非声。《逸周书》曰：'实玄黄于匪。'"匧，"箧"的本字。即箱，大曰箱，小曰箧。《左传·昭公十三年》："卫人使屠伯馈叔向羹与一箧锦。"或曰：筐，竹器。方曰筐，圆曰筥。《书·禹贡》："厥贡漆丝，厥篚织文。"据上述，匪为古竹器，似今之筐箱之类。厥，其。指示代词。玄黄，黑色与黄色。《易·坤》："夫玄黄者，天地之杂也，天玄而地黄。"此处指彩色的丝帛。　⑮绍我周王见休：求见我周王的美善容貌。绍，绍介，介绍。为人引进。介，在宾主之间传话的人。古礼，宾至用介传辞；介不止一人，相承而传，故称绍介。《战国策·赵策三》："平原君遂见辛垣衍曰：'东国有鲁连先生，其人在此，胜请为绍介而见之于将军。'"休，美善。《书·太甲中》："实万世无疆之休。"　⑯大邑周：对周的尊称。如大汉、大唐之谓。　⑰实：装满。　⑱"《太誓》曰"句：赵《注》："《太誓》，古《尚书》百二十篇之时《太誓》也。"今传《书·泰誓》载此句与此大同小异："我武惟扬，侵于之疆，取彼凶残，我伐用张，于汤有光。"　⑲侵于之疆：攻进殷商旧邦。侵，攻进。于，介词。到，及于。疆，疆土，邦国。　⑳杀伐用张：通过杀伐以伸张道义。用，以，用来。《诗·小雅·小旻》："谋夫孔多，是用不集。"张，伸张，显扬。

㉑于汤有（yòu 又）光：比汤更加荣光。于，犹"过"。表示比较。《礼记·檀弓下》："苛政猛于虎也。"汤，商汤。有，更加。通"又"。《诗·邶风·终风》："终风且曀（yì 义），不日有曀。"光，荣光。荣耀，光荣。

【译文】

万章问道："宋，是个小国。现在准备施行王政，齐、楚厌恶而讨伐它，应该怎么办呢？"

孟子说："过去商汤居住在亳地，与葛国为邻，葛伯放荡而不祭祀。汤派人去问他说：'为什么不祭祀呢？'答：'没有牲畜用来作供奉的牺牲。'汤派人赠送给他牛羊。葛伯吃了它，还是不用来祭祀。汤又派人去问他说：'为什么不祭祀呢？'答：'没有粮食用来作供奉的谷米。'汤派遣亳地的百姓去帮助他耕田种地，老弱的人去为种田的送饭。葛伯就带领着他的百姓，拦住那些带有酒、饭、黍米、稻米的就抢夺了去，不给的就杀了他。有个儿童去送黍米、肉食，也杀了夺去它。《书》中说'葛伯仇恨送饭的人'，说的就是这个事情。因为他杀了这个儿童而征伐他，天下人都说：'不是要富有天下呀！是要为普通百姓报仇啊！''汤起兵征伐，从葛国开始。'汤十一次征伐而无敌于天下。向东征伐，西夷抱怨；向南征伐，北狄抱怨，说：'为什么把我放在后面？'百姓盼望他，好像大旱时盼望下雨一样。涌向集市的不停止脚步，耕耘田地的不变更时令，诛杀他的君主，抚慰他的百姓，好像下了及时雨一样。民大喜。《书》中说：'等待我的圣王，圣王来了不再受他们的惩罚。''有的旧国不思臣服，王东征，安抚那里的男女百姓。他们用筐箱端着彩色丝绸，求见我周王的美善容貌，只臣附于大邑周。'那些官吏把彩色丝绸装满筐箱去迎接到来的官吏，那些百姓用竹筐端着饭食、用陶壶捧着米浆去迎接到来的士兵。救民于水深火热之中，捕取那个残暴的君主罢了。《太誓》说：'我军士气昂扬，攻进殷商旧邦，捉拿残暴君王；征伐伸张道义，比汤更加荣光！'不施行王政就罢了；如果施行王政，四海之内都翘首盼望，想拥护他为君王；齐、楚虽然强大，又有什么可怕的呢？"

【一得】

仁政、王政、王道，都是先进的政治主张。它们的共同特征，是以仁德为基础，以爱人、利人、为善为宗旨。它们的区别是，仁政，多主于内，主于自身国家的治理，与暴政相对应；王政、王道，则涉及统一天下、治理天下，与霸道相对应。仁政以治理好自己的国家为起点，但最高境界是将仁政推及天下；王政、王道以称王天下为追求，但要以以仁政治理好自己的国家为基础。不论是行仁政还是行王政、王道，首先是君主要有仁德。宋国声称行"王政"，宋王偃抢了哥哥的君位，匆匆称王，本身就不仁、不悌、不智。自己的国家还没有行仁政，连自己的国家还没有治理好，就急着去统一天下，东抢西夺，四面树敌。那不叫"王政"，连"霸道"也算不上，只能叫"妄政"。行仁政，君主可以随时随地做起，不论国家大小，不论天子诸侯。行王政、王道，除了以仁政为基础外，还要有外部条件。外部没有天下大乱，没有君主腐败、暴虐到像桀、纣一样，没有放纵到像葛伯一样，你又非汤、武，凭什么去统一人家？凭什么去君临天下？若打着"王政"的幌子，而行扩张之实，到头来自取灭亡则是必然的。

【疑难】

◎有攸不惟臣

赵《注》："无不惟念执臣子之节。"

朱《注》："有所不惟臣，谓助纣为恶，而不为周臣者。"

杨《注》："有攸——旧注把'攸'字当'所'字解，恐误。根据甲文和晚商金文都有攸国之名，故译文作攸国。""惟——为也，用法和《尚书·益稷》'万邦黎献共惟帝臣'的'惟'相同。"《译文》："攸国不服。"

赵《注》，好像从原句中不能做出这样的解释。此句是"东征"的理由，此解也不像东征的理由，故不妥。朱《注》训"攸"为"所"，似勉强；释文"而不为周臣者"，则近本义。杨《注》以"攸"为"攸国"，仅根据甲文和晚商金文都有攸国之名，就确定此"攸"为国，似证据不足。如能多说点证据才能令人信服。周王东征，不可能是仅为"攸国不服"。故不敢盲从。训"惟"为"为"，亦需斟酌。

此句的疑难，在于对"攸"与"惟"的理解。攸，此处作语助词，无义。与《书·盘庚》"女不忧朕心之攸困"，又《洪范》"予攸好德"之"攸"用法相同。惟，思，谋。《诗·大雅·生民》："载谋载惟，取萧祭脂。"郑玄《笺》："惟，思也。"又，《楚辞·九章·抽思》："数惟荪之多怒兮，伤余心之忧忧。"此处的"惟"，也是想、思的意思。臣，用如动词，是"臣服""为臣"的意思。合而言之，此句应解为：有的旧国不思臣服。句中省略了不思臣服的"旧国"。

◎侵于之疆，则取于残

赵《注》："侵纣之疆界，则取于残贼者。"

朱《注》："侵彼纣之疆界，取其残贼。"

杨《注》："于——这两个'于'字都是国名。陈梦家《尚书通论》云：'于即是邘。案《通鉴前编》：纣十有八祀，西伯伐邘。《注》引徐广曰：《大传》作于。于疑即卜辞之盂方伯。'"《译文》："攻到邘国的疆土上，杀掉那残暴的君王。"

赵、朱《注》同。杨《注》认为两个"于"字都是国名，值得商榷。《太誓》为伐纣之誓辞，不知为什么杨《注》又牵扯出了"邘国"？而"西伯"是文王的称谓，伐纣是武王之举，不知怎么混在了一起。疑，可作为一说，但不可作为定论。故还是从赵、朱《注》为妥。

此二"于"字，在此处应为介词。到、及于的意思。《诗·周南·葛覃》："葛之覃兮，施于中谷。"《小雅·鹤鸣》："鹤鸣于九皋，声闻于野。"据此，此句宜解为：攻进殷商旧邦，捉拿残暴君王。

◎杀伐用张

赵《注》："以张杀伐之功也。"

朱《注》："而杀伐之功因以张大。"

杨《注》未注。《译文》："还有一些该死的都得砍光。"

此句的前一句是"则取于残"，后一句是"于汤有光"。若贯通去读，此句是前句的重大意义，是后句的可比之处。故赵、朱《注》说的是对的。但没有说透，没有说"功"为何"功"。杨《译文》是说扩大了杀戮的范围，这不符合"诛其君，吊其民"的仁者做法，也与下句"于汤有光"不相吻合。

汤、武征伐的可贵之处，在于奉行道义，伸张正义，杀伐残贼，安抚百姓，而不是以多杀人为尚。用，以，用来。《诗·邶风·雄雉》："不忮（zhì帜）不求，何用不臧？"《诗·小雅·小旻》："谋夫孔多，是用不集。"张，伸张，显扬。据此，此句可解为：通过杀伐以伸张正义。原句中省略了道义、正义。只有这样理解，才与汤放桀有可比性。

第十七章　顺天者存

14.17　孟子曰："天下有道，小德役大德^①，小贤役大贤；天下无道，小役大，弱役强。斯二者，天也。顺天者存，逆天者亡。齐景公曰：'既不能令，又不受命，是绝物也^②！'涕出而女于吴^③。今也小国师大国而耻受命焉^④，是犹弟子而耻受命于先师也。如耻之，莫若师文王。师文王，大国五年，小国七年，必为政于天下矣。《诗》云：'商之孙子，其丽不亿。上帝既命，侯于周服。侯服于周，天命靡常。殷士肤敏，裸将于京^⑤。'孔子曰：'仁不可为众也^⑥。'夫国君好仁，天下无敌。今也欲无敌于天下而不以仁，是犹执热而不以濯也^⑦。《诗》云：'谁能执热，逝不以濯^⑧？'"（《离娄上》7.7）

【注释】

①役：役使，驱使。《管子·轻重》："故智者役使鬼神，而愚者信之。"　②绝物：自绝于人，不想活的东西。绝，灭，死亡。《书·甘誓》："有扈氏威侮五行，怠弃三正，天用剿绝其命。"物，贬低人的用语。同谓没有用的人为"废物"之"物"，可训为"东西"。　③涕出而女（nǚ）于吴：流着眼泪而把女儿嫁到吴国。女，以女嫁人。《国语·越语上》："请句践女女于王，大夫女女于大夫，士女女于士。"据《说苑·权谋》记载："齐景公以其子妻阖庐，送诸郊，泣曰：'余

死不汝见矣。'高梦子曰：'齐负海而县山，纵不能全收天下，谁干我？君爱则勿行。'公曰：'余有齐国之固，不能以令诸侯，又不能听，是生乱也。寡人闻之，不能令，则莫若从。……'遂遣之。"　　④师：效法，学习。《书·皋陶谟》："师汝昌言。"　　⑤"《诗》云"句：见《诗·大雅·文王》。　　其丽不亿：人数不下二十万。丽，耦。通"偶"。是以"二"为基数的计算单位。即对、双，成双的，成对的。《说文》："麗，旅行也。"段玉裁《注》："此麗之本义。其字本作丽，旅行之象也。"《周礼·夏官·校人》："丽马一圉（yǔ宇），八丽一师。"郑玄《注》："丽，耦也。"耦，两人并耕。《论语·微子》："长沮、桀溺耦而耕。"引申为两人、两个、配偶。《左传·襄公二十九年》："公享之，展庄叔执币，射者三耦。"杜预《注》："二人为耦。"《桓公六年》："太子曰：'人各有耦。齐大，非吾耦也。'"亿，数词。《礼记·内则》："降德于众兆民。"孔颖达《疏》："算法，亿之数有大、小二法：其小数以十为等，十万为亿，十亿为兆也；其大数以万为等，万至万，是万万为亿。"此"亿"，应是小算法，即十万为亿。"其丽不亿"即其偶不亿，成对的不下十万，人数不下二十万。　　侯于周服。侯服于周：殷商为周降服。殷商归顺于周。侯，是用各种猛兽形象做成的箭靶。《说文》："矦（侯），春飨（xiǎng响）所射侯也。从人，从厂，象张布，矢在其下。天子射熊虎豹，服猛也。诸侯射熊虎，大夫射麋。麋，惑也。士射鹿豕，为田除害也。其祝曰：'毋若不宁侯，不朝于王所，故伉而射汝也。'"侯，是待征服者的象征。射侯，志在服猛。射中，则为猛服，即侯服。服，降服，征服，归顺。本句之侯，指代"殷商"。侯服，即殷商降服。侯服，又是古代天子直辖土地以外的地方，按距离远近为五等或九等，称为"五服"或"九服"。其名曰侯服、甸服、绥服等。侯服离京畿最近，有猛士拱卫京畿的含义。侯，象征猛兽、猛士；服，领土，占有的土地。由此，也可引申出"殷商"。　　靡（mǐ 米）常：无常。靡，无。《诗·大雅·荡》："靡不有初，鲜克有终。"　　殷士肤敏，裸（guàn 贯）将于京：殷士敏捷，赴京助祭。殷士，殷商归顺的大臣、官吏。肤敏，非常敏捷。肤，身体的表皮，覆盖全身。可引申为"大"。再者，古时以一指宽为一寸，四指为肤。肤与寸，相对而言，肤为大。由此，肤也可引申为"大"。此"大"，在本句中可以理解为"非常""特别"。敏，敏捷。裸将，助王酌酒以祭奠祖先或宴饮诸侯。裸，祭祀时把酒浇在地上的礼节。《书·洛诰》："王入太室裸。"孔颖达《疏》："裸者，灌也。王以圭瓒酌郁鬯（chàng 唱）之酒以献尸，尸受祭而灌于地。因奠不饮，谓之裸。"将，送。《诗·召南·鹊巢》："之子于归，百两将之。"毛《传》："将，送也。"裸将，即裸送，助王酌酒以祭。京，周之王都。　　⑥"孔子曰"句：此句不见于《论语》。　　仁不可为众也：仁不可多得啊。或者说，完美的仁德不可能很多；像文王那样的仁人不可能很多。既言仁之贵，又言成仁之不易。　　⑦执热：忍受酷热。执，坚持，忍耐，忍受。　　⑧"《诗》云"句：见《诗·大雅·桑柔》。　　逝：过去，消除。《论语·子罕》："子在川上曰：'逝者如斯夫，不舍昼夜。'"此处指解除酷热。

【译文】

孟子说："天下依道义而行，小德役使于大德，小贤役使于大贤；天下不依道义而行，小役使于大，弱役使于强。这两种情况，是天命——自然规律。顺从天命的就生存，违背天命的就灭亡。齐景公说：'既不能发布命令，又不愿接受命令，是不想活的东西！'流着眼泪而把女儿嫁到了吴国。如今小国效法大国而又耻于接受大国的命令，这好比身为弟子而耻于接受命令于先师。如果对此羞耻，不如效法文王。效法文王，大国五年，小国七年，一定会执掌天下的政事。《诗》中说：'殷商后裔，成对的不下十万。上帝有命，于周归服。归服于周，天命无常。殷士敏捷，赴京助祭。'孔子说：'仁不可多得啊！'国君喜好仁德，天下无人抵挡。当今想无敌于天下而不修用仁德，这好比忍受着酷热的煎熬而不去洗浴。《诗》中说：'谁能忍受着酷热的煎熬，而不用洗浴去消除？'"

【一得】

国家的大小强弱，无时无刻不在发展变化。尽管有外部原因，但内部原因则起主导作用。国君贤明有德，国家可由小变大，由弱变强，乃至称王天下；国君昏庸无道，国家则可由大变小，由强变弱，乃至国破君亡。变大，变强，称王天下，要需几代人、几十年乃至上百年的不懈努力；而变小、变弱，国破君亡，则可能仅在数年之间。要立于不败之地，不可因仁德难为而放弃，不可因腐败易行而放纵。

【疑难】

◎绝物

赵《注》："是所以自绝于物。物，事也。大国不与之通朝聘之事也。"

朱《注》："物，犹人也。"

杨《注》未注。《译文》："这是绝路一条。"

此句的疑难，在于各家对"物"的解释不同。赵《注》"事也"，朱《注》"犹人也"，杨《译文》"路一条"。

此"物"，是对人的贬称或戏称。可训为"东西"。如，"废物"，是骂人为"没有用的东西"，即没有用的人。又如，"尤物"，是戏称美女为"俏丽的东西"，即美人。绝，断。此处义为"自绝""不想活"。绝物，可解为"自绝于人的东西"，或"不想活的东西"。

◎其丽不亿

赵《注》："丽，亿数也。言殷帝之子孙，其数虽不但亿万人。"

朱《注》："丽，数也。十万曰亿。""言商之孙子众多，其数不但十万而已。"

杨《注》："丽——《毛传》云：'数也。'""亿——朱骏声《说文通训定声》云：'《楚语》注：十万曰亿，此古数也；今人乃以万万为亿。'"《译文》："数目何止十万。"

赵、朱、杨《注》皆训"丽"为"数也"，让人一下难悟其所以然。其实，此解不妥。

《说文》："麗，旅行也。"段玉裁《注》："此麗之本义。其字本作丽，旅行之象也。后乃加鹿耳。《周礼》：'丽马一圉（yǔ宇），八丽一师。'《注》曰：'丽，耦也。'"此引言在《周礼·夏官·校人》，郑玄《注》。

耦，两人并耕。《论语·微子》："长沮、桀溺耦而耕。"引申为两人、两个、成双、成对、配偶。通"偶"。《左传·襄公二十九年》："公享之，展庄叔执币，射者三耦。"杜预《注》："二人为耦。"《桓公六年》："太子曰：'人各有耦。齐大，非吾耦也。'"本句之"丽"，正是"对""双""成双的""成对的"之义。

亿，数词。《礼记·内则》："降德于众兆民。"孔颖达《疏》："算法，亿之数有大、小二法：其小数以十为等，十万为亿，十亿为兆也；其大数以万为等，万至万，是万万为亿。"

此"亿"，应是小算法，即十万为亿。这也合乎实情。因为那时商之孙子不可能有万万。据此，"其丽不亿"，即"其偶不亿"。也就是，他们成对的不止十万；或者，他们不下二十万人。

赵、朱、杨《注》之误，在于仅将"丽"作为"数"，而没有作为"成对的"数。将计算基数误为"一"，而实为"二"。

◎侯于周服　侯服于周

赵《注》："惟服于周。"

朱《注》："侯，维也。""上帝既命周以天下，则凡此商之孙子，皆臣服于周矣。所以然者，以天命不常，归于有德故也。"

杨《注》："侯——语词，无义。"《译文》："他们便都为周朝的臣下。他们都为周朝的臣下。"

此句的疑难，在于对"侯"、"服"与"侯服"的理解。赵、朱《注》训侯为"惟""维"，杨《注》称侯为"语词"，皆不妥。由此也影响到对服、侯服的解释。

侯、服，可析而解之，也可以合而解之。

侯，本为箭靶。《说文》："矦（侯），春飨（xiǎng 响）所射侯也。从人，从厂，象张布，矢在其下。天子射熊虎豹，服猛也。诸侯射熊虎，大夫射麋。麋，惑也。士射鹿豕，为田除害也。其祝曰：'毋若不宁侯，不朝于王所，故伉而射汝也。'"侯，是用各种猛兽形象做成的箭靶。它是猛兽，又是待征服者的象征。射侯，志在服猛。射中，则为猛服，即侯服。据此，本句之"侯"，可指代"商""商之孙子"。

服，归顺，降服，征服。《书·舜典》："（舜）流共工于幽州……四罪而天下咸服。"汉代陆贾《新语·无为》："秦始皇……将帅横行，以服外国。"

侯服，本为古代王畿以外的地方。在天子直辖土地的外围，每五百里为一区划，按距离远近分为五等或九等，称"五服"或"九服"。五服为：侯服、甸服、绥服、要服、荒服；九服为：侯服、甸服、男服、采服、卫服、蛮服、夷服、镇服、藩服。（见《书·益稷》《禹贡》，《周礼·夏官·职方氏》）由此可见，各服的称谓不同，其冠名各有含义。侯服，离京畿最近。侯，由本义箭靶猛兽，可引申为猛士；服，由射中、降服，可引申为被占领的土地。合而言之，即由猛士拱卫京畿，由猛士把守的领土。本句中之"侯服"，可理解为"殷商归顺"。

简言之，"侯"，本为箭靶猛兽，可引申指代为"殷商""商之孙子"；"服"，即归顺、降服。"侯服"，由"猛兽射中""猛士把守的领土"，可引申为"殷商归顺"。"侯于周服"，即殷商为周降服；"侯服于周"，即殷商归顺于周。

◎殷士肤敏

赵《注》："殷之美士。""肤，大。敏，达也。"

朱《注》："肤，大也。敏，达也。""是以商士之肤大而敏达者。"

杨《注》："肤——《毛传》云：'夫，美也。'"《译文》："殷代的臣子也都漂亮聪明。"

殷士，比较好理解。即归顺的殷商官吏及才俊。《译文》仍可称殷士。杨《译文》"殷代"，不妥。殷代，是个时代概念。而殷、殷商才是国家概念。

肤训为"大""美"，并非赵、朱、杨《注》始作，而是袭自《诗》毛《传》。《小雅·六月》："薄伐狁狁（xiǎn yǔn 险允），以奏肤公。"毛《传》："肤，大；公，功也。"《豳风·狼跋》："公孙硕肤，德音不瑕。"毛《传》："肤，美也。"《大雅·文王》："殷士肤敏，裸将于京。"毛《传》："肤，美；敏，疾也。"孔颖达《疏》："殷士有美德，言其见时之疾。"

毛《传》训"肤"为"大"、为"美"，没有讲根据，从文义上看，有些费解。赵《注》"美士"，朱《注》"肤大"，杨《译文》"漂亮"，都有些牵强。归服的殷朝官吏，谈不上什么"美""美德""漂亮"，"肤大"怎么"敏达"？

肤，是身体的表皮，这是它的本义。《诗·卫风·硕人》："手如柔荑，肤如凝脂。"皮肤，是人体最大的器官，它覆盖着身体的全部。由此，能否引申为"大"呢？再者，有"肤寸"一词，为古代长度单位。古以一指宽为一寸，四指为肤。《公羊传·僖公三十一年》："肤寸而合。"何休《注》："侧手为肤，案指为寸。"侧手四指之肤，与案一指之寸，相对而言，肤为大，寸为小，能否也由此引申"肤"为"大"呢？若以上两说能成立，那么训"肤"为"大"就有了依据。

训"肤"为"大"，"殷士肤敏"之"肤"，可以引申为"非常""特别"。本句可今译为：殷士敏捷，即殷朝的士人聪明多识，敏捷练达。接下来的"裸将于京"，即踊跃地为周人所用，赴京帮助祭祀，带去了殷商的祭祀文化。这与《诗》的整体内容是一致的。不知此解能否作为一说？

◎仁不可为众也

赵《注》："孔子云，行仁者，天下之众不能当也。"

朱《注》："孔子因读此诗，而言有仁者则虽有十万之众，不能当之。""不可为众，犹所谓难为兄难为弟云尔。"

杨《注》："仁不可为众也——此句只能以意会，不便于逐字译出。《诗·文王》毛传也说过：'盛德不可为众也。'郑玄《笺》则说：'言众之不如德也。'译文本此。赵岐和朱熹似俱未得其解。"《译文》："仁德的力量，是不能拿人多人少来计算的。"

　　杨《注》说"此句只能以意会，不便于逐字译出""赵岐和朱熹似俱未得其解"，足见此句之疑难。何止赵、朱未得其解，杨《译注》、郑玄《笺》亦未得其解。毛《传》只是重复了孔子的话，将"仁"换为"盛德"。离开了逐字译出，怎么能得到孔子的本意？郑玄《笺》，赵、朱、杨《注》均不能与孔子原话相吻合。要理解孔子的本意，还是要回到对孔子原话的分析上去。

　　"仁不可为众也"，从字面上看没有什么难点。直译就是：仁不可能成为众多；或者，好仁者不可能成为众多。广而言之，也可以说：完美的仁德不可能很多；像文王那样的仁人不可能很多；仁不可多得；仁难能可贵。这些解释，都未违此语的字义，也符合孔子一贯的思想。《论语·子罕》："子曰：'吾未见好德如好色者也。'"这是说，好德者不如好色者多，好德不如好色主动。《孟子·离娄下》："人之所以异于禽兽者几希，庶民去之，君子存之。"人那一点点不同于禽兽的本性——善，也可以称作仁，普通人、大多数人丢掉了，只有少数君子才保存了下来。这是说，仁德虽美，但存之不易。要将仁端萌出、扩充、修养、大而广之，成为仁德，不是人人都能随便做到的。善端人人都有，人皆可以为仁，与不可能人人都具备仁德并不矛盾。人皆可以为仁，与人人都是仁人，是两个概念。孔子正是否认了后者，是说已然的仁德不可能人人具备，故而仁德难能可贵，其力量不可估量。孔子是哀叹仁德之难为，仁君之稀少；文王之难为，文王之伟大。此语从反面一下沉，既总结了诗意，又引出了下句"夫国君好仁，天下无敌"的高昂话语。

　　据上述，此句可解为：仁，不可多得啊！

附录一

《孟子》原编与新编对照目录

万章上

万章下

告子上

尽心上

附录二

【注释】索引

（一至五画、二十画至三十画者，以首笔画为序；六画至十九画者，以前二笔画为序。相同笔画以出现先后为序。序号前为新编，后为原编。重复者一般仅录首次出现者）

693

孟子新编新注

孟子新编新注

[、 →]

诸 3.6⑧ 3.7

冢宰 3.20⑩ 5.2

诸侯 5.1⑭₂ 3.2

诸冯 8.6① 8.1

被袗衣 8.11② 14.6

谆谆 8.18① 9.5

被发缨冠 8.21④ 8.29

袒裼裸裎 9.2⑥ 10.1

[→ 丨]

陷溺 2.2③ 11.7

陷 5.1㊺₂ 3.2

陶冶 5.14⑯ 5.4

陷溺 11.8⑧ 1.5

陶 12.14④ 12.10

[→ 丿]

哿 13.4⑥₂ 2.5

[→ 、]

通功易事 7.3⑥ 6.4

难 10.1⑧ 8.28

[→ →]

继 8.19⑭₄ 9.6

绥厥士女 14.16⑬ 6.5

十一画

[一 一]

理 9.13② 14.19

琅邪 11.11④ 2.4

[一 丨]

曹交 1.1① 12.2

著 1.3① 13.5

梓匠轮舆 1.8① 14.5

萌蘖 2.3⑤ 11.8

梏亡 2.3⑫₂ 11.8

梧桊 2.4② 11.1

梧槚 4.7② 11.14

营窟 5.2① 6.9

菹 5.2③ 6.9

黄泉 5.8⑦ 6.10

赧赧 6.6⑦ 6.7

接淅 9.2⑧ 10.1

掩 9.9⑥ 14.37

《梼杌》 9.14④ 8.21

检 11.6⑯₂ 1.3

菑 12.5① 7.8

掊克 13.8⑤ 12.7

菽粟 13.15② 13.23

孟子新编新注

717

附录二

723

附录三

【疑难】索引

（括号内前为新编中的序号，后为原编中的序号）

附录四

主要参考书目

《十三经注疏》（附校勘记）

　　中华书局　1980年9月第1版

《二十二子》

　　上海古籍出版社　1986年3月第1版

《二十五史》

　　上海古籍出版社　1986年12月第1版

《史记》（简体字本）【汉】司马迁撰

　　中华书局　2005年3月第1版

《说文解字注》【清】段玉裁撰

　　中华书局　2013年7月第1版

《四书章句集注》【宋】朱熹撰

　　中华书局　2011年1月第1版

《孟子正义》【清】焦循撰

　　中华书局　2017年6月第1版

《孟子译注》杨伯峻译注

　　中华书局　1960年1月第1版

《孟子译注》（简体字本）杨伯峻译注

　　中华书局　2008年12月第1版

《孟子与孟子故里》刘培桂著

　　中国文史出版社　2001年5月第1版

《孟子林庙历代石刻集》刘培桂编著

　　齐鲁书社　2005年9月第1版

《孟子大略》刘培桂著

　　泰山出版社　2007年2月第1版

《孟子志》刘培桂主编

　　山东人民出版社　2009年4月第1版

后　记

　　庚寅年开春，我从故里邹城来到江城武汉，与儿孙团聚，全家共享天伦之乐。闲暇之际，便仔细拜读随身携带的《孟子》，以弥补往日仓促翻阅之遗憾。我读的注本主要有：一是清代焦循的《孟子正义》，因为里面保留了东汉赵岐的《孟子注》，并为其做了新的正义；二是南宋朱熹的《孟子集注》，它在历史上流传最广，影响最大；三是今人杨伯峻的《孟子译注》，它是当今最权威的译注本。三书对照阅读，边读边仔细品味，时而写点心得体会，让我不断加深了对《孟子》的理解。同时，也发现了一些问题。赵《注》，是解释《孟子》的开创之作，它让《孟子》完整地保留了下来，并流传至今，是目前能见到的最早的《孟子》读本。其《注》，正确地解释了《孟子》的大部分疑难。但是，由于他是在流亡之中撰写，手头能利用的文献有限，有些解释似出自个人思悟。朱《集注》，简练精当。简，可一目了然，但也使有些疑难不得其解。他又把自己的理学纳入《孟子》，使某些章节更加难懂。杨《译注》，吸纳了前人的注释成果，并出己见，开通了更容易读懂《孟子》的白话译文之路，但仍存在个别注、译不妥的问题。疑难不解，如茅塞心。为了真正读懂《孟子》，不留遗憾，我不得不对赵、朱、杨三家之注、译存在的漏注、误注或译而不妥等疑难，重加研究考证，直至自己认为合于《孟子》本义，且有理有据为止。另外，在长年学习《孟子》中，因我记忆力不好，往往为查找相关章节而翻遍全书。为了便于检索，便起了将原编重新按内容编排的念头。再者，原编似为培养官吏的政治教材而编，开篇便是孟子见梁惠王。如果让普通人去读，把学问、性善、仁义、孝悌、养心、养气等篇章放在前面，岂不更好？我想，我之心愿或许是一般读者之心愿，我之疑难或许是一般读者之疑难。为了和读者共同读懂《孟子》，于是开始撰写《孟子新编新注》。以吾微薄之学力，作此高美之巨著，无异于挟泰山以超北海。其间，时而居邹，时而居楚。屡次因力所不逮而辍笔，屡次又因本心呼唤而重启。疫情三年，蛰居武汉，得以潜心撰写。至壬寅年腊月，终于勉强告竣。

撰写期间，得到家人的全力支持与帮助。老伴秦佑美，年逾古稀，仍终日辛劳，且无怨无悔，使我无饥寒之忧，无家务之扰。儿子刘健，与我切磋疑难，分享收获；凡我所需，有呼必应，踊跃承担了全部出版费用。长孙端浩，小学毕业过暑假，试读了拙著第一篇《学问》，他说："读得懂，真美！"还提出了几点修改补充意见。我欣慰不已，一一照改照补。由此，我知拙著学童可诵。

当我为将手写稿变为电子版而发愁时，学读《孟子》有成的傅岩芹女士、胡计凤女士，张凤居先生、薄开峰先生，以及秦晓宇贤孙，慷慨伸出援手，在百忙之中，牺牲休息时间，不舍昼夜，一丝不苟地帮我打印并审读了书稿，同时提出了宝贵的修改意见。侄女刘源，不顾工作繁忙，家务沉重，废寝忘食，不厌其烦地一遍一遍帮我校对、修改并统揽了全书的编排。

值拙著付梓之际，谨向上述竭诚帮助我的人们，以及所有以各种方式曾经帮助过我的人们，表示衷心的感谢！书中不妥与错讹之处，敬请读者、方家不吝批评指正！

刘培桂

岁次癸卯夏至于武汉硚口汉江之滨